图 2-77　H457 型驱动桥壳有限元模型

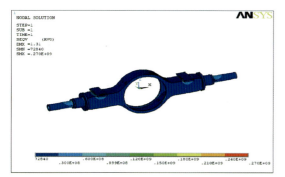

图 2-78　最大垂向力工况下桥壳等效应力图

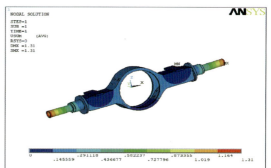

图 2-79　最大垂向力工况下桥壳变形图

图 2-80　最大牵引力工况下桥壳等效应力图

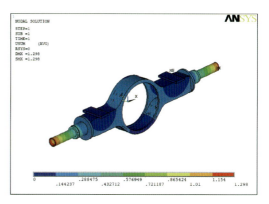

图 2-81　最大牵引力工况下桥壳变形图

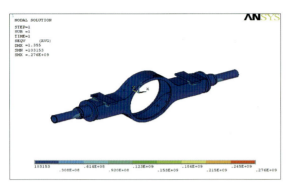

图 2-82　最大制动力工况下桥壳等效应力图

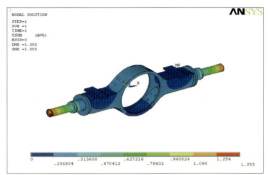

图 2-83　最大制动力工况下桥壳变形图

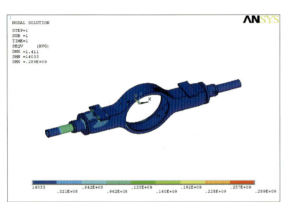

图 2-84　最大侧向力工况下桥壳等效应力图

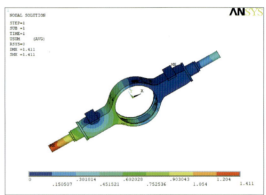

图 2-85　最大侧向力工况下桥壳变形图

图 2-86　最大侧向力工况下优化桥壳等效应力图

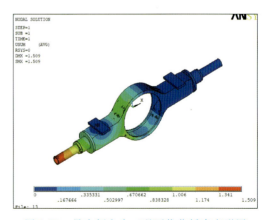

图 2-87　最大侧向力工况下优化桥壳变形图

新工科·普通高等教育汽车类系列教材

汽车设计

主编　李胜琴

参编　叶绍波　姚永玉

主审　崔淑华

机械工业出版社

本书是为了适应当前汽车行业研发实际需求以及新工科背景下车辆工程专业人才培养方案而编写的。本书系统地介绍了汽车底盘系统及典型零部件设计的理论和计算方法，在保留传统燃油汽车设计内容的同时，增加了纯电动汽车设计的相关内容。本书分为燃油汽车设计和电动汽车设计两部分。燃油汽车设计部分在主要介绍传统燃油汽车底盘动力传动系统、行驶系统、转向系统和制动系统总成及典型零部件的设计及计算方法的基础上，增加了优化设计、轻量化设计及可靠性设计等现代汽车产品设计实例。电动汽车设计部分主要介绍纯电动汽车、混合动力电动汽车及燃料电池电动汽车的动力驱动系统设计及计算等内容。

　　通过学习，学生可掌握传统燃油汽车底盘各系统及典型零部件的设计方法，掌握典型电动汽车动力驱动系统的设计及计算方法，对汽车设计过程中的新方法和新技术加以了解。

　　本书可以作为高等院校车辆工程及其相关专业本科生教材或硕士研究生选修课参考书，也可供从事汽车及其零部件设计的工程技术人员参考。

　　本书配有PPT课件，采用本书作为教材的教师可登录 www.cmpedu.com 注册下载。

图书在版编目（CIP）数据

汽车设计/李胜琴主编. —北京：机械工业出版社，2022.12（2025.7重印）

新工科·普通高等教育汽车类系列教材

ISBN 978-7-111-72187-1

Ⅰ.①汽…　Ⅱ.①李…　Ⅲ.①汽车-设计-高等学校-教材　Ⅳ.①U462

中国版本图书馆CIP数据核字（2022）第231927号

机械工业出版社（北京市百万庄大街22号　邮政编码100037）

策划编辑：宋学敏　　　　责任编辑：宋学敏　章承林
责任校对：樊钟英　贾立萍　封面设计：张　静
责任印制：张　博

北京机工印刷厂有限公司印刷

2025年7月第1版第3次印刷

184mm×260mm·17.75印张·2插页·440千字

标准书号：ISBN 978-7-111-72187-1

定价：59.80元

电话服务　　　　　　　　　　　网络服务

客服电话：010-88361066　　　机 工 官 网：www.cmpbook.com
　　　　　010-88379833　　　机 工 官 博：weibo.com/cmp1952
　　　　　010-68326294　　　金 书 网：www.golden-book.com
封底无防伪标均为盗版　　　机工教育服务网：www.cmpedu.com

前　言

本书是为了适应当前汽车行业研发实际需求以及新工科背景下车辆工程专业人才培养方案而编写的。汽车产业正在加快与新能源、新技术、电子信息等产业的融合，同时新的车辆工程专业人才培养方案也要求学生掌握电动汽车、混合动力电动汽车等新能源汽车总成及零部件的设计方法，这就要求汽车设计教材在保留传统汽车底盘各总成设计相关内容的同时，增加现代设计方法及新能源汽车相关设计内容，同时教材内容安排也要有相应调整。

与传统汽车设计教材相比，本书在对传统汽车设计内容进行整合的基础上，增加了优化设计、轻量化设计及可靠性设计等现代汽车设计方法应用实例，增加了纯电动汽车、混合动力电动汽车及燃料电池电动汽车等电动汽车动力驱动系统设计相关内容。本书具有以下特点：

1）增加拓展学习内容。

结合课程线上资源，设置拓展学习内容模块，以适应一流课程建设及学生学习方式的变化。本书将部分跨专业融合或行业前沿技术等内容设计为拓展学习内容，供学生拓展学习，培养创新能力。

2）增加现代设计方法在汽车设计中的应用相关内容。

为了适应汽车行业产品设计的发展需求，在教材中增加离合器优化设计、驱动桥壳轻量化设计、悬架系统优化设计、转向梯形优化设计、半轴可靠性设计、电动汽车传动系统性能优化设计等内容，介绍现代设计方法在汽车设计中的应用。

3）增加电动汽车设计相关内容。

为了适应车辆工程专业人才培养方案的变化，教材中增加纯电动汽车、混合动力电动汽车及燃料电池电动汽车的结构形式、驱动系统设计以及再生制动相关内容，同时增加电动汽车性能匹配设计及混合动力电动汽车耦合系统控制相关内容，供学生拓展学习

用。各标题序号前带"＊"者设置为自学内容。

本书由东北林业大学李胜琴编写第1章、第2章、第3章和第7章，山西农业大学叶绍波编写第4章和第5章，洛阳理工学院姚永玉编写第6章和第8章。在本书的编写过程中，参考了东北林业大学部分本科生课程设计及毕业设计内容，研究生杜鹏、丁雪梅、孙鑫协助完成了部分文字的整理及绘图工作，特此说明并表示感谢。

本书由崔淑华教授主审。崔淑华教授对本书进行了详细的审阅，并对本书的体系和起草大纲提出了宝贵意见，编者在此表示衷心的感谢。

由于本书编者水平有限，书中难免有错漏之处，诚恳欢迎使用本书的师生及广大读者批评指教，以便再版时订正。

编　者

目 录

第1章 汽车总体设计

【教学内容】

本章主要介绍汽车设计的特点、汽车产品开发的过程及要求，讲解汽车形式的选择、整车主要参数的确定，以及整车总布置设计等内容。

【学习目标】

➢ 掌握汽车产品开发的程序及要求。
➢ 掌握汽车形式及整车参数的选择原则。
➢ 掌握汽车总布置设计的要求。
➢ 了解汽车设计相关标准及法规。
➢ 了解汽车设计的新技术及发展趋势。

1.1 汽车概述

＊1.1.1 汽车的分类及产品型号

1. 汽车的分类

汽车的分类方法很多，可以按照发动机排量、乘客座位数、汽车总质量、汽车总长、车身或驾驶室的特点等来分类，也可取上述特征量中的两个指标作为分类的依据。

国家标准 GB/T 15089—2001《机动车辆及挂车分类》将机动车辆和挂车分为 M 类、N 类、G 类、O 类和 L 类。M 类车辆是至少有四个车轮并且用于载客的机动车辆。N 类车辆是至少有四个车轮且用于载货的机动车辆。G 类可概括为越野车，包括在 M 类和 N 类之中。O 类为挂车（包括半挂车），车辆按最大设计总质量分为 O_1 类（≤750kg）、O_2 类（>750～3500kg）、O_3 类（>3.5～10t）、O_4 类（>10t）。L 类为两轮或三轮机动车辆，L 类车辆分为 L_1、L_2、L_3、L_4、L_5 类。部分汽车分类见表1-1。

表 1-1　部分汽车分类（摘自 GB/T 15089—2001）

汽车类型			乘员数（座位数）	最大设计总质量/kg	说　明		
M 类 用于载客的机动车辆且至少有四个车轮	M$_1$ 类		—（≤9）	—	包括驾驶人座位在内，座位数不超过 9 座的载客车辆		
	M$_2$ 类	A 级	≤22（>9）	≤5000	可载乘员数（不包括驾驶人）不多于 22 人	允许乘员站立	包括驾驶人座位在内，座位数超过 9 个，且最大设计总质量不超过 5000kg 的载客车辆
		B 级				不允许乘员站立	
		Ⅰ 级	>22（>9）		可载乘员数（不包括驾驶人）多于 22 人	允许乘员站立并且乘员可以自由走动	
		Ⅱ 级				只允许乘员站立在过道和/或提供不超过相当于两个双人座位的站立面积	
		Ⅲ 级				不允许乘员站立	

国家标准 GB/T 3730.1—2001《汽车和挂车类型的术语和定义》，将汽车分为乘用车和商用车。乘用车是指在设计和技术特性上主要用于运载乘客及其随行行李和/或临时物品的汽车，包括驾驶人座位在内最多不超过 9 个座位，它也可以牵引一辆挂车。乘用车根据具体用途又可分为普通乘用车、高级乘用车、越野乘用车、救护车等。商用车是指在设计和技术特性上用于运送人员和货物的汽车，并且可以牵引挂车。商用车根据具体用途及是否牵引挂车等，又可分为客车、货车、半挂牵引车、专用货车等。具体分类标准详见 GB/T 3730.1—2001。

2. 汽车产品型号

车辆产品型号是为识别车辆而对一类车辆指定的由拼音字母和阿拉伯数字组成的编号。按照国家标准 GB 9417—1988《汽车产品型号编制规则》，国产汽车型号应能表明汽车的厂牌、类型和主要特征参数等。在 2001 年前，国家标准规定了各类汽车的编号规则，由汽车生产企业予以采纳和使用，并体现在汽车的主要外表面上。2001 年后，有关国家标准停止使用，且未制定对汽车型号编制方法的新规定。由于汽车型号使用周期很长，其标示内容简便易懂，为多个行业所采纳和引用，因此现在汽车企业和产品大多数仍按照原国家标准 GB 9417—1988 的规定进行型号的编制。

GB 9417—1988 规定汽车的产品型号由企业名称代号、车辆类别代号、主参数代号、产品序号组成，必要时可附加企业自定代号（见图 1-1a）。对于专用汽车及专用半挂车，还应该增加专用汽车分类代号（见图 1-1b）。其中，企业名称代号一般为汽车制造厂的拼音缩写，如 BJ（北京）、NJ（南京）、SH（上海）、JN（济南）、SX（陕西）、CQ（川汽）、EQ（二汽）、CA（中国一汽）。车辆类别代号按照表 1-2 中的规定。

主参数代号用两位阿拉伯数字表示。载货汽车、越野汽车、自卸汽车、牵引汽车、专用汽车与半挂车的主参数代号以车辆的总质量（单位为 t）表示。牵引汽车的总质量包括牵引座上的最大质量，当总质量为 100t 及以上时，可用三位数字表示；客车及半挂客车的主参数

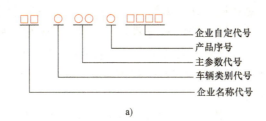

a)

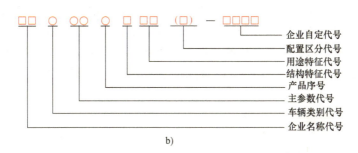

b)

图1-1　汽车、专用汽车及专用半挂车产品型号的构成

表1-2　车辆类别代号

车辆类别代号	车辆种类	车辆类别代号	车辆种类	车辆类别代号	车辆种类
1	载货汽车	4	牵引汽车	7	轿车
2	越野汽车	5	专用汽车	8	—
3	自卸汽车	6	客车	9	半挂车及专用半挂车

代号用车辆长度（单位为m）表示，当车辆长度小于10m时，应精确到小数点后一位，并以其长度值的10倍数表示；轿车的主参数代号以其发动机排量（单位为L）表示，其数值应精确到小数点后一位，并以其值的10倍数值表示。

企业自定代号用汉语拼音字母或阿拉伯数字表示，位数由企业自定，表示同一种汽车但结构略有变化的情况，例如汽油机与柴油机，长、短轴距，单、双排座驾驶室，左、右转向盘等。

专用汽车分类代号用三个汉语拼音字母表示，第一个字母反映车辆结构特征，后两个字母表示用途特征。结构特征代号用X表示厢式汽车，G表示罐式汽车，Z表示专用自卸汽车，T表示特种结构汽车，J表示起重举升汽车，C表示仓栅式汽车。用途特征代号用专用汽车具体用途的两个汉字的第一个汉语拼音字母表示。

例如，CA109表示第一汽车集团公司生产的总质量约9t（实为9310kg）的第二代货车；EQ2080表示东风汽车集团公司（二汽）生产的总质量约8t（实为7720kg）的第一代越野汽车；T7100表示天津汽车工业（集团）有限公司生产的发动机排量为1.0L的微型轿车。

1.1.2　汽车设计的内容

对一辆汽车的设计工作一般可以分成四大部分，即总体设计、车身设计、底盘设计、电子电器设计，分别由相应的专业设计组负责。车身设计包括车身的外形造型设计、内饰造型设计、车身结构设计、人机工程设计、车身布置设计等。底盘设计包括发动机系统设计

（发动机悬置系统设计、散热系统设计、进气系统设计、排气系统设计、供油系统设计、发动机制动系统设计等）、传动系统设计（离合器、变速器、传动轴、驱动桥、车轮、轮胎设计等）、车架设计、悬架系统设计、转向系统设计、制动系统设计等。电子电器设计包括照明系统设计、信号系统设计、仪表系统设计、线束设计、音响系统设计、发动机电控线路系统设计、底盘电控线路系统设计等。

汽车设计的内容包括整车总体设计、总成设计和零件设计。整车总体设计又称为汽车的总布置设计，其任务是使所设计的产品达到设计任务书所规定的整车参数和性能指标的要求，并将这些整车参数和性能指标分解为有关总成的参数和功能。总成设计要满足整车设计对总成的功能和布置要求，并将总成的参数和性能指标分解为零件的参数和要求，同时保证整车易于维修、保养。零件设计要满足总成的设计需要，并解决强度、寿命和生产技术（工艺）问题。

1.1.3　汽车设计的特点和要求

汽车市场安全、健康的发展离不开汽车设计人员，为了实现可靠生产、保证产品质量、降低生产成本，设计人员在进行汽车设计时需要满足零件标准化、部件通用化和产品系列化的要求，具体表现在以下六个方面。

（1）**车身设计既重视工程要求，又注重外观造型**　汽车车身的外形、油漆及色彩是汽车给人们的第一个外观印象，是人们评价汽车的最直接方面，也是乘车重要的市场竞争因素，是汽车设计非常重要的内容。车身造型既是工程设计，又是美工设计。从工程设计来看，它既要满足结构的强度要求、整车布置的匹配要求和冲压分块的工艺要求，又要适应车身空气动力学的要求，即具有最小的空气阻力系数。从美工设计来看，它应当适应时代的特点和人们的爱好，要像对待工艺品那样进行美工设计，给人以高度美感，起到美化环境的作用。

（2）**考虑使用条件的复杂多变**　为了使所设计的汽车产品具有竞争力，设计中就要充分考虑其对复杂多变的使用条件的适应性。应特别注意热带、寒带等不同的气候条件和高原、山区、丘陵、沼泽、沿海等不同的地理条件，以及燃料供应、维修能力等不同的使用条件对汽车结构、性能、材料、附件等的特殊要求。

（3）**重视汽车使用中的安全、可靠、经济与环保**　汽车良好的使用性能是设计者要追求的目标，不同的汽车使用性能也是不同的（如动力性、汽车燃油经济性、制动性、操纵稳定性、平顺性、舒适性、通过性以及可靠性、耐久性、维修性和对环境保护的影响性能等），而且某些性能之间有时是相互矛盾的。因此，要在给定的使用条件下协调各使用性能的要求，优选各使用性能指标，使汽车在该使用条件下的综合使用性能达到最优，同时要特别重视使用中的安全、可靠、经济与环保。

（4）**在保证可靠性的前提下尽量减小汽车的自身质量**　与固定的机械设备不同，作为运输用的汽车，其自身质量直接影响其燃油经济性。与单件生产/小批量生产的产品不同，作为大批量生产的汽车，减小其自身质量可节约大量的制造材料，降低生产成本。合理地减小汽车的自身质量，会对汽车工业和汽车运输业带来巨大的经济效益。最优化设计方法可满足这方面的设计要求。

（5）**设计必须符合交通工程**　汽车设计是考虑人机工程、交通工程、制造工程、运

营工程、管理工程的系统工程。汽车是由人来驾驶和乘坐的，因此其设计必须考虑人车关系，即操纵要方便、乘坐要舒适。汽车是一种交通工具，其设计必须符合交通工程的要求。

（6）设计要在相关标准和法规的指导下进行 除设计图样的绘制与标注应按相关国家标准进行外，汽车设计还应遵守与汽车相关的一些标准与法规。中国汽车工业标准包括与国际基本通用的汽车标准和为宏观控制汽车产品性能和质量的标准，它包括国家标准、行业标准和企业标准。汽车标准又分为强制性标准和推荐性标准。强制性标准主要有：整车尺寸限制标准、汽车安全性标准、油耗限制标准、汽车排放物限制标准及噪声标准。为使我国汽车产品进入世界市场，设计时也应考虑到国际标准化组织汽车专业委员会（ISO/TC22）制定的一些标准和美国国家标准协会（ANSI）、美国汽车工程师学会（SAE）标准、日本工业标准（JIS）、日本汽车标准组织（JASO）标准、日本汽车车身工业协会标准（JABIA）、日本汽车轮胎标准（JATMA）、日本汽车用品工业协会标准（JARP）、日本蓄电池工业协会标准（SBA）以及联合国欧洲经济委员会（ECE）、欧洲经济共同体（EEC）所制定的汽车法规。

1.1.4 汽车总体设计的任务和基本要求

由动力装置、底盘、车身、电器及仪表等组成的汽车，是用来运载人员和货物的运输工具。把众多的、彼此有时相互制约的要求集中于一件产品上，就是汽车总体设计要完成的主要任务。在汽车总体设计中，需要明确各种要求的主次地位，使它们和谐地组合在一起，形成既先进又合理的方案。因此汽车总体设计在整个汽车设计工作中是十分重要的，对汽车各个分系统、零部件的选型、设计和汽车的整体性能都有决定性的影响。

汽车总体设计应满足以下基本要求：

1) 汽车的各项性能、成本等，要达到企业在产品计划中所确定的指标。

2) 严格遵守和贯彻相关法规、标准，注意不要侵犯专利。

3) 尽可能贯彻"三化"，即标准化、通用化和系列化。

4) 进行有关运动学方面的校核，保证汽车有正确的运动，避免运动干涉。

5) 拆装和维修方便。

我国对汽车设计和生产等各方面的法规、标准正在不断完善，其中有些是结合我国具体条件制定的，有些是参照国外的法规、标准制定的。这些法规、标准的涉及面很广，如汽车外廓尺寸的标准 GB 1589—2016《汽车、挂车及汽车列车外廓尺寸、轴荷及质量限值》、汽车的污染排放标准以及有关道路法规对汽车轴荷的限定要求等。在汽车总体设计时，要特别注意正在实施的强制性标准。我国对汽车设计的强制性标准目前已有 40 余项，且会随着时间发生变化，须在日常工作中密切注意这方面的最新标准。这些强制性标准与汽车类型有关，设计时一定要严格遵守。

1.1.5 汽车产品开发程序

汽车车型不同、生产纲领不同，新产品的开发阶段与工作内容也不同。一般汽车新产品开发要经历五个阶段，各阶段的主要工作内容见表1-3。

表 1-3 汽车新产品开发各阶段的主要工作内容

阶段	新车设计	工作内容
设计任务书编制阶段	工厂产品发展规划 ↓ 概念设计 ↓ 设计任务书的制订	市场预测,使用调查,产品水平分析,形体设计,工艺分析,产品的目标成本 产品的通用化、标准化、系列化,绘制方案图,初步性能计算,绘制总布置草图,初选主要技术参数
技术设计阶段	技术设计 ↓	确定主要参数与结构,总成设计,绘制整车校对图,运动干涉校核,整车性能计算,出试制图和技术文件
试制、试验、改进、定型阶段	改进设计 ↓ 鉴定定型	试制总车和样车,总成试验,整车试验,使用试验,评价试验,改进设计 工艺审查,成本核算,价值分析,出生产准备图,编制鉴定文件
生产准备阶段	小批量生产、用户试验 ↓	工艺调试,继续试验,改进设计,完成生产用途,小批试生产
生产销售阶段	批量生产与销售	正式销售,售后服务

1.2 汽车形式的选择

不同形式的汽车,其轴数、驱动形式和布置形式上均有所不同。

1.2.1 轴数

汽车可以有两轴、三轴、四轴甚至更多轴数。影响轴数选择的因素有汽车总质量、道路法规对轴载的限制、轮胎的负载能力以及汽车的结构等。

随着汽车的乘员数增多或装载质量增加,汽车的整备质量和总质量也增大。在汽车轴数不变的情况下,汽车总质量增加后,公路承受的负荷也增加。为了保护公路,有关部门制定了道路法规,对汽车的轴载质量加以限制。我国公路标准规定,对于四级公路及桥梁,单轴最大允许轴载质量为 10t,双轴最大允许轴载质量为 18t(每轴 9t)。根据公路对汽车轴载质量的限制、所设计汽车的总质量、轮胎的负荷能力以及使用条件等,可以确定汽车的轴数。当所设计的汽车总质量增加到轴荷不符合道路法规要求时,设计师可选择通过增加汽车轴数来解决。汽车轴数增加后,车轮、制动器、悬架等均相应增多,使结构变得复杂,整备质量以及制造成本增加。

因为双轴汽车结构简单、制造成本低,故总质量小于 19t 的公路运输车辆广泛采用双轴形式。总质量为 19~26t 的公路运输车辆采用三轴形式,总质量更大的汽车采用四轴和四轴以上的形式。

因为乘用车总质量较小,所以均采用两轴形式。轴荷不受道路、桥梁限制的不在公路上行驶的车辆,如矿用自卸车等,多采用两轴形式。

1.2.2 驱动形式

汽车的驱动形式有 4×2、4×4、6×2、6×4、8×4 和 8×8 等。其中前一个数字表示汽车总轮数,后一个数字表示驱动轮数。汽车用途、汽车总质量和汽车通过性要求是决定驱动形式

的主要因素。

增加驱动轮数能够提高汽车的通过能力，但驱动轮数越多，汽车的结构就越复杂，总布置设计工作就越困难。乘用车和总质量小一些的商用车辆多采用结构简单、制造成本低的4×2驱动形式。总质量为19~26t的公路运输车辆，采用6×2或6×4等驱动形式。总质量更大的公路运输车辆则采用8×4的驱动形式。

重型矿用自卸车由于活动场地小，要求机动性高，多采用短轴距的4×2驱动形式，少数车采用4×4和6×4的驱动形式。

对于越野车，为了提高其通过性，一般采用全轮驱动的形式。轻型越野车大都采用4×4的驱动形式，中型越野车一般采用4×4和6×4驱动形式，而装载质量在5t以上的军用越野车则普遍采用6×6和8×8的驱动形式。

1.2.3 布置形式

汽车的布置形式是指发动机、驱动桥和车身（或驾驶室）的相互关系和布置特点。汽车的使用性能除取决于整车和各总成的有关参数以外，其布置形式对使用性能也有重要影响。

1. 乘用车的布置形式

乘用车的布置形式主要可分为发动机前置前轮驱动（FF）、发动机前置后轮驱动（FR）和发动机后置后轮驱动（RR）几种，如图1-2所示。部分跑车采用发动机中置后轮驱动（MR）的布置形式，部分高性能乘用车或者SUV还采用发动机前置四轮驱动（front engine all-wheel-drive，F-AWD）的布置形式，高性能跑车和超级跑车多采用发动机中置四轮驱动（middle engine all-wheel-drive，M-AWD）的布置形式。

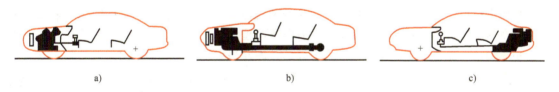

a)   b)   c)

图1-2　乘用车的常见布置形式

a）发动机前置前轮驱动　b）发动机前置后轮驱动　c）发动机后置后轮驱动

（1）发动机前置前轮驱动（FF） 这种布置形式广泛应用于发动机排量为2.5L以下的乘用车。发动机前置前轮驱动中发动机可采用纵向布置或横向布置的形式，如图1-2a所示。

采用这种布置形式的优点是：省略了万向传动装置，减小了整车整备质量，结构比较紧凑；有效地利用了发动机舱的空间，驾驶室内空间更为宽敞；有利于降低地板高度，提高乘坐舒适性；发动机靠近驱动轮，动力传递效率高，燃油经济性好；发动机等总成前置，增加前轴的负荷，提高了轿车高速行驶时的操纵稳定性和制动时的方向稳定性；汽车散热器布置在汽车前部，散热条件好，发动机可得到足够的冷却；行李舱布置在汽车后部，所以有足够大的行李舱空间；容易改装为客货两用车或救护车；发动机采用横置方案时，原主减速器的锥齿轮可用圆柱齿轮取代，降低了制造难度，同时在装配和使用时也不必进行齿轮调整工作，此时变速器和主减速器可以使用同一种润滑油。

采用这种布置形式的主要缺点为：起动、加速或爬坡时，前轮负荷减少，导致牵引力下降，驱动轮容易打滑，爬坡能力降低；制动时质心前移，后轮容易发生制动抱死而引起侧滑；前桥既是转向桥，又是驱动桥，结构及工艺复杂，制造成本高，维修保养困难；前桥负荷较后轴重，并且前轮又是转向轮，故前轮工作条件恶劣，轮胎寿命短；前轮驱动并转向，需要等速万向节，其结构和制造工艺较为复杂；一旦发生正面碰撞事故，因其发动机及附件损失较大，维修费用高。

（2）发动机前置后轮驱动（FR）　这种布置形式常用于发动机排量大于 2.5L 的乘用车。一般将发动机、离合器和变速器装配成一体，使其位于汽车前部，通过万向传动装置将动力传至后驱动桥的主减速器，实现后轮驱动，如图 1-2b 所示。

采用这种布置形式的主要优点是：汽车的轴荷分配均匀，有利于提高轮胎的使用寿命；上坡行驶时，后轮负荷大，爬坡能力强；前轮不驱动，因而不需要采用等速万向节，有利于降低制造成本；发动机舱宽敞，便于发动机冷却和维修；容易改装为客货两用车或救护车；变速器和主减速器分开布置，拆装、维修容易。

采用这种布置形式的主要缺点是：轴距一般较长，汽车的总长和自身质量都较大，会影响到汽车的燃油经济性；由于增加了较多的传动部件，整车的成本增加；由于车身下部要通过传动轴，车厢中部凸起，影响了地板的平整度和高度，座椅布置也受到一定的影响；在雪地或易滑路面上起动加速时，易发生甩尾现象。

（3）发动机后置后轮驱动（RR）　发动机后置后轮驱动一般是将发动机、离合器、变速器及主减速器等装配成一体，无传动轴，将发动机布置在驱动桥（后桥）之后，如图 1-2c 所示。

发动机后置后轮驱动形式的主要优点是减小了整车长度、降低了质心、使地板平整。其缺点是后轴轴荷过大，汽车的转向和操纵性能不佳。此外还存在着前轮附着力过小、高速行驶时转向不稳定、发动机冷却不良以及变速操纵机构复杂等缺点，由于这些缺点，采用这种布置方案的乘用车逐渐减少。但由于后置后驱车的重量大多集中于后方，又是后轮驱动，所以起步、加速性能在所有驱动形式中是最好的，因此超级跑车一般都采用后置后驱的方式。

（4）发动机中置后轮驱动（MR）　这种布置形式，发动机置于座椅之后、后轴之前，大多数高性能跑车和超级跑车都采用这种形式，如图 1-3 所示。

这种布置方式的优点是：可获得最佳的轴荷分配，操纵稳定性和行驶平顺性较好；发动机临近驱动桥，无需传动轴，从而减轻了车重，具有较高的传动效率；重量集中，车身横摆方向的惯性力矩小，转弯时，转向盘操作灵敏，运动性好。其缺点是：发动机的布置占据了车厢和行李舱的一部分空间，通常，车厢内只能安放 2 个座椅；对发动机的隔声和绝热效果差，乘坐舒适性有所降低。

图 1-3　发动机中置后轮驱动

2. 大客车的布置形式

大客车的布置形式有发动机前置前轮驱动、发动机前置后轮驱动、发动机中置后轮驱动

和发动机后置后轮驱动等，如图 1-4 所示。

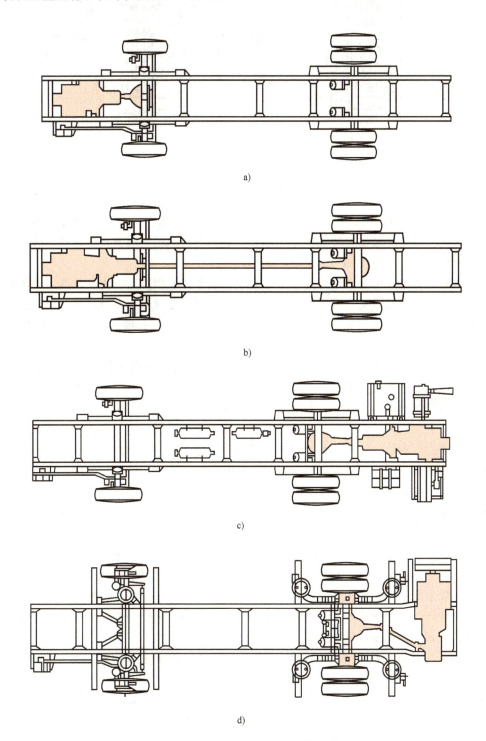

a)

b)

c)

d)

图 1-4　大客车的布置形式

a）发动机前置前轮驱动　b）发动机前置后轮驱动　c）发动机后置后轮驱动　d）发动机横置后置后轮驱动

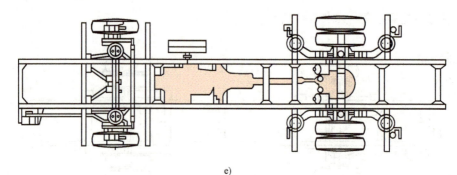

e)

图 1-4 大客车的布置形式（续）

e）发动机中置后轮驱动

（1）**发动机前置前轮驱动**　这种布置形式目前已经少见，一般用于特种客车，如机场摆渡车等。此类客车一般轴距较大，车体较长，前面的驾驶区一般需单独隔离，故常采用发动机前置前轮驱动，如图 1-4a 所示。

采用这种布置形式的主要优点是：操纵方便，乘客区较为宽敞，方便乘客上下车辆，乘客区噪声较低等。其缺点是：由于发动机前置，离合器、变速器和主减速机构等全部集中于车身前部，与转向等机构聚集在一起，使结构复杂，布置困难；前转向驱动桥的产量较低，价格较高。

（2）**发动机前置后轮驱动**　早期的客车大多数是用货车底盘改装而来的，沿用货车的发动机前置后轮驱动形式，如图 1-4b 所示。

采用这种布置形式的优点是：与货车通用部件多，便于由货车改装生产；发动机散热冷却效果好；发动机出现故障时驾驶人容易发现；动力总成操纵机构结构简单。其缺点是：布置座椅时会受到发动机的限制；传动轴从地板下面通过，地板平面距地面较高，乘客上下车不方便；传动轴长；难以隔绝发动机的振动，影响乘坐舒适性；发动机的噪声、气味和热量易于传入车厢；如果乘客门布置在轴距内，会削弱车身刚度；如果采用前开门会使前悬加长，同时使前轴超载。

（3）**发动机后置后轮驱动**　发动机后置后轮驱动是目前客车中较为常见的布置形式，如图 1-4c、d 所示。这种布置方案的优点是：能够较好的隔绝发动机的噪声、气味和热量；检修发动机方便；传动轴短；轴荷分配合理；后桥簧上质量与簧下质量之比增大，能够提高车厢后部的乘坐舒适性；当发动机横置时，车厢面积利用较好，并且座椅布置受发动机影响较小。其缺点是：发动机冷却条件不好，必须采用冷却效果强的散热器；动力总成结构复杂；驾驶人不容易发现发动机故障。

（4）**发动机中置后轮驱动**　发动机中置后轮驱动是旅游客车中较为常见的布置形式，如图 1-4e 所示。这种布置方案的优点是：轴荷分配合理；传动轴长度短；车厢面积利用好，且座椅布置不受发动机的影响；乘客车门能够布置在前轴之前。其缺点是：发动机必须采用水平对置式，且布置在地板下部，给检修发动机带来困难；驾驶人不容易发现发动机故障；发动机在热带的冷却和寒带的保温条件均不好；动力总成操纵机构复杂。

3. 货车的布置形式

货车的布置形式主要是指发动机、驱动轴和车身（或驾驶室）的相互关系和布置特点。

（1）发动机位置决定的布置形式　按照发动机位置的不同，货车的布置形式可分为发动机前置、中置、后置三种。

1）发动机前置。这种布置形式在货车上应用广泛。这种布置形式的优点是：维修发动机方便；离合器、变速器等操纵机构简单；货箱地板高度低；可以采用直列发动机、V型发动机或卧式发动机；发现发动机故障容易。

2）发动机中置。这种布置形式采用卧式发动机，且布置在后桥驱动货车的货箱下方，因发动机通用性不好，少数货车采用。其优点是驾驶室布置不受发动机限制，座位和汽车总高可以降低，噪声小，轴距和总长较短，有利于轴荷分配。其缺点是发动机需特殊设计，维修不便。

3）发动机后置。发动机后置后轮驱动货车是由发动机后置后轮驱动的乘用车变形而来的，较少采用。这种布置形式的主要缺点为后桥超载，操纵机构复杂，发现发动机故障和维修发动机都困难等。

（2）驾驶室与发动机的相对位置决定的布置形式　按驾驶室与发动机相对位置的不同，货车有长头式、短头式、平头式和偏置式几种布置形式，如图1-5所示。长头式的特点是发动机位于驾驶室前部，当发动机有少部分位于驾驶室内时称为短头式，当发动机全位于驾驶室内时称为平头式，驾驶室偏置在发动机旁的货车称为偏置式。

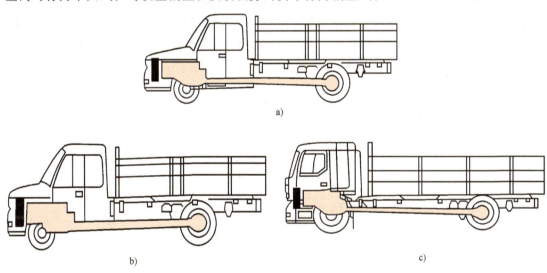

图1-5　货车车头形式

a）长头式　b）短头式　c）平头式

平头式货车的主要优点是：汽车总长和轴距尺寸短，最小转弯直径小，机动性能良好；不需要发动机舱盖和翼子板，加上总长缩短等因素的影响，汽车整备质量小；驾驶人的视野得到明显改善；采用翻转式驾驶室时能改善发动机及其附件的接近性；汽车面积利用率高。平头式货车的主要缺点是：前轴负荷大，因而汽车通过性能变差；驾驶室有翻转机构和锁住机构，使机构复杂；进、出驾驶室不如长头式货车方便；离合器、变速器等操纵机构复杂；驾驶室内受热及振动均较大；汽车正面与其他物体发生碰撞时，特别是微型、轻型平头货车，驾驶人和前排乘员受到严重伤害的可能性增加。平头式在各种级别的货车上得到广泛应用。

长头式货车的主要优缺点与平头式货车的优缺点相反，而短头式介于两者之间，但更趋向于与长头式优缺点相近。

偏置式驾驶室的货车主要用于重型矿用自卸车上。它具有平头式货车的一些优点，如轴距短、视野良好等，此外还具有驾驶室通风条件好、维修发动机方便等优点。

1.3 汽车主要参数的选择

1.3.1 汽车主要尺寸参数的确定

汽车的主要尺寸包括外廓尺寸、轴距、轮距、前悬、后悬、货车车头长度和货车车厢尺寸等。

1. 外廓尺寸

汽车的长、宽、高称为汽车的外廓尺寸。各国对公路运输车辆的外廓尺寸均有法规限制，以保证行驶的安全性。有些非公路用车辆，如重型矿用车等，可以不受法规限制。表1-4和表1-5是GB 1589—2016《汽车、挂车及汽车列车外廓尺寸、轴荷及质量限值》给出的道路行驶车辆的外廓尺寸的最大限值。该标准还规定，车辆间接视野装置（外开窗、后视镜等）单侧外伸量不应超出车辆宽度250mm。可以参考这些表来确定所设计的车辆的外廓尺寸。另外应该注意，在实际设计工作中应该及时跟踪标准的更新。

表1-4 仓栅式、栏板式、平板式、自卸式货车及半挂车外廓尺寸的最大限制

（单位：mm）

车 辆 类 型			长度	宽度	高度
仓栅式货车 栏板式货车 平板式货车 自卸式货车	二轴	最大设计总质量≤3500kg	6000	2550	4000
		最大设计总质量>3500kg，且≤8000kg	7000		
		最大设计总质量>8000kg，且≤12000kg	8000		
		最大设计总质量>12000kg	9000		
	三轴	最大设计总质量≤20000kg	11000		
		最大设计总质量>20000kg	12000		
	双转向轴的四轴汽车		12000		
仓栅式半挂车 栏板式半挂车 平板式半挂车 自卸式半挂车	一轴		8600		
	二轴		10000		
	三轴		13000		

表1-5 其他汽车、挂车及汽车列车外廓尺寸的最大限值　（单位：mm）

车 辆 类 型		长度	宽度	高度
汽车	三轮汽车[①]	4600	1600	2000
	低速货车	6000	2000	2500
	货车及半挂牵引车	12000[②]	2550[③]	4000
	乘用车及客车 乘用车及二级客车	12000	2550	4000[④]
	三轴客车	13700		
	单铰接客车	18000		

（续）

车 辆 类 型		长度	宽度	高度
挂车	半挂车	13750[5]	2550[3]	4000
	中置轴、牵引杆挂车	12000[6]		
汽车列车	乘用车列车	14500	2550[3]	4000
	铰接列车	17100[7]		
	货车列车	20000[8]		

[1] 当采用转向盘转向，由传动轴传递动力，具有驾驶室且驾驶人座椅后设计有物品放置空间时，长度、宽度、高度的限制分别为 5200mm、1800mm、2200mm。
[2] 专用作业车车辆长度限值要求不适用，但应符合相关标准要求。
[3] 冷藏车宽度最大限值为 2600mm。
[4] 定线行驶的双层城市客车高度最大限值为 4200mm。
[5] 运送 45ft（13716mm）集装箱的半挂车长度最大限值为 139500mm。
[6] 车厢长度限值为 8000mm（中置轴车辆运输挂车除外）。
[7] 长头铰接列车长度限值为 18100mm。
[8] 中置轴车辆运输列车长度最大限值为 22000mm。

乘用车宽度尺寸一方面由乘员必需的室内宽度和车门厚度来决定，另一方面应保证能布置下发动机、车架、悬架、转向系统和车轮等。乘用车总宽度 B_a 与车辆总长 L_a 之间有下述近似关系：$B_a = (L_a/3) + 195mm \pm 60mm$，后座乘三人的轿车，$B_a$ 不应小于 1410mm。

影响乘用车总高 H_a 的因素有轴间底部离地高 h_m、地板及下部零件高、室内高 h_B 和车顶造型高度 h_t 等。

轴间底部离地高 h_m 应大于最小离地间隙 h_{min}。由座位高、乘员上身长和头部及头上部空间构成的室内高 h_B 一般取 1120~1380mm。车顶造型高度 h_t 通常取 20~40mm。

至于具体选用何种外廓尺寸应根据汽车的用途、道路条件、外形设计和结构布置等因素确定。原则是在保证汽车主要性能的条件下力求减小外廓尺寸，以便减小汽车的质量，降低成本，改善使用经济性。

2. 轴距

轴距（如图 1-6 中的 L）对汽车的整备质量、汽车总长、最小转弯直径、传动轴长度及纵向通过半径等都有影响。

缩短轴距的优点包括：整备质量小，有利于改善燃油经济性和动力性；机动性好，最小转弯直径小；纵向通过半径 $R_{纵}$ 小（图 1-6），通过性好等。缩短轴距的缺点包括：为了保

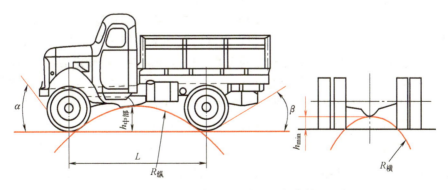

图 1-6　汽车通过性的主要几何参数

证车内空间而使后悬增大，从而减小了车辆的离去角 β，降低了通过性；加速、制动、上坡时轴荷转移大，车身纵向角振动大，使制动性、操纵稳定性和乘坐舒适性变坏；万向节传动的夹角过大等。

因此，确定轴距应综合考虑各方面的要求，在满足主要性能、车内（装载）面积和轴荷分配等方面要求的前提下，把轴距设计得短些为宜。表1-6给出了各种汽车轴距、轮距值的选用范围（经验数据），设计时可以参考数据初步选择轴距。一般装载质量越大，轴距应该越长；机动性要求高者（轻型货车、矿用自卸车等），轴距应该短些；经常运送大型构件或轻抛货物的货车，轴距应该取长些；三轴汽车中、后轴间距多为轮胎直径的 1.1~1.25 倍；中、高级乘用车，轴距应该较长，以获得较高的乘坐舒适性、操纵稳定性；微型和轻型乘用车，轴距应该较短，以降低成本，提高机动性；乘用车的轴距与总长之间应该有适当的比例，一般轴距为总长的 54%~60%。

表1-6　各种汽车轴距、轮距值的选用范围（经验数据）

车　　型	类　　别		轴距 L/m	轮距 B/m
4×2 载货汽车	汽车总质量 m/t	<2.2	1.70~2.90	1.15~1.35
		2.2~3.4	2.30~3.20	1.30~1.50
		3.5~5.9	2.60~3.60	1.40~1.65
		6.0~9.9	3.60~4.20	1.70~1.85
		10.0~13.9	3.60~5.00	1.84~2.00
		14.0~25.0	4.10~5.60	1.84~2.00
矿用自卸车		<60	3.20~4.20	1.84~3.20
		>60	3.90~4.80	2.50~4.00
大客车	城市大客车(单车)		4.50~5.00	1.74~2.05
	长途大客车(单车)		5.00~6.50	1.74~2.05
乘用车	微型		1.65~2.40	1.10~1.27
	普通级		2.12~2.54	1.15~1.50
	中级		2.50~2.86	1.30~1.50
	中高级		2.85~3.40	1.40~1.58
	高级		3.40~3.90	1.56~1.62

3. 前轮距 B_1 和后轮距 B_2

改变汽车轮距 B 会影响车厢或驾驶室内宽度、汽车总宽、总质量、侧倾刚度、最小转弯直径等。增加前轮距，可以增加驾驶室内宽度，有利于增加侧倾刚度，但汽车总宽度和总质量会有所增加，同时会影响到最小转弯直径。

国家标准规定汽车总宽不得超过 2.55m，这就要求轮距不宜过大。但在取定的前轮距 B_1 范围内，应能布置相应总成，如发动机、车架、前悬架和前轮等，并保证前轮有足够的转向空间，同时转向杆系与车架、车轮之间有足够的运动间隙。在确定后轮距 B_2 时应考虑两纵梁之间的宽度、悬架宽度和轮胎宽度及它们之间应留有必要的间隙。各类汽车的轮距可参考表1-6提供的数据进行初选。对机动性和通过性要求高的越野车和微型汽车，轮距应取小些，以减小横向通过半径，但要保证使用中不产生侧向翻车。

4. 前悬 L_F 和后悬 L_R

汽车的前悬和后悬尺寸是根据总布置要求最后确定的。

前悬尺寸对汽车通过性、碰撞安全性、驾驶人视野、前钢板弹簧长度、上车和下车的方便性以及汽车造型等均有影响。前悬 L_F 应有足够的长度，以固定和安装发动机、散热器、转向器等部件；但不宜过长，否则汽车接近角 α 太小（见图1-6），不利于通过性，并会使驾驶人视野变差。

后悬尺寸对汽车通过性、追尾时的安全性、货箱长度或行李舱长度以及汽车造型等都有影响，并取决于轴距和轴荷分配的要求。后悬 L_R 过大，则汽车离去角 β 减小（见图1-6），通过性变差；而后悬过短会减小乘用车行李舱尺寸。客车后悬长度不得超过轴距的65%，绝对值不大于3500m；总质量为1.8~14.0t的货车后悬一般为1200~2200mm，特长货箱的汽车后悬可达到2600m，但不得超过轴距的55%。

5. 货车车头长度

货车车头长度是指从汽车的保险杠到驾驶室后围的距离。车头长度尺寸对汽车外观、驾驶室的容积和发动机维修的方便性都有很大影响。

长头型货车车头长度一般控制在2500~3000mm，平头型货车车头长度一般控制在1400~1500mm。

6. 货车车厢尺寸

要求货车车厢的尺寸应满足运送集装箱和袋装货物时能装至额定吨数。车厢边板高度对汽车质心高度和装卸货物的方便性有影响，一般应在450~650mm。车厢内宽应在汽车外宽符合国家标准的前提下适当取宽些，以缩短边板高度和车厢长度。行驶速度能达到较高车速的货车，若采用过宽的车厢会增大汽车的迎风面积，导致空气阻力增大。车厢内长应在能满足运送上述货物额定吨位的条件下尽可能取短些，以利于减小整备质量。

1.3.2　汽车主要质量参数的确定

汽车质量参数包括汽车的载客量和装载质量 m_e、整车整备质量 m_0、汽车总质量 m_a、质量系数 η_{m0} 和轴荷分配等。

1. 汽车的载客量和装载质量 m_e

（1）汽车的载客量　乘用车的载客量用座位数表示，微型和普通级轿车为2~4座，中级以上轿车为4~7座。

城市大客车的载客量由等于座位数的乘客和站立乘客两部分构成，站立乘客按每平方米8~10人计算。长途大客车和专供游览观光用的大客车，其载客量等于座位数。

（2）汽车的装载质量 m_e　汽车的装载质量 m_e 是指在硬质良好路面上行驶时所允许的额定装载质量。汽车在碎石路面上行驶时，装载质量为良好路面的75%~85%。越野汽车的装载质量是指越野行驶时或在土路上行驶时的额定装载质量。

货车装载质量 m_e 的确定，应与行业产品规划的系列相符合，还应考虑到汽车的用途和使用条件。原则上，货流量大、运输距离长或矿用自卸车应采用大吨位货车；货源变化频繁、运输距离短的市内运输车采用中、小吨位的货车比较经济。

2. 整车整备质量 m_0

整车整备质量 m_0 是指车上带有全部装备（包括随车工具、备胎等），加满燃料、水，但没有装货和载人时的整车质量。

　　减少整车整备质量是从事汽车设计工作中必须遵守的一项重要原则,这是因为整车整备质量对汽车的成本和使用经济性均有影响。目前,尽可能减少整车整备质量是为了通过减小整备质量来增加装载质量或载客量;抵消因满足安全标准、排气净化标准和噪声标准所带来的整备质量的增加;节约燃料。减小整车整备质量的主要措施有:采用强度足够的轻质材料,设计新的车型使汽车结构更合理。

　　整车整备质量在设计阶段需估算确定。在日常工作中,可通过收集大量同类型汽车各总成、部件和整车的有关质量数据,结合新车设计的结构特点、工艺水平等,初步估算出各总成、部件的质量,再累计构成整车整备质量,乘用车和商用(客)车的整备质量也可按每人所占整车整备质量的统计平均值估计,设计时可参考表1-7中数据。

表1-7　乘用车和商用客车人均整备质量值

乘 用 车		人均整备质量值/ $(t \cdot 人^{-1})$	商 用 客 车	人均整备质量值/ $(t \cdot 人^{-1})$
发动机排量 V/L	$V \leqslant 1.0$	$0.15 \sim 0.16$	车辆总长 L/m	$\leqslant 10.0$ $0.096 \sim 0.160$
	$1.0 < V \leqslant 1.6$	$0.17 \sim 0.24$		
	$1.6 < V \leqslant 2.5$	$0.21 \sim 0.29$		>10.0 $0.065 \sim 0.130$
	$2.5 < V \leqslant 4.0$	$0.29 \sim 0.34$		
	$V > 4.0$	$0.26 \sim 0.34$		

3. 质量系数 η_{m0}

　　质量系数 η_{m0} 是指汽车装载质量与整车整备质量的比值,即 $\eta_{m0} = m_e / m_0$。该系数反映了汽车的设计水平和工艺水平, η_{m0} 值越大,说明该汽车的结构和制造工艺越先进。要达到较高的质量系数,就需要努力减小零部件的自身质量,为达到这种目的,在材料、制造以及设计方面都要采取有效措施。

　　表1-8给出了货车的质量系数 η_{m0} ,选定质量系数 η_{m0} 后,可根据给定的装载质量 m_e 计算整车的整备质量。

表1-8　货车的质量系数 η_{m0}

车 型	参 数	
	总质量 m_a/t	η_{m0}
货车	$1.8 < m_a \leqslant 6.0$	$0.80 \sim 1.10$
	$6.0 < m_a \leqslant 14.0$	$1.20 \sim 1.35$
	$m_a > 14.0$	$1.30 \sim 1.70$

4. 轴荷分配

　　汽车的轴荷分配是指汽车在空载或满载静止状态下,各车轴对支承平面的垂直负荷,也可以用占空载或满载总质量的百分比来表示。

　　轴荷分配是汽车的重要质量参数,它对汽车的轮胎寿命和汽车的许多使用性能都有影响。原则上轴荷分配的选择应考虑以下因素:从使各轮胎磨损均匀和寿命相近的角度考虑,各个车轮的负荷应相差不大;为了保证汽车有良好的动力性和通过性,驱动桥应有足够大的负荷,而从动轴上的负荷可以适当减小,以利于减小从动轮滚动阻力和提高在坏路面上的通过性;为了保证汽车有良好的操纵稳定性,又要求转向轴的负荷不应过小。

由上可知，各使用性能对轴荷分配参数的要求是相互矛盾的，这就要求设计时应根据对整车的性能要求、使用条件等，合理地选择轴荷分配。各类汽车的轴荷分配见表1-9。

表1-9　各类汽车的轴荷分配

车　型		满载		空载	
		前轴	后轴	前轴	后轴
乘用车	发动机前置前轮驱动	47%～60%	40%～53%	56%～66%	34%～44%
	发动机前置后轮驱动	45%～50%	50%～55%	51%～56%	44%～49%
	发动机后置后轮驱动	40%～46%	54%～60%	38%～50%	50%～62%
商用货车	4×2 后轮单胎	32%～40%	60%～68%	50%～59%	41%～50%
	4×2 后轮双胎，长、短头式	25%～27%	73%～75%	44%～49%	51%～56%
	4×2 后轮双胎，平头式	30%～35%	65%～70%	48%～54%	46%～52%
	6×4 后轮双胎	19%～25%	75%～81%	31%～37%	63%～69%

1.3.3　汽车主要性能参数的确定

1. 动力性参数

汽车动力性参数主要有最高车速 u_{amax}、加速时间 t、爬坡能力、比功率 P_b 和比转矩 T_b 等，对于在用汽车常用驱动轮输出功率评价。

（1）**最高车速 u_{amax}**　随着汽车性能特别是主动安全性能的提高以及道路条件的改善和高速公路的发展，汽车的最高车速普遍有所提高，但设计的 u_{amax} 不应太高，否则不仅费油，还不安全。表1-10给出了各类汽车动力性参数范围。GB/T 12544—2012《汽车最高车速试验方法》给出了汽车最高车速试验方法。

表1-10　各类汽车动力性参数范围

汽车类别		最高车速 u_{amax}/ km·h^{-1}	比功率 P_b/ kW·t^{-1}	比转矩 T_b/ N·m·t^{-1}
乘用车	发动机排量 V/L			
	$V \leq 1.0$	110～150	30～60	50～110
	$1.0 < V \leq 1.6$	120～170	35～65	80～110
	$1.6 < V \leq 2.5$	130～190	40～70	90～130
	$2.5 < V \leq 4.0$	140～230	50～80	120～140
	$V > 4.0$	160～280	60～110	100～180
货车	最大总质量 m_a/t			
	$m_a \leq 1.8$	80～135	16～28	30～44
	$1.8 < m_a \leq 6.0$		15～25	38～44
	$6.0 < m_a \leq 14.0$	75～120	10～20	33～47
	$m_a > 14.0$		6～20	29～50
客车	车辆总长 L_a/m			
	$L_a \leq 3.5$	85～120	—	—
	$3.5 < L_a \leq 7.0$	100～160	—	—
	$7.0 < L_a \leq 10.0$	95～140	—	—
	$L_a > 10.0$	85～120	—	—

（2）**加速时间**　汽车在平直良好的路面上，从原地起步开始以最大的加速度加速到一定车速所用的时间称为加速时间。汽车的加速时间对平均行驶车速有着很大的影响。对于最高车速 $u_{amax} > 100$km/h 的汽车，常用加速到车速 100km/h 所需的时间来评价；对于 $u_{amax} <$

100km/h 的汽车，可用加速到车速 60km/h 所需的时间来评价。

（3）爬坡能力 汽车的爬坡能力用汽车满载时在良好路面上能爬上的最大坡度 i_{max} 来表示。乘用车、货车、越野汽车的使用条件不同，所要求的爬坡能力也不同。通常要求货车和大客车能克服 30% 的坡度，越野汽车的最大爬坡度要求在 60% 左右。

（4）比功率 P_b 和比转矩 T_b 比功率是汽车所装发动机的标定最大功率与汽车最大总质量之比，可作为评价汽车动力性的综合指标。乘用车的比功率大于货车和客车的比功率。发动机排量大的乘用车的比功率要大于排量小的乘用车的比功率，而货车的比功率则随总质量的增大而减小。为保证路上行驶车辆的动力性不低于一定水平，防止某些动力性能差的车辆阻碍交通，要对车辆的最小比功率给出规定。国家标准 GB 7258—2017《机动车运行安全技术条件》规定，低速汽车及拖拉机运输机组的比功率应大于或等于 4.0kW/t，除无轨电车、纯电动汽车外的其他机动车的比功率应大于或等于 5.0kW/t。

比转矩是发动机的最大转矩与汽车总质量之比，反映了汽车的牵引能力。不同车型的比功率和比转矩的范围见表 1-10。

2. 燃油经济性参数

汽车的燃油经济性指标是用汽车在水平的混凝土或沥青路面上，以经济车速多工况满载行驶的百公里燃油消耗量 [L/(100km)] 来评价的，其数值越大，经济性越差，乘用车百公里燃油消耗量见表 1-11。在设计时，这项指标可参考总质量相近的同类车的百公里燃油消耗量或单位汽车质量的百公里燃油消耗量来估算。

表 1-11 乘用车百公里燃油消耗量

发动机排量 V/L	$V \leq 1.0$	$1.0 < V \leq 1.6$	$1.6 < V \leq 2.5$	$2.5 < V \leq 4.0$	$V > 4.0$
百公里燃油消耗量/ $L \cdot (100km)^{-1}$	4.4~7.5	7.0~12.0	10.0~16.0	14.0~20.0	18.0~23.5

货车有时可以用单位汽车质量的百公里燃油消耗量来评价。表 1-12 给出了货车单位汽车质量的百公里燃油消耗量的统计值。

表 1-12 货车单位汽车质量的百公里燃油消耗量的统计值 [单位：$L \cdot (100km)^{-1}$]

汽车总质量/t	汽油机	柴油机	汽车总质量/t	汽油机	柴油机
<4	3.0~4.0	2.0~2.8	6~12	2.68~2.82	1.55~1.86
4~6	2.8~3.2	1.9~2.1	>12	2.50~2.60	1.43~1.53

目前，节能仍是汽车设计的重大课题，一些主要汽车生产国家对燃油消耗有严格的规定。许多国家竞相开发低油耗汽车，对在研的超经济型乘用车而言，其燃油消耗量的目标值为 3.0L/(100km)。

我国在 2021 年制定了标准 GB 19578—2021《乘用车燃料消耗量限值》，对国内生产的乘用车的燃油消耗量提出了具体的限制指标，用以提高国产汽车的燃油经济性水平。

3. 汽车的最小转弯直径 D_{min}

转向盘转至极限位置时，汽车前外转向轮轮辙中心在支承平面上的轨迹圆的直径称为最小转弯直径 D_{min}。D_{min} 用来描述汽车转向机动性，是汽车转向能力和转向安全性能的一项

重要指标。

影响汽车 D_{min} 的因素有两类，即与汽车本身有关的因素和法规及使用条件对 D_{min} 的限定。汽车本身因素包括汽车转向轮最大转角、汽车轴距和轮距以及转向轮数（如全轮转向）等。除此之外，有关的国家法规规定和汽车的使用道路条件对 D_{min} 的确定也有重要的影响。转向轮最大转角越大，轴距越短，轮距越小和参与转向的车轮数越多，汽车的最小转弯直径越小，表明汽车在停车场掉头和通过弯道半径较小路段的能力越强。对机动性要求高的汽车，D_{min} 应取小些。通常，机动车的最小转弯直径不得大于 24m。当转弯直径为 24m 时，前转向轴和末轴的内轮差（以两内轮轨迹中心计）不得大于 3.5m。各类汽车的最小转弯直径见表 1-13。

表 1-13　各类汽车的最小转弯直径

车型	级　别		D_{min}/m	车型	级　别		D_{min}/m
乘用车	发动机排量 V/L	$V \leqslant 1.0$	$7 \sim 10$	商用货车	总质量 m_a/t	$m_a \leqslant 1.8$	$8 \sim 12$
		$1.0 < V \leqslant 1.6$	$9 \sim 12$			$1.8 < m_a \leqslant 6.0$	$10 \sim 19$
		$1.6 < V \leqslant 2.5$	$10 \sim 13$			$6.0 < m_a \leqslant 14.0$	$12 \sim 20$
		$2.5 < V \leqslant 4.0$	$10 \sim 14$			$m_a > 14.0$	$13 \sim 21$
		$V > 4.0$	$11 \sim 15$				
商用客车	车辆总长 L_a/m	$\leqslant 3.5$	$8 \sim 11$	矿用自卸车	装载质量 m_e/t	$m_e \leqslant 45$	$15 \sim 19$
		$3.5 < L_a \leqslant 7.0$	$10 \sim 13$			$m_e > 45$	$18 \sim 24$
		$7.0 < L_a \leqslant 10.0$	$14 \sim 20$				
		$L_a > 10.0$	$17 \sim 22$				

4. 通过性参数

通过性参数有最小离地间隙 h_{min}、接近角 γ_1、离去角 γ_2 和纵向通过半径 ρ_1 等。表 1-14 给出了汽车通过性指标的选取范围。

表 1-14　汽车通过性指标的选取范围

汽车类型	h_{min}/mm	$\gamma_1/(\degree)$	$\gamma_2/(\degree)$	ρ_1/m
4×2 乘用车	$150 \sim 220$	$20 \sim 30$	$15 \sim 22$	$3.0 \sim 8.3$
4×4 乘用车	$210 \sim 250$	$45 \sim 50$	$35 \sim 40$	$1.7 \sim 3.6$
4×2 货车	$180 \sim 250$	$40 \sim 60$	$25 \sim 45$	$2.3 \sim 6.0$
4×4 货车、6×6 货车	$260 \sim 350$	$45 \sim 60$	$35 \sim 45$	$1.9 \sim 3.6$
4×2 客车、6×4 客车	$220 \sim 370$	$10 \sim 40$	$6 \sim 20$	$4.0 \sim 9.0$

5. 操纵稳定性参数

汽车操纵稳定性的评价参数较多，与总体设计有关并能作为设计指标的如下：

（1）**不足转向特性参数**　为了保证有良好的操纵稳定性，汽车应具有一定程度的不足转向。通常在总体设计时做到前、后轮的侧偏角之差大于零。常用汽车以 $0.4g$ 的向心加速度沿定圆转向时，前、后轮侧偏角之差 $(\delta_1 - \delta_2)$ 作为评价参数。此参数的值取 1°~3° 为宜。

（2）**车身侧倾角**　为保持较好的侧向稳定性，汽车以 $0.4g$ 的向心加速度沿定圆等速行驶时，车身侧倾角控制在 3° 以内较好，最大不允许超过 7°。

（3）**制动点头角**　为了使汽车具有较好的乘坐舒适性，要求汽车以 $0.4g$ 的减速度制动时，车身的点头角不大于 1.5°。

6. 汽车制动性参数

汽车制动性是指汽车在制动时，能在尽可能短的距离内停车且保持方向稳定，下长坡时能维持较低的安全车速并有在一定坡道上长期驻车的能力。与总体设计有关的制动性参数包括制动距离、平均制动减速度（MFDD）、行车制动踏板力和应急制动操纵力。

表 1-15 列出了 GB 7258—2017《机动车运行安全技术条件》中规定的制动距离和制动稳定性要求，可以用来参考选择制动性能参数。

表 1-15 制动距离和制动稳定性要求

车辆类型		行车制动					应急制动			
		制动初车速/km·h⁻¹	制动距离/m	MFDD/m·s⁻²	试车道宽度/m	踏板力/N	制动初车速/km·h⁻¹	制动距离/m	MFDD/m·s⁻²	操纵力/N ≤
座位数≤9的汽车	满载	50	≤20	≥5.9	2.5	≤500	50	≤38	≥2.9	手400脚500
	空载		≤19	≥6.2		≤400				
其他总质量≤4.5t的汽车	满载	50	≤22	≥5.4	2.5	≤700	30	≤18	≥2.6	手600脚700
	空载		≤21	≥5.8		≤450				
其他汽车、汽车列车	满载	30	≤10	≥5.0	3.0	≤700	30	≤30	≥2.2	手600脚700

7. 舒适性参数

汽车应为乘员提供舒适的乘坐环境和方便的操作条件，称为汽车的舒适性。舒适性应包括平顺性、空气调节性能（温度、湿度等）、车内噪声、乘坐环境（活动空间、车门及通道宽度、内部设施等）及驾驶人的操作性能。

汽车的行驶平顺性常用垂直振动参数评价，包括频率和振动加速度等，此外悬架动挠度也用来作为评价参数之一。各类汽车悬架的静挠度、动挠度和偏频见表 1-16。

表 1-16 各类汽车悬架的静挠度、动挠度和偏频

车 型	参 数		
	静挠度 f_c/mm	动挠度 f_d/mm	偏频 n/Hz
乘用车	100~300	70~90	0.9~1.6
客车	70~150	50~80	1.3~1.8
货车	50~110	60~90	1.5~2.2
越野车	60~130	70~130	1.4~2.0

1.4 汽车总布置设计

在汽车开发整体流程中，总布置设计贯穿于整个过程。汽车总布置设计通过对整车设计的总体规划来确立车身、底盘、动力总成等系统之间的匹配关系、重量、法规和整车的性能指标。

总布置设计主要包括以下工作：在进行市场调研和情报收集后确定设计计划任务书；初步进行总布置草图设计；确定设计硬点和设计控制规则；为避免产生运动学干涉，对各运动

机构和非运动部件的关系进行协调；对人机工程学和舒适性设计进行校核；对整车性能计算和仿真分析，进行整车性能匹配和系统优化；确定关键零部件的设计参数，指导设计选型；最后实现产品零部件的产品描述表、爆炸图及零部件明细表的建立。

1.4.1　设计硬点

设计硬点是确定车身、底盘等零部件相互关系的基准点、线、面及控制结构的统称，主要分为安装装配硬点（ASH，包括尺寸与形式硬点）、运动硬点（MTH）、轮廓硬点及性能硬点四类。整车性能硬点，即对整车性能的要求，一般在设计任务书中已制订。狭义的硬点是描述整车轮廓硬点、运动硬点以及设计布置的安装装配硬点等。

通常可以分成整车外部尺寸参数控制硬点、底盘系统布置主要控制硬点、车身主要总成控制硬点以及人机工程布置设计硬点等。其中整车外部尺寸参数控制硬点，即总布置轮廓硬点是控制整车外部造型的基础性数据，包括总长、总宽、总高、轴距、前/后悬、前/后轮距、接近角、离去角和最小离地间隙等。底盘系统设计布置硬点和运动硬点包括发动机、传动轴、操纵机构、悬架系统、车轮、转向系统、制动系统、排气系统及散热系统等总成的位置、姿态与安装点坐标以及车轮定位参数和车轮跳动参数等。

在主要设计硬点确定以后，造型、车身、底盘等设计就有了共同参照的依据和遵循的规范，各个子系统的设计可分别展开。

1.4.2　整车布置基准线（面）——零线的确定

在初步确定了汽车的驱动形式、车身形式和主要参数后，就应该对汽车总成和部件进行空间布置，校核初步选定的各部件结构和尺寸是否符合整车尺寸及参数的要求，并绘制出总布置图，绘制总布置图前要确定画图的基准线（面）。

在汽车满载的情况下，确定整车的基准线（面）如图 1-7 所示。

（1）**车架上平面线**　车架纵梁上翼面较长的一段平面或承载式车身中部地板或边缘上面在侧（前）视图上的投影线，称为车架上平面线，它作为标注各垂直尺寸的基准线（面）。货车的车架上平面在满载静止位置时，通常与地面倾斜 $0.5° \sim 1.5°$，即车架呈前低后高的状态，这样在汽车加速时，货箱可接近水平。

（2）**前轮中心线**　通过左、右前轮中心并垂直于车架平面线的平面，在侧视图和俯视图上的投影线称为前轮中心线，它作为标注各纵向尺寸的基准线（面）或零线。

（3）**汽车中心线**　汽车纵向垂直对称平面在俯视图和前视图上的投影线称为汽车中心线，它作为标注各横向尺寸的基准线（面）。

（4）**地面线**　地平面在侧视图和前视图上的投影线称为地面线。它是标注汽车高度、接近角、离去角、离地间隙和货台高度等尺寸的基准线。

整车设计的设计状态可分为半载状态、空载状态（整车整备质量状态）和满载状态进行设计校核。在整车的布置中，将车身放平（前地板平直部分保持水平），车身作为基准保持不动，在车身上固定的底盘件也随之保持不动。车轮的不同状态构成了不同的地面线，从而得到空载、半载、满载等不同的整车姿态。

（5）**前轮垂直线**　通过左、右前轮中心并垂直于地面的平面在侧视图和俯视图上的投影线称为前轮垂直线，它是用来作为标注汽车轴距和前悬的基准线。当车架与地面平行时，

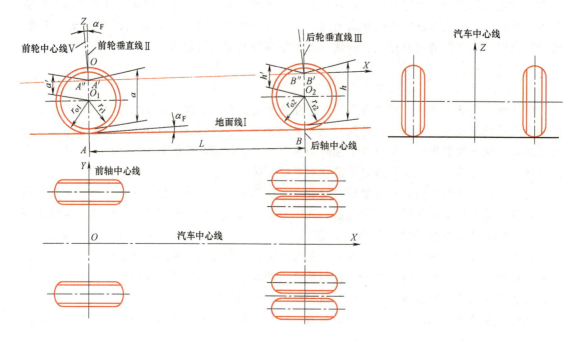

图 1-7 总布置图上的基准线

前轮垂直线与前轮中心线重合（如乘用车）。

1.4.3 底盘总成部件的布置

1. 发动机的布置

（1）**发动机的上下位置** 发动机的上下位置对离地间隙和驾驶人视野有影响。乘用车前部因没有前轴，发动机油底壳至路面的距离应保证满载状态下最小离地间隙的要求。货车通常将发动机布置在前轴上方，考虑到悬架缓冲块脱落以后，前轴的最大向上跳动量达 70～100mm，这就要求发动机有足够高的位置，以防止前轴碰坏发动机油底壳。油底壳通常设计成深浅不一的形状，使位于前轴上方的地方最浅，同时再将前梁中部锻成下凹形状（注意前梁下部尺寸必须保证所要求的最小离地间隙）。所有这些措施都将有利于降低发动机位置的高度，并使发动机舱盖随之降低，这能改善长头车的驾驶人视野，同时有利于降低汽车质心高度。除此之外，还要检查油底壳与横拉杆之间的间隙。发动机高度位置初定之后，用气缸体前端面与曲轴中心线交点 K 到地面高度尺寸 b 来标明其高度位置，如图 1-8 所示。

在发动机高度位置初步确定之后，风扇和散热器的高度随之

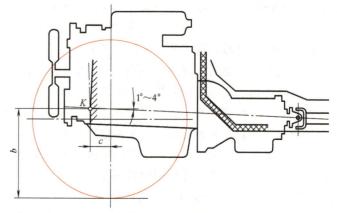

图 1-8 确定动力总成位置的主要尺寸

确定，要求风扇中心与散热器几何中心相重合，以使散热器在整个面积上接受风扇的吹风。护风罩用来增大送风量和减小散热器尺寸。为了保证空气的畅通，散热器中心与风扇之间应有不小于50mm的间隙，无护风罩时可减小到30mm。

由于空气滤清器位于发动机进气歧管上，其高度影响发动机舱盖高度，为此将空气滤清器做成扁平状。发动机舱盖与发动机零件之间的间隙不得小于25mm，以防止关闭发动机舱盖时发动机受到损伤。

（2）**发动机的前后位置** 发动机的前后位置会影响汽车的轴荷分配、乘用车前排座位的乘坐舒适性、发动机前置后轮驱动汽车的传动轴长度和夹角以及货车的面积利用率。为减小传动轴夹角，发动机前置后轮驱动汽车的发动机常布置成向后倾斜状，使曲轴中心线与水平线之间形成1°~4°的夹角，乘用车多在3°~4°之间，如图1-8所示。

发动机前置后轮驱动的乘用车，前纵梁之间的距离必须考虑吊装在发动机上的所有总成（如发电机、空调装置的压缩机等）以及从下面将发动机安装到汽车上的可能性。还应保证在修理和技术维护的情况下，从上面安装发动机的可能性。

应将发动机的前后位置与上下位置一起进行布置。前后位置确定以后，在侧视图上画出它的外形轮廓，然后用气缸体前端面与曲轴中心线交点到前轮中心线之间的距离来标明其前后位置，如图1-8中的尺寸 c 所示。此后可以确定汽车前围的位置：发动机与前围之间必须留有足够的间隙，以防止热量传入乘员舱并保证零部件的安装；离合器壳与变速器应能同时拆下，而无需拆卸发动机的固定点，此时应特别注意离合器壳上面螺钉的接近性。

（3）**发动机的左右位置** 发动机曲轴中心线在一般情况下与汽车中心线一致。这对底盘承载系统的受力和对发动机悬置支架的统一有利。少数汽车（如4×4汽车），考虑到前桥是驱动桥，为了使前驱动桥的主减速器总成在上跳时不与发动机发生运动干涉，将发动机和前桥主减速器向相反方向偏移。

2. 传动系统的布置

由于发动机、离合器、变速器装成一体，所以在发动机位置确定以后，包括发动机、离合器、变速器在内的动力总成位置也随之而定。驱动桥的位置取决于驱动轮的位置，同时为了使左右半轴通用，差速器壳体中心线应与汽车中心线重合。为满足万向节传动轴两端夹角相等，且在满载静止时不大于4°、最大不得大于7°的要求，常将后桥主减速器的轴线向上翘起。而在乘用车布置中，在侧视图上常将传动轴布置成U形方案，如图1-9所示，这样做可降低传动轴轴线的离地高度；有利于降低客厢地板凸包高度和保证后排中间座椅座垫处有足够的厚度。在绘出传动轴最高轮廓线后，根据凸包与中间传动轴之间的最小间隙一般应在10~15mm来确定地板凸包线位置。

3. 转向系统的布置

转向系统布置的主要目的是使驾驶人操纵轻便、舒适，并使汽车具有较好的机动性和灵敏性，转弯时减少车轮的侧滑，减轻转向盘上的反冲力，并使车辆具有自动回正的作用。

转向盘位于驾驶人座椅前方，为保证驾驶人转向舒适，应注意转向盘平面与水平面之间的夹角，并以转向盘前部盲区最小为佳，以不影响驾驶人观察仪表，同时要考虑到应使转向盘周围有足够的空间。

转向盘的位置和倾斜角度应保证驾驶人能舒适地进行转向操作，转向管柱的位置以不妨

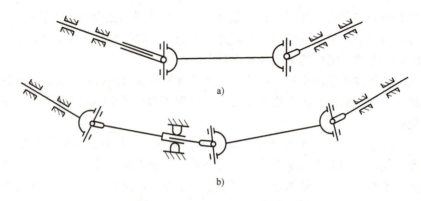

图 1-9　U 形布置万向节传动轴

a）无中间支承布置形式　　b）有中间支承布置形式

碍驾驶人操纵离合器踏板等时的腿部运动为原则。为此，转向管柱在水平面内可以布置成与纵向轴线的倾角不大于 5°，必要时转向管柱可做成两节，用万向节来连接。

转向系统布置的关键是保证转向传动装置及转向杆系有足够的刚度和较小的传动比变化量。

在布置转向杆系时，应检查转向范围内杆件的运动有无死角或死点，转向摇臂与转向直拉杆及转向节臂与直拉杆之间的夹角，在中间位置时应尽可能布置成接近直角，以保证较高的传动效率。

4. 悬架的布置

货车的前、后悬架和一些乘用车的后悬架，多采用纵置半圆形钢板弹簧。为了满足转向轮偏转所需要的空间，常将前钢板弹簧布置在纵梁下面。钢板弹簧前端通过弹簧销和支架与车架连接，后端用吊耳和支架与车架相连，这样布置有利于缓和来自路面的冲击。后钢板弹簧布置在车架与车轮之间，应注意钢板弹簧上的 U 形螺栓和固定弹簧的螺栓与车架之间应当有足够的间隙。

减振器应尽可能布置成直立状，以充分利用其有效行程，空间不允许时才布置成斜置状。

5. 制动系统的布置

通常踩下制动踏板所需要的力比踩下加速踏板要大得多，因此制动踏板应布置在更靠近驾驶人处，并且还要做到脚制动踏板和驻车制动操纵轻便，应检查杆件运动时有无干涉和死角，更不应在车轮跳动时自行制动。

布置制动管路要注意安全可靠、整齐美观。在一条管路上，当两个固定点之间有相对运动时，要采用软管制动。平行管之间的距离不小于 5mm，或者完全束在一起，交叉管之间的距离应不小于 20mm，同时注意不要将管路布置在车架纵梁内侧下翼上，以免由于积水使管路腐蚀。

6. 油箱、备胎、行李舱和蓄电池的布置

（1）油箱　根据汽车最大续驶里程（一般为 200～600km）来确定油箱的容积。油箱通常布置在驾驶人座椅一侧（即左侧），以方便加油。乘用车为了在有限空间内布置油箱、备

胎等物品，通常根据具体情况确定其形状。布置油箱时应遵守的一条重要原则是：油箱应远离消声器和排气管（乘用车要求油箱与排气管的距离大于 300mm，否则应加装有效的隔热装置）；油箱距裸露的电器插头及开关不得小于 20mm，更不应该布置在发动机舱内。乘用车油箱通常布置在行李舱内。消声器、排气管通常布置在汽车的右侧；蓄电池靠近起动机可缩短线路。

（2）**备胎**　乘用车的备胎常布置在行李舱内，此时要求行李舱必须有足够的空间。如将备胎立置于行李舱的侧壁或后壁，这种情况的布置要求行李舱的侧壁或后壁必须有大于车轮直径的高度。货车的备胎则常布置在油箱对面的纵梁上，以使左右纵梁受力较均匀，或布置在车架后部下方。

（3）**行李舱**　乘用车的行李舱布置在后座之后即后悬处，应能容纳大的手提箱等多件行李。货车的工具行李舱通常布置在前后轮之间，长轴距货车考虑到轴荷分配，经常布置在车架尾部。

（4）**蓄电池**　蓄电池与起动机应位于同侧，一般采用负极（阴极）搭铁，这样有利于防腐和安全，同时还要考虑拆装的方便性和良好的接近性。

1.4.4　车厢及驾驶室的布置

车厢或驾驶室布置主要是解决驾驶人（乘客）与座椅、驾驶操纵机构以及车厢或驾驶室与底盘零部件之间的空间位置布置问题，人的尺寸是布置的关键因素。

图 1-10 和表 1-17 所示为我国人体基本尺寸及其统计数据。可以据此确定车身内部空间及驾驶人、乘客座椅的尺寸并进行布置。一般利用由躯干、大腿、小腿、脚以及基准杆等组成的人体样板来进行车身内部布置。图 1-11a 所示为利用统计平均值制作的我国人体样板，

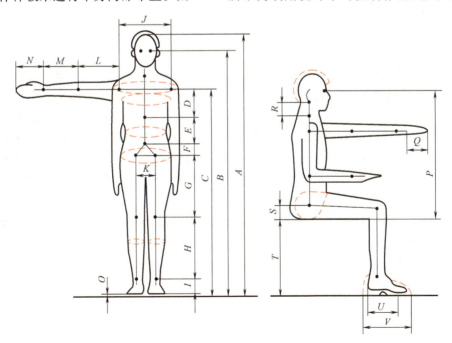

图 1-10　人体基本尺寸（各尺寸对应表 1-17 中的尺寸）

也称为50%样板。利用这种人体样板进行车身布置的方法与利用欧洲人体样板进行车身布置的方法基本相同。

表1-17   我国人体基本尺寸的统计数据   （单位：mm）

百分位	尺　寸										
	A	B	C	D	E	F	G	H	I	J	K
5%	1550	1448	1220	160	160	84	362	351	78	292	168
50%	1715	1605	1358	177	177	88	407	398	86	334	177
95%	1880	1762	1496	194	194	92	452	445	94	376	186

百分位	尺　寸										
	L	M	N	O	P	Q	R	S	T	U	V
5%	250	221	165	25	696	96	83	64	398	160	250
50%	275	244	185	25	769	110	89	80	440	180	285
95%	300	267	205	25	842	124	95	96	482	200	320

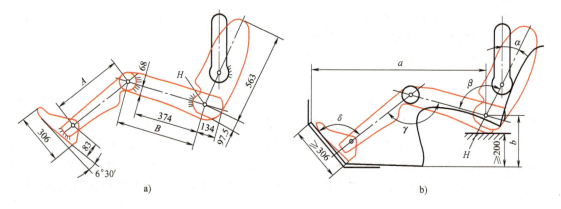

图1-11   人体样板及其在车内的布置

a）人体样板   b）用人体样板进行车内布置

为了对驾驶人座位处进行布置，首先应该确定该处的地板高度、地板倾斜部分（脚处）的尺寸及发动机舱后隔板的前后位置。还应该考虑地毯、内饰件及隔声、隔热材料对相关部分尺寸的影响。在驾驶人重力作用下，驾驶人座椅后部最低处距离地板的高度应该大于200mm；在操纵踏板处地板倾斜部分的宽度≥306mm。以这些条件为基础就可以确定驾驶人的位置及驾驶人座位处的空间尺寸。图1-11b所示为当驾驶人处于坐姿时用人体样板对其座椅及该处空间尺寸进行布置的情况。此时，决定座椅及地板布置的人体样板位置由点$H(a, b)$和角度α、β、γ、δ等参数所决定。

在布置时，一般先把座椅的高度取下限值，并且尽量往后靠，用90%的人体样板来选择α角，其值通常在20°~30°范围内。然后使样板处于图1-11b所示位置，测量β、γ、δ的角度值。这些角度值应该在表1-18所列的范围内。

表1-18   人体样板中的角度取值范围

角度参数	轿　车	载货汽车
$\beta/(°)$	60~110	95~120
$\gamma/(°)$	80~170	95~135
$\delta/(°)$	75~130	90~110

1. 乘用车的内部布置

图 1-12 所示为乘用车内部的主要布置尺寸，不同级别乘用车的主要布置尺寸取值范围见表 1-19。

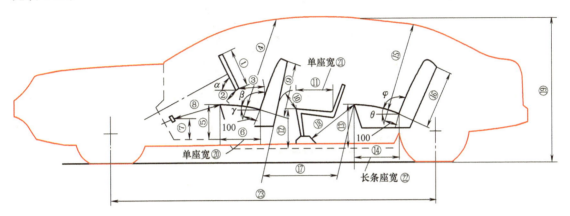

图 1-12 乘用车内部的主要布置尺寸

表 1-19 不同级别乘用车的主要布置尺寸取值范围

发动机排量 V/L	长度尺寸/mm						
	①	②	③	④	⑤	⑥	⑦
V>4.0	300~420	140~180	360~380	940~960	300~380	450~510	150~180
1.6<V≤4.0	300~420	140~180	350~370	940~960	300~360	450~480	150~180
1.0<V≤1.6	300~420	130~170	330~370	900~950	300~340	450~480	150~180

发动机排量 V/L	长度尺寸/mm						
	⑧	⑨	⑩	⑪	⑫	⑬	⑭
V>4.0	420~500	480~560	250~350	320~400	300~390	350~410	460~530
1.6<V≤4.0	420~500	460~570				340~400	420~500
1.0<V≤1.6	420~520	460~520				340~380	420~460

发动机排量 V/L	长度尺寸/mm						
	⑮	⑯	⑰	⑱	⑲	⑳	㉑
V>4.0	900~950	580~660	(三、二排) 850~700 500~650	500~700	1500~1800	150~650	550~580
1.6<V≤4.0	900~930	560~620	250~500	500~600	1400~1600	500~600	
1.0<V≤1.6	860~910	510~600	250~350	500~600	1290~1400	480~550	

发动机排量 V/L	长度尺寸/mm		角度尺寸/(°)				
	㉒	㉓	α	β	γ	θ	φ
V>4.0	1400~1700	2800~3500	55~70	97~105	6~10	8~13	99~105
1.6<V≤4.0	1200~1400	2500~3000	55~70	97~105	6~10	8~13	99~105
1.0<V≤1.6	800~1250	2000~2500	55~70	97~102	6~10	8~10	97~100

2. 货车驾驶室的布置

对于货车驾驶室按照如下方法确定驾驶人顶部的轮廓：当座椅处于向下和靠后的极限位置时，过 H 点画一条直线，使其上部后倾 8°，沿着这条直线测量 H 点到驾驶室顶部内饰面之间的距离，其值应不小于 1000mm。

图 1-13 所示为货车驾驶室内部的主要布置尺寸，其相应的取值范围见表 1-20，供设计时参考。

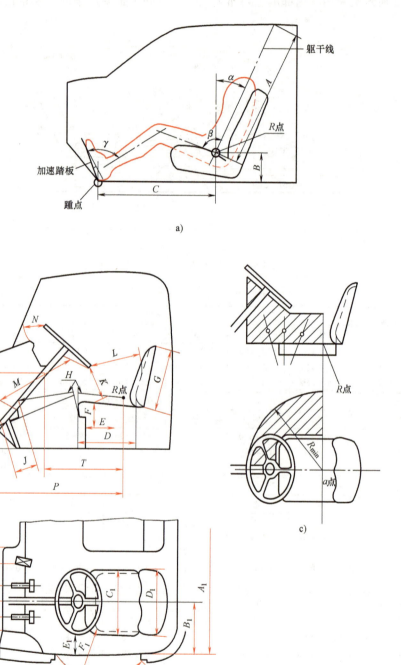

a)

b)

c)

图 1-13　货车驾驶室内部的主要布置尺寸

a）货车驾驶人坐姿　b）货车驾驶人座椅布置尺寸　c）货车驾驶室操纵机构布置

表1-20　货车驾驶室内部的主要布置尺寸取值范围

尺寸序号	尺寸代码	尺寸名称	取值范围	说明
1	A	R点到顶棚高	≥950mm	1. 沿躯干线量取 2. N_1类货车≥910mm
2	B	R点至地板距离	(370±130)mm	
3	C	R点至驾驶人踵点的水平距离	550~900mm	踵点按GB/T 5705—1995中压下加速踏板情况确定
4	α	背角	5°~28°	
5	β	臀角	90°~115°	
6	γ	足角	87°~95°	
7	D	座垫深度	(440±60)mm	
8	E	座椅前后最小调整范围	100mm	140mm为佳
9	F	座椅上下最小调整范围	40mm	1. 70mm为佳 2. N_1类货车允许不调
10	G	靠背高度	(520±70)mm	带头枕的整体式靠背,此尺寸可以增加,但增加部分的宽度应减小
11	H	R点至离合器和制动踏板中心在座椅纵向中心面上的距离	750~850mm	气制动或带有加力器的离合器和制动器,此尺寸的增加不大于100mm
12	J	离合器、制动踏板的行程	≤200mm	
13	K	转向盘下缘至座垫上表面的距离	≥160mm	
14	L	转向盘后缘至靠背的距离	≥350mm	
15	M	转向盘下缘至离合器和制动踏板纵向中心面的距离	≥600mm	
16	N	转向盘外缘至前面及下面障碍物的距离	≥80mm	
17	P	R点至前围的水平距离	≥950mm	脚能伸到的最前位置
18	T	R点至仪表盘的水平距离	≥500mm	此两项规定达到一项即可
19	S	仪表盘下缘至地板的距离	≥540mm	
20	A_1	单人座驾驶室内部宽度 双人座驾驶室内部宽度 三人座驾驶室内部宽度	≥850mm ≥1250mm ≥1650mm	内宽是在高度为车门窗下缘、前门后支柱内侧量取
21	B_1	座椅中心面至前门后支柱内侧的距离	(360±30)mm	1. 在高度为前门窗下缘处理取 2. N_1类货车≥310mm
22	C_1	座垫宽度	≥450mm	
23	D_1	靠背宽度	≥450mm	在靠背最宽处测量
24	E_1	转向盘外缘至侧面障碍物的距离	≥100mm	N_1类货车≥80mm
25	F_1	车门打开时下部通道的宽度	≥250mm	
26	G_1	车门打开时上部通道的宽度	≥650mm	
27	H_1	离合器踏板中心至侧壁的距离	≥80mm	
28	J_1	离合器踏板纵向中心面至制动踏板纵向中心面的距离	≥110mm	

（续）

尺寸序号	尺寸代码	尺寸名称	取值范围	说　明
29	K_1	加速踏板纵向中心面至制动踏板纵向中心面的距离	≥100mm	
30	L_1	加速踏板纵向中心面至最近障碍物的距离	≥60mm	
31	M_1	离合器踏板纵向中心面至转向柱纵向中心面的距离	50~150mm	
32	N_1	制动踏板纵向中心面至转向柱纵向中心面的距离	50~150mm	
33		转向盘中心对座椅中心面的偏移量	≤40mm	
34		转向盘平面与汽车对称平面间的夹角	90°±5°	
35		变速杆手柄在所有工作位置时，应位于转向盘下面和驾驶人座椅右面，不低于座椅表面，在通过 R 点横向垂直平面之前，而在投影平面上距 a 点（a 点为 R 点在水平面上的投影）小于或等于 600mm（如图 1-13 中阴影线所示范围）	≤40mm	
36		变速杆和驻车制动器的手柄在任意位置时，距驾驶室内其他零件或操纵杆的距离≥50mm	50~150mm	

在布置载货汽车驾驶室的内部尺寸时，先要确定其地板高度。在保证地板下的操纵杆有足够的运动空间的前提下，应尽量降低地板高度，以降低驾驶室的总高。

1.4.5　货箱的布置

为防止紧急制动时因货箱可能向前窜动而碰到驾驶室，通常在货箱与驾驶室之间留有50~100mm 或更大些的距离。货箱和满载的货物的质心离后轴中心线的距离对汽车的轴荷分配影响很大，对后轮为双胎的长头或短头车，该距离通常为轴距 L 的 2%~10%；对平头车和自卸车则为轴距的 12%~22%，参考这些数据可以布置货箱长度。

货箱的宽度不应该大于容许的汽车最大宽度 2.5m。货箱底板的高度一般应该尽量低一些，以利于装卸，它取决于车轮直径及其跳动量。一般此高度为离地面 1.0~1.4m，与铁路上的货台高度接近。栏板高度一般为 0.5~0.8m。由此也可以根据要求的装载容积来决定货箱长度。设计容积应该根据货物的品种、其单位体积的质量及装载量来确定。长轴距货车的长货箱或货台用于运输长尺寸物资或集装箱。半挂车的货箱也较长。矿用自卸汽车的货箱底板尾部具有 15°~20°的向上倾斜角，以防止矿石滑落。

1.5　运动校核

在进行汽车总体设计时，为了防止运动干涉，需要对具有相对运动关系的零部件进行运

动校核。由于汽车是由许多总成组装在一起的，总体设计师应从正常角度出发考虑，根据总体布置和各总成结构特点完成运动正确性的检查。需要校核的工作主要包括转向轮跳动图、传动轴跳动图、转向传动装置与悬架的干涉转向校核图、转向系统间隙校核图、驾驶室翻转校核图以及变速操纵机构校核图等。目前一般综合运用二维和三维分析的方法进行运动校核。

图 1-14 所示是检查转向传动装置与钢板弹簧悬架导向机构运动是否协调的校核图。作图方法如下：先在侧视图上画出转向器及转向杆系与纵置钢板弹簧的相对位置；当前轮上、下跳动时，转向节臂球销中心 A_1 要沿着钢板弹簧主片中心 C 所决定的轨迹运动。钢板弹簧主片中心 C 的摆动中心为 O_1，其坐标位置为在纵向与卷耳中心相距 $L_e/4$（L_e 为卷耳中心到前 U 形螺栓中心的距离），在高度方向上与卷耳中心相距 $e/2$（e 为卷耳半径）。由于 C 点与 A_1 点一起做平移运动，故有了

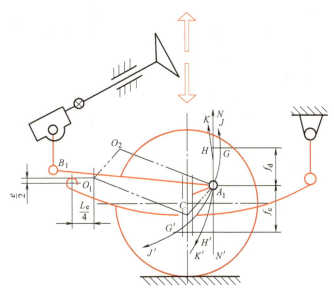

图 1-14 转向传动装置运动校核图

摆动中心 O_1 后，可作出平行四边形 $O_1CA_1O_2$。点 O_2 就是 A_1 点的摆动中心，其运动轨迹为圆弧 JJ'。因为 A_1 点又是纵拉杆上的端点，所以 A_1 点又绕转向摇臂下端球头销中心 B_1 点摆动，其运动轨迹为圆弧 KK'。过 A_1 点作垂线 NN'，并从 A_1 点向上截取距离为悬架动挠度 f_d 的点，向下截取距离为悬架静挠度 f_c 的点。通过这两点作水平线与圆弧 JJ' 和 KK' 分别交于 G、H、G' 和 H' 四点。GH 和 $G'H'$ 即是运动不协调造成的轨迹偏差，这一偏差越小越好，偏差过大则应修正 B_1 点或 A_1 点的位置。

拓展学习内容——汽车设计的发展趋势

扫一扫，直接在手机上打开

思考题

1. 汽车的主要参数分为几类？各类参数都有哪些？

2. 发动机前置前轮驱动的布置形式在乘用车上得到了广泛应用，其原因是什么？发动机后置后轮驱动的布置形式在客车上得到了广泛应用，其原因是什么？

3. 在绘制总布置图时，首先要确定画图的基准线，为什么要求五条基准线缺一不可？各基准线是如何确定的？

4. 运动型乘用车（跑车）的发动机布置在前轴和后桥之间，试分析这种布置方案的优点和缺点。

5. 拟开发一种五座中级乘用车，试初选其下列参数：

1）布置形式，并说明其优缺点。

2）轴距、轮距。

3）整车的整备质量及轴荷分配。

4）性能指标。

第2章 传动系统设计

【教学内容】

　　本章主要介绍传动系统中主要零部件，如摩擦式离合器、机械式变速器、万向传动装置和驱动桥的设计要求、结构方案分析以及传动系统主要零部件的设计等内容。

【学习目标】

➤ 掌握离合器、机械式变速器、万向传动装置及驱动桥的设计要求。
➤ 能够对离合器、机械式变速器、驱动桥的结构方案进行对比分析。
➤ 能够对传动系统的典型零件进行设计。

2.1 传动系统概述

　　汽车传动系统应与发动机协同工作，以保证汽车能在不同使用条件下正常行驶，并具有良好的动力性和燃油经济性。因此，任何形式的传动系统都必须具有如下功能：减速增矩、变速变矩、实现倒车、必要时中断动力传递以及具备差速作用。机械式传动系统大致由以下 5 个部分组成：离合器、变速器、万向传动装置、驱动桥以及动力分配装置。

1. 离合器

　　离合器也可以称为车辆的起步装置，其作用是在汽车处于停止状态时切断发动机传来的动力，在汽车行驶时接上发动机的动力；离合器的另外一个作用是在换档过程中暂时中断动力传递。当采用机械式变速器时，一般采用干式离合器。自动变速器的起步装置采用液力变矩器，由于其依靠流体传递动力，具有在不切断动力的情况下也能使汽车停止运动的特点。

　　除干式离合器和液力变矩器这样的车用主流起步装置外，还有采用磁粉的电磁离合器和靠离心力进行动力切断和连接的离心式离合器。

2. 变速器

为了保证汽车在从低速到高速的各种工况下正常行驶，通常采用几个变速比（档位）使发动机发出的转矩适应车速的变化，这就是变速器的主要作用。

通常使用的是由若干齿轮副组合，并采用手动方式进行换档操作的手动变速器。乘用车用手动变速器多采用 4 或 5 个前进档，部分运动型汽车有用 6 个前进档的。

变速比自动切换的变速器称为自动变速器，因近年来人们对简化驾驶操作意向的增强，其装用率迅速增高。乘用车装用 4 档自动变速器的居多，但为提高燃油经济性和动力性，5 档自动变速器的装用率也有增高的趋势。

目前，也出现了一些新型的变速器，例如在手动变速器的基础上使换档和离合器操纵自动化的变速机构、用传动带使变速比实现无级变换的无级变速器（CVT）等。

3. 万向传动装置

万向传动装置主要由传动轴和万向节组成。由于发动机和变速器都固定在车体上，而车轮用悬架与车体连接，车轮上下跳动时，车轮和变速器之间的相对位置发生变化。连接变速器和主减速器的轴称为传动轴，连接主减速器和车轮的轴称为半轴。这些轴在传递动力的过程中，同时还要适应长度和角度的变化，故多采用万向节等连接方式。特别是用于发动机前置前轮驱动汽车前轮的半轴，因其转向时需要在很大的角度状态下也能平稳地传递动力，所以多采用等角速万向节。

4. 驱动桥

驱动桥主要由主减速器、差速器、半轴和桥壳组成。

如果动力传动装置的变速比全部由变速器承担，那么变速器的变速比需要设计得很大。为不使变速器的变速比过大，在变速器输出轴侧设置一个称为主减速器的部件，这样可以使变速器结构紧凑、小型化。

另外，主减速器还能起到改变发动机输出转矩传递方向的作用。通过设定数种不同的主减速器的减速比，还可使同一变速器适用于不同车辆、不同发动机。

汽车转弯时，因左右车轮转弯半径不同，会产生转速差，为了消除这一转速差，同时将动力传递给车轮，必须采用差速器。差速器位于主减速器和半轴之间，由直齿锥齿轮和十字轴组成，为防止在湿滑路面上一侧车轮空转使驱动力下降，以及改善转弯时的运动性能，有的差速器装有根据条件进行差动限制的装置（限滑差速器，limited slip differential），还有的装有使其完全不能差速的装置（差速锁，differential lock）。

5. 动力分配装置（分动器或分动箱）

对于全轮驱动（4WD）的汽车，为了把动力分配给前轮和后轮，必须设置动力分配装置，其种类有切换式（part time）和全时式（full time）。

作为动力分配装置，一般是在变速器输出轴后设置齿轮机构或设置链传动机构。在全时式的动力分配装置中，为消除前后轮的转速差，还必须设置与前述差速器功能类似的轴间差速器。

除此之外，还有的 4WD 车利用黏性联轴器等装置作为动力传动装置。

2.2 摩擦式离合器设计

2.2.1 概述

1. 摩擦式离合器的功用及工作原理

离合器位于发动机和机械式变速器之间的飞轮壳内，用螺钉将离合器总成固定在飞轮的后平面上，离合器的输出轴就是变速器的输入轴。在汽车行驶过程中，驾驶人可根据需要踩下或松开离合器踏板，使发动机与变速器暂时分离和逐渐接合，以切断或传递发动机向变速器输入的动力。

(1) 离合器的功用

1) 保证汽车平稳起步。起步前汽车处于静止状态，如果发动机与变速器是刚性连接的，一旦挂上档，汽车将由于突然接上动力产生前冲，不但会造成机件的损伤，而且驱动力也不足以克服汽车前冲产生的巨大惯性力，使发动机转速急剧下降而熄火。如果在起步时利用离合器暂时将发动机和变速器分离，然后离合器逐渐接合，由于离合器的主动部分与从动部分之间存在着滑磨的现象，可以使离合器传递的转矩由零逐渐增大，而汽车的驱动力也逐渐增大，从而让汽车平稳起步。

2) 便于换档。汽车行驶过程中，经常换用不同的变速器档位，以适应不断变化的行驶条件。如果没有离合器将发动机与变速器暂时分离，那么变速器中啮合的传力齿轮会因载荷没有卸除，其啮合齿面间的压力很大而难于分开。另一对待啮合齿轮会因两者圆周速度不等而难于啮合。即使强行进入啮合也会产生很大的齿端冲击，容易损坏机件。利用离合器使发动机和变速器暂时分离后进行换档，则原来啮合的一对齿轮因载荷卸除，啮合面间的压力大大减小，容易分开。而待啮合的另一对齿轮，由于主动齿轮与发动机分开后转动惯量很小，采用合适的换档动作就能使待啮合的齿轮圆周速度相等或接近相等，从而避免或减轻齿轮间的冲击。

3) 防止传动系统过载。汽车紧急制动时，车轮突然急剧降速，而与发动机相连的传动系统由于旋转的惯性，仍保持原有转速，这往往会在传动系统中产生远大于发动机转矩的惯性矩，使传动系统的零件容易损坏。由于离合器是靠摩擦力来传递转矩的，所以当传动系统内载荷超过摩擦力所能传递的转矩时，离合器的主、从动部分就会自动打滑，因而起到防止传动系统过载的作用。

(2) 离合器的组成 离合器的主动部分和从动部分借助接触面间的摩擦作用，或是用液体作为传动介质（液力偶合器），或是用磁力传动（电磁离合器）来传递转矩，使两者之间可以暂时分离，又可逐渐接合，在传动过程中又允许两部分相互转动。

目前在汽车上广泛采用的是用弹簧压紧的摩擦式离合器（简称为摩擦离合器）。摩擦式离合器结构简图如图2-1所示，主要由主动部分（发动机飞轮、离合器盖和压盘等）、从动部分（从动盘总成）、压紧机构（压紧弹簧）和操纵机构（分离叉、分离轴承、离合器踏板及传动部件等）组成。主、从动部分和压紧机构是保证离合器处于接合状态并能够传递动力的结构，操纵机构是使离合器主、从动部分分离的装置。

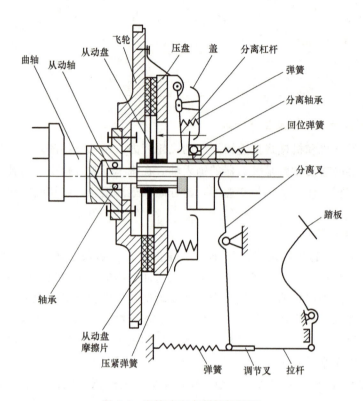

图 2-1　摩擦式离合器结构简图

（3）摩擦式离合器的工作过程

1）接合状态。离合器在接合状态下，操纵机构各部件在回位弹簧的作用下回到图 2-1 所示的各自位置，分离杠杆内端与分离轴承之间保持有一定的间隙，压紧弹簧将飞轮、从动盘和压盘三者压紧在一起，发动机的转矩经过飞轮及压盘通过从动盘两摩擦面的摩擦作用传给从动盘，再由从动轴输入变速器。

2）分离过程。分离离合器时，驾驶人踩下离合器踏板，分离套筒和分离轴承在分离叉的推动下，先消除分离轴承与分离杠杆内端之间的间隙，然后推动分离杠杆内端前移，使分离杠杆外端带动压盘克服压紧弹簧作用力后移，摩擦作用消失，离合器的主、从动部分分离，中断动力传动。

3）接合过程。接合离合器时，驾驶人缓慢抬起离合器踏板，在压紧弹簧的作用下，压盘向前移动并逐渐压紧从动盘，使接触面间的压力逐渐增加，摩擦力矩也逐渐增加；当飞轮、压盘和从动盘之间接合还不紧密时，所能传动的摩擦力矩较小，离合器的主、从动部分有转速差，离合器处于打滑状态；随着离合器踏板的逐渐抬起，飞轮、压盘和从动盘之间的压紧程度逐渐紧密，主、从动部分的转速也渐趋相等，直到离合器完全接合而停止打滑，接合过程结束。

（4）摩擦式离合器的分类

1）按从动盘的数目分类。按从动盘的数目分，摩擦式离合器可分为单片式、双片式和多片式离合器。单片式离合器只有一个从动盘。双片式离合器有两个从动盘，摩擦面数目多，可传递的转矩较大。多片式离合器一般采用多个从动盘，摩擦面数目更多，传递转矩能

力更大。

2）按压紧弹簧的结构形式分类。按照压紧弹簧的结构形式分，摩擦式离合器可分为螺旋弹簧离合器和膜片弹簧离合器两种。

3）按弹簧的布置方式分类。按照压紧弹簧的布置方式，摩擦式离合器可分为中央布置离合器、周布离合器和斜置离合器。

拓展学习内容——摩擦式离合器工作过程

扫一扫，直接在手机上打开

2. 摩擦式离合器的设计要求

目前，各类汽车上广泛采用的是摩擦式离合器，它依靠主、从动部分之间的摩擦来传递动力，主要包括主动部分、从动部分、压紧机构和操纵机构四部分。

为了保证良好的工作性能，汽车离合器应满足如下设计要求：

1）既能够可靠地传递发动机的最大转矩，又能够防止传动系统过载。

2）接合时要完全、平顺、柔和，以保证汽车起步时没有抖动和冲击。

3）分离时要迅速、彻底。

4）工作性能稳定，即作用在从动盘上的总压力和摩擦材料的摩擦因数在使用过程中变化要尽可能小。

5）从动部分转动惯量要尽量小，以减轻换档时变速器齿轮间的冲击，便于换档和减少同步器的磨损。

6）能避免或衰减传动系统的扭转振动，并具有吸收振动、缓和冲击和减小噪声的能力。

7）通风散热性良好。

8）具有足够的强度和良好的动平衡，以保证其工作可靠、使用寿命长。

9）操纵轻便。

10）结构应简单、紧凑，质量小，制造工艺性好，拆装、维修、调整方便等。

随着汽车发动机转速、功率、转矩的提高，离合器的工作条件日益严酷。目前离合器技术的发展趋势是：①提高可靠性和延长使用寿命；②适应高转速；③增大传递转矩的能力；④简化操纵，例如采用自动离合器，可以省去离合器踏板。

2.2.2　摩擦式离合器的结构方案分析

1. 从动盘数的选择

摩擦式离合器按照从动盘数目可分为单片离合器、双片离合器和多片离合器。

（1）单片离合器　如图2-2所示，单片离合器只有一个从动盘，结构简单、轴向尺寸紧

凑、从动部分转动惯量小、分离彻底、散热良好、调整方便，但是需要在结构上采取适当措施保证接合平顺。单片离合器广泛应用于发动机转矩不大于1000N·m的乘用车和商用车上。

（2）**双片离合器**　双片离合器有两个从动盘，如图2-3所示。与单片离合器相比，由于摩擦面数加倍，因而传递转矩的能力较大；在传递相同转矩的情况下，其径向尺寸较小，踏板力较小，虽然双片离合器的接合较平顺，但中间压盘由于通风散热不良、两片起步负载不均，因而容易烧坏摩擦片，分离也不够彻底，设计时在结构上必须采取相应的措施。双片离合器一般用在传递转矩较大且径向尺寸受到限制的场合。

（3）**多片离合器**　多片离合器有3个或3个以上的从动盘，多为湿式。其特点是摩擦面数更多、接合平顺柔和；由于摩擦片在油中工作，摩擦表面温度低、磨损小；分离不彻底；尺寸和质量较大。多片离合器在国外某些重型牵引车和自卸车上得到了应用。

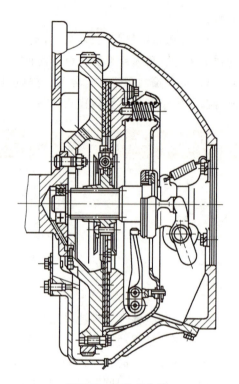

图 2-2　单片离合器

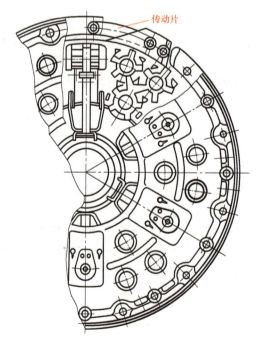

传动片

图 2-3　双片离合器

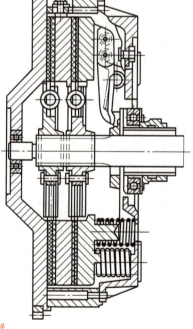

2. 压紧弹簧的结构和布置形式

离合器压紧弹簧主要有圆柱螺旋弹簧、矩形断面的圆锥弹簧和膜片弹簧等形式。螺旋弹

簧可以采用沿圆周布置、中央布置和斜置等布置形式。

（1）**周置螺旋弹簧离合器**　周置螺旋弹簧离合器都采用圆柱螺旋弹簧，如图 2-2 所示。这种压紧弹簧形式结构简单、制造方便，在汽车上一直得到广泛采用。但是这种布置形式应用到高速发动机（最高转速达 5000~7000r/min 或更高）时，可能引起一些问题。例如高转速时，周置圆柱螺旋弹簧将受到较大的离心力，发生较大弯曲，从而使弹簧的压紧力显著降低，甚至会使弹簧断裂。

（2）**中央布置弹簧离合器**　中央布置弹簧离合器采用 1~2 个圆柱螺旋弹簧或一个圆锥弹簧作为压紧弹簧，而且压紧弹簧与从动盘的轴线相同，采用后者可以缩短轴向尺寸。中央布置弹簧的压紧力是通过杠杆放大而作用在压盘上的，由于在结构上可选较大的杠杆比，所以采用刚度较小的弹簧就可以获得较大的压紧力，这也有利于减小踏板力。此外，由于中央布置弹簧与压盘不直接接触，弹簧不受退火影响，通过调整垫片或螺纹容易实现对压紧力的调整。中央布置弹簧离合器多用于发动机转矩大于 450N·m 的重型汽车上。

（3）**斜置弹簧离合器**　斜置弹簧离合器的弹簧压力斜向作用在传力盘上，并通过压杆作用在压盘上。这种结构的显著优点是在摩擦片磨损或分离离合器时，压盘所受的压紧力几乎保持不变。与上述两种离合器相比，它具有工作性能稳定、踏板力较小的突出优点。此结构在重型汽车上已有采用。

（4）**膜片弹簧离合器**　膜片弹簧离合器（图 2-4）中的膜片弹簧是一种具有特殊结构的碟形弹簧，主要由碟簧部分和分离指组成，与其他形式的离合器相比，膜片弹簧离合器具有以下优点：

1）膜片弹簧具有较理想的非线性特性，如图 2-5 所示。弹簧力在摩擦片允许磨损的范围内基本不变（工作点从 B 点沿着膜片弹簧特性曲线变到 A 点），因而离合器在工作中能保持传递的转矩大致不变，而圆柱螺旋弹簧的压力则大大下降（工作点从 B 点变化到 A' 点）。膜片弹簧离合器分离时弹

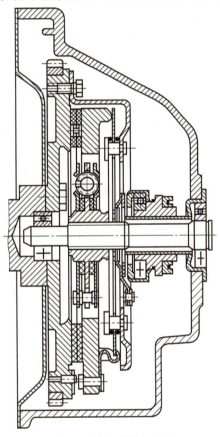

图 2-4　膜片弹簧离合器

簧压力有所下降（工作点沿膜片弹簧特性曲线从 B 点变到 C 点），从而降低了踏板力，而螺旋弹簧压力则大大增加（工作点从 B 点变化到 C' 点）。

2）膜片弹簧兼起压紧弹簧和分离杠杆的作用，结构简单、紧凑，轴向尺寸小，零件数目少，质量小。

3）膜片弹簧离合器高速旋转时，弹簧压紧力降低很少，性能较稳定，而圆柱螺旋弹簧的压紧力则明显下降。

4）膜片弹簧以整个圆周与压盘接触，使压力分布均匀，摩擦片接触良好，磨损均匀。

5）易于实现良好的通风散热，使用寿命长。

6）膜片弹簧中心线与离合器中心线重合，平衡性好。

7）有利于大批量生产，降低制造成本。

但膜片弹簧的制造工艺较复杂，对材质和尺寸精度要求高，其非线性特性在生产中不易控制，开口处容易产生裂纹，端部容易磨损。近年来，由于材料性能的提高，制造工艺和设计方法也逐步完善，膜片弹簧的制造已日趋成熟。目前膜片弹簧

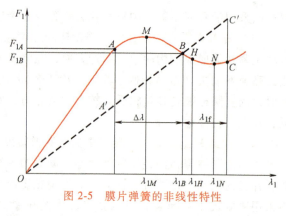

图 2-5　膜片弹簧的非线性特性

离合器不仅在乘用车上被大量采用，在轻、中、重型货车及客车上也被广泛采用。

3. 膜片弹簧的分离方式

膜片弹簧离合器按分离时离合器盖总成的分离指处是承受压力还是拉力，可分为推式和拉式两种。拉式膜片弹簧离合器（图 2-6）膜片弹簧的安装方向与推式（图 2-4）的相反。在接合时，膜片弹簧的大端支承在离合器盖上，中部压紧在压盘上，将分离轴承向外拉离飞轮实现分离。

与推式相比，拉式膜片弹簧离合器具有以下优点：

1）取消了中间支承零件，只用一个或不用支承环，使其结构更简单、紧凑，零件数目更少，质量更小。

2）由于拉式膜片弹簧以中部与压盘相压，在同样压盘尺寸的条件下可采用直径较大的膜片弹簧，从而提高了压紧力与传递转矩的能力，且不增大踏板力；或在传递相同转矩时，可采用尺寸较小的结构。

3）在接合或分离状态下，离合器盖的变形量小，刚度大，故分离效率更高。

4）拉式的杠杆比大于推式的杠杆比，且中间支承少，减小了摩擦损失，传动效率较高，使踏板操纵更轻便，拉式踏板力比推式的一般可减小 25% ~ 30%。

5）无论在接合状态还是分离状态，膜片弹簧大端与离合器盖支承始终保持接触，在支承环磨损后不会产生冲击和噪声。

6）使用寿命更长。

但是，拉式膜片弹簧的分离指是与分离轴承套筒总成嵌装在一起的，需专门的分离轴承，结构较复杂，安装和拆卸比较困难，且分离行程比推式的大些。拉式膜片弹簧离合器的综合性能较优越，目前在各种汽车上的应用日趋广泛。

4. 膜片弹簧的支承方式

推式膜片弹簧的支承结构按支承环的数目可分为 3 种：

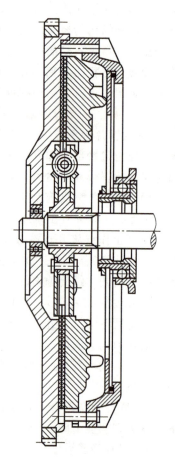

图 2-6　拉式膜片弹簧离合器

双支承环形式、单支承环形式和无支承环形式。

（1）**双支承环形式** 图2-7所示为双支承环形式。其中，图2-7a所示的结构采用台肩式铆钉将膜片弹簧、两个支承环与离合器盖定位铆合在一起，结构简单；图2-7b所示的结构在铆钉上加装硬化衬套和刚性挡环，提高了耐磨性，延长了使用寿命，但结构较复杂；图2-7c所示的结构取消了铆钉，在离合器盖内边缘上伸出许多舌片，将膜片弹簧、两个支承环与离合器盖弯合在一起，使结构紧凑、简化，耐久性良好，应用日益广泛。

（2）**单支承环形式** 图2-8所示为单支承环形式，在冲压离合器盖上冲出一个环形凸台来代替后支承环（图2-8a），使结构简化，或在铆钉前侧以弹性挡环代替前支承环（图2-8b），以消除膜片弹簧与支承环之间的轴向间隙。

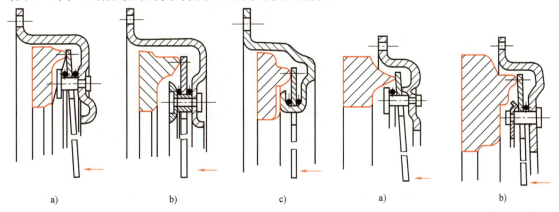

a)	b)	c)	a)	b)

图2-7　推式膜片弹簧双支承环形式　　　图2-8　推式膜片弹簧单支承环形式

（3）**无支承环形式** 图2-9所示为无支承环形式，利用斜头铆钉的头部与冲压离合器盖上冲出的环形凸台将膜片弹簧铆合在一起而取消前、后支承环（图2-9a）；或在铆钉前侧以弹性挡环代替前支承环，离合器盖上的环形凸台代替后支承环（图2-9b），使结构更简化或取消铆钉；或是离合器盖内边缘处伸出的许多舌片将膜片弹簧与弹性挡环和离合器盖上的环形凸台弯合在一起（图2-9c），结构最为简单。

图2-10所示为拉式膜片弹簧的支承形式。其中，图2-10a所示为无支承环形式，将膜片弹簧的大端直接支承在离合器盖冲出的环形凸台上；图2-10b所示为单支承环形式，将膜片弹簧大端支承在离合器盖中的支承环上。

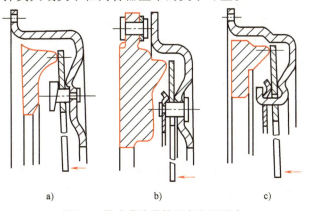
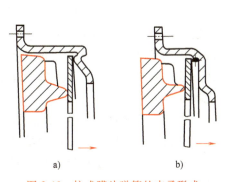

a)	b)	c)	a)	b)

图2-9　推式膜片弹簧无支承环形式　　　图2-10　拉式膜片弹簧的支承形式

5. 压盘的驱动方式

压盘的驱动方式主要有凸块-窗孔式、传力销式、键槽-指销式、键齿式和弹性传动片式等多种，如图 2-11 所示。前三种的共同缺点是在连接件之间都有间隙，在传动中将产生冲击和噪声，而且在零件相对滑动中有摩擦和磨损，降低了离合器的传动效率。

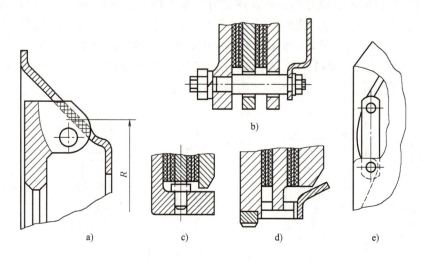

图 2-11　压盘的驱动方式

a）凸块-窗孔式　b）传力销式　c）键槽-指销式　d）键齿式　e）弹性传动片式

弹性传动片式是近年来广泛采用的驱动方式，沿圆周切向布置的三组或四组薄弹簧钢带传动片两端分别与离合器盖和压盘以铆钉或螺栓连接（图 2-11e），传动片的弹性允许其做轴向移动。当发动机驱动时，传动片受拉；当拖动发动机时，传动片受压。弹性传动片驱动方式结构简单，压盘与飞轮对中性能好，使用平衡性好，工作可靠，寿命长；但反向承载能力差，汽车反拖时易折断传动片，故对材料要求较高，一般采用高碳钢。

6. 离合器的通风散热

在离合器分离和接合过程中，由于摩擦会产生大量的热。如果不解决好通风散热问题，会使压盘温度上升过高。试验表明，摩擦片的磨损速度是随着压盘温度的升高而增大的，当压盘工作表面温度超过 180℃ 时，摩擦片磨损急剧增大。在正常使用条件下，离合器压盘工作表面的温度一般在 180℃ 以下。在特别频繁的使用条件下，压盘表面的瞬时温度有可能达到 1000℃。过高的温度可以使压盘受热变形、产生裂纹，甚至碎裂。为了降低压盘温度，除了要求压盘具有足够大的质量、热容量以外，还要求在结构设计上解决好通风散热问题。对于重型汽车和经常在困难情况下起步（例如坡上起步）的汽车，尤其如此。

改善离合器通风散热的结构措施主要包括：在压盘上设置散热筋或鼓风筋；在离合器盖上开较大的通风孔；在离合器外壳上设通风窗；在双盘离合器的中间压盘内铸出通风槽；将离合器盖和压杆制成特殊的叶轮形状，用以鼓风；在离合器外壳内装设导流罩加强通风。

拓展学习内容——湿式离合器 ••••••••••••••••••••••

扫一扫，直接在手机上打开

拓展学习内容——金属陶瓷离合器 ••••••••••••••••••

扫一扫，直接在手机上打开

2.2.3 离合器主要参数的选择

摩擦式离合器是靠摩擦面间的摩擦力矩来传递发动机转矩的。离合器的静摩擦力矩根据摩擦定律可表示为

$$T_c = fFZR_c \qquad (2\text{-}1)$$

式中，T_c 为静摩擦力矩（N·m）；f 为摩擦面间的静摩擦因数，计算时一般取 $f = 0.25 \sim 0.30$；F 为压盘施加在摩擦面上的工作压力（N）；Z 为摩擦面数，是从动盘片数的两倍；R_c 为摩擦片的平均摩擦半径（m）。

压盘施加在摩擦面上的工作压力 F 为

$$F = p_0 A = p_0 \frac{\pi(D^2 - d^2)}{4} \qquad (2\text{-}2)$$

式中，p_0 为摩擦面单位压力（Pa）；A 为一个摩擦面的面积（m²）；D 为摩擦片外径（m）；d 为摩擦片内径（m）。

摩擦片的平均摩擦半径 R_c 根据压力均匀的假设，可表示为

$$R_c = \frac{D^3 - d^3}{3(D^2 - d^2)} \qquad (2\text{-}3)$$

当 $d/D \geqslant 0.6$ 时，R_c 的计算公式为

$$R_c = \frac{D + d}{2}$$

将式（2-2）、式（2-3）代入式（2-1），得

$$T_c = \frac{\pi}{12} fZp_0 D^3 (1 - c^3) \qquad (2\text{-}4)$$

式中，c 为摩擦片内外径之比，即 $c = d/D$，一般取 $c = 0.53 \sim 0.70$。

为了保证离合器在任何工况下都能可靠地传递发动机的最大转矩，设计时 T_c 应大于发动机最大转矩，即

$$T_c = \beta T_{emax} \tag{2-5}$$

式中，T_{emax} 为发动机最大转矩（N·m）；β 为离合器的后备系数，定义为离合器所能传递的最大静摩擦力矩与发动机最大转矩之比，β 必须大于 1。

离合器的基本参数有性能参数 β 和 p_0，尺寸参数 D 和 d、摩擦片厚度 b 以及摩擦面数 Z、摩擦因数 f。

1. 后备系数 β

后备系数 β 是离合器设计中的一个重要参数，它反映了离合器传递发动机最大转矩的可靠程度。在选择 β 时，应考虑摩擦片在使用中磨损后离合器仍能可靠地传递发动机最大转矩、防止离合器滑磨时间过长、防止传动系统过载以及操纵轻便等因素。

为可靠地传递发动机最大转矩和防止离合器滑磨时间过长，β 不宜选得太小；为使离合器尺寸不致过大，减少传动系统过载，保证操纵轻便，β 又不宜选得太大。当发动机后备功率较大、使用条件较好时，β 可选得小些；当使用条件恶劣、需要拖带挂车时，为提高起步能力，减少离合器滑磨，β 应选得大些。汽车总质量越大，β 也应选得越大；采用柴油机时，由于工作比较粗暴，转矩较不平稳，选取的 β 值应比汽油机大些；发动机缸数越多，转矩波动越小，β 可选得越小；膜片弹簧离合器由于摩擦片磨损后压力保持较稳定，选取 β 值可比螺旋弹簧离合器小些；双片离合器的 β 值应大于单片离合器。常用汽车离合器 β 的取值范围见表 2-1。

表 2-1　常用汽车离合器 β 的取值范围

车　　　型	后备系数 β
乘用车及最大总质量小于 6t 的商用车	1.20～1.75
最大总质量为 6～14t 的商用车	1.50～2.25
挂车	1.80～4.00

2. 单位压力 p_0

单位压力 p_0 决定了摩擦表面的耐磨性，对离合器工作性能和使用寿命有很大影响，选取时应考虑离合器的工作条件、发动机后备功率的大小、摩擦片尺寸和材料以及后备系数等因素。

对于离合器使用频繁、发动机后备系数较小、装载质量大或经常在坏路面上行驶的汽车，p_0 应取小些；当摩擦片外径较大时，为了降低摩擦片外缘处的热负荷，p_0 应取小些；后备系数较大时，可适当增大 p_0。当摩擦片采用不同的材料时，p_0 取值范围见表 2-2。

表 2-2　摩擦片单位压力 p_0 的取值范围

摩擦片材料	单位压力 p_0/MPa
石棉基材料	0.15～0.35
粉末冶金材料	0.35～0.60
金属陶瓷材料	0.70～1.50

3. 摩擦片外径 D、内径 d 和厚度 b

摩擦片外径是离合器的重要参数，它对离合器的轮廓尺寸、质量和使用寿命有决定性的影响。

当离合器结构形式及摩擦片材料已选定，发动机最大转矩 T_{emax} 已知时，结合式（2-4）和式（2-5），适当选取后备系数 β 和单位压力 p_0，可估算出摩擦片外径，即

$$D = \sqrt[3]{\frac{12\beta T_{emax}}{\pi f Z p_0 (1-c^3)}} \tag{2-6}$$

摩擦片外径也可以根据发动机最大转矩按如下经验公式选用，即

$$D = K_D \sqrt{T_{emax}} \tag{2-7}$$

式中，K_D 为直径系数，取值范围见表 2-3。

表 2-3　直径系数 K_D 的取值范围

车　　型	直径系数 K_D
乘用车	14.6
最大总质量为 1.8～14.0t 的商用车	16.0～18.5（单片） 13.5～15.0（双片）
挂车最大总质量大于 14.0t 的商用车	22.5～24.0

当摩擦片外径 D 确定后，摩擦片内径 d 可根据 $d/D = 0.53 \sim 0.70$ 来确定。在同样的摩擦片外径 D 时，选用较小的摩擦片内径 d 虽可增大摩擦面积，提高传递转矩的能力，但会使摩擦面上的压力分布不均匀，使摩擦片内、外缘圆周的相对滑磨速度差别太大而造成摩擦面磨损不均匀，且不利于散热和扭转减振器的安装。摩擦片尺寸应符合 GB/T 5764—2011《汽车用离合器面片》，所选的 D 应使摩擦片最大圆周速度不超过 70m/s，以免摩擦片发生飞离。

摩擦片的厚度 b 主要有 3.2mm、3.5mm 和 4.0mm 三种。

2.2.4　离合器的设计与计算

1. 压紧弹簧的设计

（1）圆柱螺旋弹簧　在周置螺旋弹簧离合器中，需要的弹簧数量可以参考表 2-4 选取。

表 2-4　周置圆柱螺旋弹簧的个数

摩擦片外径 D/mm	弹簧个数 i	摩擦片外径 D/mm	弹簧个数 i
<200 200～280	6 9～12	280～380 380～450	12～18 18～30

设弹簧个数为 i，每个弹簧的工作压力 F 为

$$F = \frac{F_\Sigma}{i} \tag{2-8}$$

弹簧的工作应力为

$$\tau = \frac{8FD_pK'}{\pi d^3} = \frac{8FC'K'}{\pi d^2} \tag{2-9}$$

式中，τ 是工作应力（N/mm²）；D_p 是弹簧圈平均直径（mm），如图 2-12 所示；d 是弹簧钢丝直径（mm）；C' 是旋绕比，$C'=D_p/d$，对离合器压簧，一般取 $C'=6\sim8$；K' 是考虑剪力与簧圈曲率影响的校正系数。

K' 的计算公式为

$$K'=\frac{4C'+2}{4C'-3} \tag{2-10}$$

离合器分离时，弹簧在工作压力的基础上，又受到分离轴承的压力，这时弹簧压力达到最大 F_{max}。令 $F=F_{max}$，代入式（2-9）可算出弹簧最大工作应力。

离合器圆柱螺旋弹簧常用的材料是 65Mn 或碳素钢弹簧钢丝，工作应力宜在 700N/mm² 左右，最大应力不宜超过 900N/mm²。

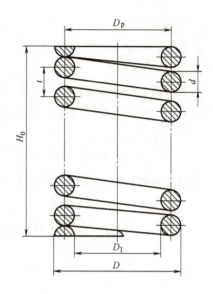

图 2-12　圆柱螺旋弹簧的特征尺寸

选好旋绕比 C'，则可以从式（2-10）计算出 K'；再选好工作压力 F，则由式（2-9）可得

$$d=\sqrt{\frac{8FC'K'}{\pi[\tau]}} \tag{2-11}$$

式中，$[\tau]$ 是许用工作应力（N/mm²），$[\tau]=700$N/mm²。

弹簧工作圈数 n_s 可根据刚度条件和 d、C' 确定，即

$$n_s=\frac{Gd^4}{8D_p^3K} \tag{2-12}$$

式中，G 为切变模量（N/mm²），对碳钢 $G=83\times10^3$N/mm²；K 为弹簧刚度（N/mm），一般为 $20\sim45$N/mm。

弹簧刚度的计算公式为

$$K=\frac{F_{max}-F}{\Delta f} \tag{2-13}$$

式中，Δf 是离合器分离过程中弹簧的变形量，等于压盘行程，对单片离合器，$\Delta f=1.7\sim2.6$mm，对双片离合器，$\Delta f=3\sim3.6$mm；

F_{max} 是弹簧最大压力（N），F_{max} 一般为 $(1.15\sim1.20)F$。

弹簧的总圈数一般比工作圈数 n_s 多 $1.5\sim2$ 圈。弹簧受最大压力 F_{max} 时，相邻圈之间的间隙应保持 $0.5\sim1.5$mm。

（2）膜片弹簧

1）膜片弹簧的主要参数。

① 比值 H/h 和 H 及其选择。H 指膜片弹簧自由状态下碟簧部分的内锥高度，h 为膜片弹簧钢板厚度，如图 2-13 所示。

比值 H/h 对膜片弹簧的弹性特性影响极大，参见图 2-14。为保证离合器压紧力变化不

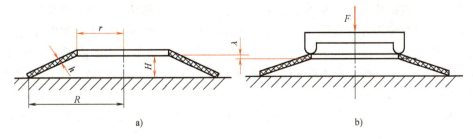

图 2-13　膜片弹簧基本尺寸参数

a) 自由状态　b) 压紧状态

大和操纵轻便，汽车离合器用膜片弹簧的 H/h 比值一般为 $1.5 \sim 2.0$，常用的膜片弹簧板厚 h 为 $2 \sim 4\text{mm}$。

② 比值 R/r 和 R、r 及其选择。R、r 分别表示自由状态下碟簧部分大、小端半径。研究表明，R/r 越大，弹簧材料利用率越低，弹簧越硬，弹性特性曲线受直径误差影响越大，且应力越大。根据结构布置和压紧力的要求，R/r 一般取 $1.20 \sim$

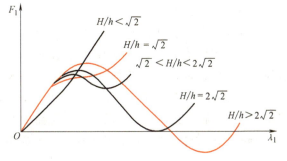

图 2-14　比值 H/h 对膜片弹簧弹性特性的影响

1.35。为使摩擦片上压力分布较均匀，推式膜片弹簧的 R 值应取为大于或等于摩擦片的平均半径 R_c；拉式膜片弹簧的 r 值宜取为大于或等于 R_c；且对于同样的摩擦片尺寸，拉式的 R 值比推式大。

③ α 及其选择。膜片弹簧自由状态下的圆锥底角 α 与内锥高度 H 关系密切，有 $\alpha = \arctan[H/(R-r)] \approx H/(R-r)$，$\alpha$ 一般为 $9° \sim 15°$。

2）膜片弹簧工作点位置的选择。膜片弹簧的弹性特性曲线如图 2-15 所示。该曲线的拐点 H 对应膜片弹簧的压平位置，且 $\lambda_{1H} = (\lambda_{1M} + \lambda_{1N})/2$。新离合器在接合状态时，膜片弹簧工作点 B 一般取在凸点 M 和拐点 H 之间，且靠近或在 H 点处。一般取 $\lambda_{1B} = (0.8 \sim 1.0)\lambda_{1H}$，以保证摩擦片在最大磨损限度 $\Delta\lambda$ 范围内压紧力从 F_{1B} 到 F_{1A} 变化不大。当分离时，膜片弹簧工作点从 B 变到 C，为最大限度地减小踏板力，C 点应尽量靠近 N 点。

3）n 的选择。分离指数目 n 常取为18，大尺寸膜片弹簧有些取24，小尺寸膜片弹簧有些取12。

4）膜片弹簧的材料及制造工艺。膜片弹簧应该用优质高精度钢板制造，其碟簧部分的尺寸精度要求高。国内通常应用的膜片弹簧材料为 60Si2MnA 或 50CrVA 等。为了保证其硬度、几何形

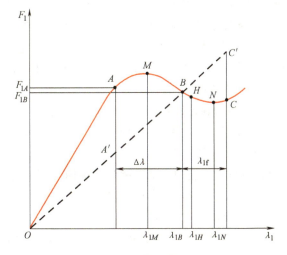

图 2-15　膜片弹簧的弹性特性曲线

状、金相组织、载荷特性和表面质量等要求，需进行一系列热处理。为了提高膜片弹簧的承载能力，要对膜片弹簧进行强压处理，即沿其分离状态的工作方向，超过彻底分离点后继续施加过量的位移，使其过分离3~8次，以产生一定的塑性变形，从而使膜片弹簧的表面产生与使用状态反方向的残余应力而达到强化的目的。经强压处理后，在同样的工作条件下，膜片弹簧的疲劳寿命可提高5%~30%。另外，对膜片弹簧的凹面或双面进行喷丸处理，使表层产生塑性变形，从而形成一定厚度的表面强化层，起到冷作硬化的作用，同样也可提高其承载能力和疲劳强度。

为了提高分离指的耐磨性，可对其端部进行高频淬火、喷镀铬合金和镀镉或四氟乙烯。在膜片弹簧与压盘接触圆形处，为了防止由于拉应力的作用而产生裂纹，可对该处进行挤压处理，以消除应力源。

膜片弹簧表面不得有毛刺、裂纹、划痕、锈蚀等缺陷。碟簧部分的硬度一般为45~50HRC，分离指端硬度为55~62HRC，在同一片上同一范围内的硬度差不大于3个单位。碟簧部分应为均匀的回火屈氏体和少量的索氏体。单面脱碳层的深度一般不得超过厚度的3%。膜片弹簧的内、外半径公差带一般为H11和h11，厚度偏差为±0.025mm，初始底锥角偏差为±10′。膜片弹簧上下表面的表面粗糙度Ra为1.6μm，底面的平面度公差一般要求小于0.1mm。膜片弹簧处于接合状态时，其分离指端的相互高度差一般要求小于1.0mm。

2. 从动盘总成的设计

从动盘总成主要由摩擦片、从动片、扭转减振器和从动盘毂等组成。从动盘总成对离合器的工作性能影响较大，其设计要求如下：

1）从动盘总成的转动惯量应尽可能小，以减小变速器换档时轮齿间的冲击。

2）从动盘应具有轴向弹性，使离合器接合平顺，便于起步，而且使摩擦面压力分布均匀，以减小磨损。

3）应安装扭转减振器，以避免传动系统共振，并缓和冲击。

为了使从动盘具有轴向弹性，常用的方法有：

1）在从动片外缘开6~12个"T"形槽，形成许多扇形，并将扇形部分冲压成依次向不同方向弯曲的波浪形。两侧的摩擦片则分别铆在每相隔一个的扇形上。"T"形槽还可以减小由于摩擦发热而引起的从动片翘曲变形。这种结构主要应用在商用车上。

2）将扇形波形片的左、右凸起段分别与左、右侧摩擦片铆接，由于波形片比从动片薄，这种结构的轴向弹性较好，转动惯量较小，适宜于高速旋转，主要应用于乘用车和最大总质量小于6t的商用车上。

3）利用阶梯形铆钉杆的细段将成对波形片的左片铆在左侧摩擦片上，并交替地把右片铆在右侧摩擦片上。这种结构的弹性行程大，弹性特性较理想，可使汽车起步平顺，主要应用在中、高级乘用车上。

4）将靠近飞轮的左侧摩擦片直接铆合在从动片上，只在靠近压盘侧的从动片上铆有波形片，右侧摩擦片用铆钉与波形片铆合。这种结构的转动惯量大，但强度较高，传递转矩的能力大，主要应用在重型货车上。

(1) 从动盘毂 从动盘毂是离合器中承受载荷最大的零件，它几乎承受由发动机传来的全部转矩。一般采用齿侧对中的矩形花键安装在变速器的第一轴上。

从动盘毂轴向长度不宜过小，以免在花键轴上滑动时产生偏斜而使分离不彻底，一般取 1.0~1.4 倍的花键轴直径。

从动盘毂一般采用锻钢（如 35、45、40Cr 等），并经调质处理，表面和心部硬度一般为 26~32HRC。为提高花键内孔表面硬度和耐磨性，可采用镀铬工艺；对减振弹簧窗口及与从动片配合处，应进行高频淬火处理。

（2）摩擦片　离合器摩擦片在性能上应满足如下要求：

1）摩擦因数较高且较稳定，工作温度、单位压力、滑磨速度的变化对其影响要小。

2）具有足够的机械强度与耐磨性。

3）密度小，以减小从动盘总成的转动惯量。

4）热稳定性好，在高温下分离出的结合剂少，无味，不易烧焦。

5）磨合性好，不致刮伤飞轮和压盘表面。

6）接合时应平顺而不产生"咬合"或"抖动"现象。

7）长期停放后，摩擦面间不发生"黏着"现象。

离合器摩擦片所用的材料主要有石棉基摩擦材料、粉末冶金摩擦材料和金属陶瓷摩擦材料。石棉基摩擦材料具有摩擦因数较高、密度较小、制造容易、价格低廉等优点。但它性能不够稳定，摩擦因数受工作温度、单位压力、滑磨速度的影响大，目前主要应用于中、轻载荷下工作。由于石棉在生产和使用过程中对环境有污染，对人体有害，故常以玻璃纤维、金属纤维等来替代石棉纤维。粉末冶金和金属陶瓷摩擦材料具有传热性好、热稳定性与耐磨性好、摩擦因数较高且稳定、能承受的单位压力较高以及寿命较长等优点，但价格较贵，密度较大，接合平顺性较差，主要应用于装载质量较大的商用车上。

摩擦片与从动片的连接方式有铆接和粘接两种。铆接方式连接可靠，更换摩擦片方便，适宜在从动片上安装波形片，但其摩擦面积利用率小，使用寿命短。粘接方式可增大实际摩擦面积，摩擦片厚度利用率高，具有较高的抗离心力和切向力的能力。但更换摩擦片困难，且使从动盘难以安装波形片，无轴向弹性，可靠性低。

（3）从动片　从动片要求质量小，具有轴向弹性，硬度和平面度要求高。材料常用中碳钢板或低碳钢板。一般厚度为 1.3~2.5mm，表面硬度为 35~40HRC。

（4）波形片和减振弹簧　波形片一般采用 65Mn，厚度小于 1mm，硬度为 40~46HRC，并经过表面发蓝处理。减振弹簧常采用 60Si2MnA、50CrVA、65Mn 等弹簧钢丝。

3. 离合器盖总成的设计

离合器盖总成除压紧弹簧外，还有离合器盖、压盘、传动片、分离杠杆装置及支承环等。

（1）离合器盖　离合器盖的结构设计应满足以下要求：

1）应具有足够的刚度，否则将影响离合器的工作特性，增大操纵时的分离行程，减小压盘升程，严重时使摩擦面不能彻底分离。为此可采取如下措施：适当增大盖的板厚，一般为 2.5~4.0mm；在盖上冲制加强肋或在盖内圆周处翻边；尺寸大的离合器盖可改用铸铁铸造。

2）应与飞轮保持良好的对中，以免影响总成的平衡和正常的工作。对中方式采用定位销或定位螺栓，也可采用止口对中。

3）离合器盖膜片弹簧的支承处应具有高的尺寸精度。

4）为了便于通风散热，防止摩擦表面温度过高，可在离合器盖上开较大的通风窗孔，或在盖上加设通风扇片等。

乘用车和装载质量较小的商用车的离合器盖一般用08、10等低碳钢板，装载质量较大的商用车则常用铸铁件或铝合金压铸件。

（2）压盘 对压盘结构设计的要求如下：

1）压盘应具有较大的质量，以增大热容量，减小温升，防止其产生裂纹和破碎，有时可设置各种形状的散热筋或鼓风筋，以帮助通风散热。中间压盘可铸出通风槽，也可采用传热系数较大的铝合金压盘。

2）压盘应具有较大的刚度，使摩擦面上的压力分布均匀，并减小受热后的翘曲变形，否则将影响摩擦片的均匀压紧及与离合器的彻底分离。

3）与飞轮应保持良好的对中，并要进行静平衡试验。

4）压盘高度（从承压点到摩擦面的距离）公差要小。

压盘形状较复杂，要求传热性好，具有较高的摩擦因数，通常采用灰铸铁，一般采用HT200、HT250、HT300，硬度为170~227HBW，也有少数采用合金压铸件。

（3）传动片 传动片的作用是在离合器接合时，离合器盖通过它来驱动压盘共同旋转，分离时，又可利用它的弹性来牵动压盘轴向分离并使操纵力减小。由于各传动片沿圆周均匀分布，它们的变形不会影响到压盘的对中性和离合器的平衡。

传动片常用3~4组，每组2~4片，每片厚度为0.5~1.0mm，一般由弹簧钢带65Mn制成。

（4）分离杠杆 对于分离杠杆装置的结构设计应满足以下要求：

1）分离杠杆应具有较大的弯曲刚度，以免分离时弯曲变形过大，减小压盘行程，使分离不彻底。

2）应使分离杠杆支承机构与压盘的驱动机构在运动上不发生干涉。

3）分离杠杆内端高度应能调整，使各内端位于平行于压盘的同一平面，其高度差不大于0.2mm。

4）分离杠杆的支承处应采用滚针轴承、滚销或刀口支承，以减小摩擦和磨损。

5）应避免在高速转动时因分离杠杆的离心力作用而降低压紧力。

6）为了提高通风散热能力，可将分离杠杆制成特殊的叶轮形状，用以鼓风。

分离杠杆主要由08低碳钢板冲压和35等中碳钢锻造而成。

（5）支承环 支承环和支承环铆钉的安装尺寸精度要求高，耐磨性高。支承环一般采用3.0~4.0mm的碳素钢弹簧钢丝。

2.2.5 离合器的操纵机构

1. 设计要求

设计离合器操纵机构时，要满足如下设计要求：

1）踏板力要小，乘用车一般在80~150N的范围内，商用车一般在150~200N的范围内。

2）乘用车的踏板行程一般在 80～150mm 的范围内，商用车的踏板行程最大不超过 180mm。

3）应有踏板行程调整装置，以保证摩擦片磨损后分离轴承的自由行程可以复原。

4）应有踏板行程限位装置，以防止操纵机构因受力过大而损坏。

5）应具有足够的刚度。

6）传动效率要高。

7）发动机振动及车架和驾驶室的变形不会影响其正常工作。

8）工作可靠、寿命长，维修保养方便。

2. 操纵机构的结构形式

常用的离合器操纵机构主要有机械式、液压式等。

机械式操纵机构有杆系和绳索两种形式。杆系传动机构的结构简单，工作可靠，广泛应用于各种汽车中；但其质量大，机械效率低，车架和驾驶室的变形会影响其正常工作，在远距离操纵时布置较困难。绳索传动机构可克服上述缺点，且可采用适宜驾驶人操纵的吊挂式踏板结构；但其寿命较短，机械效率仍不高，多用在轻型乘用车上。

液压式操纵机构主要由主缸、工作缸和管路等部分组成，具有传动效率高、质量小、布置方便、便于采用吊挂踏板、驾驶室容易密封、驾驶室和车架变形不会影响其正常工作以及离合器接合柔和等优点。此种形式广泛应用在各种形式的汽车上。

3. 离合器操纵机构的设计计算

以液压式操纵机构为例，其示意图如图 2-16 所示。踏板行程 S 由自由行程 S_1 和工作行程 S_2 两部分组成，即

$$S = S_1 + S_2 = \left(S_{0f} + Z \Delta S \frac{c_2}{c_1} \right) \frac{a_2 b_2 d_2^2}{a_1 b_1 d_1^2} \tag{2-14}$$

式中，S_{0f} 为分离轴承的自由行程（mm），一般为 1.5～3.0mm，反映到踏板上的自由行程 S_1 一般为 20～30mm；d_1、d_2 分别为主缸和工作缸的直径（mm）；Z 为摩擦片面数；ΔS 为离合器分离时对偶摩擦面间的间隙（mm），单片时 $\Delta S = 0.85～1.30$mm，双片时 $\Delta S = 0.75～0.90$mm；a_1、a_2、b_1、b_2、c_1、c_2 为杆件尺寸（mm），如图 2-16 所示。

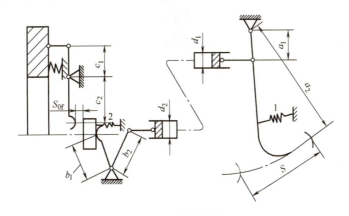

图 2-16 液压式操纵机构示意图

1、2—回位弹簧

踏板力 F_f 为

$$F_f = \frac{F'}{i_{\Sigma} \eta} + F_s \tag{2-15}$$

式中，F' 为离合器分离时，压紧弹簧对压盘的总压力（N）；i_{Σ} 为操纵机构总传动比，$i_{\Sigma} = \frac{a_2 b_2 c_2 d_2^2}{a_1 b_1 c_1 d_1^2}$；$\eta$ 为机械效率，液压式取 $\eta = 80\% \sim 90\%$，机械式取 $\eta = 70\% \sim 80\%$；F_s 为克服回位弹簧 1、2 的拉力所需的踏板力（N），在初步设计时，可忽略。

不考虑回位弹簧的作用，分离离合器所做的功 W_L 为

$$W_L = \frac{0.5}{\eta} (F_1 + F') Z \Delta S \tag{2-16}$$

式中，F_1 为离合器接合状态下压紧弹簧的总压紧力。

在规定的踏板力和行程的允许范围内，驾驶人分离离合器所做的功不应大于 30J。

工作缸直径 d_2 的确定与液压系统所允许的最大油压有关，考虑到橡胶软管及其管接头的密封要求，最大允许油压一般为 5~8MPa。

对于机械式操纵机构，上述计算中只需将 d_1 和 d_2 取消即可。

拓展学习内容——扭转减振器设计 ···

扫一扫，直接在手机上打开

拓展学习内容——双质量飞轮扭转减振器 ·····························

扫一扫，直接在手机上打开

2.3 机械式变速器设计

2.3.1 机械式变速器概述

*1. 变速器的功用

1）改变传动比，满足不同行驶条件对牵引力的需要，使发动机尽量工作在有利的工况

下，满足可能的行驶速度要求。在较大范围内改变汽车行驶速度的大小和汽车驱动轮上转矩的大小。由于汽车行驶条件不同，要求汽车行驶速度和驱动转矩能在很大范围内变化。例如，在高速路上车速应能达到100km/h，而在市区内车速常在50km/h左右。空车在平直的公路上行驶时，行驶阻力很小，而当满载上坡时，行驶阻力便很大。而汽车发动机的特性是转速变化范围较小，而转矩变化范围更不能满足实际路况需要。

2) 实现倒车行驶，用来满足汽车倒退行驶的需要。发动机曲轴一般都是只能向一个方向转动的，而汽车有时需要能倒退行驶，因此，需要利用变速器中设置的倒档来实现汽车倒车行驶。

3) 实现中断动力传递。在发动机起动、怠速运转、汽车换档或需要停车进行动力输出时，中断向驱动轮的动力传递。

4) 实现空档。当离合器接合时，变速器可以不输出动力。例如，可以保证驾驶人在发动机不熄火时松开离合器踏板离开驾驶人座位。

＊2. 变速器的组成

变速器由传动机构和变速机构组成，可制成单独变速机构或与传动机构合装在同一壳体内，有些汽车还有动力输出机构。变速传动机构的主要作用是改变转矩和转速的数值和方向；操纵机构的主要作用是控制传动机构，实现变速器传动比的变换，即实现换档，以达到变速变矩。

传动机构大多用普通齿轮传动，也有的用行星齿轮传动。普通齿轮传动变速机构一般用滑移齿轮和同步器等。

3. 变速器的分类

(1) 按传动比变化的方式　按照传动比分类，变速器可以分为有级式、无级式和综合式。

有级式变速器应用最广泛，它采用齿轮传动，具有若干个定值传动比。按所用的齿轮轮系不同有轴线固定式（普通齿轮变速器）和轴线旋转式变速器（行星齿轮变速器）两种。目前，乘用车和轻、中型商用车变速器的传动比通常有3~5个前进档和一个倒档。载货汽车采用的是组合式变速器，有更多档位，一般是由两个变速器组合而成的。

无级式变速器的传动比在一定的变速范围内可以按无限多级变化，通过无级变速可以得到传动系统与发动机工况的最佳匹配。常见的无级变速器有液力机械式无级变速器和金属带式无级变速器（VDT-CVT）两种。

综合式变速器是指由液力变矩器和齿轮式有级变速器组成的液力机械式变速器。其传动比可以在最大值和最小值之间的几个间断范围内做无级变化，目前的应用较为广泛。

(2) 按操纵方式分　按照变速器换档操纵的方式，可分为强制操纵式、自动操纵式和半自动操纵式。

强制操纵式变速器靠驾驶人直接操纵变速杆换档，为大多数汽车所采用。自动操纵式变速器的传动比选择（换档）是自动进行的。驾驶人只需操纵加速踏板，即可控制车速。半自动操纵式变速器有两种形式，一种是常见的几个档位自动操纵，其余的档位则由驾驶人操纵；另一种是预选式，即驾驶人预先用按钮选定档位，在踩下离合器踏板或松开加速踏板时，接通一个电磁装置或液压装置来换档。

（3）**按使用方法分** 按照操纵方法，变速器可分为手动变速器（MT）、自动变速器（AT）、手自一体变速器、无级变速器（CVT）、双离合变速器。

1）手动变速器。手动变速器的技术已经非常成熟，它是通过齿轮的啮合来传递发动机动力的。因其传动效率高，结构简单，维修保养成本低，所以备受青睐。它又称机械式变速器，即必须用手拨动变速杆才能改变变速器内的齿轮啮合位置，改变传动比，从而达到变速的目的。乘用车手动变速器大多为四档或五档有级式齿轮传动变速器，并且通常用同步器，换档方便，噪声小。

2）自动变速器。自动变速器是通过液力变矩器以及行星齿轮来传递发动机动力的，传动效率低，经济性较差，同时行星齿轮结构复杂、维修成本较高。利用行星齿轮机构进行变速，它能根据踩下加速踏板的程度和车速变化，自动地进行变速，而驾驶人只需要操纵加速踏板控制车速即可。

一般来讲，汽车上常用的自动变速器有以下几种类型：液力自动变速器、液压传动自动变速器、电力传动自动变速器、有级式机械自动变速器和无级式自动变速器。液力自动变速器主要是由液压控制的齿轮变速系统构成，主要包含自动离合器和自动变速器两大部分。它能够根据节气门的开度和车速的变化，自动地进行换档。

车辆装用自动变速器具有操作容易、驾驶舒适、能减少驾驶人疲劳的优点，已成为现代乘用车配置的一种发展方向；但其传动效率低，经济性不好；结构复杂，维修成本高。

3）手自一体变速器。手自一体变速器其实就是在手动变速器的基础上增加了自动变速操纵系统而组成，因此操作起来更加灵活，档位越多操控也就越精确，燃油经济性也更好。手自一体变速器由德国保时捷车厂在 911 车型上首先推出，称为 tiptronic，它可使高性能跑车不必受限于传统自动变速器的束缚，让驾驶者也能享受手动换档的乐趣。配有手自一体变速器的车型在其档位上设有"+""-"选择档位。在 D 档位时，可自由变换降档（-）和加档（+），如同手动档一样。驾驶人可以结合路况及驾驶需要随时加减档，有更好的驾驶体验。

手自一体变速器的优点是操作简单，使用方便，燃油经济性好；缺点是成本较高，后续维修保养费用较高。

4）无级变速器。无级变速器采用传动带和工作直径可变的主、从动轮相互配合来传递发动机的动力，代表了自动变速器的一个重要发展方向。无级变速器系统是由两组变速轮盘和一条传动带组成的，要比传统自动变速器结构简单，体积更小。另外，它可以自由改变传动比，从而实现全程无级变速，使汽车变速平稳，没有传统变速器换档时那种顿挫的感觉，加速连续性更好，燃油经济性也更高。

5）双离合变速器。双离合变速器是近年来最受关注的一种变速器，它的系统主要是由两组离合器片集合而成的双离合器装置，一个由实心轴及其外套筒组合而成的双传动轴机构，以及控制单数和双数档位的两组齿轮。在整个换档过程中，当一组齿轮在输出动力时，另一组齿轮已经处于啮合状态，双离合变速器总是保持有一组齿轮在输出动力，不会出现动力传递的间断，也就保证了加速的连续性和换档过程中不会出现顿挫感。

全球第一款双离合变速器是由大众汽车公司推出的。双离合变速器通过与变速器控制模块相连的电磁阀来调节控制双离合器的接合压力。发动机动力通过曲轴和一个双质量飞轮传递到双离合器。离合器 1 负责控制奇数档位，离合器 2 负责控制偶数档位和倒档。相当于将

两套变速系统合二为一。双离合变速器系统所包含的智能电子液压换档控制系统、双离合器、双动力输入轴和三个驱动轴共同完成复杂的换档操作。操控系统指挥换档齿轮在比当前运动档位高一级的档位上待命，随时进入工作状态，以实现快速换档，使得整个换档过程仅仅在百分之几秒内即可顺利完成。

双离合变速器以快速换档保证了精准的动力传输，使驾驶既有运动特性又具备便捷舒适性，更重要的是油耗更低，各方面的性能都超过了传统的自动变速器。

4. 机械式变速器的设计要求

汽车变速器的功用首先是使汽车发动机能够在尽可能多的工况下发出其最大功率，并且把其传递到驱动轮，从而使汽车获得最好的动力性（最高车速、最大加速能力、最大爬坡度）。变速器对汽车的燃油经济性、噪声特性等影响显著，其设计应该能使发动机在比较有利的性能区域工作。此外，变速器应该保证汽车能够倒车行驶，在滑行或停车时能够使发动机和传动系统保持分离。需要时变速器还应该具有动力输出功能。

对变速器设计的基本要求如下：

1）具有正确的档数和传动比，保证汽车所需要的动力性、经济性、低噪声等指标。

2）具有空档和倒档，使发动机可以与驱动轮长期分离，使汽车能够倒车。

3）换档迅速、省力，以便缩短加速时间，提高汽车动力性，减轻驾驶人劳动强度。

4）工作可靠，在汽车行驶中，变速器不得有跳档、乱档以及换档冲击等现象发生。

5）根据需要可以设置动力输出装置。

6）工作效率高。

7）工作噪声低。

8）体积小、重量轻，便于制造、成本低。

目前，在汽车上得到广泛使用的变速器有机械式变速器（即手动换档变速器）、自动变速器（即由液力变矩器和行星齿轮式变速器组成的液力机械式变速器）、自动换档的机械式变速器（AMT）。双离合器式变速器也已经开始在乘用车上得到实际应用。另外，机械式无级变速器也在一定范围内得到了应用。

本章将主要介绍机械式变速器的设计。这种变速器是自动换档机械式变速器和双离合器式变速器的基础，同时由于其具有效率高、燃油经济性好、结构紧凑、质量小、成本低、维护性能良好等优点，将继续得到广泛应用。

2.3.2　变速器传动机构方案

变速器传动机构有两种分类方法。根据前进档数的不同，可以分为三档、四档、五档和多档变速器。根据传动轴形式不同，分为固定轴式和旋转轴式两类。固定轴式变速器应用广泛，可分为两轴式、中间轴式和双中间轴式变速器，其中两轴式变速器多用于发动机前置前轮驱动的汽车上，中间轴式变速器多用于发动机前置后轮驱动的汽车上。旋转轴式变速器通常配合行星齿轮传动方案，主要用于液力机械式变速器。

1. 两轴式变速器

与中间轴式变速器相比，两轴式变速器具有结构简单、轮廓尺寸小、中间档的传动效率高和噪声小等优点。但两轴式变速器不能设置直接档，所以在高档位传动时齿轮和轴承均承

载，工作噪声大且齿轮容易损坏。此外如果要求低档传动比较大，会使结构尺寸加大，这是因为小齿轮尺寸的缩小是有限度的，为达到要求的传动比，必须增大从动齿轮尺寸。图 2-17 所示为一些两轴式变速器的传动方案。

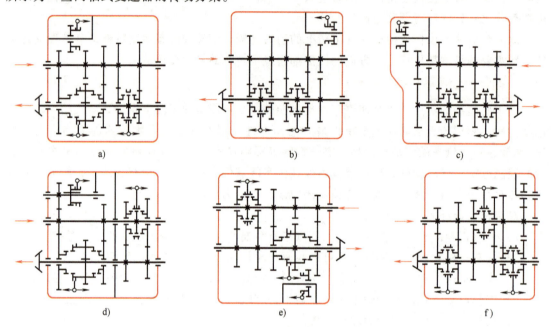

图 2-17　一些两轴式变速器的传动方案

两轴式变速器具有以下特点：

1）变速器输出轴与主减速器主动齿轮做成一体。当发动机纵置时采用弧齿锥齿轮或双曲面齿锥齿轮，发动机横置时采用斜齿圆柱齿轮。

2）除倒档传动常用滑动齿轮外，其他档位都采用常啮合齿轮传动。图 2-17f 中的倒档齿轮为常啮合齿轮，并采用同步器换档。

3）各档的同步器多装在输出轴上，如图 2-17a、b、c 所示。但是也有例外，如图 2-17d、e 所示，其高档位的同步器安装在输入轴上，这是因为其主动齿轮尺寸较大，便于与同步器零件连接。图 2-17d 所示方案的变速器有辅助支承，用来提高轴的刚度，减小齿轮磨损和降低工作噪声。图 2-17f 所示为五档全同步器式变速器，以此为基础，只要将五档齿轮用尺寸相当的隔套替代，即可改变为四档变速器，从而形成一个系列产品。

2. 中间轴式变速器

在采用发动机前置后轮驱动布置形式的汽车中一般都采用中间轴式变速器。图 2-18 和图 2-19 所示为中间轴式四档和五档变速器的传动方案。中间轴式变速器的特点如下：

1）第一轴和第二轴的轴线在同一条直线上，经啮合套把它们固结起来得到直接档，其传动效率高（可达 90% 以上）、磨损小、噪声较小。

2）在中心距较小的情况下，一档仍有较大的传动比，这是因为除直接档外，各档都是通过两对齿轮传递动力的，但是这也使得这些档位的传动效率较低。

3）高档位齿轮采用常啮合齿轮传动，低档位齿轮可以采用常啮合齿轮或滑动齿轮传动。

4）多数传动方案中，除一档外，其他档位的换档机构均采用同步器或啮合套换档，少数结构的一档也采用同步器或啮合套换档。

5）多数情况下各档同步器或啮合套安装在第二轴上。

在除直接档以外的其他档位工作时，中间轴式变速器的传动效率会略有降低，这是它的缺点。

在档数相同的前提下，各种中间轴式变速器主要在常啮合齿轮对数、换档方式和倒档传动方案上有差别。

图 2-18 所示为中间轴式四档变速器的传动方案。其中，图 2-18a、b 所示方案中有四对常啮合齿轮，倒档用直齿滑动齿轮换档；图 2-18c 所示传动方案的二、三、四档用常啮合齿轮传动，而一档、倒档则用直齿滑动齿轮换档。

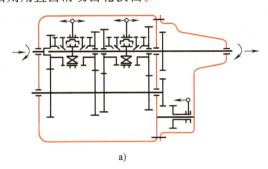

a)

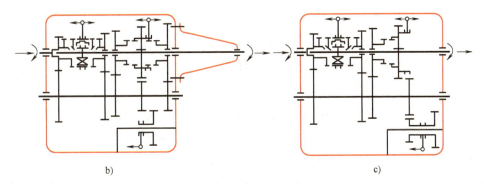

b)   c)

图 2-18 中间轴式四档变速器的传动方案

图 2-19 所示为中间轴式五档变速器的传动方案。图 2-19a 所示方案中，除一档、倒档用直齿滑动齿轮换档外，其余各档采用常啮合齿轮传动。图 2-19b、c、d 所示方案的各前进档均用常啮合齿轮传动。图 2-19d 所示方案中的倒档和超速档安装在位于变速器后部的副箱体内，这样布置除可以提高轴的刚度，减小齿轮磨损和降低工作噪声外，还可以在不需要超速档时形成一个只有四个前进档的变速器。

以上各种方案中，凡采用常啮合齿轮传动的档位，其换档可以用同步器或啮合套来实现。若同一变速器中，有的档位用同步器换档，有的档位用啮合套换档，则一定是档位高的用同步器换档，档位低的用啮合套换档。

发动机前置后轮驱动的乘用车多采用中间轴式变速器。为缩短传动轴长度，可将变速器后端加长，如图 2-19a、b 所示。伸长后的第二轴有时装在三个支承上，其最后一个支承位于加长的附加壳体上。如果在附加壳体内布置倒档传动齿轮和换档机构，还能减小变速器主

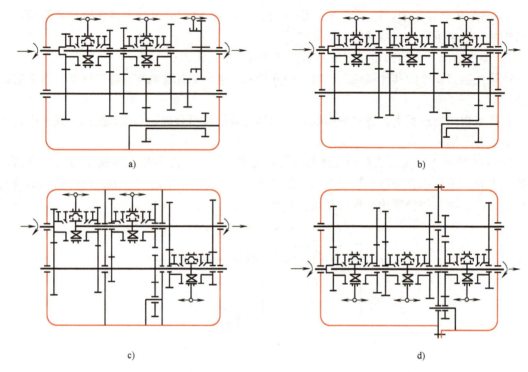

a)

b)

c)

d)

图 2-19 中间轴式五档变速器的传动方案

体部分的外形尺寸。

变速器用图 2-19c 所示的多支承结构方案，能提高轴的刚度。此时，如果采用在轴平面上可分开的壳体，则能较好地解决轴和齿轮等零部件装配困难的问题。

3. 倒档传动的布置方案

图 2-20 所示为一些倒档传动的布置方案，由于挂倒档一般在停车的情况下进行，不存在同步问题，所以常采用直齿滑动齿轮方案。常用的倒档传动的布置方案包括：在中间轴和第二轴上的齿轮传动路线中，加入一个中间传动齿轮，如图 2-20a、f 所示；有的采用两个联体齿轮方案，如图 2-20b、c、d、e、g 所示。前者结构简单，但中间传动齿轮的轮齿处于最不利的正负交替、对称变化的弯曲应力状态下工作，而后者是在较为有利的单向循环弯曲应力状态下工作，且倒档传动比略有增加。

图 2-20a 所示的倒档布置方案广泛应用于乘用车和轻型货车的四档全同步器式变速器，在中间轴上有一个专用倒档齿轮。图 2-20b 所示方案的优点是可以利用中间轴上的一档齿轮，因而缩短了中间轴的长度，但是挂倒档时需要使两对齿轮同时啮合，换档比较困难。图 2-20c 所示方案在中间轴上也有一个专用倒档齿轮，其优点是可以获得较大的倒档传动比，但为了换倒档，需要向前（向发动机方向）推动二轴上的直齿滑动齿轮，影响变速杆换档位置的安排。图 2-20d 所示方案与图 2-20e 所示方案的差别是在挂倒档时需要向后推动二轴上的直齿滑动齿轮。图 2-20e 所示方案与图 2-20c 所示方案的差别是将中间轴上的一档和倒档齿轮做成一体，其齿宽增大了，有利于缩短中间轴长度。图 2-20f 所示方案适用于全部齿轮副均为常啮合的齿轮，换档更为方便。为了充分利用空间，缩短变速器轴向长度，有的货车的倒档传动采用图 2-20g 所示的方案，其缺点是一档、倒档需各用一根变速器拨叉轴，导

致变速器上盖中的操纵机构更复杂。

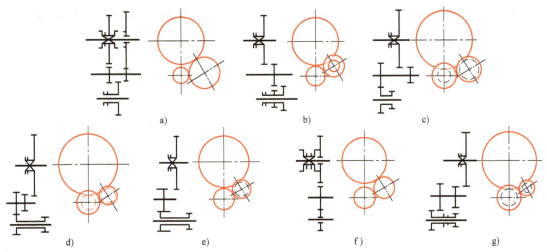

图 2-20 一些倒档传动的布置方案

4. 零部件结构方案

(1) 齿轮形式 汽车变速器采用的齿轮是直齿和斜齿圆柱齿轮。其中，直齿圆柱齿轮一般用于低档和倒档。斜齿圆柱齿轮是应用最多的变速器齿轮，其具有传动平稳、噪声小、承载能力强、使用寿命长等优点。但是斜齿轮工作时产生轴向力，在设计中应该予以考虑。

(2) 换档机构形式 变速器换档机构形式有直齿滑动齿轮、啮合套和同步器三种。

用直齿滑动齿轮换档，会在轮齿端面产生冲击和噪声，使齿轮端部磨损加剧，并过早损坏，也使乘坐舒适性降低。为了减轻这种换档冲击，要求驾驶人在换档时采用"两脚离合器"操纵方式，对驾驶技术要求高。如果驾驶人技术不熟练，就容易出现失误，特别是在比较紧急的情况下换档更是如此。这时换档也会分散其注意力，影响行驶安全性。因此，尽管这种换档方式结构简单，除一档、倒档以外已很少采用。

对常啮合齿轮（一般是斜齿轮），可以采用啮合套换档方式，即通过移动啮合套，使齿轮与轴固结。在这种情况下同时承受换档冲击的啮合齿数较多，它们不会过早损坏，而处于常啮合状态的齿轮并不参加换档。但是，使用啮合套并不能消除冲击，仍然要求驾驶人有熟练的操纵技术。此外，因增设了啮合套使变速器旋转部分的总惯性力矩增大，也不利于平稳换档。因此，啮合套换档方式目前只在某些要求不高的档位及重型货车的变速器上应用。

采用同步器换档可以保证迅速、无冲击、无噪声换档，不需要进行较复杂的操作（例如两脚离合器），从而可以提高汽车的动力性、经济性和安全性。但是同步器的结构较复杂、制造精度要求高、轴向尺寸大、同步环（摩擦件）使用寿命短，尽管有这些缺点，由于其换档性能好，仍然得到了广泛应用。

(3) 防止自动脱档的措施 变速器的一个主要故障是自动脱档，即在驾驶人没有进行换档操纵的情况下，档位自动脱开，这严重损坏了汽车的使用性能。为了防止自动脱档，除工艺措施外，目前在结构设计上也采取了一些措施。

1) 把啮合套做的长些或把两接合齿的啮合位置错开（图 2-21）。在啮合时，使换档拨叉推动的接合齿超过被接合齿 2~3mm。在传动过程中，由于接触部分的挤压或磨损，使接

合齿端部形成凸肩，以阻止接合齿自动脱开。

2）将啮合套齿座上前齿圈的齿厚切薄0.3～0.6mm（图2-22）。这样，换档后啮合套的后端被后齿圈顶住，防止自动脱档。

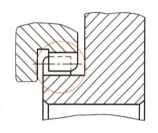

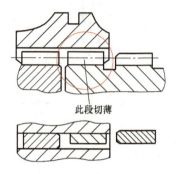

此段切薄

图2-21　防止自动脱档的结构措施（一）　　　图2-22　防止自动脱档的结构措施（二）

3）把接合齿的工作面加工成斜面，形成倒锥角（2°～3°），使接合齿面间产生阻止自动脱档的轴向力（图2-23）。这种结构方案较有效，采用较多。

（4）变速器轴承形式　变速器轴承常采用圆柱滚子轴承、球轴承、滚针轴承、圆锥滚子轴承及滑动轴套等，至于具体选择的轴承类别，受结构限制并由所承受的载荷特点决定。

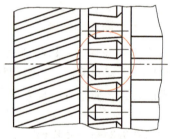

图2-23　防止自动脱档的
结构措施（三）

汽车变速器结构紧凑、尺寸小，采用尺寸较大的轴承在结构上受限制，布置时有困难，如变速器的第二轴前端支承在第一轴常啮合齿轮的内腔中，内腔尺寸足够大时可布置圆柱滚子轴承，若空间不足则采用滚针轴承。

变速器第一轴前端支承在飞轮的内腔里，有足够大的空间，采用球轴承来承受径向力。作用在第一轴常啮合齿轮上的轴向力，经第一轴后部轴承传给变速器壳体，此处常用轴承外圈有挡圈的球轴承，第二轴后端常采用球轴承，以承受轴向力和径向力。

中间轴上齿轮工作时产生的轴向力，原则上由前轴承或后轴承来承受都可以，但当在壳体前端面布置轴承盖有困难时，就必须由后端轴承承受轴向力，前端采用圆柱滚子轴承来承受径向力。

变速器中采用圆锥滚子轴承虽然有直径小、宽度较宽因而容量大、可承受高负荷等优点，但也有需要调整预紧、装配麻烦、磨损后轴易歪斜而影响齿轮正确啮合的缺点，因此不适用于线膨胀系数较大的铝合金壳体。

变速器第一轴、第二轴的后部轴承以及中间轴前、后轴承，按直径系列一般选用中系列球轴承或圆柱滚子轴承。轴承的直径根据变速器中心距确定，并要保证壳体后壁两轴承孔之间的距离在6～20mm之间，下限适用于轻型车和乘用车。

滚针轴承、滑动轴套主要用于齿轮与轴不是固定连接，并要求两者有相对运动的地方。滚针轴承有滚动摩擦损失小、传动效率高、径向配合间隙小、定位和运转精度高以及有利于

齿轮啮合等优点。滑动轴套的径向配合间隙大、易磨损、间隙增大后影响齿轮的定位和运转精度并使工作噪声增大。滑动轴套的优点是制造容易、成本低。

 拓展学习内容——组合式变速器 • • • • • • • • • • • • • • • • • •

扫一扫，直接在手机上打开

2.3.3　变速器主要参数的选择

1. 档数

增加变速器的档数能改善汽车的动力性和经济性。档数越多，变速器的结构越复杂，且尺寸轮廓和质量越大，同时操纵机构越复杂，使用时换档频率也越高。

在最低档传动比不变的前提下，增加变速器的档数会使变速器相邻两个档位之间传动比的比值减小，使换档工作容易进行。一般要求相邻档位之间传动比的比值在 1.8 以下，该比值越小，换档工作越容易进行。高档区相邻档位之间传动比的比值要比低档区的小。

近年来为了降低油耗，变速器的档数有增加的趋势。目前乘用车一般用 4~5 个档位，级别高的乘用车多用 5 个档位，货车变速器采用 4~5 个档位或更多。装载质量在 2~3.5t 之间的货车采用五档变速器，装载质量在 4~8t 之间的货车采用六档变速器。多档变速器多用于重型货车和越野车。

2. 传动比范围

变速器的传动比范围是指变速器最低档传动比与最高档传动比的比值。传动比范围的确定与选定的发动机参数、汽车的最高车速和使用条件等因素有关。在变速器高档传动比为 1 时，其传动比范围就是其一档传动比。道路条件越复杂（如越野行驶）、比功率越小，所要求的变速器传动比范围越宽。目前，各类汽车变速器的传动比范围为：乘用车为 3.0~4.5，普通货车和大客车为 5.0~8.0，越野汽车和牵引车为 10~20。

某些汽车变速器有超速档，其传动比小于 1，通常的范围为 0.7~0.8。其目的是提高发动机的负荷率、降低发动机转速，从而降低油耗和磨损，特别是在良好路况、空载或轻载行驶时。但是与直接档相比，使用超速档会降低传动效率。

3. 中心距 A

中心距是指变速器两轴中心线之间的距离，也是两相啮合齿轮中心线之间的距离。中心距 A 的大小不仅会影响变速器的外形尺寸、体积和质量等参数，还对轮齿的接触强度有影响。中心距越小，齿轮的接触应力越大，齿轮寿命越短。最小允许中心距由保证齿轮寿命的接触强度来确定。变速器轴经轴承安装在壳体上，从轴承的布置、安装和维修方便以及不影响壳体的强度等方面考虑，要求中心距取大些。此外受一档小齿轮齿数不能过少的限制，中心距也要大些。

初选中心距 A 时，可根据下面的经验公式计算，即

$$A = K_A \sqrt[3]{T_{emax} i_1 \eta_g} \tag{2-17}$$

式中，A 为中心距（m）；K_A 为中心距系数，乘用车取 8.9~9.3，货车取 8.6~9.6，多档变速器取 9.5~11.0；T_{emax} 为发动机最大转矩（N·m）；i_1 为变速器一档传动比；η_g 为变速器的传动效率，取 96%。

乘用车变速器的中心距为 65~80mm，货车的为 80~170mm。原则上总质量小的汽车，变速器中心距也应小些。

4. 变速器轴向尺寸

影响变速器壳体轴向尺寸的因素包括档数、换档机构形式以及齿轮形式。乘用车四档变速器壳体的轴向尺寸为 (2.0~3.4)A。货车变速器壳体的轴向尺寸与档数的关系可参考下列数据选用：四档为 (2.2~2.7)A，五档为 (2.7~3.2)A，六档为 (3.2~3.5)A。

5. 轴的直径

变速器工作时，轴除传递转矩外，还要承受齿轮作用的径向力，如果是斜齿轮还有轴向力。在这些力的作用下，变速器的轴必须有足够的刚度和强度。轴的刚度不足会产生弯曲变形，破坏齿轮的正确啮合，对齿轮的强度和耐磨性产生影响，增大工作噪声。

在中间轴式变速器设计中，应该使第二轴和中间轴中部直径 $d \approx 0.45A$；轴的最大直径 d_m 与支承间距 L 的比值分别采用如下数值：$d_m/L \approx 0.16 \sim 0.18$（中间轴），$d_m/L \approx 0.18 \sim 0.21$（第二轴）。

第一轴花键部分直径可以利用下式初选：

$$d = k \sqrt[3]{T_{emax}} \tag{2-18}$$

式中，d 是第一轴花键部分直径（mm）；k 是经验系数，取 $k = 4 \sim 4.6$；T_{emax} 是发动机最大转矩（N·m）。

按以上方法就可以初步确定轴的尺寸，然后再对轴进行刚度和强度验算。一般需要对每个档位都进行验算。在验算时，把轴看成是铰接支承的梁，作用在第一轴上的转矩应取为发动机最大转矩 T_{emax}。

6. 齿轮参数

(1) 模数 m　影响模数选取的因素包括齿轮的强度、质量、噪声及工艺要求等。所选取的齿轮模数应该可以保证齿轮有足够的强度，同时还应该兼顾它对噪声和质量的影响。减小模数、增加齿宽会使噪声减低；反之，则能减小变速器质量。对乘用车，降低噪声意义较大，一般采用小模数、宽齿宽的齿轮。而对货车，减小变速器质量意义较大，一般采用较大模数的齿轮。从工艺方面考虑，各档齿轮应选同一模数；而从强度方面考虑，各档齿轮应用不同的模数。

一般情况下，变速器的低档齿轮选用较大的模数，其他档位选用较小的模数。少数情况下汽车变速器的各档齿轮均选用相同的模数。

变速器齿轮所选模数值应符合 GB/T 1357—2008《通用机械和重型机械用圆柱齿轮　模数》的规定。汽车变速器模数的选择见表 2-5。

啮合套和同步器的接合齿多为渐开线齿形。出于工艺考虑，同一变速器接合齿的模数相等。其取值范围如下：乘用车和轻、中型货车取 2~3.5mm；重型货车取 3.5~5mm。选取较

表 2-5　汽车变速器模数的选择

车型	乘用车的发动机排量 V/L		货车的最大总质量 m_a/t	
	$1.0 < V \leqslant 1.6$	$1.6 < V \leqslant 2.5$	$6.0 < m_a \leqslant 14.0$	$m_a > 14.0$
模数 m/mm	2.25~2.75	2.75~3.00	3.50~4.50	4.50~6.00

小的模数值可使接合齿数增多，有利于换档。

（2）**压力角 α**　压力角较小时，齿轮的重合度较大，传动平稳，噪声较小；压力角较大时，可提高轮齿的抗弯强度和表面接触强度。对于乘用车，为加大齿轮的重合度以减小噪声，应选用 14.5°、15°、16°、16.5°等较小的压力角；对于货车，为提高齿轮承载能力，应选用 22.5°或 25°等较大的压力角。

实际上，因国家规定的标准压力角为 20°，变速器齿轮普遍采用的压力角为 20°。啮合套和同步器的接合齿压力角有 20°、25°、30°等，但普遍采用 30°压力角。

（3）**螺旋角 β**　选取斜齿轮的螺旋角时，要注意它对齿轮工作噪声、轮齿强度和轴向力的影响。选用较大的螺旋角可使齿轮啮合的重合度增加，从而使工作平稳、噪声减小。随着螺旋角的增大，轮齿的接触强度也相应提高，不过当螺旋角大于 30°时，其抗弯强度骤然下降，但接触强度仍继续上升。因此从提高低档齿轮抗弯强度的角度出发，不希望选用过大的螺旋角；而从提高高档齿轮接触强度的角度出发，应选用较大的螺旋角。

斜齿轮传递转矩时，会产生轴向力并作用到轴承上。设计时应力求中间轴上同时工作的两对齿轮产生的轴向力平衡，以减小轴承负荷，提高轴承寿命。因此，中间轴上不同档位齿轮的螺旋角应是不等的。但为使工艺简便，在中间轴轴向力不大时，可将螺旋角设计成相等的，或仅取两种螺旋角。一档和倒档设计为直齿时，在这些档位上工作，中间轴上的轴向力不能抵消（但因为这些档位使用较少，所以也是允许的），而此时第二轴则没有轴向力作用。中间轴上全部齿轮的螺旋方向应一律为右旋，则第一、第二轴上的斜齿轮应为左旋。

由图 2-24 可知，欲使中间轴上两个斜齿轮的轴向力平衡，须满足下述条件，即

$$F_{a1} = F_{n1} \tan\beta_1 \tag{2-19}$$

$$F_{a2} = F_{n2} \tan\beta_2 \tag{2-20}$$

又因中间轴传递的转矩 $T = F_{n1} r_1 = F_{n2} r_2$，为使两轴向力平衡，需满足

$$\frac{\tan\beta_1}{\tan\beta_2} = \frac{r_1}{r_2} \tag{2-21}$$

式中，F_{a1}、F_{a2} 为作用在中间轴齿轮 1、2 上的轴向力（N）；F_{n1}、F_{n2} 为作用在中间轴齿轮 1、2 上的圆周力（N）；r_1、r_2 为齿轮 1、2 的节圆半径（m）。

最后，可用调整螺旋角的方法，使各对啮合齿轮因模数或齿数和不同等原因而造成的中心距不等的现象得以消除，如下式所示：

$$A = \frac{(z_1 + z_2) m_n}{2\cos\beta} \tag{2-22}$$

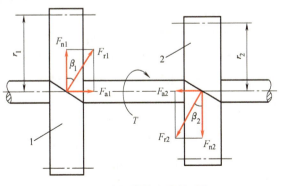

图 2-24　中间轴轴向力的平衡
1、2—齿轮

式中，A 为中心距（mm）；z_1、z_2 分别为相啮合齿轮的齿数；m_n 为法向模数（mm）；β 为齿轮的螺旋角（°）。

斜齿轮螺旋角可以在以下范围内选取：乘用车两轴式变速器为 $20° \sim 25°$，乘用车中间轴式变速器为 $22° \sim 34°$，货车变速器为 $18° \sim 26°$。

（4）齿宽 b 选择齿宽时，应该满足既能减小变速器质量，又能保证齿轮工作平稳的要求。齿宽大，工作平稳，但变速器的轴向尺寸和质量会增加；齿宽太小会使轮齿的工作应力过大，为了使工作应力不过大，必须增大中心距，结果又使变速器质量增大；在齿宽较小时，为保证重合系数不变，可以增大螺旋角，但这会使轴承承受的轴向力增加。

从上述分析可以看出，在设计中应该针对汽车的使用要求选择最佳的齿宽数值。

通常根据齿轮模数的大小来选定齿宽。对于直齿轮，齿宽为

$$b = K_c m \tag{2-23}$$

式中，b 为齿宽（mm）；m 为模数（mm）；K_c 为齿宽系数，$K_c = 4.5 \sim 8.0$。

对于斜齿轮，齿宽为

$$b = K_c m_n \tag{2-24}$$

式中，b 为齿宽（mm）；m_n 为法向模数（mm）；K_c 为齿宽系数，$K_c = 6.0 \sim 8.0$。

第一轴常啮合齿轮副的齿宽系数可以取大些，以使接触线长度增加，降低接触应力，以提高传动的平稳性和齿轮寿命。

采用啮合套或同步器换档时，其接合齿的工作宽度初选时可以取为 $(2 \sim 4)m$，m 是模数。

（5）齿轮变位系数的选择 采用变位齿轮，可以避免齿轮产生干涉、根切和配凑中心距；而且对变速器而言，其不同档位的齿轮在弯曲强度、接触强度、使用平稳性、耐磨损及抗胶合能力等方面有不同的要求。采用变位齿轮，可以兼顾这些要求，并且可以有效地提高齿轮寿命。

齿轮损坏的原因很多，在各种条件下都有其典型的破坏形式，因而对齿轮提出了各种传动质量要求。齿轮采用某一变位值一般只能改善一种或几种传动质量指标，而对其他指标甚至有相反的效果。所以选择变位系数时，必须对齿轮在其使用条件下产生破坏的原因进行具体分析。

若实际中心距等于已定的中心距时，采用高度变位。如果实际中心距不等于已定中心距时，采用角度变位。其中，角度变位可以获得良好的啮合性能及传动质量指标，故采用较多。

变速器齿轮是断续工作的，齿轮经常承受循环负荷，有时还承受冲击负荷，所以变速器齿轮大多数是因齿面剥落和疲劳断裂而损坏的。因此，选择变位系数，主要着眼于提高接触强度、弯曲强度和耐磨性。对于常用的高档齿轮，主要损坏形式是齿面疲劳剥落。因此，在选择变位系数时，要着眼于提高接触强度、抗胶合以及耐磨能力。为提高接触强度，应使变位系数尽可能取大些，这样就使两齿轮的齿廓渐开线离基圆较远，齿廓曲率半径较大，可以减小接触应力。对于低档齿轮，传递的转矩较大，而小齿轮齿根强度较低，有时会出现小齿轮齿根弯曲断裂的现象。因此，在选择变位系数时，要着眼于提高小齿轮的弯曲强度，这就要求小齿轮的变位系数大于零。

总变位系数 $\zeta_c = \zeta_1 + \zeta_2$ 越小，一对齿轮齿根总的厚度越薄，齿根越弱，抗弯强度越低。

但是由于轮齿的刚度减小，易于吸收冲击振动，故噪声要小一些。另外 ζ_e 值越小，齿轮的齿形重合度越大，这不但对降噪有利，而且由于齿形重合度增大，单齿承受最大载荷时的着力点距齿根近，弯曲力矩减小，相当于齿根强度提高，对由于齿根减薄而产生的削弱强度的因素有所抵消。

7. 各档齿轮齿数的分配

在初选中心距、齿轮模数和螺旋角以后，可以根据预先确定的变速器档数、传动比和传动方案来分配各档齿轮的齿数。下面以图 2-25 所示四档变速器为例，说明齿数分配的方法。应该注意的是，各档齿轮的齿数比应该尽可能不是整数，以使齿面磨损均匀。

(1) 确定一档齿轮齿数　一档传动比 i_1 为

$$i_1 = \frac{z_2 z_7}{z_1 z_8} \qquad (2-25)$$

若 z_7、z_8 已确定，则 z_2 与 z_1 的传动比可求出。为了求 z_7、z_8，先求其齿数和 z_h，对直齿，有

$$z_h = \frac{2A}{m} \qquad (2-26)$$

对斜齿，有

$$z_h = \frac{2A\cos\beta}{m_n} \qquad (2-27)$$

式中，A 为中心距。

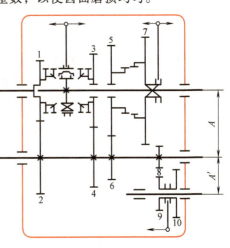

图 2-25　四档变速器传动方案

计算后将 z_h 取整，然后进行大、小齿轮齿数的分配。一般中间轴上一档小齿轮的齿数 z_8 尽可能取小些，以便使传动比 z_7/z_8 的值大些，在 i_1 已定的条件下，可以使 z_2/z_1 的值小些，使第一轴常啮合齿轮的齿数多些，以便在其内腔设置第二轴的前轴承并保证轮辐有足够的厚度。考虑到壳体上第一轴轴孔尺寸的限制和装配的可能性，该齿轮齿数又不宜过多。

中间轴上小齿轮的最小齿数还受中间轴轴径尺寸的限制，即受刚度的限制。在选取时，对轴的尺寸及齿轮齿数要统一考虑。乘用车中间轴式变速器的一档传动比 $i_1 = 3.5 \sim 3.8$ 时，中间轴上一档齿轮齿数可取 $z_8 = 15 \sim 17$，货车可取 $z_8 = 12 \sim 17$。选定 z_8 以后，利用式 $z_7 = z_h - z_8$ 可以计算得到一档大齿轮齿数 z_7。

(2) 对中心距进行修正　由于计算齿数和 z_h 之后，经过取整使中心距发生了变化，应根据 z_h 和齿轮变位系数重新计算中心距 A，再以修正后的中心距 A 作为各档齿轮齿数分配的依据。

(3) 确定常啮合传动齿轮副的齿数　由式（2-25）可求出传动比为

$$\frac{z_2}{z_1} = i_1 \frac{z_8}{z_7} \qquad (2-28)$$

而常啮合传动齿轮中心距和一档齿轮的中心距相等，即

$$A = \frac{m_n(z_1 + z_2)}{2\cos\beta} \qquad (2-29)$$

联立式（2-28）和式（2-29），即可求出 z_1 与 z_2，取整。然后利用式（2-25）核算此时的传动比与所要求的传动比的差值，若相差较大，则调整一下齿数。最后根据所确定的齿数，按式（2-29）计算出精确的螺旋角 β。

(4) **确定二档齿轮的齿数**

1）若二档齿轮为直齿轮，模数与一档齿轮相同时，有

$$i_2 = \frac{z_2 z_5}{z_1 z_6} \tag{2-30}$$

$$A = \frac{m(z_5+z_6)}{2} \tag{2-31}$$

联立式（2-30）和式（2-31），即可求出 z_5 与 z_6，然后取整，计算中心距。若与要求的中心距有偏差，通过齿轮变位（角度变位）来调整。

2）若二档齿轮为斜齿轮，螺旋角 β_6 与常啮合齿轮的 β_2 不同，有

$$\frac{z_5}{z_6} = i_2\frac{z_1}{z_2} \tag{2-32}$$

$$A = \frac{m_n(z_5+z_6)}{2\cos\beta_6} \tag{2-33}$$

此外，从抵消或减小中间轴上轴向力的角度出发，还需要满足

$$\frac{\tan\beta_2}{\tan\beta_6} = \frac{z_2}{z_1+z_2}\left(1+\frac{z_5}{z_6}\right) \tag{2-34}$$

联立式（2-32）、式（2-33）和式（2-34），可求出 z_5、z_6 和 β_6 三个参数。可以先选定螺旋角 β_6，联立求解前两个方程式，求出 z_5 和 z_6，再把它们代入式（2-34），检验是否满足或近似满足轴向力平衡的关系，如果相差较大，则要调整螺旋角 β_6。重复上述过程，直至符合设计要求。

应该指出，其他前进档齿轮齿数可以利用与二档相同的方法确定。另外需要说明，中心距、螺旋角、变位系数与齿数分配是相互联系、相互影响的，在配齿过程中，要根据设计要求，经过反复选配、试凑，才能确定比较理想的各参数值。

(5) **确定倒档齿轮齿数**　一档和倒档齿轮常选用相同的模数。图 2-25 中所示倒档齿轮的齿数 z_{10} 一般取 21~23。初选 z_{10} 以后，可以计算出中间轴和倒档轴的中心距 A' 为

$$A' = \frac{1}{2}m(z_8+z_{10}) \tag{2-35}$$

为了保证倒档齿轮的啮合以及避免干涉，齿轮 8 和 9 的齿顶圆之间应保持 0.5mm 以上的间隙，即

$$\frac{D_{e8}}{2}+0.5\text{mm}+\frac{D_{e9}}{2} = A' \tag{2-36}$$

式中，D_{e8} 和 D_{e9} 分别是齿轮 8 和 9 的齿顶圆直径。根据求得的 D_{e9}，再选择适当的齿数及采用适当的变位系数，使齿顶圆 D_{e9} 符合式（2-36）。最后计算倒档轴与第二轴的中心距 A'，即齿轮 7 与 9 的中心距。

2.3.4　变速器的设计与计算

1. 变速器齿轮

（1）**齿轮结构**　变速器齿轮可以与轴设计为一体或者与轴分开，然后用花键、过盈配合或者滑动支承等方式与轴连接。

齿轮尺寸小又与轴分开时，其内孔直径到齿根圆处的厚度 b（图 2-26a）将影响齿轮强度。要求尺寸 b 应该大于或等于轮齿危险断面处的厚度。为了使齿轮装在轴上以后保持足够大的稳定性，齿轮轮毂部分的宽度尺寸 C 在结构允许条件下应尽可能取大些，至少满足尺寸 $C = (1.2 \sim 1.4)d_2$，d_2 为花键内径。为了减小质量，轮辐处厚度 δ 应在满足强度的条件下设计得薄些。图 2-26b 中的尺寸 D_1 可取为花键内径的 1.25~1.40 倍。

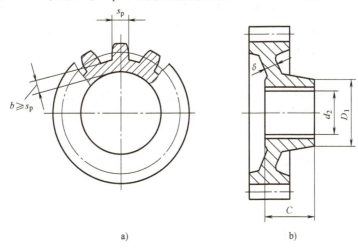

图 2-26　齿轮尺寸控制图

齿轮表面粗糙度数值降低，则噪声减小，齿面磨损速度减慢，齿轮寿命提高。变速器齿轮齿面的表面粗糙度 Ra 应在 0.40~0.80μm 的范围内选用。要求齿轮制造精度不低于 7 级。

（2）**齿轮的损坏形式**　变速器齿轮的损坏形式主要有三种：轮齿折断、齿面疲劳剥落（点蚀）和移动换档齿轮端部损坏。

经常造成轮齿折断的两种情况是：轮齿受到足够大的冲击载荷作用，造成轮齿弯曲折断；轮齿在重复载荷作用下，齿根产生疲劳裂纹，裂纹扩展深度逐渐加大，会出现弯曲折断，前者在变速器中出现得很少，后者出现得多些。

轮齿工作时，一对齿轮相互啮合，齿面相互挤压，这时齿面细小裂纹中的润滑油油压升高，会导致裂纹扩展，继而在齿面表层出现块状剥落面形成小麻点。这种现象称为齿面点蚀。它会使齿形误差加大，产生动载荷，并可能导致轮齿折断。

用移动齿轮的方法完成换档的低档和倒档齿轮，由于换档时两个进入啮合的齿轮存在角速度差，换档瞬间会在齿轮端部产生冲击载荷，并造成损坏。

（3）**齿轮强度计算**　不同车型变速器齿轮的使用条件是近似的。此外，汽车变速器齿轮用的材料、热处理方法、加工方法、精度级别、支承方式也基本一致。如汽车变速器齿轮用低碳钢制作，采用剃齿和磨齿精加工，齿轮表面采用渗碳淬火热处理工艺，齿轮精度国家

标准为 GB/T 10095.1—2008《圆柱齿轮精度制 第 1 部分：轮齿同侧齿面偏差的定义和允许值》中规定的 6 级和 7 级。因此，用比计算通用齿轮强度公式更为简化一些的计算公式来计算汽车齿轮，同样可以获得较为精确的结果。下面介绍的是计算汽车变速器齿轮强度用的简化计算公式。

1) 轮齿弯曲强度计算。

① 直齿轮弯曲应力。直齿轮弯曲应力为

$$\sigma_{\mathrm{w}} = \frac{F_1 K_\sigma K_{\mathrm{f}}}{bty} \tag{2-37}$$

式中，σ_{w} 为弯曲应力（MPa）；F_1 为圆周力（N），$F_1 = 2T_{\mathrm{g}}/d$，T_{g} 为计算载荷（N·mm），d 为分度圆直径；K_σ 为应力集中系数，可近似取 $K_\sigma = 1.65$；K_{f} 为摩擦力影响系数，主、从动齿轮在啮合点上的摩擦力方向不同，对弯曲应力的影响也不同，主动齿轮取 1.1，从动齿轮取 0.9；b 为齿宽（mm）；t 为端面齿距（mm），$t = \pi m$，m 为模数（mm）；y 为齿形系数，如图 2-27 所示。

又由于齿轮分度圆直径 $d = mz$，z 为齿数，所以将上述有关参数带入式（2-37）后得到

$$\sigma_{\mathrm{w}} = \frac{2T_{\mathrm{g}} K_\sigma K_{\mathrm{f}}}{\pi m^3 z K_{\mathrm{c}} y} \tag{2-38}$$

当计算载荷 T_{g} 取作用到变速器第一轴上的最大转矩 T_{emax} 时，一档、倒档直齿轮许用弯曲应力为 400～850MPa，货车可取下限，承受双向交变载荷作用的倒档齿轮的许用应力取下限。

② 斜齿轮弯曲应力。斜齿轮弯曲应力为

$$\sigma_{\mathrm{w}} = \frac{F_1 K_\sigma}{bt K_\xi y} \tag{2-39}$$

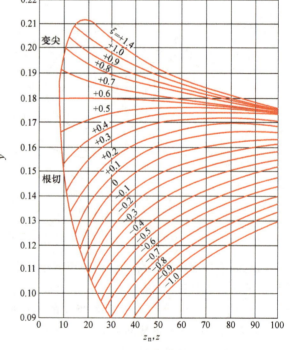

图 2-27 齿形系数

式中，F_1 为圆周力（N），$F_1 = 2T_{\mathrm{g}}/d$，T_{g} 为计算载荷（N·mm），d 为分度圆直径（mm），$d = (m_{\mathrm{n}} z)/\cos\beta$，$m_{\mathrm{n}}$ 为法向模数（mm），z 为齿数，β 为斜齿轮螺旋角（°）；K_σ 为应力集中系数，可近似取 $K_\sigma = 1.50$；b 为齿宽（mm）；t 为法向齿距（mm），$t = \pi m_{\mathrm{n}}$；y 为齿形系数，可按当量齿数 $z_{\mathrm{n}} = z/\cos^3\beta$ 在图 2-27 中查得；K_ξ 为重合度影响系数，取 2。

将上述有关参数代入式（2-39），整理后得到斜齿轮弯曲应力为

$$\sigma_{\mathrm{w}} = \frac{2T_{\mathrm{g}} K_\sigma \cos\beta}{\pi z m_{\mathrm{n}}^3 K_{\mathrm{c}} K_\xi y} \tag{2-40}$$

当计算载荷 T_{g} 取作用到变速器第一轴上的最大转矩 T_{emax} 时，乘用车常啮合齿轮和高档齿轮的许用弯曲应力为 180～350MPa，货车为 100～200MPa。

2）轮齿接触强度计算。轮齿的接触应力为

$$\sigma_j = 0.418\sqrt{\frac{FE}{b}\left(\frac{1}{\rho_z+\rho_b}\right)} \tag{2-41}$$

式中，σ_j 为轮齿的接触应力（MPa）；F 为齿面上的法向力（N），$F=F_1/(\cos\alpha\cos\beta)$，$F_1$ 为圆周力（N），$F_1=2T_g/d$，T_g 为计算载荷（N·mm），d 为分度圆直径（mm），α 为节点处压力角（°），β 为斜齿轮螺旋角（°）；E 为齿轮材料的弹性模量（MPa）；b 为轮齿接触的实际宽度（mm）；ρ_z、ρ_b 为主、从动齿轮节点处的曲率半径（mm），直齿轮 $\rho_z=r_z\sin\alpha$，$\rho_b=r_b\sin\alpha$，斜齿轮 $\rho_z=r_z\sin\alpha/\cos^2\beta$，$\rho_b=r_b\sin\alpha/\cos^2\beta$，$r_z$、$r_b$ 为主、从动齿轮分度圆半径（mm）。

将作用在变速器第一轴上的载荷 $T_{emax}/2$ 作为计算载荷时，变速器齿轮的许用接触应力 $[\sigma_j]$ 见表2-6。

表2-6 变速器齿轮许用接触应力 $[\sigma_j]$

齿　　轮	渗碳齿轮的$[\sigma_j]$/MPa	液体碳氮共渗齿轮的$[\sigma_j]$/MPa
一档和倒档	1900~2000	950~1000
常啮合齿轮和高档	1300~1400	650~700

变速器齿轮多数采用渗碳合金钢，其表层的高硬度与心部的高韧性相结合，能大大提高齿轮的耐磨性及抗弯曲疲劳和接触疲劳的能力。在选用钢材及热处理时，对切削加工性能及成本也应加以考虑。值得指出的是，对齿轮进行强力喷丸处理后齿轮的弯曲疲劳寿命和接触疲劳寿命都能提高。齿轮在热处理之后进行磨齿，能消除齿轮热处理的变形；磨齿齿轮精度高于热处理前剃齿和挤齿齿轮精度，使得传动平稳，传动效率提高。在同样负荷条件下，磨齿的弯曲疲劳寿命比剃齿的要高。

国内汽车变速器齿轮材料主要有 20CrMnTi、20Mn2TiB、15MnCr5、20MnCr5 及 25MnCr5。渗碳齿轮表面硬度为 58~63HRC，心部硬度为 33~48HRC。

2. 变速器轴

（1）轴的结构 变速器轴多数情况下经轴承安装在壳体的轴承孔内，第一轴前端和中间轴式变速器的第二轴前端，分别装在飞轮内腔、第一轴常啮合齿轮的内腔里。当变速器中心距小、在壳体的同一端面布置两个滚动轴承有困难时，中间轴可以直接压入壳体孔中，并固定不动。此时，中间轴上的齿轮应为全部齿轮连为一体的整体式齿轮，它有结构简单的优点，也有因一个齿圈制造不合格或工作损坏而导致全部齿轮报废的缺点。

用移动齿轮方式实现换档的齿轮与轴之间，应选用矩形花键连接，以保证良好的定心和滑动灵活，而且定心外径及矩形花键齿侧的磨削比渐开线花键要容易。两轴式变速器输入轴和中间轴式变速器中间轴上的高档齿轮，通过轴与齿轮内孔之间的过盈配合和键固定在轴上。两轴式变速器的输出轴和中间轴式变速器的第二轴上的常啮合齿轮副的齿轮与轴之间常设置有滚针轴承、滑动轴承，少数情况下齿轮直接装在轴上。此时，轴的表面粗糙度 Ra 应小于 0.80μm，硬度为 58~63HRC。因渐开线花键定位性能良好、承载能力强且渐开线花键的齿短，小径相对增大能提高轴的刚度，所以轴与同步器上的轴套常用渐开线花键连接。

倒档轴为压入壳体孔中并固定不动的光轴。

由上述可知，变速器的轴上装有轴承、齿轮、齿套等零件，有的轴上又有矩形或渐开线花键，因此设计时不仅要考虑装配上的可行性，还应当可以顺利拆装轴上各零件。此外，还

要注意工艺上的有关问题。

（2）**轴的强度计算**　变速器工作时，由于齿轮上有圆周力、径向力和轴向力作用，其轴要承受转矩和弯矩，变速器的轴应有足够的刚度和强度，刚度不足的轴会产生弯曲变形，破坏齿轮的正确啮合，对齿轮的强度、耐磨性和工作噪声等均有不利影响。因此设计变速器轴时，其刚度应以保证齿轮能实现正确啮合为前提。

对齿轮工作影响最大的是轴在竖直面内的挠度变形（图 2-28a）和轴在水平面内的转角变形（图 2-28b）。前者使齿轮中心距发生变化，破坏齿轮的正确啮合；后者使齿轮相互歪斜，致使沿齿长方向的压力分布不均匀。

初步确定轴的尺寸以后，可对轴进行刚度和强度验算。欲求中间轴式变速器第一轴的支点反作用力，必须先求出第二轴的支点反力。档位不同，不仅圆周力、径向力和轴向力不同，力到支点的距离也有变化，因此应当对每个档位都进行验算。验算时将轴看作铰接支承的梁，作用在第一轴上的转矩取 T_{emax}。

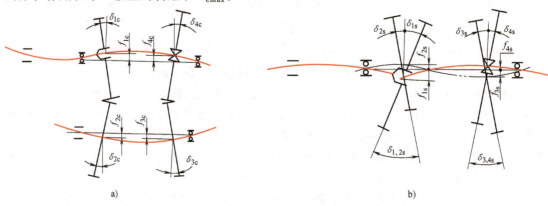

图 2-28　变速器轴的变形简图
a）轴在竖直面内的挠度变形　b）轴在水平面内的转角变形

轴的挠度和转角可按材料力学中有关公式计算。计算时仅计算齿轮所在位置处轴的挠度和转角。第一轴常啮合齿轮副因距离支承点近，负荷又小，通常挠度不大，可以不必计算。当变速器轴的挠度和转角如图 2-29 所示时，若轴在竖直面内的挠度为 f_c，在水平面内的挠度为 f_s，转角为 δ，则它们的计算式分别为

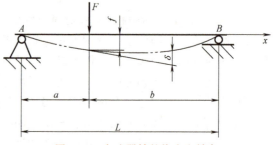

图 2-29　变速器轴的挠度和转角

$$f_c = \frac{F_1 a^2 b^2}{3EIL} \tag{2-42}$$

$$f_s = \frac{F_2 a^2 b^2}{3EIL} \tag{2-43}$$

$$\delta = \frac{F_1 ab(b-a)}{3EIL} \tag{2-44}$$

式中，F_1 为齿轮齿宽中间平面上的圆周力（N）；F_2 为齿轮齿宽中间平面上的径向力（N）；

E 为弹性模量（MPa），$E=2.1\times10^5\text{MPa}$；$I$ 为惯性矩（mm^4），对于实心轴，$I=\pi d^4/64$，d 为轴的直径（mm），花键处按平均直径计算；a、b 为齿轮上力的作用点距支座 A、B 的距离（mm）；L 为支座间的距离（mm）。

如果用 f_c 和 f_s 分别表示轴在竖直面和水平面内的挠度，则轴的全挠度 f 为

$$f=\sqrt{f_c^2+f_s^2}\leqslant 0.2\text{mm} \tag{2-45}$$

轴在竖直面和水平面内挠度的允许值为 $[f_c]=0.05\sim0.10\text{mm}$，$[f_s]=0.10\sim0.15\text{mm}$。齿轮所在平面的转角 δ 应不超过 0.002rad。

作用在齿轮上的径向力和轴向力使轴在竖直面内产生弯曲变形，而圆周力使轴在水平面内产生弯曲变形。求取支点在竖直面和水平面内的支反力 F_c 和 F_s 后，计算相应的弯矩 M_c 和 M_s。轴在转矩 T_n 和弯矩同时作用下的应力 σ 为

$$\sigma=\frac{M}{W}=\frac{32M}{\pi d^3} \tag{2-46}$$

式中，$M=\sqrt{M_c^2+M_s^2+T_n^2}$（N·mm）；$d$ 为轴的直径（mm），花键处取内径；W 为抗弯截面系数（mm^3）。

在低档工作时，$\sigma\leqslant400\text{MPa}$。

变速器轴用与齿轮相同的材料制造。

（3）变速器壳体 变速器壳体的尺寸要尽可能小，同时质量也要小，并具有足够大的刚度，用来保证轴和轴承工作时不会歪斜。变速器横向断面尺寸应保证能布置下齿轮，而且设计时还应当注意使壳体侧面的内壁与转动齿轮齿顶之间留有 $5\sim8\text{mm}$ 的间隙，否则由于增加了润滑油的液压阻力，会产生噪声并使变速器过热。齿轮齿顶到变速器底部之间要留有不小于 15mm 的间隙。

为了加强变速器壳体的刚度，在壳体上应设有加强肋。加强肋的方向与轴支承处的作用力方向有关。变速器壳壁不应该有不利于吸收齿轮振动和噪声的大平面。采用压铸铝合金壳体时，可以设计一些三角形的交叉肋条，用来增加壳体刚度并降低总成噪声。

为了注油和放油，在变速器壳体上设计有注油孔和放油孔。注油孔位置应设计在润滑油所在平面处，同时利用它作为检查油面高度的检查孔。放油孔应设计在壳体的最低处。放油螺塞采用永久磁性螺塞，这样可以吸住存留于润滑油内的金属颗粒。为了使从第一轴或第二轴后支承的轴承间隙处流出的润滑油再流回变速器壳内，常在变速器壳体前或后端面的两轴承孔之间开设回油孔。为了保持变速器内部的压力等于大气压力，在变速器顶部装有通气塞。

为了减小质量，变速器壳体采用压铸铝合金铸造时，壁厚取 $3.5\sim4\text{mm}$。采用铸铁时，壁厚取 $5\sim6\text{mm}$。增加变速器壳体壁厚，虽然能提高壳体的刚度和强度，但会使质量加大，并使消耗的材料增加，提高了成本。

货车变速器壳体应设置动力输出孔。

2.3.5 同步器设计

同步器在汽车变速器中已经得到了广泛采用。利用同步器进行换档可以保证换档迅速、噪声小、操作轻便、机构不易损坏等。除了轿车的倒档和货车的一档、倒档以外，其他档位

多数都用同步器换档。同步器分为常压式、惯性式和惯性增力式三种，其中常压式同步器结构较简单，但是它不能保证被啮合件在同步状态下换档，结构上不完善，现已不用。目前，在大多数变速器中得到广泛应用的是惯性式同步器。

惯性式同步器能做到换档时，在两换档元件之间的角速度达到完全相等之前不允许换档，因而能够很好地完成同步器的功能。惯性式同步器又可分为锁销式、滑块式、锁环式、多片式和多锥式几种。虽然它们的具体结构不同，但是它们也都有共同点，即它们都有摩擦元件和锁止元件。

1. 锁销式同步器

图 2-30 所示为锁销式同步器。在滑动齿套 1 的内部制有花键，与二轴上的花键啮合，可以沿二轴轴向移动。在滑动齿套 1 的根部制有接合齿，在齿轮 3 的左端面也制有接合齿。如果推动滑动齿套 1 向右移动，使其上的接合齿与齿轮 3 上的接合齿进入啮合，就把齿轮 3 与轴（二轴）固结起来，即挂上档，动力将从齿轮 3 传给滑动齿套 1，再传递到二轴输出。

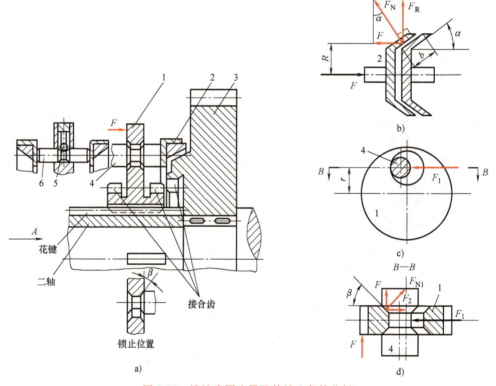

图 2-30　锁销式同步器及其锁止条件分析

1—滑动齿套　2—同步环　3—齿轮　4—锁销　5—钢球　6—销

同步器的摩擦元件是同步环 2 的内锥面和齿轮 3 左端面凸出的外锥面，在挂档时这两个锥面相互接触，形成摩擦面。锁止元件位于滑动齿套 1 的圆盘部分的锁销孔中做出的内锥面和装在上述孔中锁销 4 中部位置处相同角度的外锥面。锁销与同步环 2 刚性连接。弹性元件是位于滑动齿套 1 圆盘部分径向孔中的弹簧。在空档位置，钢球在弹簧压力作用下处在销 6 的凹槽中，使之保持滑动齿套与同步环之间没有相对移动。滑动齿套与同步环之间为弹性连接。

在惯性式同步器中，弹性元件的重要性仅次于摩擦元件和锁止元件，它用来使有关部分保持在中间位置，同时又不妨碍锁止、解除锁止和完成换档的进行。

同步器换档过程由以下三个阶段组成。

1）驾驶人用手推变速杆，通过换档拨叉把力 F（驾驶人作用的换档力）传给滑动齿套1，再通过弹簧、钢球5、销6传给同步环2，使得同步器整体离开中间位置、做轴向移动，并使同步环2的内锥面压靠在齿轮3的外锥面上。在摩擦面相互接触瞬间，由于齿轮3的角速度 ω_3 和滑动齿套1的角速度 ω_1 不同，在摩擦力矩作用下锁销4相对于滑动齿套1转动一个不大的角度，并占据图2-30所示的锁止位置。此时锁止面接触，即滑动齿套1锁销孔的内锥面与锁销4的外锥面保持接触，阻止滑动齿套1向换档方向移动。

2）驾驶人用力推变速杆，通过换档拨叉把力 F 传给滑动齿套，再经过锁止元件作用在摩擦面上。由于 $\omega_3 \neq \omega_1$，在摩擦面上产生摩擦力，其对轴线产生摩擦力矩。在此摩擦力矩的作用下，滑动齿套1和齿轮3的转速逐步趋近，即角速度差不断减小。

3）滑动齿套1和齿轮3的转速达到相等，即达到同步，摩擦力矩消失而轴向力 F 仍作用在锁止元件上。它使整个输入端（齿轮3、中间轴、一轴、离合器从动盘等）转动一个角度，从而使锁止元件解除锁止状态。这时，滑动齿套1和锁销上的锥面相对移开，滑动齿套相对于锁销4做轴向移动，与齿轮3上的接合齿进入啮合，完成了同步换档。

同步器设计的最主要要求是保证在不同步时锁止元件始终处于锁止状态，阻止接合齿进入啮合。下面分析达到这个要求所需要满足的条件。

汽车换档时，一般近似认为汽车的速度保持不变，即变速器的输出轴转速保持不变，为了达到同步换档，就要改变输入轴的转速。在换档过程中，同步器的摩擦力矩 M_f（是由摩擦元件的摩擦力产生的）可以表示为

$$M_f = \frac{J_r \Delta \omega}{t} \tag{2-47}$$

式中，J_r 为离合器从动盘、变速器第一轴、中间轴和在第二轴上与中间轴上齿轮常啮合的齿轮的转动惯量（kg·m²）；t 为同步时间（s）；$\Delta \omega$ 为相同步的原件之间的角速度差（rad/s）。

换档时，驾驶人用力推变速杆，设这个推力为 F_s（对乘用车和大客车，$F_s = 60N$；对货车，$F_s = 100N$），变速杆到啮合套的传动比为 i_{gs}，则作用在同步器摩擦面上的轴向力 F 为

$$F = F_s i_{gs} \eta \tag{2-48}$$

式中，η 为换档机构的效率。

如图2-30b所示，在摩擦锥面上的法向合力 F_N 为

$$F_N = \frac{F}{\sin \alpha} \tag{2-49}$$

式中，α 为摩擦锥面的半锥角。在摩擦锥面上的摩擦力矩 M_f 为

$$M_f = F_N f R = \frac{F f R}{\sin \alpha} \tag{2-50}$$

式中，f 为摩擦锥面间的摩擦因数；R 为摩擦锥面的平均半径。

把式（2-50）代入式（2-47），得到换档时的摩擦力矩方程式，即

$$\frac{FfR}{\sin\alpha} = \frac{J_r \Delta\omega}{t} \tag{2-51}$$

式（3-51）也称为同步器计算的基本方程式。

在图 2-30d 中示出作用在锁销上的力。在同步器锁止锥面上由 F 产生的法向合力 F_{N1} 为

$$F_{N1} = \frac{F}{\cos\beta} \tag{2-52}$$

式中，β 是锁止锥面锁止角。力 F_2 力图把锁销向右推，即力图分开锁止面：

$$F_2 = F\tan\beta \tag{2-53}$$

在图 2-30d 中，力 F_1 力图把锁销压紧在滑动齿套 1 中的锁销孔上，即力图保持锁止状态。F_1 是由摩擦力矩 M_f 产生的、防止不同步换档的力：

$$F_1 = \frac{M_f}{r} = \frac{FfR}{r\sin\alpha} \tag{2-54}$$

式中，r 是锁止面的平均半径（mm），如图 2-30c 所示。

为了保证不同步时锁止状态不能被解除，就要满足如下关系式：

$$F_1 > F_2$$

即

$$\frac{FfR}{r\sin\alpha} > F\tan\beta$$

或

$$\tan\beta < \frac{fR}{r\sin\alpha}$$

这就是为保证在不同步时锁止元件始终处于锁止状态、阻止接合齿进入啮合所需要满足的条件。

2. 锁环式同步器

图 2-31 所示为一种锁环式同步器。锁环式同步器的结构特点是同步器的摩擦元件位于锁环 1 或 4 和齿轮 5 或 8 凸肩部分的锥形斜面上。锁止元件是做在锁环 1 或 4 上的齿和做在啮合套 7 上齿的端部，且端部均为斜面称为锁止面。弹性元件是位于啮合套座两侧的弹簧圈。弹簧圈将置于啮合套座花键上中部呈凸起状的滑块压向啮合套。在不换档的中间位置，滑块凸起部分嵌入啮合套中部的内环槽中，使同步器用来换档的零件保持在中间位置上。滑块两端伸入锁环缺口内，而缺口的尺寸要比滑块宽一个接合齿。

图 2-32 所示为一种锁环式同步器的分析模型。在齿轮 1 上加工有接合齿和摩擦外锥面。同步环 2（锁环）的内径是摩

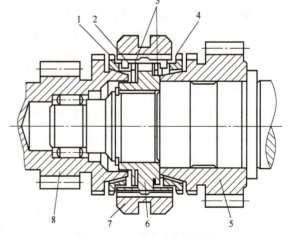

图 2-31 一种锁环式同步器
1、4—锁环（同步锥环） 2—滑块 3—弹簧圈
5、8—齿轮 6—啮合套座 7—啮合套

擦内锥面，在其外径制有锁止齿。锁环式同步器的摩擦元件就是这两个摩擦锥面。在啮合套5的内径制有花键，与花键毂啮合，而花键毂与二轴固结。在啮合套5内径制出的花键也是接合齿，在其端面制有斜面，也起到锁止元件的作用。如果推动啮合套5向左移动，使其上的接合齿与齿轮1上的接合齿进入啮合就把齿轮1与轴（二轴）固结起来，即挂上档，动力将从齿轮1传给啮合套5，再传递到二轴输出。

滑块4在锁环2中制出的定位槽用来控制同步环2相对于啮合套5的转角，使两组锁止元件处于正确的锁止位置，如图2-32b所示。

F 是移动啮合套5的换档力，在摩擦锥面上的法向合力 F_N 为

$$F_N = \frac{F}{\sin\alpha} \tag{2-55}$$

式中，α 为摩擦锥面的半锥角。在摩擦锥面上的摩擦力矩 M_f 为

$$M_f = F_N fR = \frac{FfR}{\sin\alpha} \tag{2-56}$$

式中，f 为摩擦锥面间的摩擦因数；R 为摩擦锥面的平均半径（图2-32a）。

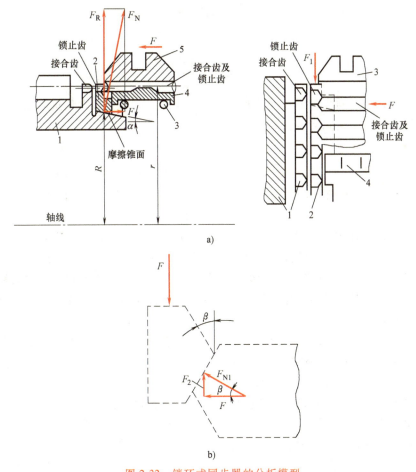

图2-32 锁环式同步器的分析模型

a）一个锁环式同步器的关键特征 b）锁止状态

1—齿轮 2—同步环（锁环） 3—钢圈 4—滑块 5—啮合套

在图 2-32b 中示出的作用在锁环 2 上的力，在锁环锁止斜面上由 F 产生的法向合力 F_{N1} 为

$$F_{N1} = \frac{F}{\cos\beta} \qquad (2-57)$$

式中，β 是锁止锥面锁止角。力 F_2 力图把锁环向上推，即力图分开锁止面：

$$F_2 = F\tan\beta \qquad (2-58)$$

在图 2-32b 中，力 F_1 力图把锁环 2 压紧在啮合套 5 接合齿的锁止斜面上，即力图保持锁止状态，F_1 为由摩擦力矩 M_f 产生的，防止不同步换档的力：

$$F_1 = \frac{M_f}{r} = \frac{FfR}{r\sin\alpha} \qquad (2-59)$$

式中，r 是锁止面的平均半径，如图 2-32b 所示。

为了保证不同步时锁止状态不能被解除，就要满足如下关系式：

$$F_1 > F_2$$

即

$$\frac{FfR}{r\sin\alpha} > F\tan\beta$$

或

$$\tan\beta < \frac{fR}{r\sin\alpha}$$

所以，为保证在不同步时锁止元件始终处于锁止状态、阻止接合齿进入啮合，对锁环式同步器的设计要求与锁销式同步器相同。

3. 同步器主要参数的确定

（1）摩擦锥面半锥角 α 和摩擦因数 f 摩擦锥面半锥角 α 是同步器的主要参数之一。由式（2-50）可以看出，α 越小，摩擦力矩 M_f 越大。而由式（2-51）可以看出，摩擦力矩 M_f 越大，同步时间越短。但是，如果 α 过小，摩擦锥面将产生自锁现象，避免自锁的条件是 $\tan\alpha \geq f$。在同步器设计中，一般取 $\alpha = 6° \sim 8°$。$\alpha = 6°$ 时摩擦力矩较大，但在锥面的表面粗糙度控制不严时，有黏着和咬住的倾向；而在 $\alpha = 7°$ 时，很少出现咬住的现象。

摩擦因数 f 也是一个重要参数，摩擦因数大，则换档省力，达到同步的时间较短。因此保证较大的摩擦因数对同步器工作有利，摩擦因数与摩擦副材料、工作表面粗糙度、润滑种类和温度等因素有关。

作为与同步环锥面接触的齿轮上的锥面部分与齿轮做成一体，用低碳合金钢制成。对锥面的表面粗糙度要求较高，用来保证在使用过程中摩擦因数变化小。若锥面的表面粗糙度值大，则在使用初期容易损害同步环锥面。

同步环常选用能保证具有足够高的强度和硬度、耐磨性能良好的黄铜合金制造，如锰黄铜、铝黄铜和锡黄铜等。早期用青铜合金制造的同步环，因使用寿命短已遭淘汰。由黄铜合金与钢材构成的摩擦副，在油中工作的摩擦因数 f 取为 0.1。

摩擦因数 f 对换档齿轮和轴的角速度能迅速达到相同有重要作用。摩擦因数大，则换档省力或可缩短同步时间；摩擦因数小则反之，甚至会失去同步作用。为此，在同步环锥面处制有破坏油膜的细牙螺纹槽及与螺纹槽垂直的泄油槽，用来保证摩擦面之间有足够的摩擦因数。

（2）摩擦锥面平均半径 *R* 和锥面工作长度 *b*　由式（2-50）可以看出，在 F、f、α 一定的情况下，增大 R，可以增大摩擦力矩，缩短同步时间，因此在设计时，在结构布置允许的条件下，锥面平均半径 R 应尽可能取大些。

同步环摩擦锥面工作长度 b 的选择与摩擦材料、表面压力、表面形状等因素有关，设计时可根据下式计算确定：

$$b = \frac{M_f}{2\pi f p R^2} = \frac{F_N}{2\pi R p} \tag{2-60}$$

式中，p 为摩擦锥面上的许用压力（MPa），对钢-青铜摩擦副，$p = 1.0 \sim 1.5$MPa。

在式（2-60）中，摩擦锥面的面积 $S = 2\pi R b$，是在假定同步环上没有螺纹槽的条件下计算的。

从缩短变速器轴向尺寸的角度看，减小锥面工作长度 b 是有利的。而在缩小 b 并且保持许用压力 p 不变的情况下，为保持摩擦力矩，应该把锥面平均半径 R 取得足够大。有时将变速器的全部同步器设计成一样的尺寸，便于生产。

（3）锁止面锁止角 β　锁止角 β 选取正确，可以保证只有在换档的两个部分之间角速度差达到零值才能进行换档。影响锁止角 β 选取的因素，主要有摩擦因数 f、摩擦锥面平均半径 R、锁止面平均半径 r 和锥面半锥角 α。已有结构的锁止角在 26°～42°范围内变化。

（4）同步时间 *t*　同步器工作时，要连接的两个部分达到同步的时间越短越好。除去同步器的结构尺寸、转动惯量对同步时间有影响以外，变速器输入轴、输出轴的角速度差及作用在同步器摩擦锥面上的轴向力，均对同步时间有影响。轴向力大，则同步时间减少。而轴向力与作用在变速杆手柄上的力有关，不同车型要求作用到手柄上的力也不相同。为此，同步时间与车型有关，计算时可在下述范围选取：对乘用车变速器，高档取 0.15～0.30s，低档取 0.50～0.80s；对货车变速器，高档取 0.30～0.80s，低档取 1.00～1.50s。

＊2.3.6　变速器操纵机构设计

根据汽车使用条件的需要，驾驶人利用变速器的操纵机构完成选档和实现换档或退到空档。用于机械式变速器的操纵机构，常见的是由变速杆、拨块、拨叉、变速叉轴及互锁、自锁和倒档锁装置等主要零件组成的。

1. 变速器操纵机构设计中主要应考虑的问题

1）变速器在任何情况下，只允许挂一个档，变速器的互锁机构能可靠地保证实现这一要求。图 2-33 所示为两种常见的互锁机构，分别是互锁销式（图 2-33a）和互锁杆式（图 2-33b）。

2）换入档位的拨叉应能保持在所指定的位置，不能自动脱档。为此，变速器操纵机构中设计有自锁机构，自锁机构主要由自锁弹簧和自锁钢球组成。弹簧的力将钢球压在拨叉轴的槽里，只有给拨叉轴施加一定的轴向力时，拨叉轴才能克服弹簧力产生运动。

3）为了防止驾驶人在换档操作过程中误挂入倒档，必须在挂倒档时给驾驶人以明显的手感提示，以与其他前进档相区别。图 2-34 所示为一种典型的倒档阻尼装置。

4）汽车在倒车时必须有倒车灯和蜂鸣器，以提醒周围的人们加以注意，因此在设计中必须考虑装倒车指示开关。

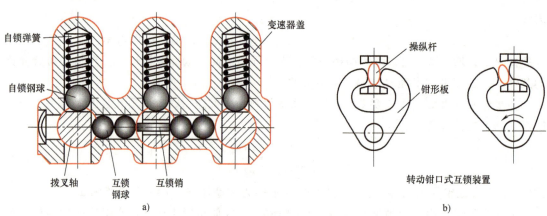

图 2-33　两种常见的互锁机构

a）互锁销式　b）互锁杆式

5）对于平头可翻驾驶室的汽车，发动机维修后可在车下起动，因此为了安全，必须保证只有变速器在空档时才能起动发动机，故在设计中要留有装空档开关的位置。

6）变换档位过程中，拨叉受到很大的力，因此在拨叉的设计中要充分考虑它的强度和刚度。

7）变速器在结构尺寸布置完成后，应对操纵机构的有关零件进行运动校核，以避免运动中出现干涉或其他问题。

某些乘用车、客车、短头或平头驾驶室货车，由于整车布置的原因，

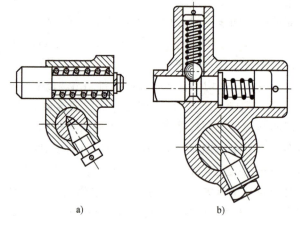

图 2-34　倒档阻尼装置

a）弹簧式　b）钢球弹簧组合式

变速器距驾驶人座椅较远，因此需要采用远电控操纵变速器的方案。

2. 结构分类

（1）直接操纵手动换档变速器　当变速器布置在驾驶人座椅附近时，可将变速杆直接安装在变速器上，并依靠驾驶人手力和通过变速杆直接完成换档功能的手动换档变速器，称为直接操纵手动换档变速器。这种操纵方案结构最简单，已得到广泛应用。近年来，单轨式操纵机构应用较多，其优点是减少了变速叉轴，各档同用一组自锁装置，因而使操纵机构简化，但它要求各档换档行程相等。

（2）远距离操纵手动换档变速器　平头式汽车或发动机后置后轮驱动汽车的变速器，受总体布置限制，变速器距驾驶人座位较远，这时需要在变速杆与拨叉之间布置若干传动件，换档手力经过这些转换机构才能完成换档功能。这种手动换档变速器，称为远距离操纵手动换档变速器。图 2-35 所示为远距离操纵手动换档变速器的工作原理简图。这时要求整套系统有足够的刚度，且各连接件之间间隙不能过大，否则换档手感不明显，并增加了变速

杆颤动的可能性。此时，变速杆支座应固定在受车架变形、汽车振动影响较小的地方，最好将换档传动机构、发动机、离合器、变速器连成一体，以避免对操纵有不利影响。

（3）**电控自动换档变速器** 尽管有级式机械变速器应用广泛，但是它有换档工作复杂、对驾驶人操作技术要求高并使驾驶人容易疲劳等缺点。20 世纪 80 年代以后，在固定轴式机械变速器基础上，通过应用计算机和电子控制技术，使之实现自动换档并取消了变速杆和离合器踏板。驾驶人只需控制加速踏板，汽车在行驶过程中就能自动完成对换档

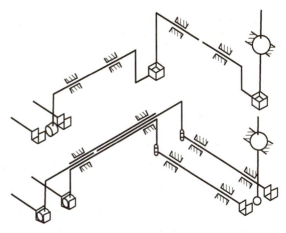

图 2-35 远距离操纵手动换档变速器的
工作原理简图

时刻的判断，接着自动实现收节气门、离合器分离、选档、换档、离合器接合和回节气门等一系列动作，使汽车动力性、燃油经济性有所提高，简化操纵并减轻了驾驶人的劳动强度。其工作原理简图如图 2-36 所示。

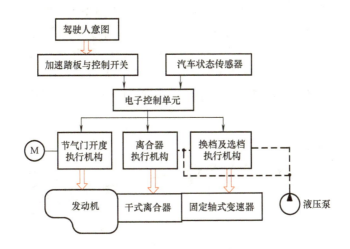

图 2-36 电控自动换档变速器的工作原理简图

拓展学习内容——自动变速器、无级变速器

扫一扫，直接在手机上打开

2.4 万向传动轴设计

2.4.1 万向传动装置概述

*1. 万向传动装置的应用

在轴线相交，且相对位置经常变化的转轴间传递动力的装置，称为万向传动装置。万向传动装置一般由万向节和传动轴组成，当传动轴比较长时，还加有中间支承。

汽车上任何一对轴线相交，并且相对位置经常发生变化的转轴之间进行动力传递，均需要用万向传动装置，万向传动装置的功用是能在轴间夹角及相互位置经常发生变化的两转轴之间传递动力。万向传动装置在汽车上得到广泛应用，体现在以下几方面：

（1）变速器与驱动桥之间　如图 2-37 所示，以发动机前置后轮驱动的汽车为例，其变速器通常与发动机、离合器连成一体固定在汽车的前部车架上，而驱动桥则通过弹性悬架与车架连接，位于汽车后部悬架弹簧之下。变速器的输出轴轴线与驱动桥输入轴轴线不在一条直线上，而是存在着一个夹角，且载荷变化及汽车在不平路面上行驶时引起的跳动，会使驱动桥输入轴与变速器输出轴之间的夹角和距离发生变化。因此，要适应在两轴之间传递动力，不能采用刚性连接，而要采用由两个万向节和一根传动轴组成的万向传动装置。当传动距离较远时，将传动轴分成两段，即中间传动轴 3 和主传动轴 5，并用 3 个万向节 2 相连且在中间传动轴 3 后端设置中间支承 4，这样可防止传动轴过长使自振频率降低而易发生共振。如东风 EQ1090E、解放 CA1091 等货车的传动系统均采用此种万向传动装置。

（2）变速器与分动器之间、分动器与驱动桥之间　采用多桥驱动布置形式的汽车，在变速器与分动器之间、分动器与驱动桥之间均需要采用万向传动装置传动，如图 2-38 所示。

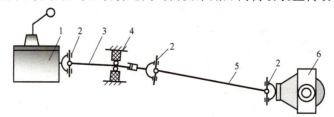

图 2-37　变速器与驱动桥之间的万向传动装置

1—变速器　2—万向节　3—中间传动轴　4—中间支承　5—主传动轴　6—驱动桥

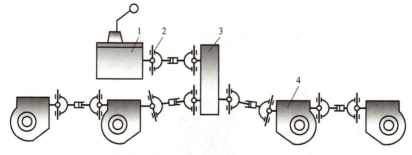

图 2-38　万向传动装置用于变速器、分动器与驱动桥之间

1—变速器　2—万向节　3—分动器　4—驱动桥

（3）**驱动桥和驱动轮之间**　如图 2-39 所示，在断开式驱动桥中，若采用独立悬架，则在靠近主减速器处半轴也要分段并用万向节相连接。汽车转向驱动桥中，前轮既是转向轮又是驱动轮。作为转向轮，要求它能在最大转角范围内任意偏转某一角度；作为驱动轮，则要

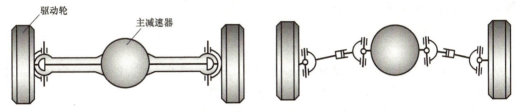

图 2-39　万向传动装置用于驱动桥和驱动轮之间

求半轴不间断地把动力从主减速器传给驱动轮。因此，转向驱动桥中的半轴不能制成整体而要分段，且用万向节连接，以适应汽车行驶时半轴各段的交角不断变化的需要。

（4）**转向操纵机构中**　某些汽车的转向操纵机构受整体布置的限制，转向盘轴线和转向器输入轴轴线不能重合，因此转向操纵机构中也常采用万向传动装置，如图 2-40 所示。

请使用手机利用超星学习通扫码自学。

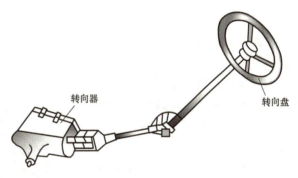

图 2-40　万向传动装置用于转向操纵机构中

扫一扫，直接在手机上打开

2. 万向传动装置的设计要求

万向传动装置由万向节和传动轴组成，有时还加装中间支承。万向传动装置主要用来在工作过程中相对位置不断改变的两根轴间传递转矩和旋转运动。

万向传动装置的设计应满足以下基本要求：

1）保证所连接两轴的相对位置在预计范围内变动时，能可靠地传递动力。

2）保证所连接两轴尽可能等速传动，且保证因万向节夹角而产生的附加载荷、抖动和噪声在允许范围内。

3）传动效率高，使用寿命长。

4）结构简单，制造方便，维修容易等。

万向节根据在扭转方向上是否有明显的弹性，可分为刚性万向节和挠性万向节。刚性万向节是靠零件的铰链式连接传递动力的，可分成不等速万向节（如十字轴式）、准等速万向节（如双联式、凸块式和三销轴式等）和等速万向节（如球叉式、球笼式等）。挠性万向节是靠弹性零件传递动力的，具有缓冲减振的作用。

当不等速万向节连接两轴的夹角大于零时，其输出轴和输入轴以变化的瞬时角速度比传递运动，但平均角速度比为1。准等速万向节在设计角度下工作时以等于1的瞬时角速度比传递运动，而在其他角度下工作时瞬时角速度比近似等于1。等速万向节的输出轴和输入轴以等于1的瞬时角速度比传递运动。

2.4.2　万向节结构方案分析

刚性万向节是靠刚性铰链式零件传递动力的，其弹性较差；而挠性万向节则是靠弹性元件传递动力的，其弹性较好，且具有缓冲减振作用，汽车上普遍采用刚性万向节。刚性万向节又可分为不等速万向节（常用为十字轴式万向节）、准等速万向节（如双联式万向节）与等速万向节（如球笼式万向节）三种。

1. 十字轴式万向节

典型的十字轴式万向节主要由主动叉、从动叉、十字轴、滚针轴承及其轴向定位件和橡胶密封件等组成，如图2-41所示。

十字轴式万向节结构简单，强度高，耐久性好，传动效率高，生产成本低；但所连接的两轴夹角不宜过大，当夹角由4°增至16°时，十字轴式万向节滚针轴承的寿命下降至原来的1/4左右。

（1）**滚针轴承的定位方式**　目前常见滚针轴承的轴向定位方式有盖板式、卡环式、瓦盖固定式和塑料环定位式等。盖板式轴承轴向定位方式的一般结构（图2-42a）是用螺栓1和盖板3将套筒5固定在万向节叉4上，并用锁片2将螺栓

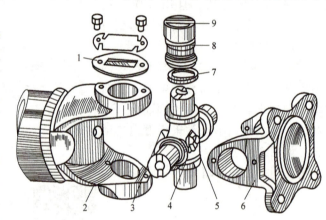

图2-41　十字轴式万向节拆分图

1—轴承盖　2、6—万向节叉　3—注油嘴　4—十字轴
5—溢流阀　7—毛毡油封　8—滚针　9—套筒

锁紧，该结构工作可靠，拆装方便，但零件数目较多。有时将弹性盖板6点焊于轴承座7的底部（图2-42b），装配后，弹性盖板对轴承座底部有一定的预压力，以免高速转动时由于离心力的作用在十字轴端面与轴承座底部之间出现间隙而引起十字轴轴向窜动，从而避免了由于这种窜动造成的传动轴动平衡状态的破坏。卡环式可分为外卡环式（图2-42c）和内卡环式（图2-42d）两种，它们具有结构简单、工作可靠、零件少和质量小的优点。瓦盖固定式（图2-42e）结构中的万向节叉与十字轴轴颈配合的圆孔不是一个整体，而是分成两个部分用螺钉连接起来。这种结构具有拆装方便、使用可靠的优点，但加工工艺较复杂。塑料环定位式（图2-42f）结构是在轴承碗外圆和万向节叉的轴承孔中部开一环形槽，当滚针轴承以间隙配合的方式装入万向节叉到正确位置时，将塑料经万向节叉上的小孔压注到环槽中，待万向节叉上另一与环槽垂直的小孔有塑料溢出时，表明塑料已充满环槽。这种结构的轴向定位可靠，十字轴轴向窜动量小，但拆装不方便。为了防止十字轴轴向窜动和发热，保证在任何工况下十字轴的端隙始终为零，有的结构在十字轴轴端与轴承碗之间加装端面推力滚针（或滚柱）轴承。

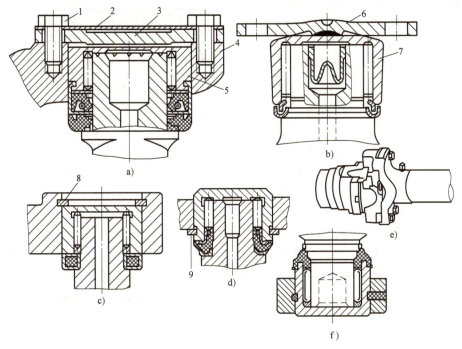

图 2-42 滚针轴承的定位方式

1—螺栓 2—锁片 3—盖板 4—万向节叉 5—套筒 6—弹性盖板 7—轴承座 8—外卡环 9—内卡环

（2）滚针轴承的密封与润滑 滚针轴承润滑和密封的好坏直接影响十字轴万向节的使用寿命。毛毡油封由于漏油多，防尘、防水效果差，且在加注润滑油时，在个别滚针轴承中可能出现空气阻塞面造成缺油，已不能满足越来越高的使用要求。

结构较复杂的双刃口复合油封（图 2-43a）中，反装的单刃口橡胶油封用于径向密封，另一双刃口橡胶油封用于端面密封。当向十字轴内腔注入润滑油时，陈油、磨损产物及多余的润滑油便从橡胶油封内圆表面与十字轴轴颈接触处溢出，不需安装安全阀，防尘、防水效果良好。在灰尘较多的环境中，滚针轴承采用双刃口复合油封可显著提高万向节的寿命。

图 2-43b 所示为乘用车上采用的多刃口油封，它安装在无润滑油流通系统且一次润滑的万向节中。

2. 准等速万向节

（1）双联式万向节 双联式万向节（图 2-44）由两个十字轴万向节组合而成。为了保证两万向节连接的轴的工作转速趋于相等，可设分度机构。偏心十字轴双联式万向节取消了分度机构，也可确保输出轴与输入轴的转速接近相等。无分度杆的双联式万向节在军用越野车的转向驱动桥中使用相当广泛，它采用使主销中心偏离万

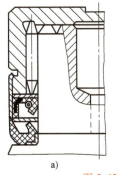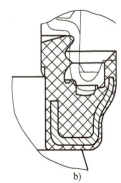

图 2-43 滚针轴承油封

a）双刃口复合油封 b）多刃口油封

向节中心 1.0~3.5mm 的方法，使两万向
节的工作转速接近相等。

　　双联式万向节的主要优点是允许两轴
间的夹角较大（一般可达 50°，偏心十字
轴双联式万向节可达 60°），轴承密封性
好，效率高，工作可靠。其缺点是结构较
复杂，外形尺寸较大，零件数目较多。应
用于转向驱动桥时，由于双联式万向节的
轴向尺寸较大，为使主销轴线的延长线与
地面交点到轮胎的接地印迹中心偏离不
大，就必须有较大的主销内倾角。

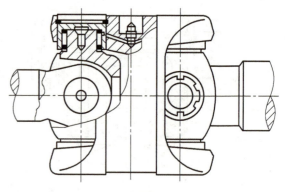

图 2-44　双联式万向节

　　（2）凸块式万向节　凸块式万向节（图 2-45），就运动副来看也是一种双联式万向节，
主要由两个万向节叉 1 和 4 以及两个特殊形状的凸块 2 和 3 组成。两凸块相当于双联万向节
装置中两端带有位于同平面上的两万向节叉的中间轴及两十字销，因此可以保证输出轴与输
入轴的转速近似相等。这种结构工作可靠，加工简单，允许的万向节夹角较大（可达 50°）；
但是因为工作面全为滑动摩擦，所以效率较低，摩擦表面易磨损，且对密封和润滑要求较
高。它主要用于中型以上越野车的转向驱动桥。

3. 三销轴式万向节

　　三销轴式万向节（图 2-46）由双联式万向节演变而来，其主要由两个偏心轴叉、两个
三销轴和六个滚针轴承组成。三销轴式万向节允许所连接两轴的最大夹角为 45°，易于密
封。但其外形尺寸较大，零件形状较复杂，且毛坯需要精确模锻。由于工作中三销轴间有相
对轴向滑动，万向节的两轴承受附加弯矩和轴向力，因此主动轴一侧需装轴向推力轴承，这
种结构主要用于总质量较大的越野车转向驱动桥。

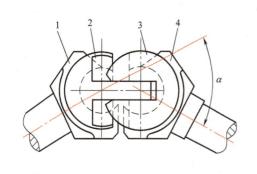

图 2-45　凸块式万向节

1—左万向节叉　2—左凸块　3—右凸块　4—右万向节叉

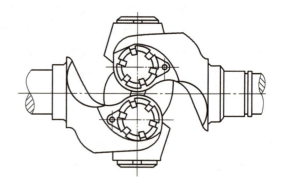

图 2-46　三销轴式万向节

4. 等速万向节

　　前驱动桥最外端转向节主销处需采用等速万向节。汽车转向时前轮需要转向，且其转角
相当大。若采用普通十字轴万向节，路面会对转向系统造成难以承受的反冲力。对于独立悬
架的后驱动轮，可不采用等速万向节。后驱动轴两端各用一个十字轴万向节也可起到等速传

动的效果，但在车轮上下跳动时，因悬架结构形式的关系，车轮转速会受到波动。现代汽车车速较高，受惯性的影响会产生较大的振动，因此，独立悬架的后驱动轮有时也采用等速万向节。

（1）球叉式万向节 球叉式万向节按其钢球滚道形状的不同可分为圆弧槽滚道型和直槽滚道型两种形式。

圆弧槽滚道型球叉式万向节（图2-47a）由两个万向节叉、四个传力钢球和一个定心钢球组成。因为两球叉上的圆弧槽中心线是以 O_1 和 O_2 为圆心、半径相等的圆，所以 O_1、O_2 到万向节中心 O 的距离相等。当万向节两轴绕定心钢球中心 O 转动任意角度时，传力钢球中心始终在滚道中心线即两圆弧的交点上，从而保证输出轴与输入轴等速转动。这种球叉式万向节的结构较简单，可以在夹角不大于33°的条件下正常工作。由于四个钢球在单向传动中只有两个传递动力，单位压力较大，磨损较快。另外，这种万向节只有在传力钢球与滚道间具有一定的预紧力时，才能保证等角速传动。预紧力通过选择不同尺寸级别的传力钢球来保证。在使用中，随着磨损的加大，预紧力会逐渐减小以至消失，这时两球叉间便会发生轴向窜动，从而破坏传动的等速性，严重时会造成钢球脱落。

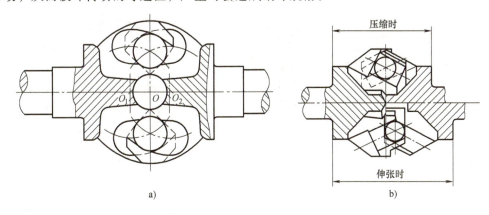

图 2-47　球叉式万向节

a）圆弧槽滚道型　b）直槽滚道型

直槽滚道型球叉式万向节（图2-47b）的两个球叉上的直槽与轴的中心线倾斜相同的角度，彼此对称。在两球叉间的槽中装有四个钢球，由于两球叉中的槽所处的位置是对称的，这便保证了四个钢球的中心处于两轴夹角的平分面上。这种万向节加工比较容易，但允许的轴间夹角不超过20°，且在两叉间允许有一定量的轴间滑动。

圆弧槽滚道型球叉式万向节主要应用于轻、中型越野车的转向驱动桥中。直槽滚道型球叉式万向节主要应用于断开式驱动桥中，当半轴摆动时，用它可补偿半轴的长度变化从而省去滑动花键。

圆弧槽滚道型球叉式万向节在作为转向驱动桥的传力构件时，万向节旋转轴线应与车桥的轴线相重合，以避免发生万向节摆动的现象。为了避免万向节在转角接近最大值时，放置传力钢球的主、从动叉的交叉槽趋于平行位置而导致钢球无法约束自动散开，造成万向节装配关系的破坏，在设计时应使两叉的最大夹角大于车轮的最大转角，同时万向节中心应位于转向主销轴线上。另外，应保证万向节在处于最大转角时，各传力钢球与定心钢球间不接触，至少使传力钢球与定心钢球在此情况下的间隙不小于5mm，且使各钢球与万向节轴头

均匀地预紧在一起，使得在任意方向旋转时都通过万向节的两个传力钢球传递转矩，避免靠一个钢球传递转矩，从而防止出现过载现象。

（2）球笼式万向节 球笼式万向节是目前应用最为广泛的等速万向节。

1）Rzeppa 型球笼式万向节。早期的 Rzeppa 型球笼式万向节（图 2-48a）是带分度杆的，球形壳 1 的内表面和星形套 3 的球表面上各有沿圆周均匀分布的六条同心圆弧滚道，在其间装有六个传力钢球 2，这些钢球由球笼 4 保持在同一平面内。当万向节两轴间的夹角变化时，靠比例合适的分度杆 6 拨动导向盘 5，并带动球笼 4 使六个传力钢球 2 处于轴间夹角的平分面上。经验表明，当轴间夹角较小时，分度杆是必要的；当轴间夹角大于 11°时，仅靠球形壳和星形套上子午滚道的交叉也可将钢球定在正确位置。这种等速万向节无论转动方向如何，六个传力钢球全部传递转矩，它可在两轴间夹角为 35°～37°的情况下工作。

2）Birfield 型球笼式万向节。目前结构较简单、应用较广泛的是 Birfield 型球笼式万向节（图 2-48b），它取消了分度杆，球形壳和星形套的滚道做得不同心，令其圆心对称地偏离万向节中心。这样，即使轴间夹角为零，靠内、外子午滚道的交叉也能将钢球定在正确位

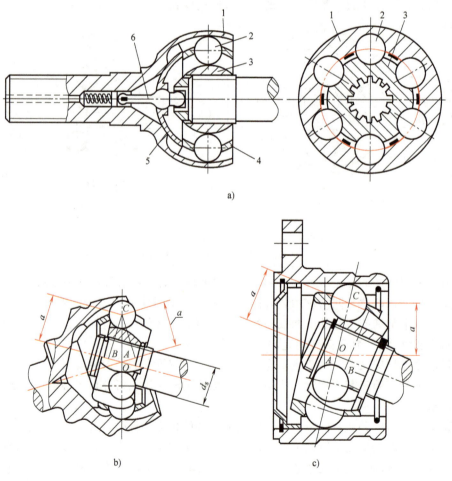

图 2-48 球笼式万向节

a）Rzeppa 型 b）Birfield 型 c）伸缩型

1—球形壳 2—传力钢球 3—星形套 4—球笼 5—导向盘 6—分度杆

置。当轴间夹角为零时，内、外滚道决定的钢球中心轨迹的夹角稍大于11°，这是能可靠地确定钢球正确位置的最小角度。滚道的横断面为椭圆形，接触点和球心的连线与过球心的径向线成45°角，椭圆在接触点处的曲率半径选为钢球半径的1.03~1.05倍。受载时，钢球与滚道的接触点实际上为椭圆形接触区。因为工作时球的每个方向都有机会传递转矩，且球和球笼的配合是球形的，故对这种万向节的润滑应给予足够的重视。润滑剂的使用主要取决于传动的转速和角度，在转速高达1500r/min时，一般使用防锈油脂；若转速和角度都较大，则使用润滑油。比较好的方法是采用油浴和循环油润滑。另外，万向节的密封装置应保证润滑剂不漏出，根据传动角度的大小采取不同形式的密封装置。这种万向节允许的工作角可达42°。由于传递转矩时六个传力钢球均同时参与工作，其承载能力和耐冲击能力强，效率高，结构紧凑，安装方便，但滚道的制造精度高，成本较高。

3）伸缩型球笼式万向节。伸缩型球笼式万向节（图2-48c）的结构与一般球笼式相近，但其外滚道为直槽。在传递转矩时，星形套与筒形壳可以沿轴向相对移动，故可省去其他万向传动装置中的滑动花键。这不仅使结构简单，还因为轴向相对移动是通过钢球沿内、外滚道滚动实现的，所以与滑动花键相比，其滚动阻力小，传动效率高。这种万向节允许的最大工作夹角为20°。

5. 挠性万向节

挠性万向节依靠其中弹性元件的弹性变形来保证在相交两轴间传动时不发生干涉。弹性元件可以是橡胶盘、橡胶金属套筒、铰接块或六角环形橡胶圈等多种形状。

盘式挠性万向节的弹性元件通常是4~12层的橡胶纤维或橡胶帘布片结构，并用金属零件加固。在挠性万向节装配时，通常使纤维层依次错开，使得挠性盘变形时保证纤维帘布层承受最小的力。六角环形橡胶挠性万向节的橡胶与用钢或铝合金制成的金属骨架硫化在一起。为使橡胶与金属可靠地结合，在硫化前，骨架镀一层黄铜覆盖层。使用这种万向节时，为保证高速转动时传动轴总成有良好的动平衡，常在万向节所连接的两轴端部设置专门机构保证对正中心。图2-49a所示为具有球面对中机构的环形挠性万向节，该结构中装有无需润滑的球形滑动对中轴承，若能正确选择轴承配合，可使其内部在装配后具有适当的预紧力。为使万向节有必要的寿命，总是设法使其轴向位移引起的轴向力、侧向位移引起的侧向力和万向节工作角引起的力矩尽可能小，使挠性万向节主要传递工作转矩。有的结构允许有一定的轴向变形（图2-49b），当这种环形挠性万向节的轴向变形量满足使用要求时，可省去伸缩花键。

挠性万向节能减小传动系统的扭转振动、动载荷和噪声，结构简单，使用中无需润滑，一般用于两轴间夹角不大（一般为3°~5°）和轴向位移很小的万向传动场合。例如乘用车的万向节传动中，挠性万向节常被用来作为靠近变速器的第一万向节，或在重型汽车中用于发动机与变速器之间及越野车中用于变速器与分动器之间，以消除制造安装误差和车架变形对传动的影响。

2.4.3 万向节传动的运动和受力分析

1. 单十字轴万向节传动

图2-50所示为单个十字轴式万向节传动的力学模型。普通十字轴式万向节的主动轴与

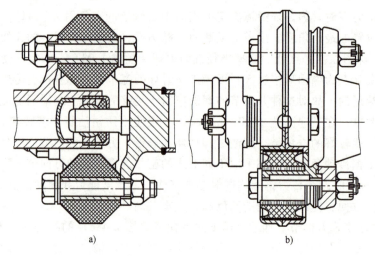

a)   b)

图 2-49 　环形挠性万向节

a）具有球面对中机构的结构　　b）具有轴向变形余量的结构

从动轴转角间的关系式为

$$\tan\varphi_1 = \tan\varphi_2 \cos\alpha \qquad (2\text{-}61)$$

式中，φ_1 是轴 1 的转角（°），定义为万向节叉所在平面与万向节连接的两轴所在平面的夹角；φ_2 是轴 2 的转角（°）；α 是万向节连接的两轴之间的夹角（°）。

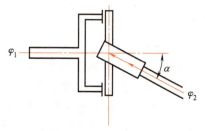

（1）**速度特性**　设万向节夹角 α 保持不变，把式（2-61）对时间求导，并且把 φ_2 用 φ_1 表示，可得

图 2-50 　十字轴式万向节的力学模型

$$\frac{\omega_2}{\omega_1} = \frac{\cos\alpha}{1 - \sin^2\alpha\cos^2\varphi_1} \qquad (2\text{-}62)$$

式中，ω_1、ω_2 分别是轴 1、轴 2 的角速度（rad/s）。由于 $\cos\varphi_1$ 是周期为 2π 的周期性函数，所以在 α 保持不变的条件下，转速比 ω_2/ω_1 也是同周期的周期性函数。如果认为 ω_1 保持不变，则 ω_2 每一转变化两次，当 $\varphi_1 = 0$、π 时，ω_2 达到最大值，$\omega_{2max} = \omega_1/\cos\alpha$；当 $\varphi_1 = \pi/2$、$3\pi/2$ 时，ω_2 达到最小值，$\omega_{2min} = \omega_1\cos\alpha$。因此，当主动轴以等角速度转动时，从动轴时快时慢，此即为普通十字轴式万向节传动的不等速性。

（2）**力矩特性**　若不计万向节的摩擦损失，主动轴转矩 T_1 和从动轴转矩 T_2 与各自相应的角速度有关系式 $T_1\omega_1 = T_2\omega_2$，则

$$T_2 = \frac{1 - \sin^2\alpha\cos^2\varphi_1}{\cos\alpha} T_1 \qquad (2\text{-}63)$$

所以，在 α 保持不变的条件下，转矩比 T_2/T_1 也是周期为 2π 的周期性函数。如果认为 T_1 保持不变，则 T_2 每一转变化两次，T_2 的最小值 $T_{2min} = T_1\cos\alpha$，T_2 的最大值 $T_{2max} = T_1/\cos\alpha$。

（3）**附加力矩特性**　具有夹角 α 的十字轴万向节，仅在主动轴驱动转矩和从动轴反转矩的作用下是不能平衡的。这是因为这两个转矩作用在不同的平面内，在不计万向节惯性力矩时，其矢量互成一角度而不能自行封闭，此时在万向节上必然还作用有另外的力偶矩。由万向节叉与十字轴之间的约束关系分析可知，主动叉对十字轴的作用力矩，除主动轴驱动转

矩 T_1 外，还有作用在主动叉平面的弯曲力偶矩 T_1'。同理，从动叉对十字轴也作用有从动轴反转矩 T_2 和作用在从动叉平面的弯曲力偶矩 T_2'。在这四个力矩的作用下，十字轴万向节得以平衡。下面仅讨论主动叉在两特殊位置时，附加弯曲力偶矩的大小及变化特点。

1) 当主动叉处于 $\varphi_1 = 0$、π 的位置时（图 2-51a），由于 T_1 作用在十字轴平面上，T_1' 必为零；而 T_2 的作用平面与十字轴不共面，必有 T_2' 存在，且矢量 T_2' 垂直于矢量 T_2；合矢量 $T_2' + T_2$ 指向十字轴平面的法线方向，且与 T_1 大小相等、方向相反。这样，从动叉上的附加弯矩 $T_2' = T_1 \sin\alpha$。

2) 当主动叉处于 $\varphi_1 = \pi/2$、$3\pi/2$ 的位置时（图 2-51b），同理可知 $T_2' = 0$，主动叉上的附加弯矩 $T_1' = T_1 \tan\alpha$。

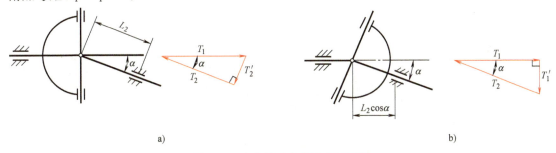

a)   b)

图 2-51 十字轴万向节的力矩平衡

a) $\varphi_1 = 0$、π b) $\varphi_1 = \pi/2$、$3\pi/2$

分析可知，附加弯矩的大小在零与上述两个最大值之间变化，其变化周期为 π，即每一转变化两次。附加弯矩可引起与万向节相连零部件的弯曲振动，可在万向节主、从动轴支承上引起周期性变化的径向载荷，从而激起支承处的振动。因此，为了控制附加弯矩，应避免两轴间的夹角过大，一般控制在 7° 以内，动态跳动过程不要超过 20°，极限不要超过 30°。

2. 双十字轴万向节传动

当输入轴与输出轴间存在夹角 α 时，单个十字轴万向节的输出轴相对于输入轴是不等速旋转的。为使处于同一平面的输出轴与输入轴等速旋转，可采用双万向节传动，但必须保证与同一传动轴相连的两万向节叉布置在同一平面内，且使两万向节夹角 α_1 与 α_2 相等（图 2-52a、c）。

在双万向节传动中，直接与输入轴和输出轴相连的万向节叉所受的附加弯矩分别由相应轴的支承反力平衡。当输入轴与输出轴平行时（图 2-52a），直接连接传动轴的两万向节叉所受的附加弯矩彼此平衡，传动轴发生图 2-52b 中双点画线所示的弹性弯曲，从而引起传动轴的弯曲振动。当输入轴与输出轴相交时（图 2-52c），传动轴两端万向节叉上所受的附加弯矩方向相同，不能彼此平衡，传动轴发生图 2-52d 中双点画线所示的弹性弯曲，从而对两端的十字轴产生大小相等、方向相反的径向力。此径向力作用在滚针轴承碗的底部，并在输入轴与输出轴的支承上引起反力。

3. 等速万向节传动

在此仅分析目前在乘用车上广泛应用的 Birfield 型球笼式等速万向节的运动情况。其等速传动原理如图 2-48b 所示，球形壳的内表面有六条凹槽，形成外滚道；星形套外表面有相应的六条凹槽，形成内滚道；外滚道中心 A 与内滚道中心 B 分别位于万向节中心 O 的两边，

且 $OA=OB$。此外，钢球中心 O 到 A、B 两点的距离也相等，保持架的内、外球面也以万向节中心为球心，这样 $\angle COA = \angle COB$，即两轴相交任意交角 α 时，传力钢球都位于交角平分面上。此时钢球中心到主、从动轴的距离相等，从而保证了从动轴与主动轴以相等的角速度旋转。

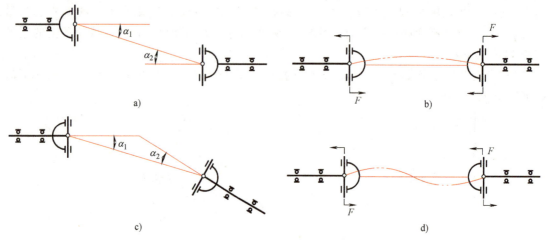

图 2-52　附加弯矩对传动轴的作用

2.4.4　传动轴结构分析与设计

传动轴总成主要由传动轴及焊接在其两端的外花键和万向节叉组成。传动轴中一般设有由滑动叉和外花键组成的滑动花键，以实现传动长度的变化。为减小滑动花键的轴向滑动阻力和磨损，有时对花键齿进行磷化处理或喷涂尼龙层；有的则在花键槽中放入滚针、滚柱或滚珠等滚动元件，以滚动摩擦代替滑动摩擦，提高传动效率。但这种结构较复杂，成本较高。有严重冲击载荷的传动可采用具有弹性的传动轴。传动轴上的花键应有润滑及防尘措施，花键齿与键槽的间隙不宜过大，且应按对应标记装配，以免装错破坏传动轴总成的动平衡。因此，设计传动轴要考虑以下三方面问题：

1）滑动接头处减小摩擦。

2）减小桥壳经由传动轴传至车身的噪声。

3）减小传动轴的质量和不平衡量。

传动轴的长度和夹角及其变化范围由汽车总布置设计决定。设计时应保证在传动轴长度处在最大值时，内花键与轴有足够的配合长度，且在长度最小值时不顶死。传动轴夹角的大小直接影响万向节十字轴和滚针轴承的寿命、万向传动的效率和十字轴旋转的不均匀性。

长度一定时，传动轴断面尺寸的选择应保证传动轴有足够的强度和足够高的临界转速。所谓临界转速，就是当传动轴的工作转速接近其弯曲振动的固有频率时，即出现共振现象，以致振幅急剧增加而引起传动轴折断时的转速。传动轴的临界转速为

$$n_k = 1.2 \times 10^8 \sqrt{\frac{D_c^2 + d_c^2}{L_c^2}} \qquad (2\text{-}64)$$

式中，n_k 为传动轴的临界转速（r/min）；L_c 为传动轴的长度（mm），即两万向节中心间的距离；D_c、d_c 分别为传动轴轴管的内、外径（mm）。

在设计传动轴时，取安全系数 $K = n_k/n_{max} = 1.2 \sim 2.0$，$n_{max}$ 为传动轴的最高转速，$K = 1.2$ 用于精确动平衡、高精度的伸缩花键及万向节间隙较小的工作状态。

由式（2-64）可知，在 D_c 和 L_c 相等时，实心轴比空心轴的临界转速低，且费材料。另外，当传动轴长度超过 1.5m 时，为提高 n_k 以及总布置上的考虑，常将传动轴断开成两根或三根，万向节用三个或四个，且在中间传动轴上加设中间支承。

传动轴轴管断面尺寸除满足临界转速的要求外，还应保证有足够的扭转强度。轴管的扭转切应力 τ_c 应满足

$$\tau_c = \frac{16 D_c T_s}{\pi(D_c^4 - d_c^4)} \leqslant [\tau_c] \tag{2-65}$$

式中，$[\tau_c]$ 为许用扭转切应力（MPa），取 300MPa；T_s 为传动轴的计算转矩（N·mm）。

对于传动轴上的外花键，通常以底径计算其扭转切应力 τ_h，许用切应力 τ_h 一般按安全系数为 2~3 确定，即

$$\tau_h = \frac{16 T_s}{\pi d_h^3} \tag{2-66}$$

式中，d_h 为外花键的花键内径（mm）。

当传动轴滑动花键采用矩形花键时，齿侧挤压应力 σ_y 为

$$\sigma_y = \frac{T_s K'}{\left(\dfrac{D_h + d_h}{4}\right)\left(\dfrac{D_h - d_h}{2}\right) L_h n_0} \tag{2-67}$$

式中，K' 为花键转矩分布不均匀系数；D_h 和 d_h 为花键的外径和内径（mm）；L_h 为花键的有效工作长度（mm）；n_0 为花键的齿数。

对于齿面硬度大于 35HRC 的滑动花键，齿侧许用挤压应力为 25~50MPa；对于非滑动花键，齿侧许用挤压应力为 50~100MPa。

渐开线花键应力的计算方法与矩形花键的相似，只是作用面按其工作面的投影计算。传动轴总成不平衡是传动系统弯曲振动的一个激励源，当高速旋转时，将产生明显的振动和噪声。万向节中十字轴的轴向窜动，传动轴滑动花键中的间隙，传动轴总成两端连接处的定心精度，高速回转时传动轴的弹性变形以及传动轴上点焊平衡片时的热影响等因素，都能改变传动轴总成的不平衡度。提高滑动花键的耐磨性和万向节花键的配合精度，缩短传动轴长度，增加其弯曲刚度，都能降低传动轴的不平衡度。为了消除点焊平衡片的热影响，应在冷却后再进行动平衡检验。传动轴的不平衡度：对于乘用车，在 3000~6000r/min 时应为 25~35g·cm；对于货车，在 1000~4000r/min 时应为 50~100g·cm。此外，传动轴总成径向全跳动应为不大于 0.8mm。

2.5　驱动桥设计

＊2.5.1　驱动桥设计概述

驱动桥位于传动系统末端，其基本功用首先是增转矩、降转速，改变转矩的传递方向，

即增大由传动轴或直接从变速器传来的转矩,并将转矩合理地分配给左、右驱动车轮;其次,驱动桥还要承受作用于路面和车架或车身之间的垂向力、纵向力和侧向力,以及制动力矩和反作用力矩等。

驱动桥一般由主减速器、差速器、车轮传动装置和驱动桥壳(或梁)等组成,转向驱动桥还有等速万向节。

设计驱动桥时应当满足如下基本要求:

1)选择适当的主减速比,以保证汽车在给定条件下具有最佳的动力性和燃油经济性。

2)外廓尺寸小,保证汽车具有足够的离地间隙,以满足通过性要求。

3)工作平稳,噪声小。

4)传动效率高。

5)具有足够的强度和刚度,以承受和传递作用于路面和车架或车身间的各种力和力矩;在此条件下,尽可能减小质量,尤其是簧下质量,以减少不平路面的冲击载荷,提高汽车行驶平顺性。

6)与悬架导向机构运动协调,对于转向驱动桥,还应该与转向机构运动协调。

7)拆装、调整方便,成本低。

2.5.2 驱动桥结构方案分析

驱动桥分为断开式和非断开式两类。驱动桥的结构形式与驱动轮的悬架形式密切相关。当驱动车轮采用非独立悬架时,驱动桥应为非断开式(或称为整体式);当驱动车轮采用独立悬架时,驱动桥应为断开式。

非断开式驱动桥的桥壳是一根连接左右驱动轮的刚性空心梁,主减速器、差速器及车轮传动装置(由左、右半轴组成)都装在其中,如图2-53所示。

非断开式驱动桥结构简单,制造工艺性好,成本低,可靠性好,维修调整容易,广泛应用于货车和部分乘用车上。但是,其悬挂质量较大,对降低动载荷和提高平顺性不利。

断开式驱动桥无刚性的整体外壳,主减速器及其壳体装在车架(或车身)上,两侧驱动轮与车架(或车身)之间为弹性连接,并可彼此分别相对于车架(或车身)做上下摆动,车轮采用万向节传动,如图2-54所示。为防止运动干涉,应采用滑动花键轴或允许两轴有适量轴向移动的万向传动机构。

与非断开式驱动桥比较,断开式驱动桥能显著减小汽车簧下质量,从而改善汽车行驶平顺性,提高了平均行驶速度;减小了汽车行驶时作用于车轮和车桥上的动载荷,提高了零部件的使用寿命;增加了汽车离地间隙;由于驱动车轮与路面的接触情况及对各种地形的适应性较好,增强了车轮的抗侧滑能力;若与之配合的独立悬架导向机构设计合理,可增加汽车的不足转向效应,提高汽车的操纵稳定性。但其结构较复杂,成本较高。断开式驱动桥在乘用车和部分越野汽车上应用广泛。

当驱动桥上的驱动轮又是转向轮时,则称此驱动桥为转向驱动桥,例如前置前轮驱动乘用车的前桥。质量较大的商用车大多采用多桥驱动方式,而各驱动桥又采用贯通式的布置形式。

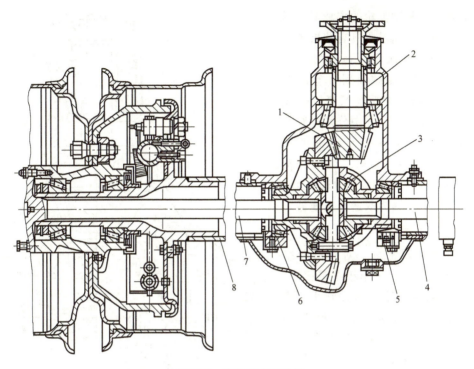

图 2-53 非断开式驱动桥
1—主减速器 2—套筒 3—差速器 4、7—半轴 5—调整螺母 6—调整垫片 8—桥壳

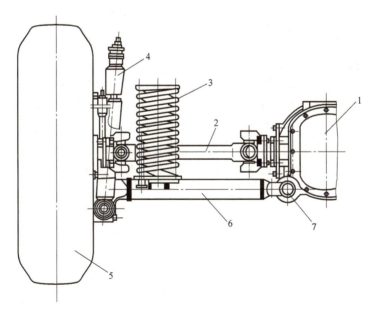

图 2-54 断开式驱动桥
1—主减速器 2—半轴 3—弹性元件 4—减振器 5—车轮 6—摆臂 7—摆臂轴

2.5.3 主减速器结构方案分析

为适应不同车型和使用要求，主减速器有多种结构形式。主减速器可根据齿轮类型、减

速形式以及主、从动齿轮的支承形式不同分类。按照主减速器所具有的齿轮副的数目可以分为单级主减速器（有一对齿轮副）和双级主减速器（有两对齿轮副），而双级主减速器又可以分成整体式和分开式两种。其中分开式双级主减速器的第一级设于驱动桥中部（称为中央减速器），而第二级设于轮边（称为轮边减速器）。当主减速器具有两个档位时，称其为双速主减速器。

1. 单级主减速器

单级主减速器常由一对锥齿轮组成。图 2-55 所示为一个单级主减速器。这种主减速器结构较简单，质量小，成本低，使用简便。但是主传动比 i_0 不能太大，一般不大于 7.0。如果进一步提高 i_0 将会增大从动齿轮直径，从而减小离地间隙（降低通过性），并且会使从动齿轮热处理复杂化。单级主减速器广泛应用于乘用车和轻、中型商用车上。

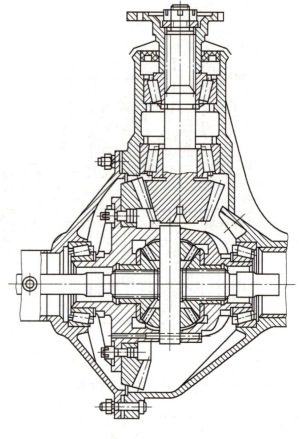

图 2-55　单级主减速器

单级主减器的传动形式主要有弧齿锥齿轮传动、双曲面齿轮传动、圆柱齿轮传动、蜗杆传动，如图 2-56 所示。

（1）**弧齿锥齿轮传动**　弧齿锥齿轮传动（图 2-56a）的特点是主、从动齿轮的轴线垂直相交于一点。由于轮齿端面重叠的影响，至少有两对以上的轮齿同时啮合，因此可以承受较大的负荷，加之其轮齿不是在齿的全长上同时啮合，而是逐渐由齿的一端连续而平稳地转向另一端，所以工作平稳，噪声和振动小。但弧齿锥齿轮对啮合精度很敏感，齿轮副锥顶稍不

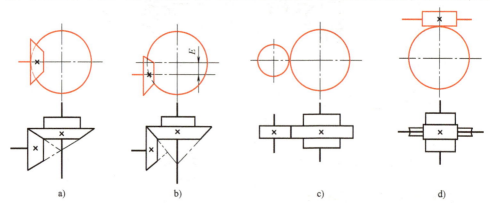

| | a) | | b) | | c) | | d) |

图 2-56　主减速器齿轮的传动形式

a）弧齿锥齿轮传动　b）双曲面齿轮传动　c）圆柱齿轮传动　d）蜗杆传动

吻合就会使工作条件急剧变坏，加剧齿轮的磨损，使噪声增大。

（2）**双曲面齿轮传动** 双曲面齿轮传动（图2-56b）的特点是主、从动齿轮的轴线相互垂直但不相交，且主动齿轮轴线相对从动齿轮轴线向上或向下偏移距离 E，称为偏移距。此偏移距使主动齿轮的螺旋角 β_1 大于从动齿轮的螺旋角 β_2，如图2-57所示。

图2-57所示为双曲面齿轮传动齿轮副的受力情况，其中 F_1 是主动齿轮的切向力，F_2 是从动齿轮的切向力，在啮合点，两齿轮啮合齿面的法线方向相同。此时啮合面上的法向力彼此相等，即

$$\frac{F_1}{\cos\beta_1} = \frac{F_2}{\cos\beta_2} \qquad (2\text{-}68)$$

设 r_1、r_2 分别为主、从动齿轮的平均分度圆半径，则双曲面齿轮的传动比 i_{0s} 为

$$i_{0s} = \frac{F_2 r_2}{F_1 r_1} = \frac{r_2}{r_1}\frac{\cos\beta_2}{\cos\beta_1} = \frac{r_2}{r_1}K = i_{01}K \qquad (2\text{-}69)$$

对于弧齿锥齿轮，其传动比为

$$i_{01} = \frac{r_2}{r_1} \qquad (2\text{-}70)$$

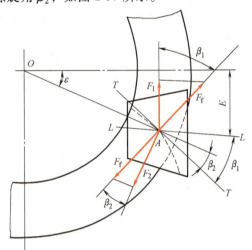

图2-57 双曲面齿轮受力分析

式（2-69）中，$K = \cos\beta_2/\cos\beta_1 = 1.25 \sim 1.5$，则说明：

1）当双曲面齿轮与弧齿锥齿轮尺寸相同时，双曲面齿轮传动有更大的传动比。

2）当传动比一定、从动齿轮尺寸相同时，双曲面主动齿轮比相应的弧齿锥齿轮有更大的直径、更高的轮齿强度以及更大的主动齿轮轴和轴承刚度。

3）当传动比一定、主动齿轮尺寸相同时，双曲面从动齿轮直径比相应的弧齿锥齿轮的更小，因而有更大的离地间隙。

此外，双曲面齿轮传动与弧齿锥齿轮传动相比，还具有以下优点：

1）在工作过程中，双曲面齿轮副不仅存在沿齿高方向的侧向滑动，还有沿齿长方向的纵向滑动。纵向滑动可改善齿轮的磨合过程，使其具有更好的运转平稳性。

2）由于存在偏移距，双曲面齿轮副主动齿轮的螺旋角大于从动齿轮的螺旋角，这样同时啮合的齿数较多，重合度较大，不仅提高了传动平稳性，还使齿轮的弯曲强度提高约30%。

3）双曲面齿轮传动的主动齿轮直径及螺旋角都较大，因而相啮合轮齿的当量曲率半径较相应的弧齿锥齿轮更大，其结果使齿面的接触强度提高。

4）若双曲面主动齿轮的螺旋角变大，则不产生根切的最小齿数可减小，故可选用较少的齿数，有利于增加传动比。

5）双曲面齿轮传动的主动齿轮较大，加工时所需刀盘、刀顶距较大，因而切削刃寿命较长。

6）双曲面主动齿轮轴若布置在从动齿轮中心上方，则便于实现多轴驱动桥的贯通，增大了传动轴的离地高度；若布置在从动齿轮中心下方，可降低万向传动轴的高度，有利于降低乘用车车身高度，并可减小车身地板中部凸起通道的高度。

但是，双曲面齿轮传动也存在以下缺点：

1）沿齿长的纵向滑动会使摩擦损失增加，降低传动效率。双曲面齿轮副的传动效率约为 96%，而弧齿锥齿轮副的传动效率约为 99%。

2）齿面间大的压力和摩擦功，可能导致油膜破坏和齿面烧结咬死，即抗胶合能力较低。

3）双曲面主动齿轮具有较大的轴向力，使其轴承负荷也较大。

4）双曲面齿轮传动必须采用可改善油膜强度和含有防刮伤添加剂的特种润滑油。弧齿锥齿轮传动用普通润滑油即可。

由于双曲面齿轮具有一系列的优点，它比弧齿锥齿轮的应用更广泛。一般情况下，当要求传动比大于 4.5，而轮廓尺寸又有限时，采用双曲面齿轮传动更合理。这是因为若保持主动齿轮直径不变，则双曲面从动齿轮的直径比弧齿锥齿轮的小。当传动比小于 2 时，双曲面主动齿轮相对弧齿锥齿轮主动齿轮显得过大，占据了过多空间，这时可选用弧齿锥齿轮传动，因为后者具有较大的差速器可利用空间。对于中等传动比，两种齿轮传动均可采用。

（3）圆柱齿轮传动　圆柱齿轮传动（图 2-56c）一般采用斜齿轮，它广泛地应用于发动机横置且前置前轮驱动的乘用车驱动桥（图 2-58）和双级主减速器贯通式驱动桥。

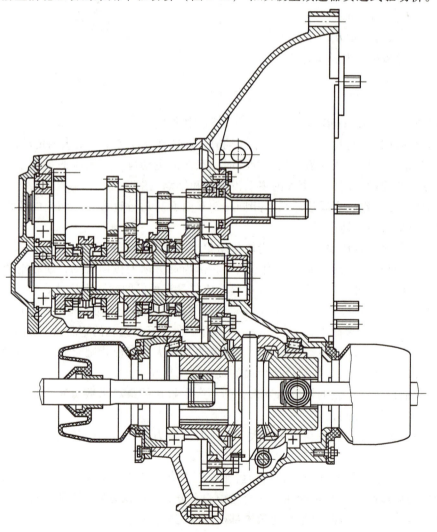

图 2-58　发动机横置且前置前轮驱动的乘用车驱动桥

（4）**蜗杆传动** 蜗杆传动（图 2-56d）的特点是可以在轮廓尺寸较小、结构质量较小的情况下得到较大的传动比（传动比可以大于 7），工作平稳且无噪声，适宜把多驱动桥汽车的驱动桥布置成贯通式。但是其传动效率较低、成本较高，要求采用价格高的材料（蜗轮齿圈要求用高质量的锡青铜）。因此蜗杆传动仅在生产批量不大的少数场合得到应用，例如在个别重型多轴驱动汽车、具有高转速发动机的大客车以及某些高级轿车上采用这种传动方式。

2. 双级主减速器

图 2-59 所示为一种双级主减速器，其有两对齿轮副传动。与单级主减速器相比，采用双级主减速器可以在保证离地间隙相同的情况下得到更大的传动比（$i_0 = 7 \sim 12$），但是其尺寸较大，质量较大，成本高，传动效率低。双级主减速器主要用于中重型货车、越野车和大客车上。

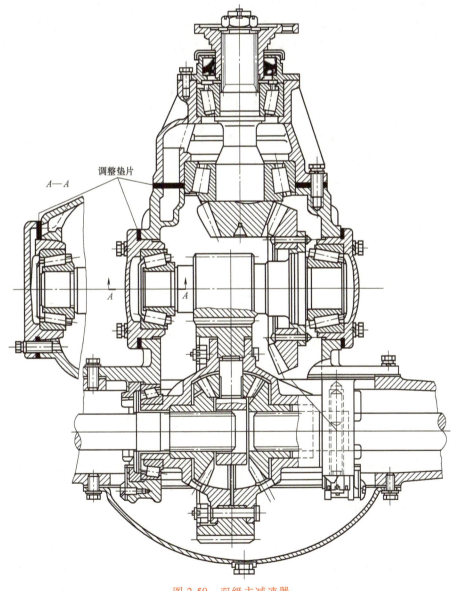

图 2-59 双级主减速器

（1）**整体式双级主减速器** 图 2-60 所示为整体式双级主减速器的不同结构方案。

1）第一级为螺旋锥齿轮（或双曲面齿轮），第二级为圆柱齿轮。这种方案最为常见，参见图 2-59 和图 2-60a、d、e、f。第二级圆柱齿轮传动又可有三种布置形式，即水平布置、倾斜布置和竖直布置。其中，水平布置（图 2-60a、d）可以降低汽车质心高度，但使驱动桥前后尺寸加大，使传动轴缩短，增大了万向节传动中万向节的夹角。竖直布置（图 2-60f）适用于贯通式驱动桥，可减小万向节夹角，但由于主减速器壳固定在桥壳上方造成桥壳刚度下降，对齿轮工作不利。而倾斜布置（图 2-60e）则对传动轴布置和提高桥壳刚度比较有利。

在这种主减速器中需要把主传动比分配给第一级（锥齿轮副）和第二级（圆柱齿轮副）。一般分配给圆柱齿轮副的传动比较大，分配给锥齿轮副的传动比较小（一般为 1.7～2.7），这样做是为了增大主动锥齿轮尺寸，减小啮合中的轴向力和提高锥齿轮的可靠性。

2）第一级为行星齿轮，第二级为弧齿锥齿轮（或双曲面齿轮），如图 2-60b 所示。

3）第一级为圆柱齿轮，第二级为弧齿锥齿轮（或双曲面齿轮），如图 2-60c 所示。

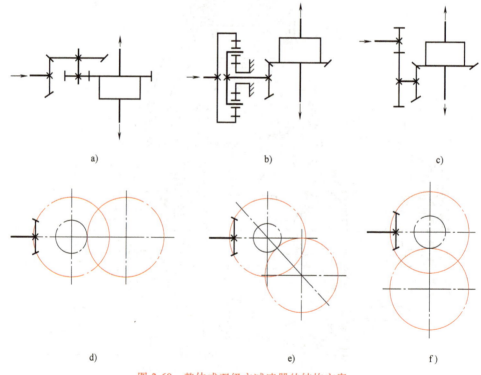

图 2-60　整体式双级主减速器的结构方案

图 2-61 所示为两种贯通式驱动桥的设计方案，它们都采用整体式双级主减速器，有两种结构方案。图 2-61a 所示方案中第一级为圆柱齿轮，第二级为双曲面齿轮；图 2-61b 所示方案中第一级为弧齿锥齿轮，第二级为圆柱齿轮。

（2）**分开式双级主减速器** 分开式双级主减速器由中央减速器和轮边减速器组成。采用这种主减速器可以在保证具有较大传动比的条件下，驱动桥中央部分（中央减速器部分）尺寸较小，离地间隙较大，多用于越野车、重型矿用自卸车和重型货车；但是由于必须在每个驱动轮旁均设一个轮边减速器，导致结构复杂，布置轮毂、轴承、车轮和制动器较困难。

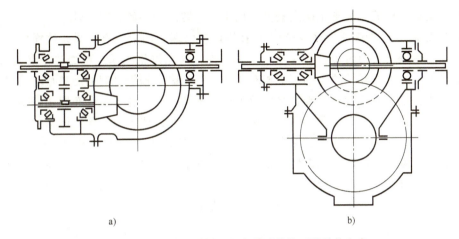

图 2-61 贯通式驱动桥双级主减速器的两种结构方案

轮边减速器可以采用行星齿轮式减速器，也可以采用外啮合圆柱齿轮式减速器。

3. 双速主减速器

双速主减速器有两个档位，即有两个主传动比，它与普通变速器相配可成倍增加档位，而不需要采用副变速器。对于由标准货车变型而得到的山区用车、牵引车和特种汽车，采用双速主减速器是合适的。其低档适于在困难路面上应用，以克服较大的行驶阻力；其高档适用于在良好路面和非满载状况下应用，以获得较好的燃油经济性和提高平均车速。

双速主减速器可以用圆柱齿轮组或行星齿轮组构成。

双速主减速器的换档是由远距离操纵机构实现的，因此双速主减速器仅在某些单驱动桥的汽车上采用；而在多驱动桥汽车上没有得到采用，这是由于很难做到同步换档，且使操纵机构过于复杂。

2.5.4 主减速器设计

1. 主减速器主、从动齿轮的支承方案

在设计具有锥齿轮传动的主减速器时，必须保证主、从动齿轮有良好的啮合状况，才能使它们很好地工作。齿轮的正确啮合，除与齿轮的加工质量、齿轮的装配调整及轴承、主减速器壳体的刚度有关以外，还与齿轮的支承刚度有关。

（1）主动锥齿轮的支承 主动锥齿轮的支承形式可分为悬臂式支承和跨置式支承两种。

悬臂式支承（图 2-62a）的结构特点是在锥齿轮大端一侧有较长的轴，并在其上安装一对圆锥滚子轴承。为了减小悬臂长度 a 和增加两支承间的距离 b，以改善支承刚度，应使两轴承圆锥滚子的大端朝外，使作用在齿轮上离开锥顶的轴向力由靠近齿轮的轴承承受，而反向轴向力则由另一轴承承受。为了尽可能地增加支承刚度，要求 $b>2.5a$，且应比齿轮分度圆直径的 70% 还大，另外靠近齿轮的轴径直径 d 应不小于尺寸 a。为了方便拆装，应使靠近齿轮的轴承轴径比另一轴承的轴径大些。靠近齿轮的支承轴承有时也采用圆柱滚子轴承，这时另一轴承必须采用能承受双向轴向力的双列圆锥滚子轴承。支承刚度除了与轴承形式、轴径大小、支承间距离和悬臂长度大小有关以外，还与轴承与轴及轴承与座孔之间的配合紧度有关。

悬臂式支承结构简单，支承刚度较差，用于传递转矩较小的主减速器上。

跨置式支承（图2-62b）的结构特点是在锥齿轮两端的轴上均有轴承，这样可大大增加支承刚度，又使轴承负荷减小，齿轮啮合条件改善，因此齿轮的承载能力高于悬臂式支承。此外，由于齿轮大端一侧轴颈上的两个相对安装的圆锥滚子轴承之间的距离很小，可以缩短主动齿轮轴的长度，使布置更紧凑，并可减小传动轴夹角，有利于整车布置。但是跨置式支承必须在主减速器壳体上有支承导向轴承所需的轴承座，使主减速器壳体结构复杂，加工成本提高。另外，因主、从动齿轮之间的空间很小，致使主动齿轮的导向轴承尺寸受到限制，有时甚至布置不下或使齿轮拆装困难。跨置式支承中的导向轴承都为圆柱滚子轴承，并且内、外圈可以分离或根本不带内圈，它仅承受径向力，尺寸根据布置位置而定，易损坏。在需要传递较大转矩的情况下，最好采用跨置式支承。

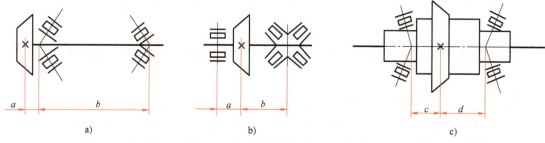

图2-62　主减速器锥齿轮的支承形式

a）主动锥齿轮悬臂式支承　b）主动锥齿轮跨置式支承　c）从动锥齿轮的支承

（2）从动锥齿轮的支承　从动锥齿轮的支承刚度与轴承的形式、支承间的距离及载荷在轴承之间的分布比例有关（图2-62c）。从动锥齿轮多用圆锥滚子轴承支承。为了增加支承刚度，两轴承的圆锥滚子大端应向内，以减小尺寸$c+d$。为了使从动锥齿轮背面的差速器壳体处有足够的位置，设置加强肋以增强支承稳定性，$c+d$应不小于从动锥齿轮大端分度圆直径的70%。为了使载荷能均匀分配在两轴承上，应尽量使尺寸c等于或大于尺寸d。

在具有大主传动比和径向尺寸较大的从动锥齿轮的主减速器中，为了限制从动锥齿轮因受轴向力作用而产生偏移，在从动锥齿轮的外缘背面加设辅助支承（图2-63）。辅助支承与从动锥齿轮背面之间的间隙，应保证当偏移量达到允许极限，即与从动锥齿轮背面接触时，能够制止从动锥齿轮继续偏移。主、从动锥齿轮受载变形或移动的许用偏移量如图2-64所

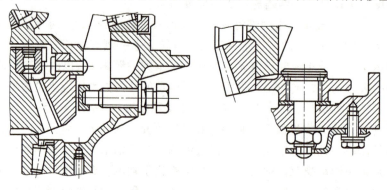

a)　　　　　　　　　　b)

图2-63　从动锥齿轮的辅助支承结构

示。由图 2-64 可知，支承面与从动锥齿轮背面间的安装间隙应不大于 0.25mm。

2. 主减速器齿轮计算载荷的确定

汽车主减速器锥齿轮有格里森和奥利康两种切齿方法，这里仅介绍格里森齿制锥齿轮的主要参数及计算载荷的确定方法。

（1）按发动机最大转矩 T_{emax} 和最低档传动比 i_1 确定　按发动机最大转矩 T_{emax} 和最低档传动比 i_1 确定从动锥齿轮的计算转矩 T_{ce} 为

$$T_{ce} = \frac{k_d T_{emax} k i_1 i_f i_0 \eta}{n} \qquad (2-71)$$

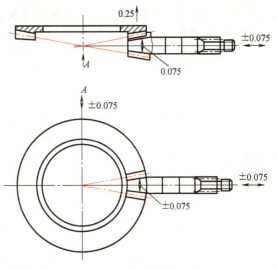

图 2-64　主、从动锥齿轮受载变形或移动的许用偏移量

式中，T_{emax} 为发动机最大转矩（N·m）；n 为计算驱动桥数，按表 2-7 选择；i_1 为变速器一档传动比；i_f 为分动器传动比，按表 2-7 选取；i_0 为主减速器减速比；η 为发动机到主减速器从动齿轮间的传动效率；k 为液力变矩器变矩系数，$k = (k_0 - 1)/2 + 1$，k_0 为最大变矩系数；k_d 为猛接离合器所产生的动载系数，对液力自动变速器，$k_d = 1$，对具有手动操纵的机械变速器的高性能赛车，$k_d = 3$，对于性能系数 $f_j = 0$ 的汽车，$k_d = 1$，对于 $f_j > 0$ 的汽车，$k_d = 2$ 或根据经验确定。性能系数 f_j 的计算公式为

$$f_j = \begin{cases} \dfrac{1}{100}\left(16 - 0.195\dfrac{m_a g}{T_{emax}}\right) & \text{当}\ 0.195\dfrac{m_a g}{T_{emax}} < 16\ \text{时} \\[3mm] 0 & \text{当}\ 0.195\dfrac{m_a g}{T_{emax}} \geqslant 16\ \text{时} \end{cases}$$

式中，m_a 为汽车满载质量（kg）。

表 2-7　n 与 i_f 的选取

车型	高档传动比 i_{fg} 与低档传动比 i_{fd} 的关系	i_f	n
4×4	$i_{fg} > i_{fd}/2$	i_{fg}	1
	$i_{fg} < i_{fd}/2$	i_{fd}	2
6×6	$i_{fg}/2 > i_{fd}/3$	i_{fg}	2
	$i_{fg}/2 < i_{fd}/3$	i_{fd}	3

（2）按驱动轮打滑转矩确定　按驱动轮打滑转矩确定从动锥齿轮的计算转矩 T_{cs} 为

$$T_{cs} = \frac{G_2 m_2' \varphi r_r}{i_m \eta_m} \qquad (2-72)$$

式中，G_2 为满载状态下一个驱动桥上的静载荷（N）；m_2' 为汽车最大加速度时的后桥负荷转移系数，对乘用车，$m_2' = 0.80 \sim 0.85$，对商用车，$m_2' = 0.75 \sim 0.90$；φ 为轮胎与路面间的附着系数，对于安装一般轮胎的公路用汽车，在良好的混凝土或沥青路上，φ 可取 0.85，对于安装防侧滑轮胎的乘用车，φ 可取 1.25，对于越野车，φ 值变化较大，一般取 1；r_r 为车轮

滚动半径（m）；i_m 为主减速器从动齿轮到车轮之间的传动比；η_m 为主减速器从动齿轮到车轮之间的传动效率。

（3）按日常行驶平均转矩确定 按日常行驶平均转矩确定从动锥齿轮计算转矩 T_cf 为

$$T_\mathrm{cf}=\frac{F_\mathrm{t}r_\mathrm{r}}{i_\mathrm{m}\eta_\mathrm{m}n} \tag{2-73}$$

式中，F_t 为汽车日常行驶平均牵引力（N）；其他参数见上述注释。

由式（2-71）和式（2-72）求得的计算转矩，是作用到从动锥齿轮上的最大转矩，在计算锥齿轮最大应力时，计算转矩应该取两者较小值，即 $T_\mathrm{c}=\min[T_\mathrm{ce},\ T_\mathrm{cs}]$；当计算锥齿轮疲劳寿命时，取 $T_\mathrm{c}=T_\mathrm{cf}$。

主动锥齿轮的计算转矩 T_z 为

$$T_\mathrm{z}=\frac{T_\mathrm{c}}{i_0\eta_\mathrm{c}} \tag{2-74}$$

式中，i_0 为主减速器减速比；η_c 为主、从动锥齿轮间的传动效率，计算时对于弧齿锥齿轮副，η_c 取 95%，对于双曲面齿轮副，当 $i_0>6$ 时，η_c 取 85%，当 $i_0\le6$ 时，η_c 取 90%。

3. 主减速器锥齿轮主要参数的确定

主减速器锥齿轮的主要参数有主、从动锥齿轮齿数 z_1 和 z_2，从动锥齿轮大端分度圆直径 D_2 和端面模数 m_s，主、从动锥齿轮齿面宽 b_1 和 b_2、双曲面齿轮副的偏移距 E、中点螺旋角 β、法向压力角 α 等。

（1）主、从动锥齿轮齿数数 z_1 和 z_2 选择主、从动锥齿轮齿数时应考虑如下因素：

1）为了磨合均匀，z_1 和 z_2 之间应避免有公约数。

2）为了得到理想的齿面重合度和高的轮齿弯曲强度，主、从动齿轮齿数和应不少于 40。

3）为了啮合平稳、噪声小和具有高的疲劳强度，对于乘用车，z_1 一般不少于 9；对于商用车，z_1 一般不少于 6。

4）主传动比 i_0 较大时，z_1 尽量取得小些，以便得到满意的离地间隙。

5）对于不同的主传动比，z_1 和 z_2 应有适宜的搭配。

（2）从动锥齿轮大端分度圆直径 D_2 和端面模数 m_s 对于单级主减速器，增大尺寸 D_2，会影响驱动桥壳高度尺寸和离地间隙，减小 D_2 又影响跨置式主动齿轮的前支承座的安装空间和差速器的安装。

D_2 可根据经验公式初选，即

$$D_2=K_{\mathrm{D}2}\sqrt[3]{T_\mathrm{c}} \tag{2-75}$$

式中，D_2 为从动齿轮大端分度圆直径（mm）；$K_{\mathrm{D}2}$ 为直径系数，一般取 13.0～15.3；T_c 为从动锥齿轮计算转矩（N·m）。

m_s 的计算公式为

$$m_\mathrm{s}=\frac{D_2}{z_2} \tag{2-76}$$

同时 m_s 还应该满足

$$m_\mathrm{s}=K_\mathrm{m}\sqrt[3]{T_\mathrm{c}} \tag{2-77}$$

式中，K_m 为模数系数，取 $0.3 \sim 0.4$。

（3）**主、从动锥齿轮齿面宽 b_1 和 b_2**　对于弧齿锥齿轮和双曲面齿轮，从动锥齿轮齿面宽推荐不大于其节锥距 A_2 的 30%，即 $b_2 \leqslant 0.3A_2$，而且 b_2 应满足 $b_2 \leqslant 10m_s$，一般也推荐 $b_2 = 0.155D_2$。一般主动锥齿轮的齿面宽比从动锥齿轮齿面宽大 10%。

应该指出，齿面过宽并不能增大齿轮的强度和寿命，反而会降低强度导致寿命缩短。这是因为齿面过宽会减小齿根圆角半径，加大应力集中；还会因为轮齿小端齿沟变窄，引起切削刀头顶面宽过窄及刀尖圆角过小，降低刀具的使用寿命。此外，安装时有位置偏差或由于制造、热处理变形等原因，使齿轮工作时载荷集中于轮齿小端，会引起轮齿小端过早损坏和疲劳损伤。齿面过宽也会引起装配空间减小。但是齿面过窄，轮齿表面的耐磨性会降低。

（4）**双曲面齿轮偏移距 E**　E 值过大将使齿面纵向滑动过大，从而引起齿面早期磨损和擦伤；E 值过小，则不能发挥双曲面齿轮传动的特点。一般对于乘用车和总质量不大的商用车，$E \leqslant 0.2D_2$，且 $E = 0.4A_2$；对于总质量较大的商用车，$E \leqslant (0.10 \sim 0.12)D_2$ 且 $E \leqslant 0.2A_2$。另外，主传动比越大，则 E 也应越大，但应保证齿轮不发生根切。

双曲面齿轮的偏移可分为上偏移和下偏移两种，如图 2-65 所示。由从动齿轮的锥顶向其齿面看去，并使主动齿轮处于右侧，如果主动齿轮在从动齿轮中心线的上方，则为上偏移；在从动齿轮中心线下方，则为下偏移。如果主动齿轮处于左侧，则情况相反。图 2-65a、b 所示为主动齿轮轴线下偏移情况，图 2-65c、d 为主动齿轮轴线上偏移情况。

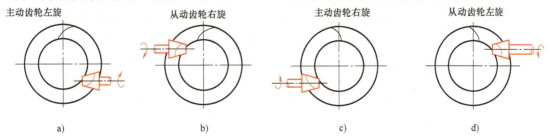

图 2-65　双曲面齿轮的偏移和螺旋方向

a）、b）主动齿轮轴线下偏移　c）、d）主动齿轮轴线上偏移

（5）**中点螺旋角 β**　在锥齿轮节锥表面展开图上，齿线为一曲线，这个曲线上任意一点的切线与该点和节锥顶点连线之间的夹角，称为螺旋角。螺旋角是沿齿宽变化的，轮齿大端的螺旋角最大，小端的螺旋角最小。在齿面宽中点处的螺旋角 β 称为中点螺旋角。通常若不特别指出位置，则螺旋角便是指中点螺旋角 β。

弧齿锥齿轮情况下，大、小齿轮的螺旋角是相等的。而在双曲面齿轮情况下，由于存在偏移距 E，大、小齿轮的螺旋角是不等的，即 $\beta_1 > \beta_2$（参见图 2-57）。汽车主减速器锥齿轮的螺旋角 β（对于双曲面齿轮就是大、小齿轮中点螺旋角的平均值）多为 $35° \sim 40°$。

（6）**螺旋方向**　锥齿轮轮齿螺旋方向有左旋和右旋之分。从锥齿轮锥顶看，齿形从中心线上半部向左倾斜为左旋，向右倾斜为右旋，主、从动锥齿轮的螺旋方向是相反的。

螺旋方向与锥齿轮的旋转方向影响其所受轴向力方向，当变速器挂前进档时，应使主动齿轮的轴向力离开锥顶方向。在汽车主减速器上所用的主动小齿轮一般为左旋，而从动齿轮为右旋，如图 2-66 所示。从前向后看，发动机一般是顺时针旋转的，在采用中间轴式变速器的情况下（前置后轮驱动），当变速器挂前进档时主减速器主动齿轮也是顺时针旋转的。

在主减速器主动齿轮为左旋时，小齿轮所受轴向力的方向是离开锥顶的，这会使小齿轮靠紧轴承，使大、小齿轮有分离而增大齿隙的趋势，这样就使得相啮合的轮齿不致卡住。在变速器挂倒档时，小齿轮逆时针旋转，轴向力改变方向，指向锥顶。但是由于倒档应用频率较低，一般问题不大。

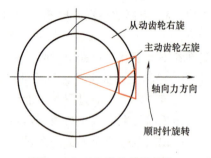

图 2-66　弧齿锥齿轮的螺旋方向和轴向力

（7）法向压力角 α　锥齿轮采用大压力角可以增加轮齿强度，减少不产生根切的最小齿数。但是，对于尺寸较小的齿轮，大压力角易使齿顶变尖和加工刀具刀尖宽度过小，并使端面重合系数下降。因此，对于轻负荷工作的锥齿轮，一般采用小压力角，使得啮合平稳、噪声低；对重负荷工作的锥齿轮，一般采用较大的压力角。对主减速器弧齿锥齿轮，乘用车法向压力角一般选用 14°30′或 16°，货车法向压力角一般选用 20°，重型货车选用 22°30′。对于双曲面齿轮，虽然大齿轮轮齿两侧的压力角相同，但是小齿轮轮齿两侧的压力角是不相等的，因此其压力角按两侧压力角的平均值考虑。对乘用车平均压力角选用 19°或 20°，对货车选用 20°或 22°30′。

4. 锥齿轮的材料

驱动桥锥齿轮的工作条件是相当恶劣的，与传动系统其他齿轮相比，具有载荷大、作用时间长、变化多、有冲击等特点。它是传动系统中的薄弱环节，其材料应满足以下要求：

1）具有高的弯曲疲劳强度和表面接触疲劳强度，齿面具有高的硬度以保证有高的耐磨性。

2）轮齿心部应有适当的韧性以适应冲击载荷，避免在冲击载荷作用下齿根折断。

3）可锻性、可加工性及热处理性能良好，热处理后变形小或变形规律易控制。

4）选择合金材料时，尽量少用含镍、铬元素的材料，而选用含锰、钒、硼、钛、钼、硅等元素的合金钢。

汽车主减速器锥齿轮目前常用渗碳合金钢制造，主要有 20CrMnTi、20MnVB、20MnTiB 及 22CrNiMo 等。

渗碳合金钢的优点是表面可得到碳含量较高的硬化层（一般碳的质量分数为 0.8% ~ 1.2%），具有相当好的耐磨性和抗压性，而心部较软，具有良好的韧性，故这类材料的弯曲强度、表面接触强度和承受冲击的能力均较好，可锻性和可加工性较好。其主要缺点是热处理成本高；表面硬化层以下的基底较软，在承受很大压力时可能产生塑性变形；如果渗透层与心部的碳含量相差过多，会引起表面硬化层剥落。

为改善新齿轮的磨合，防止其在运行初期出现早期的磨损、擦伤、胶合或咬死，锥齿轮在热处理及精加工后，进行厚度为 0.005 ~ 0.020mm 的磷化处理或镀铜、镀锡处理。对齿面进行应力喷丸处理，可提高齿轮寿命 25%。对于滑动速度高的齿轮，可进行渗硫处理以提高耐磨性。渗硫后摩擦因数可显著降低，即使润滑条件较差，也能防止齿面擦伤、咬死和胶合。

2.5.5　差速器设计

图 2-67 所示为一辆 4×4 两轴汽车正在转向行驶。可以看出，在汽车转向时，外前轮、

外后轮运动轨迹的直径 $D_{f,o}$、$D_{r,o}$ 分别大于内前轮、内后轮的直径 $D_{f,i}$、$D_{r,i}$。这表明为了能够在良好路面上顺利进行转向行驶（防止车轮滑磨），需要在驱动桥的左、右轮之间设置差速器，称为轮间差速器。轮间差速器允许同桥上的左、右车轮以不同转速转动，同时向它们适当分配转矩。

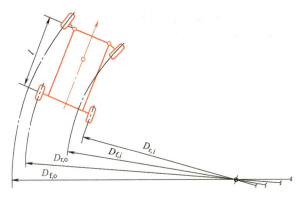

图 2-67 两轴汽车转向行驶示意图

从图 2-67 中还可以看出，在汽车转向时，前桥两个车轮的运动轨迹的平均直径 $(D_{f,o}+D_{f,i})/2$ 大于后桥两个车轮的平均直径 $(D_{r,o}+D_{r,i})/2$。因此，为了使具有多驱动桥的汽车能够在良好路面上顺利进行转向行驶（防止车轮滑磨），需要在前后驱动桥之间设置差速器，称为轴间差速器。轴间差速器允许不同桥以不同转速转动，同时向它们适当分配转矩。

1. 普通锥齿轮差速器

普通（对称）锥齿轮差速器结构简单、工作平稳、可靠，广泛应用于一般使用条件的汽车驱动桥上。图 2-68 所示为普通（对称）锥齿轮差速器的运动、受力分析图。设主减速器从动齿轮的转矩为 T_0，角速度为 ω_0（T_0、ω_0 也就是差速器壳的转矩、角速度）；左半轴的角速度为 ω_1，转矩为 T_1，半轴齿轮分度圆半径为 r；右半轴的角速度为 ω_2，转矩为 T_2，半轴齿轮分度圆半径也为 r；行星齿轮相对于差速器壳的角速度为 ω_3，行星齿轮分度圆半径为 r'，T_r 是差速器中各处（行星齿轮背面与差速器壳表面之间、行星齿轮轴承、相啮合的轮齿处、半轴齿轮背面与差速器壳之间、半轴齿轮轴承等处）对这种相对转动的当量阻力转矩。由图 2-68 中的运动、受力分析，可以得到

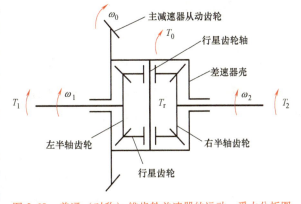

图 2-68 普通（对称）锥齿轮差速器的运动、受力分析图

$$v_1 = \omega_1 r \tag{2-78}$$

$$v_2 = \omega_2 r \tag{2-79}$$

$$v_1 = \omega_0 r + \omega_3 r' \tag{2-80}$$

$$v_2 = \omega_0 r - \omega_3 r' \tag{2-81}$$

式（2-80）与式（2-81）相加，得

$$v_1 + v_2 = 2\omega_0 r \tag{2-82}$$

把式（2-78）和式（2-79）代入式（2-82），得到

$$\omega_1 r + \omega_2 r = 2\omega_0 r \tag{2-83}$$

即

$$\omega_1 + \omega_2 = 2\omega_0 \tag{2-84}$$

在图 2-68 所示行星齿轮的运动、受力分析图中，假设差速器壳受到的转矩 T_0 都传给了行星齿轮，则其中心受力 F 为

$$F = \frac{T_0}{r} \tag{2-85}$$

设 F_1、F_2 分别为左、右半轴齿轮在啮合点对行星齿轮的力，忽略各个零件的质量，则有如下关系：

$$F = F_1 + F_2 \tag{2-86}$$

$$F_1 r' + T_r = F_2 r' \tag{2-87}$$

把式（2-86）两边乘以 r，得

$$Fr = F_1 r + F_2 r = T_1 + T_2 \tag{2-88}$$

式中，$T_1 = F_1 r$，$T_2 = F_2 r$ 分别为差速器传到左、右半轴上的转矩。

把式（2-85）代入式（2-88），得

$$T_0 = T_1 + T_2 \tag{2-89}$$

由式（2-87）可得 $F_2 - F_1 = \dfrac{T_r}{r'}$，两边乘以 r，得

$$F_2 r - F_1 r = \frac{T_r}{r'} r \tag{2-90}$$

将 T_1、T_2 代入式（2-90），得

$$T_2 - T_1 = T_f \tag{2-91}$$

式中，$T_f = \dfrac{T_r}{r'} r$，为在差速器内部相对运动的当量摩擦力矩。

式（2-91）中，T_1、T_2 都是半轴所受到的转矩，所以 T_f 可以认为是把差速器内的所有摩擦等效到两个半轴上的总摩擦力矩。

由式（2-90）和式（2-91）可得

$$\begin{cases} 2T_1 = T_0 - T_f \\ 2T_2 = T_0 - T_f \end{cases} \tag{2-92}$$

设差速器锁紧系数 $k = T_f / T_0$，代入式（2-92），得

$$\begin{cases} T_1 = 0.5 T_0 (1-k) \\ T_2 = 0.5 T_0 (1+k) \end{cases} \tag{2-93}$$

定义半轴转矩比 $k_b = T_2 / T_1$，则有

$$k_b = \frac{1+k}{1-k}, \quad k = \frac{k_b + 1}{k_b - 1}$$

普通锥齿轮差速器的锁紧系数 k 一般为 $0.05 \sim 0.15$，两半轴的转矩比 k_b 为 $1.11 \sim 1.35$，这说明左、右半轴的转矩差别不大，故可以认为分配给两半轴的转矩大致相等，这样的分配比例对于在良好路面上行驶的汽车来说是合适的。当汽车越野行驶或在泥泞、冰雪路面上行驶，一侧驱动车轮与地面的附着系数很小时，尽管另一侧车轮与地面有良好的附着，其驱动转矩也不得不随附着系数小的一侧同样地减小，无法发挥潜在的牵引力，以致使汽车停驶。

为了充分利用左、右轮胎与地面之间的附着力，提高汽车通过性，就要设法增大传到具

有较大附着力的那侧车轮上的转矩，即要使 k 和 k_b 增大。现代汽车轮间高摩擦差速器的锁紧系数 k 一般为 $0.33 \sim 0.67$，半轴转矩比 k_b 可达 $2 \sim 5$。

2. 摩擦片式差速器

摩擦片式差速器是普通锥齿轮式差速器的变形。图 2-69 所示为摩擦片式差速器，其结构特点是：在半轴齿轮 7 与差速器壳 1 之间装上了摩擦片 2；两根行星齿轮轴相互垂直，且轴的两端制成 V 形面，与差速器壳孔上的 V 形面相配，而两根行星齿轮轴的 V 形面是反向安装的；每个半轴齿轮背面有压盘 3 和两组摩擦片 2，其中一组通过外花键与差速器壳相连，另外一组通过内花键与压盘相连，而压盘通过花键与半轴相连。

当传递转矩时，差速器壳通过斜面对行星齿轮轴产生沿行星齿轮轴线方向的轴向力，该轴向力推动行星齿轮使压盘将摩擦片压紧。当左、右半轴转速不等时，主、从动摩擦片间产生相对滑转，从而产生摩擦力矩。此摩擦力矩 T_r 与差速器所传递的转矩 T_0 成正比，可表示为

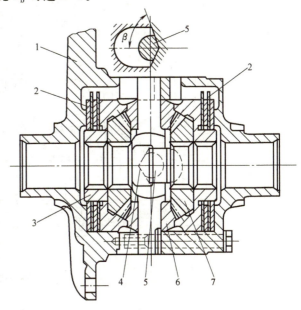

图 2-69　摩擦片式差速器

1—差速器壳　2—摩擦片　3—压盘　4—V 形面
5—行星齿轮轴　6—行星齿轮　7—半轴齿轮

$$T_r = \frac{T_0 r_f}{r_d} fz\tan\beta \qquad (2\text{-}94)$$

式中，r_f 为摩擦片平均摩擦半径；r_d 为差速器壳体 V 形面中点到半轴齿轮中心线的距离；f 为摩擦因数；z 为摩擦面数；β 为 V 形面的半角。

摩擦片式差速器的锁紧系数 k 可达 0.6，k_b 可达 4。这种差速器结构较简单，工作平稳，可明显提高汽车的通过性。

3. 强制锁止式差速器

强制锁止式差速器通常是在普通锥齿轮差速器的基础上设计的，即在原来普通锥齿轮差速器的基础上加一个差速锁。图 2-70 所示为一种强制锁止式差速器，差速锁分离时，就是普通锥齿轮差速器。当一个驱动轮处于附着系数较小的路面时，可通过液压或气动操纵机构使内、外接合器（即差速锁）啮合，此后左半轴与差速器壳相固结，差速器行星齿轮也固结，从而使右半轴齿轮也与差速器壳固结。这时，两根半轴固结成一根刚性轴，可以充分利用左、右车轮上的附着力，锁紧系数 k 可以达到 1，即可以把转矩 T_0 都传到一根半轴上，从而提高通过性。可以看出这种结构较简单，操纵方便，目前在重型货车越野车上应用比较广泛。

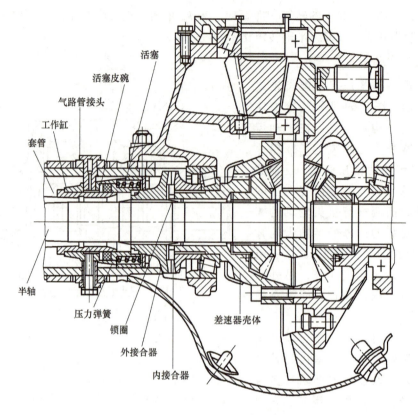

活塞

活塞皮碗

气路管接头

工作缸

套管

半轴

压力弹簧

锁圈

外接合器

内接合器

差速器壳体

图 2-70　强制锁止式差速器

拓展学习内容——托森差速器、牙嵌自由轮式差速器、滑块凸轮式差速器

扫一扫，直接在手机上打开

2.5.6　车轮传动装置设计

车轮传动装置位于传动系统末端，基本功用是接受从差速器传来的转矩，并将其传给车轮。在断开式驱动桥和转向驱动桥中，车轮传动装置的主要部件是万向传动装置。在非断开式驱动桥中，车轮传动装置的主要零件是半轴。在本小节中仅介绍半轴的设计。

1.　半轴结构形式分析

半轴按其车轮端的受力情况，可以分为半浮式、3/4 浮式和全浮式三种形式。

半浮式半轴的结构如图 2-71a 所示，其结构特点为半轴外端支承轴承位于半轴套管外端的内孔中，车轮装在半轴上。半浮式半轴除传递转矩外，其外端还承受由路面对车轮的反力所引起的全部力和力矩。半浮式半轴结构简单，所受载荷较大，只用在乘用车、轻型货车及轻型客车上。

3/4 浮式半轴的结构如图 2-71b 所示，其结构特点为半轴外端仅有一个轴承并装在驱动桥壳半轴套管的端部，直接支承车轮轮毂，而半轴则以其端部凸缘与轮毂用螺钉连接。该形式半轴的受载情况与半浮式半轴相似，只是载荷有所减小，一般仅用在乘用车和轻型货车上。

全浮式半轴的结构如图 2-71c 所示，其结构特点为半轴外端的凸缘用螺钉与轮毂相连，而轮毂又借用两个圆锥滚子轴承支承在驱动桥壳的半轴套管上。理论上来说，半轴只承受转矩，作用于驱动轮上的其他反力和弯矩全由桥壳来承受，但由于桥壳变形、轮毂与差速器半轴齿轮不同心、半轴法兰平面相对其轴线不垂直等因素，都会引起半轴的弯曲变形，由此引起的弯曲应力一般为 5~70MPa。全浮式半轴主要用在中、重型货车上。

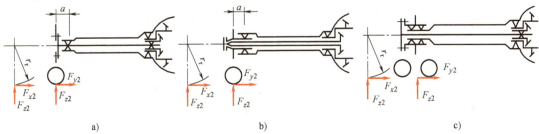

图 2-71　半轴结构形式简图及受力情况

a）半浮式　b）3/4 浮式　c）全浮式

2. 半轴计算

（1）全浮式半轴　全浮式半轴的计算载荷可按车轮附着力矩 M_φ（N·mm）计算，有

$$M_\varphi = \frac{1}{2} m_2' G_2 r_r \varphi \tag{2-95}$$

式中，G_2 为驱动桥的最大静载荷（N）；r_r 为车轮滚动半径（mm）；m_2' 为负荷转移系数；φ 为附着系数，计算时取 0.8。

则半轴的扭转切应力为

$$\tau = \frac{16 M_\varphi}{\pi d^3} \tag{2-96}$$

式中，τ 为半轴的扭转切应力（MPa）；d 为半轴直径（mm）。

半轴的扭转角为

$$\theta = \frac{M_\varphi l}{G I_p} \frac{180°}{\pi} \tag{2-97}$$

式中，θ 为扭转角（°）；l 为半轴长度（mm）；G 为材料的剪切弹性模量（MPa）；I_p 为半轴截面的极惯性矩（mm⁴），$I_p = \pi d^4 / 32$。

半轴的扭转切应力为 500~700MPa，转角宜为每米长度 6°~15°。

（2）半浮式半轴　半浮式半轴设计应考虑如下三种载荷工况。

1）纵向力 F_{x2} 最大，侧向力 F_{y2} 为 0。此时垂向力 $F_{z2} = m_2' G_2 / 2$，纵向力最大值 $F_{x2} = F_{z2} \varphi = m_2' G_2 \varphi / 2$，计算时 m_2' 可取 1.2，φ 取 0.8。

半轴的弯曲应力 σ 和扭转切应力 τ 为

$$
\begin{cases}
\sigma = \dfrac{32a\sqrt{F_{x2}^2 + F_{z2}^2}}{\pi d^3} \\[3mm]
\tau = \dfrac{16F_{x2}r_{\mathrm{r}}}{\pi d^3}
\end{cases}
\tag{2-98}
$$

式中，a 为轮毂支承轴承到车轮中心平面之间的距离，如图 2-71a 所示。

合应力 σ_{n} 为

$$
\sigma_{\mathrm{n}} = \sqrt{\sigma^2 + 4\tau^2}
\tag{2-99}
$$

2）侧向力 F_{y2} 最大，纵向力 $F_{x2} = 0$。此时意味着汽车发生侧滑，外轮上的垂直反力 F_{z2o} 和内轮上的垂直反力 F_{z2i} 分别为

$$
\begin{cases}
F_{z2o} = G_2\left(0.5 + \dfrac{h_{\mathrm{g}}}{B_2}\varphi_1\right) \\[3mm]
F_{z2i} = G_2 - F_{z2o}
\end{cases}
\tag{2-100}
$$

式中，h_{g} 为汽车质心高度（mm）；B_2 为轮距（mm）；φ_1 为侧滑附着系数，计算时取 1.0。

外轮上的侧向力 F_{y2o} 和内轮上的侧向力 F_{y2i} 分别为

$$
\begin{cases}
F_{y2o} = F_{z2o}\varphi_1 \\[2mm]
F_{y2i} = F_{z2i}\varphi_1
\end{cases}
\tag{2-101}
$$

内外轮上的总侧向力 F_{y2} 为 $G_2\varphi_1$。

则外轮半轴的弯曲应力 σ_{o} 和内轮半轴的弯曲应力 σ_{i} 分别为

$$
\begin{cases}
\sigma_{\mathrm{o}} = \dfrac{32(F_{y2o}r_{\mathrm{r}} - F_{z2o}a)}{\pi d^3} \\[3mm]
\sigma_{\mathrm{i}} = \dfrac{32(F_{y2i}r_{\mathrm{r}} + F_{z2i}a)}{\pi d^3}
\end{cases}
\tag{2-102}
$$

3）汽车通过不平路面，垂向力 F_{z2} 最大，纵向力 $F_{x2} = 0$，侧向力 $F_{y2} = 0$。此时垂向力最大值 F_{z2} 为

$$
F_{z2} = \frac{1}{2}kG_2
\tag{2-103}
$$

式中，k 为动载系数，乘用车取 1.75，货车取 2.0，越野车取 2.5。

半轴的弯曲应力 σ 为

$$
\sigma = \frac{32F_{z2}a}{\pi d^3} = \frac{16kG_2a}{\pi d^3}
\tag{2-104}
$$

半浮式半轴的许用合成应力为 600~750MPa。

（3）3/4 浮式半轴　3/4 浮式半轴计算与半浮式类似，只是半轴的危险断面不同，危险断面位于半轴与轮毂相配表面的内端。

半轴和半轴齿轮一般采用渐开线花键连接，对花键应进行挤压应力和键齿切应力验算。挤压应力不大于 200MPa，切应力不大于 73MPa。

3. 半轴结构设计

对半轴进行结构设计时，应注意以下事项：

1）全浮式半轴杆部直径可按下式初步选取，即

$$d = K\sqrt[3]{M_\varphi}$$

(2-105)

式中，d 为半轴杆部直径（mm）；M_φ 为半轴计算转矩（N·mm），按式（2-95）计算；K 为直径系数，取 0.205~0.218。

根据选出的 d，按前面的应力公式进行强度校核。

2）半轴的杆部直径应小于或等于半轴花键的底径，以便使半轴各部分基本达到等强度。

3）半轴的破坏形式大多是扭转疲劳损坏，在结构设计时应尽量增大各过渡部分的圆角半径，尤其是凸缘与杆部、花键与杆部的过渡部分，以减小应力集中。

4）杆部较粗且外端凸缘也较大时，可采用两端用花键连接的结构。

5）设计全浮式半轴杆部的强度应低于驱动桥其他传力零件的强度，使半轴起到"熔丝"的作用。半浮式半轴直接安装车轮，应视为保安件。

2.5.7 驱动桥壳设计

驱动桥壳的主要功用是支承汽车质量，承受由车轮传来的路面的反力和反力矩，并经悬架传给车架（或车身），此外，它也是主减速器、差速器、半轴的装配基体。

1. 驱动桥壳的设计要求

1）应具有足够的强度和刚度，以保证主减速器齿轮啮合正常并不使半轴产生附加弯曲应力。

2）在保证强度和刚度的前提下，尽量减小质量以提高汽车的行驶平顺性。

3）保证足够的离地间隙。

4）结构工艺性好，成本低。

5）保护装于其上的传动部件，防止泥水浸入。

6）拆装、调整、维修方便。

2. 驱动桥壳的结构形式

驱动桥壳大体上可分为可分式桥壳、整体式桥壳和组合式桥壳三种。

（1）**可分式桥壳** 可分式桥壳一般由两部分组成，它们通过螺栓连接成一体。每一部分都包括一个铸造壳体和一个压入其孔中的轴管，轴管与壳体用铆钉连接。图 2-72 所示为可分式驱动桥壳。这种桥壳的优点是制造工艺简单、主减速器轴承支承刚度好；缺点是拆装、调整维修很不方便，桥壳的强度和刚度受结构限制，曾用于轻型汽车上，目前很少采用这种结构。

（2）**整体式桥壳** 整体式桥壳的特点是整个桥壳是一根空心梁，桥壳和主减速器壳为两体。它具有强度和刚度较大，主减速器拆装、调整方便等优点。

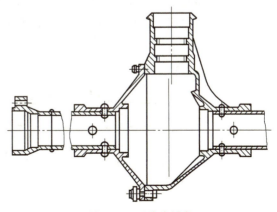

图 2-72 可分式桥壳

按制造工艺的不同，整体式桥壳可分为铸造式（图2-73a）、钢板冲压焊接式（图2-73b）和扩张成形式三种。铸造式桥壳的强度和刚度较大，但质量大，加工面多，制造工艺复杂，主要用于中、重型货车上。钢板冲压焊接式和扩张成形式桥壳质量小，材料利用率高，制造成本低，适于大量生产，广泛应用于乘用车和中、小型货车及部分重型货车上。

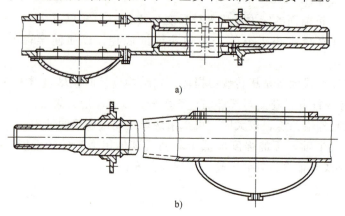

图 2-73　整体式桥壳

a）铸造式　b）钢板冲压焊接式

（3）组合式桥壳　组合式桥壳将主减速器壳与部分桥壳铸为一体，而后用无缝钢管分别压入壳体两端，两者间通过塞焊或销钉固定，其结构如图 2-74 所示。它的优点是从动齿轮轴承的支承刚度较高，主减速器的装配、调整比可分式桥壳方便，但加工精度要求高，常用于乘用车、轻型货车上。

3. 驱动桥壳的强度计算

对于具有全浮式半轴的驱动桥，桥壳上强度计算的载荷工况与半轴强

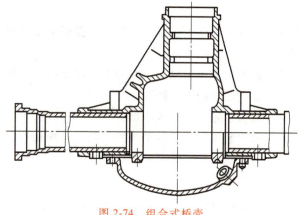

图 2-74　组合式桥壳

度计算的三种载荷工况相同。图 2-75 所示为驱动桥壳的受力分析图，桥壳的危险断面通常在钢板弹簧座内侧附近，桥壳端部的轮毂轴承座根部也应列为危险断面进行强度验算。

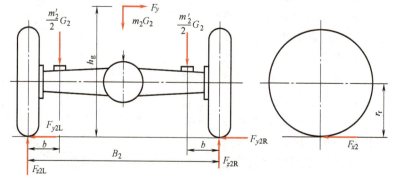

图 2-75　驱动桥壳的受力分析图

1）当牵引力或制动力最大时，桥壳钢板弹簧座处危险断面的弯曲应力 σ 和扭转切应力 τ 分别为

$$\begin{cases} \sigma = \dfrac{M_\mathrm{v}}{W_\mathrm{v}} + \dfrac{M_\mathrm{h}}{W_\mathrm{h}} \\[2mm] \tau = \dfrac{T_\mathrm{T}}{W_\mathrm{T}} \end{cases} \tag{2-106}$$

式中，M_v 为地面对车轮垂向反力在危险断面引起的垂向平面内的弯矩，$M_\mathrm{v} = m_2' G_2 b/2$，$b$ 为轮胎中心平面到板簧座之间的横向距离，如图 2-75 所示；M_h 为一侧车轮上的牵引力或制动力 F_{x2} 在水平面内引起的弯矩，$M_\mathrm{h} = F_{x2} b$；T_T 为牵引或制动时，上述危险断面所受转矩，$T_\mathrm{T} = F_{x2} r_\mathrm{r}$；$W_\mathrm{v}$、$W_\mathrm{h}$、$W_\mathrm{T}$ 分别为危险断面处的竖直平面和水平面弯曲的抗弯截面系数及抗扭截面系数。

2）当侧向力最大时，桥壳内、外板簧座处断面的弯曲应力 σ_i、σ_o 分别为

$$\begin{cases} \sigma_\mathrm{i} = \dfrac{F_{z2\mathrm{i}}(b+\varphi_1 r_\mathrm{r})}{W_\mathrm{v}} \\[2mm] \sigma_\mathrm{o} = \dfrac{F_{z2\mathrm{o}}(b-\varphi_1 r_\mathrm{r})}{W_\mathrm{v}} \end{cases} \tag{2-107}$$

式中，$F_{z2\mathrm{i}}$、$F_{z2\mathrm{o}}$ 分别为内、外侧车轮的地面垂向反力；r_r 为车轮滚动半径；φ_1 为侧滑时的附着系数。

3）当汽车通过不平路面时，危险断面的弯曲应力 σ 为

$$\sigma = \frac{k G_2 b}{2 W_\mathrm{v}} \tag{2-108}$$

桥壳的许用弯曲应力为 $300 \sim 500\mathrm{MPa}$，许用扭转切应力为 $150 \sim 400\mathrm{MPa}$。铸造式桥壳取较小值，钢板冲压焊接式桥壳取最大值。

2.6 传动系统现代设计方法

2.6.1　膜片弹簧离合器基本参数的优化设计

设计离合器要确定离合器的性能参数和尺寸参数，这些参数的变化直接影响离合器的工作性能和结构尺寸。传统的设计方法是先参考同类车型按照经验进行初选，然后进行校核。本小节采用优化设计的方法来确定这些参数。

1. 设计变量

后备系数 β 取决于离合器工作压力 F 和离合器的主要尺寸参数 D 和 d。单位压力 p_0 也取决于 F、尺寸参数 D 和 d。因此，离合器基本参数的优化设计变量可以选为

$$\boldsymbol{X} = \begin{bmatrix} x_1 & x_2 & x_3 \end{bmatrix}^\mathrm{T} = \begin{bmatrix} F & D & d \end{bmatrix}^\mathrm{T}$$

2. 目标函数

离合器基本参数优化设计追求的目标，是在保证离合器性能要求的条件下使其结构尺寸尽可能小，即目标函数为

$$f(x) = \min\left[\frac{\pi}{4}(D^2 - d^2)\right]$$

3. 约束条件

1）摩擦片外径 $D(\mathrm{mm})$ 的选取应使最大圆周速度 $v_D(\mathrm{m/s})$ 不超过 70m/s，即

$$v_D = \frac{\pi}{60} n_{\mathrm{emax}} D \times 10^{-3} \leqslant 70\mathrm{m/s}$$

式中，n_{emax} 为发动机最高转速（r/min）。

2）摩擦片的内、外径比 c 应在 0.53~0.70 范围内，即

$$0.53 \leqslant c \leqslant 0.70$$

3）为了保证离合器可靠地传递发动机的转矩，并防止传动系统过载，不同车型的后备系数 β 应在一定范围内，最大范围为 1.2~4.0，即

$$1.2 \leqslant \beta \leqslant 4.0$$

4）为了保证扭转减振器的安装，摩擦片内径 d 必须大于减振器弹簧位置直径 $2R_0$ 约 50mm，即

$$d > 2R_0 + 50\mathrm{mm}$$

5）为反映离合器传递的转矩并保护过载的能力，单位摩擦面积传递的转矩应小于其许用值，即

$$T_{e0} = \frac{4T_e}{\pi Z(D^2 - d^2)} \leqslant [T_{e0}]$$

式中，T_{e0} 为单位摩擦面积传递的转矩（N·m/mm²）；$[T_{e0}]$ 为其允许值（N·m/mm²），按表 2-8 选取。

表 2-8　单位摩擦面积传递转矩的许用值

离合器规格 D/mm	≤210	>210~250	>250~325	>325
$[T_{e0}]/(10^{-2}\mathrm{N \cdot m/mm^2})$	0.28	0.30	0.35	0.40

6）为降低离合器滑磨时的热负荷，防止摩擦片损伤，对于不同车型，单位压力 p_0 根据所用的摩擦材料在一定范围内选取，p_0 的最大范围为 0.10~1.50MPa，即

$$0.10\mathrm{MPa} \leqslant p_0 \leqslant 1.50\mathrm{MPa}$$

7）为了减少汽车起步过程中离合器的滑磨，防止摩擦片表面温度过高而发生烧伤，离合器每一次接合的单位摩擦面积滑磨功应小于其许用值，即

$$w = \frac{4W}{\pi Z(D^2 - d^2)} \leqslant [w]$$

式中，w 为单位面积的滑磨功（J/mm²）；$[w]$ 为其许用值（J/mm²），对于乘用车，$[w] = 0.40\mathrm{J/mm^2}$，对于最大总质量小于 6.0t 的商用车，$[w] = 0.33\mathrm{J/mm^2}$，对于最大总质量大于 6.0t 的商用车，$[w] = 0.3325\mathrm{J/mm^2}$；$W$ 为汽车起步时离合器接合一次所产生的总滑磨功（J）。

总滑磨功可根据下式计算：

$$W = \frac{\pi^2 n_e^2}{1800} \frac{m_a r_r^2}{i_0^2 i_g^2}$$

式中，m_a 为汽车总质量（kg）；r_r 为轮胎滚动半径（m）；i_g 为汽车起步时所用变速器档位的传动比；i_0 为主减速器传动比；n_e 为发动机转速（r/min），计算时乘用车取 2000r/min，商用车取 1500r/min。

4. 数学模型的求解

利用此模型对某汽车用膜片弹簧离合器进行优化设计，优化前后的结构尺寸见表 2-9。可以看出，优化后的摩擦片外径 D 和内径 d 都明显减小，离合器的整体结构尺寸可以减小，离合器的工作压力增加，表明离合器性能得到了提高，材料得到了充分利用。

表 2-9 某膜片弹簧离合器基本参数优化结果

	工作压力 F/N	摩擦片外径 D/mm	摩擦片内径 d/mm
优化前	4017	280	160
优化后	5637.6	212.9	149

2.6.2 半轴可靠性设计

在汽车设计中，可靠性已经成为比较重要的技术指标之一。对于产品设计，需考虑各参量的统计分散性，进行随机不确定性分析，真实正确地反映产品的强度与受载情况。

1. 可靠度计算

对于全浮式半轴来说，所受的扭转切应力 τ(MPa) 为

$$\tau = \frac{16T}{\pi d^3}$$

式中，T 为半轴所传递的转矩（N·mm）；d 为半轴的直径（mm）。

根据二阶矩技术，以应力极限状态表示的状态方程为

$$g(X) = r - \frac{16T}{\pi d^3}$$

式中，r 为半轴材料的扭转强度；X 为随机变量矢量，$X = \begin{bmatrix} r & T & d \end{bmatrix}^T$。

设基本随机变量矢量 X 的均值 $E(X) = \begin{bmatrix} \mu_r & \mu_T & \mu_d \end{bmatrix}^T$，方差 $D(X) = \begin{bmatrix} \sigma_r^2 & 0 & 0 & 0 \\ \sigma_T^2 & 0 & 0 & 0 & \sigma_d^2 \end{bmatrix}^T$，且认为这些随机变量是服从正态分布的互相独立的随机变量。$g(X)$ 是反映半轴状态和性能的状态函数，可表示半轴的两种状态：

$$\begin{cases} g(X) \leqslant 0 & \text{失败状态} \\ g(X) > 0 & \text{安全状态} \end{cases}$$

将 $g(X)$ 在均值 $E(X) = \overline{X}$ 处展开成二级泰勒级数，可得到 $g(X)$ 的二阶近似均值 μ_g 和一阶近似方差 σ_g^2 为

$$\begin{cases} \mu_g = E[g(X)] = g(\overline{X}) + \dfrac{1}{2} \dfrac{\partial^2 g(\overline{X})}{\partial X^{T^2}} D(X) \\ \\ \sigma_g^2 = D[g(X)] = \dfrac{\partial g(\overline{X})}{\partial X^T} D(X) \end{cases} \tag{2-109}$$

不论 $g(X)$ 服从何种分布，可靠性指标定义为

$$\beta = \frac{\mu_g}{\sigma_g}$$

可靠度的一阶估计量为

$$R = \varphi(\beta)$$

式中，$\varphi(\beta)$ 为标准正态分布函数。

2. 可靠性设计

给定半轴可靠度 R，查表得可靠性指标 β，由式（2-109）经推导整理得

$$(\mu_r^2 - \beta^2 \sigma_r^2)\mu_d^6 - 2\mu_r A\mu_d^3 + A^2 - \beta^2 B = 0 \tag{2-110}$$

式中，$A = \dfrac{16\sigma_\tau}{\pi} + \dfrac{96\mu_\tau}{\pi} \times 0.005^2$；$B = \dfrac{256\sigma_\tau^2}{\pi^2} + \dfrac{230\mu_\tau^2}{\pi^2} \times 0.005^2$。

根据加工误差和 3σ 法则，取半轴直径标准差 σ_d 为半轴直径均值 $\mu_d 0.5\%$，求解式（2-110）即可求得半轴最小直径的均值 μ_d 和标准差 σ_d。

2.6.3 驱动桥壳轻量化设计

本小节以某型货车驱动桥壳设计为例，学习利用 ANSYS 有限元分析软件进行轻量化设计的 CAE 方法。

1. 驱动桥壳几何模型

建立驱动桥壳的几何模型时，根据驱动桥壳的结构和工作特点，在保持其力学性能不变的前提下，对桥壳结构进行以下简化：

1）尽量避免桥壳形状太过不规则，以利于有限元模型建立过程中提取中截面，便于网格划分。

2）忽略掉加油口、放油口、固定油管和导线的金属卡、桥壳中部的开口槽、板簧座处的中心孔等几何特征。

3）简化了容易引起截面突变的部分，如忽略了半轴套管的台阶，将半轴套管视为等直径的套管，忽略掉桥壳两端轴承座处的台阶。

4）将一些不等厚的结构假设成等厚度的，以便于中截面的定位。

本小节所研究的驱动桥壳为左右对称整体式，实体简化后由桥壳主体、板簧底座、半轴套管法兰和半轴套管组成。所建立的 H457 型驱动桥壳几何模型如图 2-76 所示。

图 2-76 H457 型驱动桥壳几何模型

2. 驱动桥壳有限元模型

驱动桥壳的几何模型建立完成之后，将该几何模型导入 ANSYS12.0 软件中来建立驱动

桥壳的有限元模型。完成有限元分析的前处理部分，即确定网格类型和材料特性，用有限元网格划分过后的离散体来代替实体结构，为后面过程的顺利进行建立基础。所建立的 H457 驱动桥壳有限元模型如图 2-77 所示。

图 2-77 H457 型驱动桥壳有限元模型（见彩插）

3. 驱动桥壳结构强度分析

本小节均采用在驱动桥壳钢板弹簧座处进行约束，在两端半轴套筒上轮距处施加载荷的方式来对驱动桥壳进行静力学分析。

典型四工况下驱动桥壳静力分析边界条件见表 2-10。

表 2-10 典型四工况下驱动桥壳静力分析边界条件

工况	最大垂向力工况	最大牵引力工况	最大制动力工况	最大侧向力工况
边界条件	约束左侧板簧座处 Y、Z 方向平动和绕 X 轴转动 约束右侧板簧座处 X、Y、Z 方向平动和绕 X 轴转动	约束左侧板簧座处 Y、Z 方向平动和绕 X 轴转动 约束右侧板簧座处 X、Y、Z 方向平动和绕 X 轴转动	约束左侧板簧座处 Y、Z 方向平动和绕 X 轴转动 约束右侧板簧座处 X、Y、Z 方向平动和绕 X 轴转动	约束左侧板簧座处 X、Y 方向平动和绕 X 轴转动 约束右侧板簧座处 X、Y、Z 方向平动和绕 X 轴转动

进一步分析驱动桥壳在四工况下所受载荷情况。

1）在最大垂向力工况下驱动桥壳受载荷情况：已知两端半轴套筒轮距处同时受沿 Z 轴正方向的最大垂向反力，大小为 76164.0N。

2）在最大牵引力工况下驱动桥壳受载荷情况：

① 两端半轴套筒轮距处同时受沿 Y 轴正方向的最大牵引力反力，大小为 18548.1N。

② 两端半轴套筒轮距处所受的沿 Z 轴正方向的垂向反力为

$$F_{z1} = F_{z2} = \frac{F_轴 m_1}{4} = 36558.9\text{N}$$

式中，m_1 为车辆突然加速时的质量转移系数，这里取 1.2。

③ 两端半轴套筒轮距处所受的绕 X 轴顺时针方向的最大牵引力反力对驱动桥壳产生的转矩为

$$M_1 = F_Y r = 10201.6\text{N} \cdot \text{m}$$

3）在最大制动力工况下驱动桥壳受载荷情况：

① 两端半轴套筒轮距处同时受沿 Y 轴反方向的最大制动力反力，大小为 18279.0N。

② 两端半轴套筒轮距处所受的沿 Z 轴正方向的垂向反力为

$$F_{z1} = F_{z2} = \frac{F_轴 m_1}{4} = 22849.3\text{N}$$

③ 两端半轴套筒轮距处所受的绕 X 轴逆时针方向的最大制动力反力对驱动桥壳产生的转矩为

$$M_2 = F_X r = 10053.5 \text{N} \cdot \text{m}$$

4）在最大侧向力工况下驱动桥壳受载荷情况：

① 假设车辆向左急转弯，仅在左侧半轴套筒轮距处受沿 X 轴正方向的最大侧向力反力，大小为 60931.5N。

② 两端半轴套筒轮距处所受的沿 Z 轴正方向的垂向反力为

$$F_z = \frac{F_轴}{2} = 60931.5 \text{N}$$

③ 两端半轴套筒轮距处所受的绕 X 轴逆时针方向的最大侧向力反力对驱动桥壳产生的转矩为

$$M_3 = F_侧 r = 33512.3 \text{N} \cdot \text{m}$$

对有限元模型施加最大垂向力工况下的约束和载荷，并通过 ANSYS 求解器求解，得到最大垂向力工况下的等效应力图和变形图，如图 2-78 和图 2-79 所示。

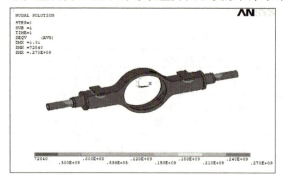

图 2-78　最大垂向力工况下桥壳等效应力图（见彩插）

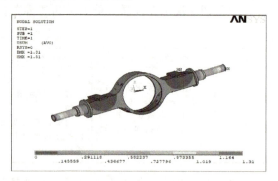

图 2-79　最大垂向力工况下桥壳变形图（见彩插）

由图 2-78 可知，驱动桥壳的应力分布较为平均，没有出现明显的应力波动，在两端半轴套管台阶处、左右钢板弹簧座处以及中间圆的下端应力较大，其中在轴头台阶处有最大应力，为 270MPa，该值仍然小于桥壳主体材料许用应力，则驱动桥壳的应力分布符合要求。

由图 2-79 可知，驱动桥壳半轴套管处变形较大，向中间圆处变形依次减小，其中中间圆下部和钢板弹簧座处的变形最小，两端半轴套管轴头处有最大变形，为 1.31mm，依据 QC/T 533—2020《商用车驱动桥总成》中的规定载货汽车在满载状态下，每米轮距的最大变形量不超过 1.5mm，该桥壳的最大每米变形量为 0.73mm，则驱动桥壳的变形分布符合要求。

对有限元模型施加最大牵引力工况下的约束和载荷，并通过 ANSYS 求解器求解，得到最大牵引力工况下的等效应力图和变形图，如图 2-80 和图 2-81 所示。

由图 2-80 可知，驱动桥壳的应力分布较为平均，没有出现明显的应力波动，在两端半轴套管和左右钢板弹簧座处应力较大，其中在钢板弹簧座处有最大应力，为 198MPa，该值仍然小于桥壳材料许用应力，则驱动桥壳的应力分布符合要求。

由图 2-81 可知，驱动桥壳半轴套管处变形较大，向中间圆处变形依次减小，其中中间

圆下部和钢板弹簧座处的变形最小，两端半轴套管轴头处有最大变形，为 1.298mm，该桥壳的最大每米变形量为 0.72mm，小于规定值 1.5mm，则驱动桥壳的变形分布符合要求。

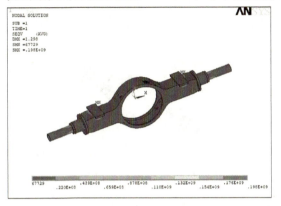

图 2-80　最大牵引力工况下桥壳等
效应力图（见彩插）

图 2-81　最大牵引力工况下桥壳
变形图（见彩插）

对有限元模型施加最大制动力工况下的约束和载荷，并通过 ANSYS 求解器求解，得到最大制动力工况下的等效应力图和变形图，如图 2-82 和图 2-83 所示。

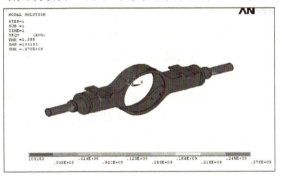

图 2-82　最大制动力工况下桥壳等
效应力图（见彩插）

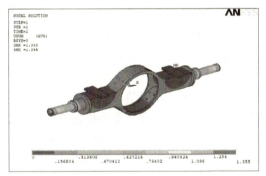

图 2-83　最大制动力工况下桥壳
变形图（见彩插）

由图 2-82 可知，驱动桥壳的应力分布较为平均，没有出现明显的应力波动，在两端半轴套管和左右钢板弹簧座处应力较大，其中在钢板弹簧座处有最大应力，为 276MPa，该值仍然小于桥壳材料许用应力，则驱动桥壳的应力分布符合要求。

由图 2-83 可知，驱动桥壳半轴套管处变形较大，向中间圆处变形依次减小，其中中间圆下部和钢板弹簧座处的变形最小，两端半轴套管轴头处有最大变形，为 1.355mm，该桥壳的最大每米变形量为 0.75mm，小于规定值 1.5mm，则驱动桥壳的变形分布符合要求。

对有限元模型施加最大侧向力工况下的约束和载荷，并通过 ANSYS 求解器求解，得到最大侧向力工况下的等效应力图和变形图，如图 2-84 和图 2-85 所示。

由图 2-84 可知，驱动桥壳的应力分布较为平均，没有出现明显的应力波动，在左侧半轴套管及钢板弹簧座处应力较大，其中在左侧钢板弹簧座处有最大应力，为 289MPa，该值仍然小于桥壳材料许用应力，则驱动桥壳的应力分布符合要求。

由图 2-85 可知，驱动桥壳左侧半轴套管变形较大，向中间圆处变形依次减小，右半部

分变形较小，左端半轴套管轴头处有最大变形，为 1.411mm，该桥壳的最大每米变形量为 0.78mm，小于规定值 1.5mm，则驱动桥壳的变形分布符合要求。

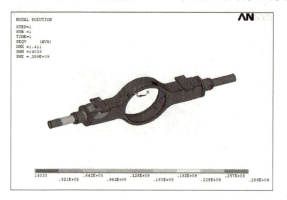

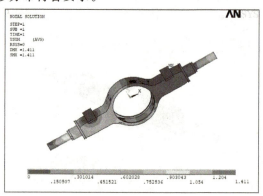

图 2-84　最大侧向力工况下桥壳等效
应力图（见彩插）

图 2-85　最大侧向力工况下桥壳
变形图（见彩插）

4. 驱动桥壳优化设计

通过对驱动桥壳的静力分析可知，最大应力发生在最大侧向力工况下，为 289MPa，该值远远小于桥壳材料许用应力，说明该驱动桥壳材料有盈余，符合对其进行轻量化设计的条件。为了减少材料的使用量，可以适当地减小桥壳厚度，根据经验和综合分析，计划将该驱动桥壳的厚度由 14mm 减至 13mm，然后对优化后的模型进行静力分析，验证其是否符合要求。

由于在驱动桥壳结构优化前最大应力和最大变形量均发生在最大侧向力工况下，所以优化后其最大应力和最大变形量也应发生在最大侧向力工况下，所以只对优化后模型进行最大侧向力工况的校验。将驱动桥壳几何模型厚度修改为 13mm，然后导入 ANSYS 中，添加最大侧向力下的约束和载荷，得到等效应力图和变形图，如图 2-86 和图 2-87 所示。

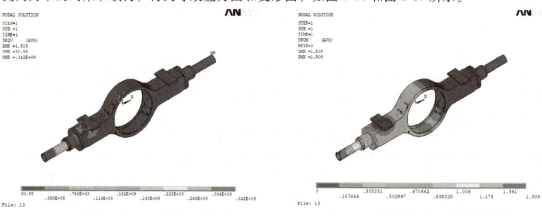

图 2-86　最大侧向力工况下优化桥壳等效
应力图（见彩插）

图 2-87　最大侧向力工况下优化桥壳
变形图（见彩插）

由图 2-86 可知，驱动桥壳结构优化后，驱动桥壳的应力仍然分布平均，没有出现明显的应力波动，在左侧钢板弹簧座处有最大应力，为 342MPa，该值仍然小于桥壳材料许用应力，则驱动桥壳的应力分布符合要求。

由图 2-87 可知，驱动桥壳结构优化后，变形趋势同优化前相比变化不大，仍为左侧半轴套管变形较大，向中间圆处变形依次减小，右半部分变形较小，左端半轴套管轴头处有最大变形，为 1.509mm。该桥壳的最大每米变形量为 0.84mm，小于规定值 1.5mm，则驱动桥壳的变形分布符合要求。

所以优化后的驱动桥壳不仅符合了各项要求，还减少了材料的使用量，提高了材料的使用率，达到了轻量化的目的。

2.6.4 汽车前悬架优化设计

本小节通过多体动力学仿真软件 ADAMS，建立轿车前悬架的数字化模型，并完成其运动学特性的仿真分析，在此基础上进行悬架系统的优化设计。

1. 悬架系统建模

基于优化设计过程，首先必须建立汽车悬架的模型，建模过程中假设：

1）各运动副均为刚性连接，内部间隙摩擦忽略不计。

2）轮胎为刚性体，在分析过程中会出现一定的误差。

3）悬架上下缓冲块简化为线性弹簧阻尼。

4）路面不平度用函数表达式表示。

本小节所用案例为某乘用车前双横臂独立悬架，悬架结构及相应硬点坐标如图 2-88 所示。悬架模型的主销长度为 330mm，主销内倾角为 10°，主销后倾角为 2.5°，上横臂长

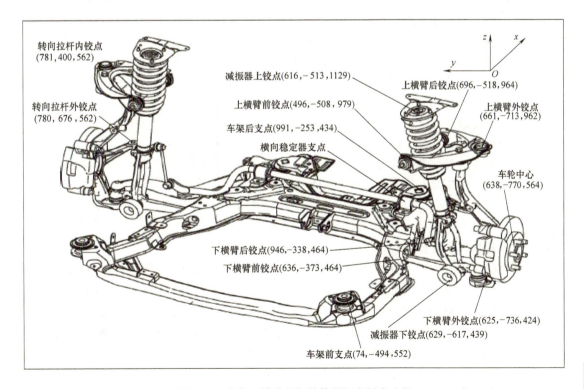

图 2-88 参考双横臂悬架结构及相应硬点坐标

350mm，上横臂在汽车横向平面的倾角为 110°，上横臂轴水平斜置角为 -50°，下横臂长 500mm，下横臂在汽车横向平面的倾角为 9.5°，下横臂轴水平斜置角为 10°，车轮前束角为 0.2°。

在本案例创建的前悬架模型中，包括主销（kingpin）、上横臂（UCA）、下横臂（LCA）、拉臂（pull-arm）、转向拉杆（tie-rod）、转向节（knuckle）、车轮（wheel）以及测试平台（test-patch）等物体，并且将前悬架的主销长度、主销内倾角、主销后倾角、上横臂长、上横臂在汽车横向平面的倾角、上横臂轴水平斜置角、下横臂长、下横臂在汽车横向平面的倾角和下横臂轴水平斜置角等参数设计为设计变量，通过优化这些设计变量以达到优化前悬架的目的。

利用悬架硬点坐标，先创建横拉杆、传动轴、减振器等零件，再创建各零部件之间的连接，成为悬架系统模型，添加约束及通信器之后，生成相应的子系统。建立好子系统模型之后，利用系统内部的悬架系统试验平台和转向系统，设置初始驱动条件和约束条件，建立悬架系统动力学仿真集成模型，如图 2-89 所示。

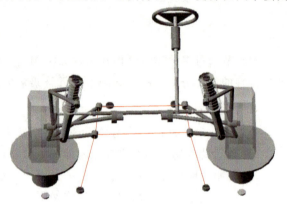

图 2-89　双横臂独立悬架动力学仿真集成模型

2. 双横臂悬架的运动仿真分析

在对所建好的悬架模型进行仿真分析前，应先对该悬架轮胎自由半径、轮胎垂向刚度、质心高度、簧上质量和轴距等相关仿真参数进行设定，具体设定参数如图 2-90 所示。

在 ADAMS/Car 模块中，系统提供了很多的仿真类型供用户选择，对于悬架而言，其典型的分析工况有双轮同向激振仿真试验、双轮反向激振仿真试验、单轮激振仿真试验等。本案例拟取外倾角、前束角、后倾角的变化范围和变化趋势，选择双轮同向激振仿真试验和双轮反向激振仿真试验进行分析和优化。

（1）外倾角　外倾角是重要的定位参数之一。车轮跳动时的外倾角变化对车辆的稳态响应特性等有很大影响，所以应尽量减少车轮相对车身跳动时的外倾角变化。为防止车轮出现过大的不足转向或过度转向趋势，一般希望车轮从满载位置起上下跳动在 40mm 的范围内，

图 2-90　悬架参数设定对话框

车轮外倾角变化在 1° 左右。外倾角过小，将不足以抵消当汽车满载时轮胎的内倾角度，从而无法发挥外倾角的作用，轮胎将会产生不同程度的偏磨损；外倾角过大，轮胎也会产生偏磨损。一般认为外倾角变化范围在 -2° ~ 0.5° 较为适宜。由图 2-91 可知，车轮同向跳动时，悬架外倾角曲线变化范围为 -1.9° ~ 1.1°，不符合要求；车轮反向跳动时，外倾角变化范围为 -1.80° ~ 1.1°，基本符合上述要求，但需进一步优化。

（2）前束角　前束角的主要作用是抵消外倾角带来的副作用，若前束角变化过大将会使轮胎的磨损加剧，故希望前束角变化应尽可能小，较适宜的前束角变化幅度为 0° ~ 0.5°。

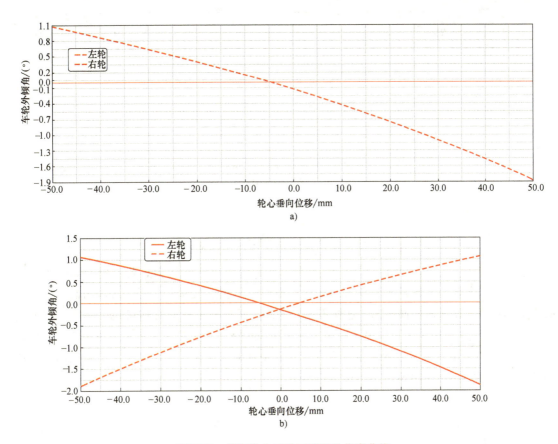

图 2-91　外倾角在两种工况下的仿真曲线

a）车轮同向跳动　b）车轮反向跳动

图 2-92 所示为前束角变化曲线。车轮同向跳动时的变化范围为 -2.25°~1.36°，变化幅度较大，不符合要求，需要进行优化；车轮反向跳动时，前束角变化范围为 3.42°~3.78°，幅度为 0.36°，基本符合要求，但需进一步优化。

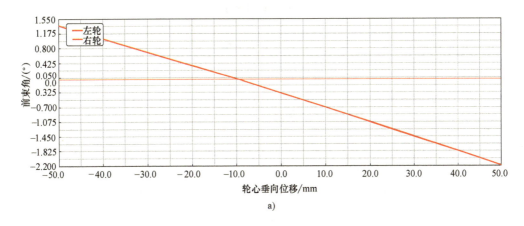

图 2-92　前束角在两种工况下的仿真曲线

a）车轮同向跳动

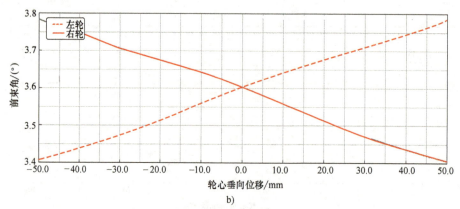

图 2-92　前束角在两种工况下的仿真曲线（续）

b）车轮反向跳动

（3）后倾角　主销后倾角对转向时的车轮外倾角变化影响较大。若主销后倾角设计较大，则外侧转向轮的外倾角会向负方向变化。当前轮主销后倾角较大时，需增加前轮转向所必需的横向力，以抵消外倾推力，这样不仅转向弱，而且最大横向加速度也会增大，后倾角过小将不能产生合适的稳定力矩，一般认为合理的主销后倾角为 $2° \sim 3°$。由图 2-93 可知，该双横臂悬架主销后倾角的变化范围在同向车轮跳动时为 $3.45° \sim 3.72°$，在车轮反向跳动时为 $2.30° \sim 3.55°$，角度均偏大，不符合要求。

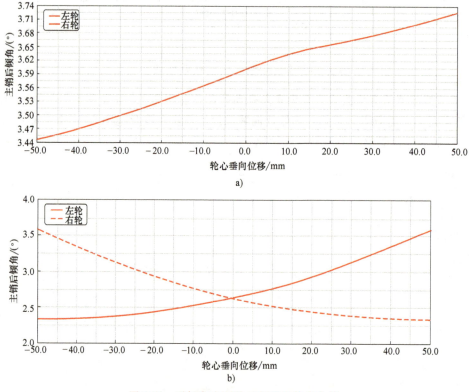

图 2-93　后倾角在两种工况下的仿真曲线

a）车轮同向跳动　b）车轮反向跳动

3. 双横臂前悬架优化设计

硬点坐标的变化会改变悬架中各个零件之间的相对位置，继而影响悬架的性能，故将对各硬点坐标进行反复的修改，再对修改后的模型进行仿真分析，以得出修改后各定位参数的变化范围和变化趋势，若不符合要求，则继续对硬点参数进行修改，再次进行分析。经反复修改后，从中选出使得定位参数最符合要求的一组硬点坐标。

在 ADAMS/Insight 模块中，选取麦弗逊式悬架系统的 9 个关键点作为设计变量，对包括下控制臂前支点（lcafront）、下控制臂外支点（lcaouter）、转向横拉杆内支点（tierodinner）、转向横拉杆外支点（tierodouter）等 4 个硬点的 12 个坐标值进行优化分析。优化前后双横臂悬架系统各主要硬点的空间坐标参数对比见表 2-11。

表 2-11 双横臂悬架硬点坐标优化前后对比

ADMAS 硬点坐标名	三 维 坐 标	
	优化前	优化后
lca front	636, −373, 464	650, −400, 470
lca outer	625, −736, 424	630, −750, 430
lca rear	946, −338, 464	940, −330, 460
tierod inner	781, −400, 562	775, −405, 560
tierod outer	780, −676, 562	775, −670, 560
uca front	495, −508, 979	495, −508, 980
uca outer	661, −713, 962	661, −713, 1000

优化前后的定位参数变化总结对比如下。

（1）外倾角优化结果对比 图 2-94 所示为优化前后车轮外倾角变化对比曲线。可以看出，经优化后，在车轮同向跳动时，外倾角的变化范围由原来的 −1.9° ~ 1.1° 变为现在的 −0.85° ~ 0°；在车轮反向跳动时，其变化范围由原来的 −1.80° ~ 1.1° 变为 −1.0° ~ 0°，均符合要求，达到了优化的目的。

（2）前束角优化结果对比 图 2-95 所示为优化前后前轮前束角的变化对比曲线。可以看出，车轮同向跳动时，前束角变化范围由原来的 −2.25° ~ 1.36° 变为现在的更接近 0°；车轮反向跳动时，前束角变化范围由原来的 −2.3° ~ 1.5° 变为现在的 −1.6° ~ 0.6°，符合设计要求，达到了优化的目的。

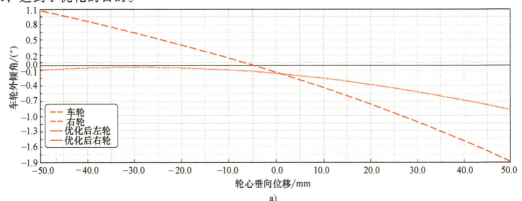

a)

图 2-94 外倾角优化前后对比曲线

a）车轮同向跳动

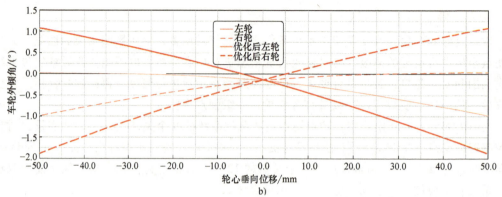

图 2-94　外倾角优化前后对比曲线（续）

b）车轮反向跳动

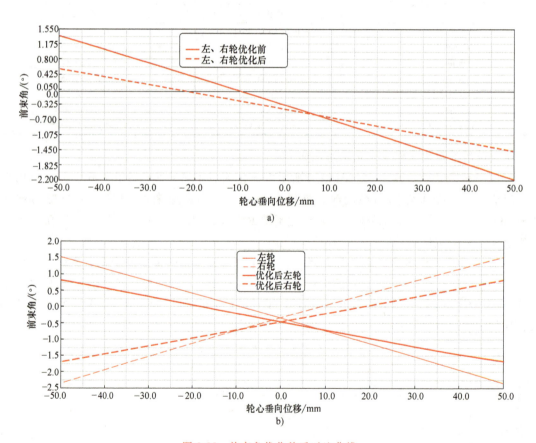

图 2-95　前束角优化前后对比曲线

a）车轮同向跳动　b）车轮反向跳动

（3）后倾角优化结果对比　图 2-96 所示为优化前后车轮后倾角的变化。可以看出，经优化后，在车轮同向跳动工况下，后倾角的变化范围由原来的 3.45°～3.69°变为 2.94°～3.05°；在车轮反向跳动工况下，后倾角的变化范围由原来的 3.4°～3.8°变为现在的 2.9°～3.05°，变化更为平缓，达到了优化的目的。

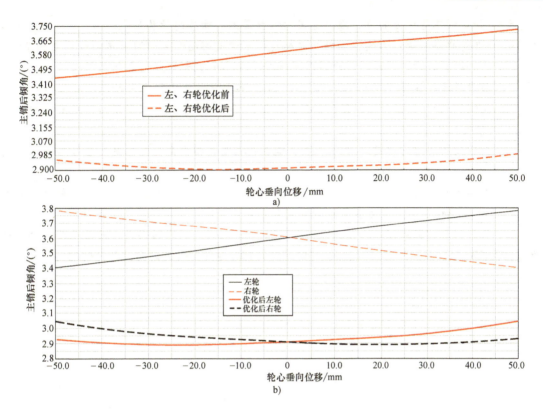

图 2-96　后倾角优化前后对比曲线

a）车轮同向跳动　b）车轮反向跳动

思考题

1. 何谓离合器的后备系数？影响其取值大小的因素有哪些？

2. 膜片弹簧的弹性特性有何特点？影响其弹性特性的主要因素有哪些？其工作点最佳位置如何确定？

3. 设计离合器和离合器的操纵机构时，各自应该满足哪些设计要求？

4. 为了保证离合器良好的通风散热能力，从结构上可以采取哪些措施？

5. 为什么中间轴式变速器中间轴上齿轮的螺旋方向一律要求取为右旋，而第一轴、第二轴上斜齿轮的螺旋方向取为左旋？

6. 试设计一个用于货车的五档中间轴式变速器的传动方案，其最高档为直接档，第一档和倒档采用滑动直齿轮换档方式，其他档位采用同步器。

1）说明布置各个档位的考虑因素。

2）试指明各个斜齿轮的旋向并说明原因。

3）发动机最大转矩为 700N·m，一档传动比为 6.2，试初选中心距和变速器壳体尺寸。

4）可以通过什么方式配凑各对齿轮的中心距？

7. 图 2-20a 所示为一种变速器倒档的布置方案，这种方案结构简单，但是中间传动齿轮的轮齿是在最不利的正负交替变化的弯曲应力下工作的，试解释这种现象。

8. 举例说明不等速万向节、准等速万向节和等速万向节的结构形式。

9. 什么是临界转速？影响传动轴临界转速的因素有哪些？如何避免传动轴产生共振？

10. 十字轴式万向节传动时，所连接的两轴夹角不宜过大的原因是什么？

11. 驱动桥主减速器有哪几种结构形式？简述各种结构形式的主要特点及其应用。

12. 主减速器中，主、从动锥齿轮的齿数应当如何选择才能保证具有合理的传动特性和满足结构布置上的要求？

13. 对驱动桥壳进行强度计算时，图示其受力状况并指出危险断面的位置，验算工况有几种？各工况下强度验算的特点是什么？

14. 汽车为典型前置后驱布置方案时，驱动桥采用单级主减速器，且从动齿轮布置在左侧。如果将其移到右侧，传动系统的其他部分需要如何变动才能够满足使用要求？

15. 设计前置前驱乘用车，发动机纵置，请选择机械式变速器形式，如果采用双曲面齿锥齿轮主减速器，试画出其传动简图，画出各个齿轮的轮齿螺旋方向，并说明理由。

第3章　行驶系统设计

本章主要介绍行驶系统中悬架设计、车架设计、车轮及轮胎的选择等内容，主要学习悬架系统的设计要求、独立悬架导向机构的设计、弹性元件的设计等内容。

【学习目标】

➤ 掌握悬架的设计要求。
➤ 能够对独立悬架及非独立悬架的结构方案进行对比分析。
➤ 能够对悬架弹性元件进行设计。
➤ 能够根据行驶系统的性能要求，选择车轮及轮胎等总成。

3.1　行驶系统概述

汽车行驶系统的作用是：接受由发动机经传动系统传来的转矩，并通过驱动轮与路面间的附着作用，产生路面对驱动轮的驱动力，以保证汽车正常行驶；传递并承受路面作用于车轮上的各向反力及其所形成的力矩；尽可能缓和不平路面对车身造成的冲击，并衰减其振动，以保证汽车的行驶平顺性；与汽车转向系统协调配合工作，实现对汽车行驶方向的正确控制，以保证汽车的操纵稳定性。

轮式汽车行驶系统一般由车架、悬架、车桥和车轮及轮胎等组成。

3.2　悬架设计

3.2.1　悬架的设计要求

悬架是车架与车桥之间连接及传力装置的总称，它把车架（或车身）与车轴（或车轮）弹性地连接起来。其主要任务是：传递作用在车轮和车架（或车身）之间的一切力和力矩，

并且缓和路面传给车架（或车身）的冲击载荷，衰减由此引起的承载系统的振动，保证汽车的行驶平顺性；保证车轮在路面不平和载荷变化时有理想的运动特性，保证汽车的操纵稳定性。

典型的汽车悬架由弹性元件、导向装置、减振器、缓冲块和横向稳定器等组成，如图 3-1 所示。

导向装置由导向杆系组成，用来决定车轮相对于车架（或车身）的运动特性，并传递除弹性元件传递的垂向力以外的各种力和力矩。当悬架采用纵置钢板弹簧作为弹性元件时，它兼起导向装置的作用。缓冲块用来减轻车轴对车架（或车身）的直接冲撞，防止弹性元件产生过大的变形。装有横向稳定器的汽车，能减小转弯行驶时车身的侧倾角和横向角振动。

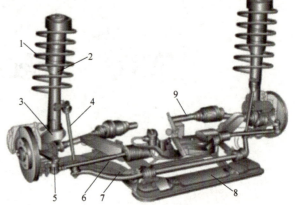

图 3-1　汽车悬架的基本结构

1—螺旋弹簧　2—减振器　3—转向节　4—连接杆　5—球头销
6—下摆臂　7—横向稳定杆　8—前托架　9—半轴

汽车悬架系统设计应该满足如下要求：

1）保证汽车有良好的行驶平顺性。为了保证汽车具有良好的行驶平顺性，要求悬架具有合适的刚度，保证汽车具有合适的偏频；簧下质量尽可能小。汽车平顺性的设计要求应满足国家标准 GB/T 4970—2009《汽车平顺性试验方法》和国际标准 ISO 2631—1：1997 规定的人体承受振动的界限值。

2）具有合适的衰减振动能力。悬架的阻尼特性应与悬架的弹性特性很好地匹配，保证车身和车轮在共振区的振幅小，快速衰减振动，使汽车具有良好的乘坐舒适性。

3）保证汽车具有良好的操纵稳定性。导向机构在车轮跳动时，使车轮定位参数具有合适的变化规律，车轮运动与导向机构运动应协调，不出现摆振现象。转向时整车应有一些不足转向特性，要求车身侧倾角比较小（侧向加速度为 $0.4g$ 时，乘用车侧倾角一般要求为 $2.5°\sim4°$，货车为 $6°\sim7°$）。

4）汽车制动或加速时要保证车身稳定，具有较小的仰俯角位移。

5）有良好的隔声能力。独立悬架导向杆系的铰接处多采用橡胶衬套，能隔绝车轮受到来自路面的冲击并减弱噪声向车身的传递。

6）结构紧凑、占用空间要小。

7）可靠地传递车身与车轮之间的各种力和力矩，在满足零部件质量小的条件下，还要保证有足够的强度和寿命。

8）制造、维护成本低，使轮胎磨损小。

为了进一步提高汽车的行驶性能，更好地控制汽车车身的姿态，减小侧倾和纵倾，目前还研发了主动悬架、半主动悬架，但是由于成本、对燃油经济性的不利影响等原因，目前尚未得到广泛应用。

3.2.2　悬架结构方案分析

1. 独立悬架与非独立悬架

根据导向机构的不同，悬架可分为非独立悬架和独立悬架，如图 3-2 所示。非独立悬架的结构特点是左、右车轮用一根整体轴连接，再经过悬架与车架（或车身）连接。独立悬架的结构特点是左、右车轮通过各自的悬架与车架（或车身）连接。

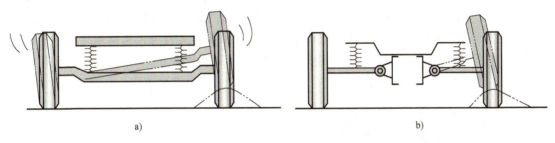

图 3-2　车辆非独立悬架与独立悬架

a）非独立悬架　b）独立悬架

采用钢板弹簧作为弹性元件的非独立悬架的优点是结构简单，制造容易，维修方便，工作可靠，成本低。但由于整车布置上的限制，钢板弹簧不可能有足够的长度（特别是前悬架），使其刚度较大，因而汽车平顺性较差；簧下质量大；在不平路面上行驶时，左、右车轮相互影响，并使车轴（桥）和车身倾斜（图 3-2a）；当汽车直线行驶在凹凸不平的路段上时，由于左右两侧车轮反向跳动或只有一侧车轮跳动，会产生不利的轴转向特性；汽车转弯行驶时，离心力也会产生不利的轴转向特性；车轴（桥）上方要求有与弹簧行程相适应的空间。非独立前悬架主要用作货车、大客车的前、后悬架以及某些乘用车的后悬架。

独立悬架的优点是簧下质量小；悬架占用空间小；弹性元件只承受垂向力，可以采用刚度小的弹簧，降低车身振动频率，改善汽车行驶平顺性；由于有可能降低发动机的高度，使整车的质心高度下降，又可改善汽车的行驶稳定性；左、右车轮各自独立运动互不影响，可减小车身的倾斜和振动，同时在起伏的路面上能获得良好的地面附着能力。独立悬架与非独立悬架相比，也存在以下不足：独立悬架的结构复杂，制造成本高；汽车行驶时前轮定位参数和轮距常发生变化，因此有时轮胎磨损较大。这种悬架主要用于乘用车和部分轻型货车、客车及越野车上。

独立悬架又分为横臂式（单横臂式和双横臂式）悬架、叉臂式、麦弗逊式悬架、纵臂式（单纵臂式、双纵臂式）悬架、单斜臂式悬架、多连杆式悬架及扭转梁随动臂式悬架等。

2. 独立悬架分类

现代乘用车大都是采用独立式悬架，本节主要介绍双叉臂式、扭转梁随动臂式、多连杆式以及麦弗逊式悬架等。

（1）麦弗逊式悬架　麦弗逊式悬架是目前使用最广泛的悬架类型，它主要由螺旋弹簧、减振器、三角形下摆臂组成，如图 3-3 所示。筒式减振器为滑动立柱，横摆臂的内端通过铰链与车身相连，外端通过球铰链与转向节相连。减振器的上端与车身相连，减振器的下端与转向节相连，车轮所受的侧向力大部分由横摆臂承受，其余部分由减振器活塞和活塞杆承

受。筒式减振器上铰链的中心与横摆臂外端球铰链中心的连线为主销轴线，此结构也为无主销结构。

麦弗逊式悬架的运动特性是车轮只能沿主销上下跳动，而不能左右运动。这种悬架系统的优点是结构简单、成本低、可靠耐用、体积小、不占用驾驶舱空间，适用于对空间要求较高的车型，另外它的响应较快、制造成本低。其主要缺点是横向刚度小、稳定性不佳，转弯时车身侧倾较大。

（2）双叉臂式独立悬架　图3-4所示为双叉臂式独立悬架。双叉臂式悬架又称双A臂式独立悬架，双叉臂式悬架拥有上下两个叉臂，横向力由两个叉臂同时吸收，支柱只承载车身重量，因此横向刚度大。双叉臂式悬架的上下两个A字形叉臂可以精确地定位前轮的各种参数，前轮转弯时，上下两个叉臂能同时吸收轮胎所受的横向力，加上两叉臂的横向刚度较大，所以转弯时车身的侧倾较小。

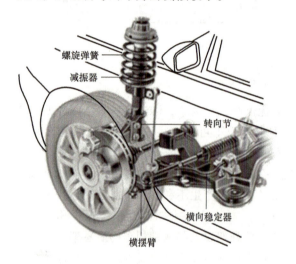

图3-3　麦弗逊式独立悬架

图3-4　双叉臂式独立悬架

双叉臂式悬架通常采用上下不等长的叉臂（上短下长），让车轮在上下运动时能自动改变外倾角，减小轮距变化，减小轮胎磨损，并且能自适应路面，轮胎接地面积大，接地性好。其主要缺点是占用的空间大，会侵占发动机舱空间，制造成本高，悬架定位参数设定复杂。

另外需要说明的是，双横臂式悬架和双叉臂式悬架有着许多的共性，只是结构比双叉臂式简单些，可以称之为简化版的双叉臂式悬架。同双叉臂式悬架一样，双横臂式悬架的横向刚度也较大，一般也采用上下不等长横臂设置。双横臂式悬架设计偏向运动性，其性能优于麦弗逊式悬架，但比起真正的双叉臂式悬架以及多连杆前悬架要稍差一些。

（3）多连杆式独立悬架　多连杆式独立悬架又可分为多连杆前悬架和多连杆后悬架系统。其中前悬架一般为3连杆或4连杆式独立悬架；后悬架则一般为4连杆或5连杆式，其中5连杆式后悬架应用较为广泛，如图3-5所示。五根连杆分别指主控制臂、前置定位臂、后置定位臂、上臂和下臂，其中，主控制臂可以起到调整后轮前束的作用，以提高车辆行驶稳定性，使轮胎始终与地面保持垂直状态，有效降低轮胎的磨损。

这种悬架系统的优点是路面冲击对车身影响小，汽车过颠簸路段时车身稳定性好，乘坐

舒适性较好，操控稳定性好。其主要缺点是对布置空间需求大，成本高，设计复杂，零部件数量多等。多连杆悬架结构一般应用在比较高档的乘用车和运动型多用途汽车上，由于占用的空间比较大，大多数应用在后驱车型上。

（4）**扭转梁随动臂式独立悬架** 该悬架主要作为汽车后悬架使用，如图 3-6 所示。目前不少乘用车就采用前麦弗逊式独立悬架、后扭转梁随动臂式悬架的布置方式。在扭转梁随动臂式悬架的结构中，

图 3-5 典型的多连杆式独立悬架

两个车轮之间没有刚性轴直接相连，而是通过一根扭转梁进行连接，扭转梁可以在一定范围内扭转。但如果一个车轮遇到非平整路面时，扭转梁仍然会对另一侧车轮产生一定的干涉，严格上说，扭转梁式悬架属于半独立式悬架。

扭转梁随动臂式悬架相对于独立式悬架来说舒适性要差一些，但是由于扭转梁随动臂式后悬架的结构简单，制造成本低，容易维修且占用车底空间较小，可降低车底盘的高度，从而使车内空间得以增加，因而常用于乘用车后桥上。

3. 独立悬架的评价指标

图 3-6 扭转梁随动臂式独立悬架

对于不同结构形式的独立悬架，不但结构特点不同，许多基本特性也有较大的区别。评价时常从以下几方面进行：

（1）**侧倾中心高度** 汽车在侧向力的作用下，车身在通过左、右车轮中心的横向竖直平面内发生侧倾时，相对于地面的瞬时转动中心称为侧倾中心。侧倾中心到地面的距离称为侧倾中心高度。侧倾中心位置高，它到车身质心的距离短，可使侧倾力臂及侧倾力矩小些，车身的侧倾角也会减小。但侧倾中心过高，会使车身在倾斜时轮距变化大，加速轮胎的磨损。

（2）**车轮定位参数** 车轮相对车身上、下跳动时，主销内倾角、主销后倾角、车轮外倾角及车轮前束等定位参数会发生变化。若主销后倾角变化大，容易使转向轮产生摆振；若车轮外倾角变化大，会影响汽车直线行驶稳定性，同时也会影响轮距的变化和轮胎的磨损速度。

（3）**悬架侧倾角刚度** 当汽车做稳态圆周行驶时，在侧向力的作用下，车厢绕侧倾轴线转动，将此转动角度称为车厢侧倾角。车厢侧倾角与侧倾力矩和悬架总的侧倾角刚度大小有关，并影响汽车的操纵稳定性和平顺性。

（4）**横向刚度** 悬架的横向刚度影响操纵稳定性，若用于转向轴上的悬架的横向刚度小，则容易使转向轮发生摆振现象。

（5）**占用空间** 不同形式的悬架占用空间的大小不同，占用横向尺寸大的悬架影响发动机的布置并使从车上拆装发动机变得困难；占用高度空间小的悬架，则允许行李舱宽敞，而且底部平整，布置油箱容易。因此，悬架占用空间的大小也用来作为评价指标之一。

4. 整车悬架方案选择

目前汽车前、后悬架采用的方案有：前轮和后轮均采用非独立悬架；前轮采用独立悬架、后轮采用非独立悬架；前轮与后轮均采用独立悬架等。

前、后悬架均为纵置钢板弹簧非独立悬架的汽车，在转向行驶时，内侧悬架处于减载状态而外侧悬架处于加载状态，于是内侧悬架受拉伸，外侧悬架受压缩，结果与悬架固定连接的车轴（桥）的轴线相对汽车纵向中心线偏转一角度 α，这种现象称为轴转向效应。对前轴，这种轴转向效应使汽车的不足转向趋势增加；对后轴，则增加了汽车的过多转向趋势，如图 3-7a 所示。乘用车将后悬架纵置钢板弹簧的前部吊耳位置布置得比后部吊耳低，于是悬架的瞬时运动中心位置降低，与悬架连接的车桥位置处的运动轨迹如图 3-7b 所示，即处于外侧悬架与车桥连接处的运动轨迹是 oa 段，结果后桥轴线的偏离不再使汽车具有过多转向的趋势。

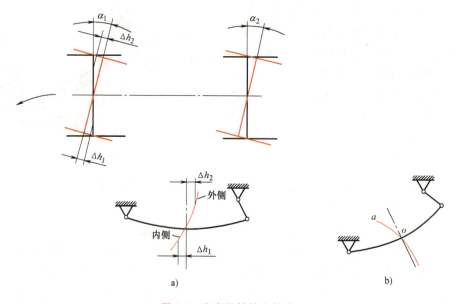

图 3-7　汽车的轴转向效应

另外，前悬架为纵置钢板弹簧非独立悬架时，因前轮容易发生摆振现象，不能保证汽车有良好的操纵稳定性，所以乘用车的前悬架多采用独立悬架。

发动机前置前轮驱动的中高级及其以下级别的乘用车，常采用麦弗逊式前悬架和扭转梁随动臂式后悬架。当乘用车的后悬架为纵置钢板弹簧非独立悬架，而前悬架为双横臂式独立悬架时，能够通过将上横臂支承销轴线在纵向竖直平面内的投影设计成前高后低状的方式，使悬架的纵向运动瞬心位于有利于减小制动前俯角处，使制动时车身纵倾减小，保证车身有良好的稳定性能。

3.2.3 悬架主要参数的确定

1. 悬架设计的一般步骤

悬架设计时主要考虑汽车的平顺性和操纵稳定性要求。汽车悬架设计的一般步骤如下：

1）确定涉及汽车平顺性和操纵稳定性的性能参数，包括偏频（Hz）、相对阻尼系数、侧倾增益［侧倾角与侧向加速度的比值，单位是（°）/g 或（°）/(m/s²)］、转向时内外侧车轮上的载荷转移、不足转向度［前后桥侧偏角之差与侧向加速度的比值，单位是（°）/g 或（°）/(m/s²)］、抗制动点头/加速后沉率等。需要从汽车总体设计得到如下设计输入：轴距、轮距、前桥和后桥负荷、簧上和簧下质量、质心高度等。

2）根据上述参数对悬架系统进行设计，确定如下设计参数：侧倾中心高度、弹簧刚度、减振器的阻尼系数等。

3）计算悬架静挠度，检验偏频是否满足要求。

4）计算悬架的侧倾角刚度、稳态转向的侧倾角和侧倾增益、稳态转向时在左右车轮上的载荷转移。

5）计算要求横向稳定杆提供的侧倾刚度。

6）计算汽车稳态转向的不足转向度，包括计算如下参数：侧倾（引起的）外倾系数；侧倾（引起的）转向系数；侧向力、回正力矩（引起的）转向系数；侧向力、回正力矩（引起的）外倾系数；不足转向度。

7）对悬架的弹性元件、减振器进行设计和进行强度、刚度校核。

8）对悬架导向机构进行受力分析，对其零件进行强度、刚度校核。

9）对横向稳定杆进行设计和强度、刚度校核。

10）制造样机，并且对其进行试验。根据试验结果，对悬架设计参数进行最后的调整。

2. 悬架主要参数的选择

（1）悬架静挠度 f_c 和动挠度 f_d 悬架静挠度 f_c 是指汽车满载静止时悬架上的载荷 F_w 与此时悬架刚度 c 之比，即 $f_c = F_w/c$。

汽车前、后悬架与其簧上质量组成的振动系统的固有频率是影响汽车行驶平顺性的主要参数之一。因现代汽车的质量分配系数 ε 近似等于 1，所以汽车前、后轴上方车身两点的振动不存在联系。因此，可以认为前、后悬架分别与其簧上质量组成相互独立的两个单自由度振动系统，其固有频率 n_1 和 n_2（也称为偏频）可表示为

$$n_1 = \frac{1}{2\pi}\sqrt{\frac{c_1}{m_1}} \tag{3-1}$$

$$n_2 = \frac{1}{2\pi}\sqrt{\frac{c_2}{m_2}} \tag{3-2}$$

式中，c_1、c_2 分别为前、后悬架的刚度（N/m）；m_1、m_2 分别为前、后悬架的簧上质量（kg）。

当采用线性弹性特性的悬架时，前、后悬架的静挠度（m）可表示为

$$f_{c1} = \frac{m_1 g}{c_1} \tag{3-3}$$

$$f_{c2} = \frac{m_2 g}{c_2} \qquad (3-4)$$

式中，g 为重力加速度，$g = 9.8\,\text{m/s}^2$。

将式 (3-3)、式 (3-4) 与式 (3-1)、式 (3-2) 联合，同时将 f_{c1} 和 f_{c2} 的单位取为 cm，则可以得到

$$n_1 = \frac{5}{\sqrt{f_{c1}}} \qquad (3-5)$$

$$n_2 = \frac{5}{\sqrt{f_{c2}}} \qquad (3-6)$$

可以看出，悬架的静挠度 f_c 直接影响车身振动的偏频 n。因此欲保证汽车有良好的行驶平顺性，必须正确选取悬架的静挠度。

表 3-1 列出了各种现代汽车的偏频、静挠度和动挠度，可以根据所设计的车型选择适当的参数数值。

表 3-1　各种现代汽车的偏频、静挠度和动挠度

车型	偏频 n/Hz	静挠度 f_c/cm	动挠度 f_d/cm
货车	1.5~2.2	5~11	6~9
轿车	0.9~1.6	10~30	7~9
大客车	1.3~1.8	7~15	5~8
越野车	1.4~2.0	6~13	7~13

另外，前、后悬架系统的偏频及静挠度的匹配，对汽车行驶平顺性也有明显的影响。一般应当使前、后悬架的偏频和静挠度接近，并希望后悬架的静挠度 f_{c2} 比前悬架的静挠度 f_{c1} 小些，这样有利于防止车身产生较大的纵向角振动。理论分析证明，若汽车以较高车速驶过单个路障，$n_1/n_2 < 1$ 时的车身纵向角振动要比 $n_1/n_2 > 1$ 时的小，故推荐取 $f_{c2} = (0.8 \sim 0.9)f_{c1}$。考虑到货车前、后轴荷的差别和驾驶人的乘坐舒适性，取前悬架的静挠度大于后悬架的静挠度，推荐 $f_{c2} = (0.6 \sim 0.8)f_{c1}$。为了改善微型乘用车后排乘客的乘坐舒适性，有时取后悬架的偏频低于前悬架的偏频。

为了防止在不平路面上行驶时经常冲击缓冲块，悬架还必须具备足够的动挠度 f_d。悬架的动挠度是指从悬架的设计位置（对货车就是满载静平衡位置）开始，到把悬架压缩到结构允许的最大变形（通常指缓冲块被压缩到其自由高的 1/2 ~ 2/3）时，车轮中心相对车架（或车身）的垂向位移。

前、后悬架的动挠度常按其相应的静挠度来选取，其与车型和经常使用的路况也有关系。对行驶路面较好的乘用车，f_d/f_c 的比值较小；在坏路上行驶的越野车，f_d/f_c 应选得较大。

(2) 悬架的弹性特性　悬架受到的垂向外力 F 与由此所引起的车轮中心相对于车身位移 f（即悬架的变形）的关系曲线称为悬架的弹性特性。其切线的斜率是悬架的刚度。

悬架的弹性特性有线性弹性特性和非线性弹性特性两种。当悬架变形 f 与所受垂向外力 F 之间呈固定比例变化时，弹性特性为一直线，称为线性弹性特性，此时悬架刚度为常数。当悬架变形 f 与所受垂向外力之间不呈固定比例变化时，悬架刚度是变化的。不同类型悬架

的弹性特性如图 3-8 所示。

悬架的动容量是指悬架从静载荷的位置起，变形到结构允许的最大变形为止所消耗的功。悬架的动容量越大，缓冲块击穿的可能性越小。

空载与满载时簧上质量变化大的货车和客车，为了减小振动频率和车身高度的变化，应当选用刚度可变的非线性悬架。乘用车簧上质量在使用中虽然变化不大，但为了减小车轴对车架的撞击，减小转弯行驶时的侧倾与制动时的前俯角和加速时的后仰角，也应当采用刚度可变的非线性悬架。

钢板弹簧非独立悬架的弹性特性可视为线性的，而带有副簧的钢板弹簧、空气弹簧、油气弹簧等，均为刚度可变的非线性弹性特性悬架。

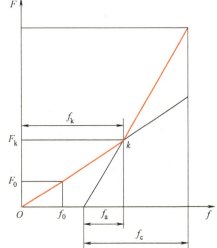

图 3-8 不同类型悬架的弹性特性

a）钢板弹簧 b）螺旋弹簧 c）扭杆弹簧
d）空气弹簧

（3）后悬架主、副簧刚度的分配 货车后悬架多采用有主、副簧结构的钢板弹簧。其悬架弹性特性如图 3-9 所示。如何确定副簧开始参加工作的载荷 F_k 和主、副簧之间的刚度分配，受悬架的弹性特性和主、副簧上载荷分配的影响。原则上要求车身从空载到满载时振动频率的变化要小，以保证汽车有良好的平顺性，还要求副簧参加工作前、后悬架振动频率的变化不大。这两项要求不能同时满足。具体确定方法有两种。第一种方法是使副簧开始起作用时的悬架挠度 f_a 等于汽车空载时悬架的挠度 f_0，而使副簧开始起作用前一瞬间的挠度 f_k 等于满载时悬架的挠度 f_c。于是可求得 $F_k = \sqrt{F_0 F_w}$，其中 F_0 和 F_w 分别为空载与满载时的悬架载荷。令 $\lambda = F_0 / F_w$，则副簧、主簧的刚度比为

$$c_a / c_m = \sqrt{\lambda} - 1 \qquad (3-7)$$

式中，c_a 为副簧刚度；c_m 为主簧刚度。

用此方法确定的主、副簧刚度的比值，能保证在空、满载使用范围内悬架的振动频率变化不大，但副簧接触托架前、后的振动频率变化比较大。

图 3-9 货车采用有主、副簧结构的钢板
弹簧的弹性特性

第二种方法是使副簧开始起作用时的载荷等于空载和满载时悬架载荷的平均值，即 $F_k = 0.5 (F_0 + F_w)$，并使 F_0 和 F_w 间的平均载荷对应的频率与 F_k 和 F_w 间平均载荷对应的频率相等，此时副簧与主簧的刚度之比为

$$c_a / c_m = (2\lambda - 2) / (\lambda + 3)$$

用此方法确定的主、副簧刚度的比值，能保证副簧起作用前、后悬架的振动频率变化不大。对于经常处于半载运输状态的车辆，采用此法比较合适。

（4）悬架侧倾角刚度及其在前、后轴的分配　悬架侧倾角刚度是指簧上质量产生单位侧倾角时，悬架给车身的弹性恢复力矩。它对簧上质量的侧倾角有影响。侧倾角过大或过小都不好。乘坐侧倾角刚度过小而侧倾角过大的汽车，乘员缺乏舒适感和安全感。侧倾角刚度过大而侧倾角过小的汽车又缺乏汽车发生侧翻的感觉，同时使轮胎侧偏角增大。如果发生在后轮，会使汽车增加了过多转向的可能。要求在侧向惯性力等于 $0.4g$ 时，乘用车车身侧倾角在 $2.5°\sim4°$，货车车身侧倾角视具体车型取上限为 $6°\sim7°$。

此外，还要求汽车转弯行驶时，在 $0.4g$ 的侧向加速度作用下，前、后轮侧偏角之差 $\delta_1-\delta_2$ 应当在 $1°\sim3°$ 范围内。而前、后悬架侧倾角刚度的分配会影响前、后轮的侧偏角大小，从而影响转向特性，所以设计时还应考虑悬架侧倾角刚度在前、后轴上的分配。为满足汽车稍有不足转向特性的要求，应使汽车前轴的轮胎侧偏角略大于后轴的轮胎侧偏角。为此，应该使前悬架具有的侧倾角刚度略大于后悬架的侧倾角刚度。对乘用车，前、后悬架侧倾角刚度的比值一般为 $1.4\sim2.6$。

 拓展学习内容——悬架弹性元件的种类 ••••••••••••••••••••••••••••

扫一扫，直接在手机上打开

3.2.4　钢板弹簧的设计

1. 钢板弹簧的布置方案

钢板弹簧在汽车上可以纵置或者横置。后者因为要传递纵向力，必须设置附加的导向传力装置，使结构复杂、质量加大，所以只在极少数汽车上应用。纵置钢板弹簧能传递各种力和力矩，并且结构简单，故在汽车上得到广泛应用。

纵置钢板弹簧又有对称式与不对称式之分。钢板弹簧中部在车轴（桥）上的固定中心至钢板弹簧两端卷耳中心之间的距离若相等，则称为对称式钢板弹簧；若不相等，则称为不对称式钢板弹簧。多数情况下，汽车采用对称式钢板弹簧。由于整车布置上的原因，或者钢板弹簧在汽车上的安装位置不动，又要改变轴距或者通过变化轴距达到改善轴荷分配的目的时，采用不对称式钢板弹簧。

2. 钢板弹簧主要参数的确定

在钢板弹簧设计中，首先应该确定（核算）下列基本参数和尺寸：

（1）满载静止时汽车前、后轴（桥）负荷 G_1、G_2 和簧下部分荷重 G_{u1}、G_{u2}　确定满载静止时汽车前、后轴（桥）负荷 G_1、G_2 和簧下部分荷重 G_{u1}、G_{u2}，并据此计算出单个钢板弹簧的载荷 $F_{w1}=(G_1-G_{u1})/2$ 和 $F_{w2}=(G_2-G_{u2})/2$。

（2）**弹簧长度 L**　钢板弹簧的长度 L 是指弹簧伸直后两卷耳的中心距，如图 3-10 所示。增大钢板弹簧长度 L 能显著降低弹簧应力，提高使用寿命；降低弹簧刚度，改善汽车行驶平顺性；在垂向刚度给定的条件下，还能增加钢板弹簧的纵向角刚度，同时减小车轮扭转力矩所引起的弹簧变形。但是选用长些的钢板弹簧，会使其在汽车上的布置产生困难，原则上在总布置可能的条件下，应尽可能将钢板弹簧取长些。推荐乘用车的 L 为轴距的 40%~55%；货车前悬架的 L 为轴距的 26%~35%，后悬架的 L 为轴距的 35%~45%。

（3）**静挠度 f_c 和动挠度 f_d**

（4）**满载弧高 f_a**　满载弧高 f_a 是汽车处于满载静平衡位置时钢板弹簧主片（第一片）上表面中心与钢板弹簧压平时（需要施加比满载静载荷更大的载荷）的主片上表面（即主片上表面是个平面）之间的距离，如图 3-10 所示。满载弧高的存在会抬高汽车的高度，一般希望其为零，但是考虑到钢板弹簧在使用中会产生塑性变形，为了防止钢板弹簧在满载静载荷下就发生反弓现象，常常设置一个满载弧高。为了在车架高度已限定时得到足够的动挠度，满载弧高 f_a 一般为 10~20mm。

上述参数确定后就可以进行钢板弹簧的设计及计算，在各种钢板弹簧（包括多片板簧和少片板簧）的设计中，都是力图使其接近等应力梁，以便材料得到充分利用。

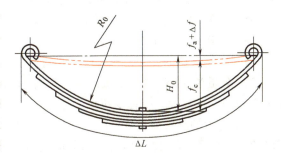

图 3-10　钢板弹簧总成在自由状态下的弧高

（5）**钢板断面尺寸及片数的确定**

1）钢板断面宽度 b 的确定。钢板断面宽度 b 会影响钢板弹簧的刚度及强度，可按等截面简支梁的计算公式计算，但需引入挠度增大系数 δ 加以修正。因此，可根据修正后的简支梁公式计算钢板弹簧所需要的总惯性矩 $J_0(\text{mm}^4)$。对于对称钢板弹簧，有

$$J_0 = \left[(L-ks)^3 c\delta\right]/(48E) \tag{3-8}$$

式中，s 为 U 形螺栓中心距（mm）；k 为考虑 U 形螺栓夹紧弹簧后的无效长度系数（刚性夹紧取 k=0.5，挠性夹紧取 k=0）；c 为钢板弹簧垂直刚度（N/mm），$c=F_w/f_c$；δ 为挠度增大系数（先确定与主片等长的重叠片数 n_1，再估计一个总片数 n_0，求得 $\eta=n_1/n_0$，然后用 δ=1.5/[1.04(1+0.5η)] 初定 δ）；E 为材料的弹性模量（MPa）。

钢板弹簧总截面系数 W_0 计算公式为

$$W_0 \geqslant \left[F_w(L-ks)\right]/4\left[\sigma_w\right] \tag{3-9}$$

式中，$\left[\sigma_w\right]$ 为许用弯曲应力（MPa）。

对于 55SiMnVB 或 60Si2Mn 等材料，表面经喷丸处理后，推荐 $\left[\sigma_w\right]$ 在下列范围内选取：前弹簧和平衡悬架弹簧为 350~450MPa；后主簧为 450~550MPa；后副簧为 220~250MPa。

将式（3-9）代入式（3-10）计算钢板弹簧的平均厚度 h_p：

$$h_p = \frac{2J_0}{W_0} = \frac{(L-ks)^2 \delta\left[\sigma_w\right]}{6Ef_c} \tag{3-10}$$

根据 h_p，选定钢板弹簧的片宽 b。增大片宽，能增加卷耳强度，但当车身受侧向力作用

倾斜时，弹簧的扭曲应力增大。前悬架用宽的弹簧片，会影响转向轮的最大转角；片宽选取过窄，又需增加片数，从而增加片间的摩擦和弹簧的总厚。推荐片宽与片厚的比值 b/h_p 在 $6\sim10$ 范围内选取。

2）钢板弹簧片厚 h 的选择。矩形断面等厚钢板弹簧的总惯性矩 J_0 计算公式为

$$J_0 = nbh^3/12 \tag{3-11}$$

式中，n 为钢板弹簧片数。

由式（3-11）可知，改变片数 n、片宽 b 和片厚 h 三者之一，都影响到总惯性矩 J_0 的变化；再结合式（3-8）可知，总惯性矩 J_0 的改变又会影响到钢板弹簧垂向刚度 c 的变化，也就是影响汽车的平顺性变化。其中，片厚 h 的变化对钢板弹簧总惯性矩 J_0 的影响最大。增加片厚 h 可以减少片数 n。钢板弹簧各片厚度可能有相同和不同两种情况，希望尽可能采用前者。但因为主片工作条件恶劣，为了加强主片及卷耳，也常将主片加厚，其余各片厚度稍薄。此时，要求一副钢板弹簧的厚度不宜超过三组。为使各片寿命接近，又要求最厚片与最薄片厚度之比应小于 1.5。

最后，钢板断面尺寸 b 和 h 应符合国产型材规格尺寸。

3）钢板断面形状。矩形断面钢板弹簧的中性轴，在钢板断面的对称位置上（图 3-11a）。工作时，一面受拉应力作用，另一面受压应力作用，而且上、下表面的名义拉应力和压应力的绝对值相等。因材料的抗拉性能低于抗压性能，所以在受拉应力作用的一面首先产生疲劳断裂。除矩形断面以外的其他断面形状的叶片（图 3-11b、c、d），其中性轴均上移，使受拉应力作用的一面的拉应力绝对值减小，而受压应力作用的一面的压应力绝对值增大，从而改善了应力在断面上的分布状况，提高了钢板弹簧的疲劳强度并节约近 10% 的材料。

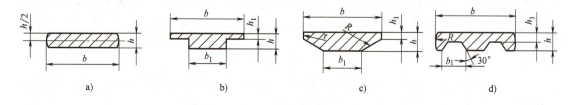

图 3-11　叶片断面形状

a）矩形断面　b）T 形断面　c）单面有抛物线边缘的断面　d）单面有双槽的断面

4）钢板弹簧片数 n。片数 n 少些有利于制造和装配，并可以降低片间的干摩擦，改善汽车行驶平顺性。但片数少将使钢板弹簧与等强度梁的差别增大，材料利用率变坏。多片钢板弹簧一般片数在 $6\sim14$ 片之间选取，总质量超过 14t 的货车可达 20 片。用变截面少片簧时，片数在 $1\sim4$ 之间选取。

（6）钢板弹簧各片长度的确定　片厚不变宽度连续变化的单片钢板弹簧是等强度梁，形状为菱形（两个三角形）。将由两个三角形钢板组成的钢板弹簧分割成宽度相同的若干片，然后按照长度大小不同依次排列、叠放到一起，就形成接近实用价值的钢板弹簧。实际上的钢板弹簧不可能是三角形，因为为了将钢板弹簧中部固定到车轴（桥）上和使两卷耳处能可靠地传递力，必须使它们有一定的宽度。因此，应该用中部为矩形的双梯形钢板弹簧（图 3-12）替代三角形钢板弹簧才有真正的实用意义。

这种钢板弹簧各片具有相同的宽度，但长度不同。钢板弹簧各片长度就是基于实际钢板各片展开图接近梯形梁的形状这一原则来作图的。首先假设各片厚度不同，则具体进行步骤如下：

先将各片厚度 h_i 的三次方值 h_i^3 按同一比例尺沿纵坐标绘制在图上（图3-13），再沿横坐标量出主片长度的一半 $L/2$ 和 U 形螺栓中心距的一半 $s/2$，得到 A、B 两点，连接 A、B 即得到三角形的钢板弹簧展开图。AB 线与各叶片的上侧边交点即为各片长度。如果存在与主片等长的重叠片，就从 B 点到最后两个重叠片的上侧边端点连一直线，此直线与各片的上侧边交点即为各片长度。各片实际长度尺寸需经圆整后确定。

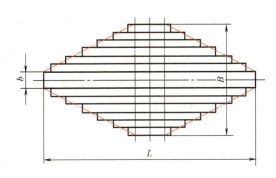

图 3-12　双梯形钢板弹簧

（7）钢板弹簧的刚度验算 在此之前，有关挠度增大系数 δ、总惯性矩 J_0、片长和叶片端部形状等的确定都不够准确，所以有必要进行验算刚度。用共同曲率法计算刚度的前提是，假定同一截面上各片曲率变化值

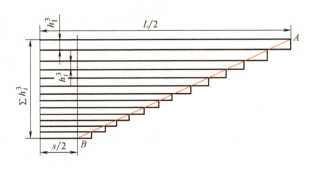

图 3-13　确定钢板弹簧各片长度的作图法

相同，各片所承受的弯矩正比于其惯性矩，同时该截面上各片的弯矩和等于外力所引起的弯矩。刚度验算公式为

$$c = \frac{6\alpha E}{\sum\limits_{k=1}^{n} \alpha_{k+1}^3 (Y_k - Y_{k+1})} \tag{3-12}$$

其中，$\alpha_{k+1} = l_1 - l_{k+1}$；$Y_k = 1 \bigg/ \sum\limits_{i=1}^{k} J_i$，$Y_{k+1} = 1 \bigg/ \sum\limits_{i=1}^{k+1} J_i$。

式中，α 为经验修正系数，$\alpha = 0.90 \sim 0.94$；E 为弹性模量；l_1、l_{k+1} 为主片和第 $k+1$ 片长度的一半。

式（3-12）中主片长度的一半 l_1，如果用中心螺栓到卷耳中心间的距离代入，求得的刚度为钢板弹簧总成的自由刚度 c_j；如果用有效长度，即 $l'_1 = l_1 - 0.5ks$ 代入，则求得的刚度为钢板弹簧总成的夹紧刚度 c_z。

（8）钢板弹簧总成在自由状态下的弧高及曲率半径计算

1）钢板弹簧总成在自由状态下的弧高 H_0。钢板弹簧各片装配后，在预压缩和U形螺栓夹紧前，其主片上表面与两端（不包括卷耳孔半径）连线间的最大高度差（图3-10），称为钢板弹簧总成在自由状态下的弧高 H_0，其计算公式为

$$H_0 = f_c + f_a + \Delta f \tag{3-13}$$

式中，f_c 为静挠度；f_a 为满载弧高；Δf 为钢板弹簧总成用 U 形螺栓夹紧后引起的弧高变化，

$\Delta f = \dfrac{s(3L-s)(f_c+f_a)}{2L^2}$；$s$ 为 U 形螺栓中心距；L 为钢板弹簧主片长度。

钢板弹簧总成在自由状态下的曲率半径 $R_0 = L^2/(8H_0)$。

2）钢板弹簧各片自由状态下的曲率半径的确定。因钢板弹簧各片在自由状态下和装配后的曲率半径不同（图 3-14），装配后各片产生预应力，其值确定了自由状态下的曲率半径 R_i。各片自由状态下做成不同曲率半径的目的是使各片厚度相同的钢板弹簧装配后能很好地贴紧，减少主片工作应力，使各片寿命接近。

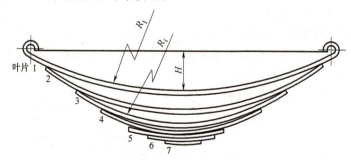

图 3-14　钢板弹簧各片自由状态下的曲率半径

矩形断面钢板弹簧装配前各片曲率半径计算公式为

$$R_i = R_0/[1+(2\sigma_{0i}R_0)/(Eh_i)] \tag{3-14}$$

式中，R_i 为第 i 片弹簧自由状态下的曲率半径（mm）；R_0 为钢板弹簧总成在自由状态下的曲率半径（mm）；σ_{0i} 为各片弹簧的预应力（MPa）；E 为材料弹性模量（MPa），取 $E = 2.1\times10^5$ MPa；h_i 为第 i 片的弹簧厚度（mm）。

在已知钢板弹簧总成自由状态下曲率半径 R_0 和各片弹簧预加应力 σ_{0i} 的条件下，可以用式（3-14）计算出各片弹簧自由状态下的曲率半径 R_i。选取各片弹簧预应力时，要求做到装配前各弹簧片间的间隙相差不大，且装配后各片能很好地贴紧；为保证主片及与其相邻的长片有足够的使用寿命，应适当降低主片及与其相邻长片的应力。

为此，选取各片预应力时，可分为下列两种情况：对于片厚相同的钢板弹簧，各片预应力值不宜选取过大；对于片厚不相同的钢板弹簧，厚片预应力可取大些。推荐主片在根部的工作应力与预应力叠加后的合成应力在 300～350MPa 内选取。1～4 片长片叠加负的预应力，短片叠加正的预应力。预应力从长片到短片由负值逐渐递增至正值。

在确定各片预应力时，理论上应满足各片弹簧在根部处预应力所造成弯矩 M_i 的代数和等于零，即

$$\sum_{i=0}^{n} M_i = 0 \tag{3-15}$$

或

$$\sum_{i=0}^{n} \sigma_{0i} W_i = 0 \tag{3-16}$$

如果第 i 片的片长为 L_i，则第 i 片弹簧的弧高 H_i 为

$$H_i = L_i^2 / (8R_i) \tag{3-17}$$

(9) 钢板弹簧总成弧高的核算　由于钢板弹簧叶片在自由状态下的曲率半径 R_i 是经选取预应力 σ_{0i} 后用式 (3-14) 计算的，受其影响，装配后钢板弹簧总成的弧高与用 $R_0 = L^2 / (8H_0)$ 计算的结果会不同。因此，需要核算钢板弹簧总成的弧高。

根据最小势能原理，钢板弹簧总成的稳定平衡状态是各片势能总和最小状态，由此可求得等厚叶片弹簧的 R_0 为

$$\frac{1}{R_0} = \sum_{i=1}^{n} (L_i / R_i) \bigg/ \sum_{i=1}^{n} L_i \tag{3-18}$$

式中，L_i 为钢板弹簧第 i 片的长度。

钢板弹簧总成的弧高 H 为

$$H = L^2 / (8R_0) \tag{3-19}$$

用式 (3-19) 计算的结果应该与用式 (3-13) 计算的结果相近，如果相差较多，则重新选用各片预应力，再进行核算。

(10) 钢板弹簧的强度验算

1) 紧急制动时，前钢板弹簧承受的载荷最大，在它的后半段出现的最大应力 σ_{max} 为

$$\sigma_{max} = \frac{G_1 m_1' l_2 (l_1 + \varphi_c)}{(l_1 + l_2) W_0} \tag{3-20}$$

式中，G_1 为作用在前轮上的垂向静负荷（N）；m_1' 为制动时前轴负荷转移系数，对乘用车，$m_1' = 1.2 \sim 1.40$，对货车，$m_1' = 1.40 \sim 1.60$；l_1、l_2 为钢板弹簧前、后段长度（mm）；φ 为道路附着系数，取 0.8；W_0 为钢板弹簧总截面系数（mm³）；c 为弹簧固定点到路面的距离（mm）（图 3-15）。

2) 汽车驱动时，后钢板弹簧承受的载荷最大，在它的前半段出现的最大应力 σ_{max} 为

$$\sigma_{max} = \frac{G_1 m_1' l_2 (l_1 + \varphi_c)}{(l_1 + l_2) W_0} + \frac{G_2 m_2' \varphi}{bh_1} \tag{3-21}$$

式中，G_2 为作用在后轮上的垂向静负荷（N）；m_2' 为驱动时后轴负荷转移系数，对乘用车，$m_2' = 1.25 \sim 1.30$，对货车，$m_2' = 1.1 \sim 1.2$；b 为钢板弹簧片宽（mm）；h_1 为钢板弹簧主片厚度（mm）。

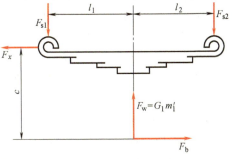

图 3-15　汽车制动时钢板弹簧的受力

此外，还应该验算汽车通过不平路面时钢板弹簧的强度。许用应力取 1000MPa。

3) 钢板弹簧卷耳和弹簧销的强度核算。钢板弹簧主片卷耳的受力如图 3-16 所示。卷耳处所受应力 σ 是由弯曲应力和拉（压）应力合成的应力，即

$$\sigma = \frac{3F_x (D + h_1)}{bh_1^2} + \frac{F_x}{bh_1} \tag{3-22}$$

式中，F_x 为沿弹簧纵向作用在卷耳中心线上的力（N）；D 为卷耳内径（mm）；b 为钢板弹簧宽度（mm）；h_1 为主片厚度（mm）。许用应力 $[\sigma]$ 取为 350MPa。

对钢板弹簧销，要验算钢板弹簧受静载荷时钢板弹

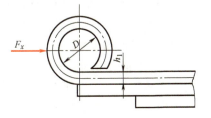

图 3-16　钢板弹簧主片卷耳的受力

簧销受到的挤压应力 $\sigma_z = F_s/(bd)$。其中，F_s 为满载静止时钢板弹簧端部的载荷；b 为卷耳处叶片宽；d 为钢板弹簧销直径。

用30钢或40钢经液体碳氮共渗处理时，弹簧销许用挤压应力 $[\sigma_z]$ 取为3~4MPa；用20钢或20Cr钢经渗碳处理或用45钢经高频淬火后，其许用应力 $[\sigma_z] \leqslant 7~9$MPa。

钢板弹簧多数情况下采用55SiMnVB钢或60Si2Mn钢制造。常采用表面喷丸处理工艺和减少表面脱碳层深度的措施来提高钢板弹簧的寿命。表面喷丸处理有一般喷丸和应力喷丸两种，后者可使钢板弹簧表面的残余应力比前者大很多。

拓展学习内容——少片弹簧及变截面钢板弹簧

扫一扫，直接在手机上打开

3.2.5　独立悬架导向机构设计

1. 设计要求

（1）前轮独立悬架导向机构的设计要求

1）形成恰当的侧倾中心和侧倾轴线，以使当车轮跳动（悬架压缩、伸张）时，轮距变化不致过大，以免造成轮胎早期磨损；簧上质量改变时侧倾中心位置的变化要小；有利于减小转向时车身的侧倾角。

2）当车轮跳动（悬架压缩、伸张）时，车轮外倾角应该随着车轮向上跳动减小，随着车轮向下跳动增大，以使汽车转向行驶、车身侧倾时外侧车轮的外倾角最好保持为负值，以提高侧向力、减小轮胎侧偏角。而在需要利用车轮外倾角增强汽车的不足转向时，应该使转向行驶时外侧前轮的外倾角增大。

3）使由导向机构与转向杆系的运动干涉所引起的前束角变化尽可能小。如果有变化，应该使外轮的前束角减小，使内轮的前束角增大，以利于侧倾不足转向。

4）悬架压缩、伸张时，前轮的后倾角不要变化过大，以免侧向力对主销的力矩增大过多，使驾驶人的手受到转向盘的明显冲击。

5）制动时，应该使车身有抗"点头"作用；加速时，有抗"后仰"作用。

（2）后轮独立悬架导向机构的设计要求

1）形成恰当的侧倾中心和侧倾轴线，以使当车轮跳动（悬架压缩、伸张）时，轮距变化不致过大，以免造成轮胎早期磨损；簧上质量改变时侧倾中心位置的变化要小，有利于减小转向时车身的侧倾角。

2）当车轮跳动（悬架压缩、伸张）时，车轮外倾角应该随着车轮向上跳动减小，随着车轮向下跳动增大，以使汽车转向行驶、车身侧倾时外侧车轮的外倾角最好保持为负值，以提高侧向力、减小轮胎侧偏角。而在需要利用车轮外倾角增强汽车的不足转向时，应该使转向行驶时外侧后轮的外倾角减小。

3）使由导向机构与转向杆系的运动干涉所引起的前束角变化尽可能小。如果需要利用这种干涉前束角变化来增强汽车的不足转向，应该使外轮的前束角增大，使内轮的前束角减小。应该指出，在需要利用前束角的变化来调节汽车的不足转向时，应该尽量在后悬架进行这种调节，而尽量减小前悬架的前束角变化。

4）制动时，应该使车身有抗"点头"作用；加速时，有抗"后仰"作用。

此外，导向机构还应具有足够的强度、刚度，以便可靠地传递各种力和力矩。

2. 导向机构的布置参数

汽车上广泛采用上、下臂不等长的双横臂式独立悬架（主要用于前悬架）和滑柱摆臂（麦弗逊）式独立悬架。下面以这两种悬架为例，分别讨论独立悬架导向机构参数的选择方法，分析导向机构参数对前轮定位参数和轮距的影响。

（1）侧倾中心　双横臂式独立悬架的侧倾中心由图 3-17 所示的方式得出。将横臂内外转动点的连线延长，以便得到极点 P，并同时获得 P 点的高度。将 P 点与车轮接地点 N 连接，即可在汽车轴线上获得侧倾中心 W。当横臂相互平行时（图 3-18），P 点位于无穷远处，作与其平行的通过 N 点的平行线，同样可获得侧倾中心 W。

双横臂式独立悬架侧倾中心高度 h_w 的计算公式为

$$h_w = \frac{B_1}{2} \frac{h_p}{k\cos\beta + d\tan\sigma + a} \tag{3-23}$$

式中，$k = c\dfrac{\sin(90° + \sigma - a)}{\sin(\alpha + \beta)}$；$h_p = k\sin\beta + d$。

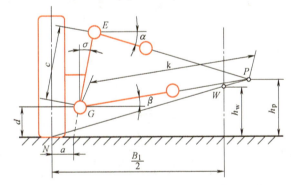

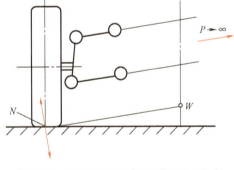

图 3-17　双横臂式悬架和纵横臂式悬架的距离　　　图 3-18　横臂互相平行的双横臂式悬架侧
h_w 及 P 点的计算法和图解法　　　　　　　　　　倾中心的确定

麦弗逊式独立悬架的侧倾中心由图 3-19 所示的方式得出。从悬架与车身的固定连接点 E 作活塞杆运动方向的垂直线并将下横臂线延长，两条线的交点即为 P 点。

麦弗逊式独立悬架的弹簧减振器柱 EG 布置得越接近竖直位置，下横臂 GD 布置得越接近水平位置，则侧倾中心 W 就越接近地面，从而使得在车轮上跳时车轮外倾角的变化很不理想。若加长下横臂，则可改善运动学特性。

麦弗逊式独立悬架侧倾中心高度 h_w 的计算公式为

$$h_w = \frac{B_1}{2} \frac{h_p}{k\cos\beta + d\tan\sigma + a} \tag{3-24}$$

式中， $k = \dfrac{c+o}{\sin(\alpha+\beta)}$ ； $h_p = k\sin\beta + d$ 。

（2）侧倾轴线　在独立悬架中，前后侧倾中心连线称为侧倾轴线。侧倾轴线应大致与地面平行，且尽可能高些。平行是为了使在曲线行驶时前、后轴上的轮荷变化接近相等，从而保证中性转向特性；而尽可能高则是为了使车身的侧倾限制在允许范围内。

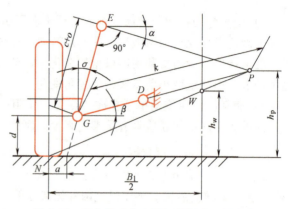

图 3-19　麦弗逊式独立悬架侧倾中心的确定

然而，前悬架侧倾中心高度受到允许轮距变化的限制且几乎不可能超过150mm。此外，在前轮驱动的车辆中，由于前桥轴荷大，且为驱动桥，故应尽可能使前轮轮荷变化小。一般独立悬架（纵臂式悬架除外）的侧倾中心高度，前悬架取 0～120mm，后悬架取 80～150mm。

设计时首先要确定（与轮距变化有关的）前悬架的侧倾中心高度，然后确定后悬架的侧倾中心高度。当后悬架采用独立悬架时，其侧倾中心高度要稍大些。如果用钢板弹簧非独立悬架，后悬架的侧倾中心高度要取得更大些。

（3）纵倾中心　双横臂式悬架的纵倾中心可用作图法得出，如图 3-20 所示。自铰接点 E 和 G 作摆臂转动轴 C 和 D 的平行线，两线的交点即为纵倾中心。

麦弗逊式独立悬架的纵倾中心，可由 E 点作减振器运动方向的垂直线，该垂直线与横臂轴 D 延长线的交点 O 即为纵倾中心，如图 3-21 所示。

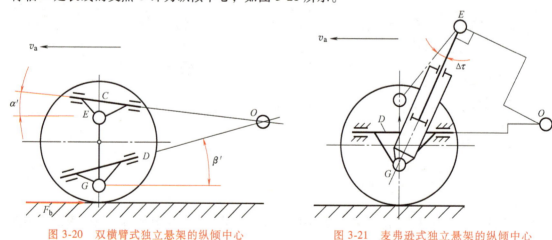

图 3-20　双横臂式独立悬架的纵倾中心　　　　图 3-21　麦弗逊式独立悬架的纵倾中心

（4）抗制动纵倾性（抗制动前俯角）　抗制动纵倾性使得制动过程中汽车车头的下沉量及车尾的抬高量减小。只有当前、后悬架的纵倾中心位于两根车桥（轴）之间时，这一性能才可实现，如图 3-22 所示。

汽车在制动时会发生点头现象，即车身前部降低，后部升高。发生这种现象会影响车内乘员的舒适性，在设计时应采取措施适当减小制动点头的程度。制动时作用在汽车上的各种动态力是引起点头的根本原因，一般采用抗制动点头率来表示悬架抗制动点头的效果。前悬

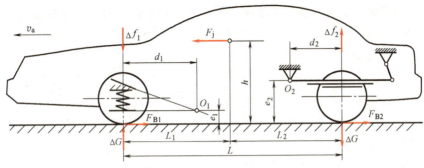

图 3-22　抗制动纵倾性

架的抗制动点头率

$$\eta_{d1} = \frac{e_1 \beta L}{d_1 h} \times 100\% \tag{3-25}$$

后悬架的抗制动点头率

$$\eta_{d2} = \frac{e_2 (1-\beta) L}{d_2 h} \times 100\% \tag{3-26}$$

式中，e_1、e_2 为前、后悬架俯仰瞬心到地面的距离；d_1、d_2 为前、后悬架俯仰瞬心到前、后轴中心的水平距离；h 为汽车质心高度；β 为制动力分配系数。

　　抗制动点头率的数值越大，制动点头的幅度就越小。在乘用车设计中，一般把前悬架的抗制动点头率选为 30% ~ 50%。100% 的抗制动点头率意味着若在紧急制动时车身将保持完全水平，道路试验表明，这会对驾驶人和乘客造成严重的冲击。为抑制制动点头的程度，悬架设计中常常从选择合适的俯仰瞬心的位置着手，即通过合适的悬架上下横臂摆动轴线的布置方案来限制制动点头。

　　（5）抗驱动纵倾性（抗驱动后仰角）　抗驱动纵倾性可减小后轮驱动汽车车尾的下沉量或前轮驱动汽车车头的抬高量。与抗制动纵倾性不同的是，只有当汽车为单桥驱动时，该性能才起作用。对于独立悬架而言，当纵倾中心位置高于驱动桥车轮中心时，这一性能才可实现。

　　汽车加速时会发生仰头现象，即车身前部升高、后部降低，在设计中应采取措施减小加速仰头的程度。一般用抗加速仰头率来表示悬架抗加速仰头的效果。前悬架的抗加速仰头率

$$\eta_{x1} = \frac{e_1 \beta_x L}{d_1 h} \times 100\% \tag{3-27}$$

后悬架的抗加速仰头率

$$\eta_{x2} = \frac{e_2 (1-\beta_x) L}{d_2 h} \times 100\% \tag{3-28}$$

式中，β_x 为差速器的转矩分配系数。

　　抗加速仰头率的数值越大，加速仰头的幅度就越小。后轮驱动乘用车的后悬架抗加速仰头率一般为 80% ~ 95%。

　　（6）悬架横臂的定位角　独立悬架中的横臂铰链轴大多为空间倾斜布置。为了描述方

便，将横臂空间定位角定义为横臂的水平斜置角 α、悬架抗前俯角 β 和悬架斜置初始角 θ，如图 3-23 所示。

3. 双横臂式独立悬架导向机构设计

（1）**纵向平面内上、下横臂轴布置方案** 上、下横臂轴抗前俯角的匹配对主销后倾角的变化有较大影响。图 3-24 所示为六种可能匹配布置方案的主销后倾角 γ 值随车轮跳动的变化曲线。图中横坐标为 γ，纵坐标为车轮接地中心的垂直位移量 Z。各匹配方案中，β_1、β_2 角度的取值如图 3-24 所示，其正负号按右手定则确定。

为了提高汽车的制动稳定性和舒适性，一般希望主销后倾角的变化规律为在悬架弹簧压缩时后倾角增大，在弹簧拉伸

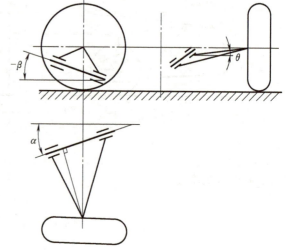

图 3-23 α、β 和 θ 的定义

时后倾角减小，用以形成制动时因主销后倾角变大而在控制臂支架上产生防止制动前俯的力矩。

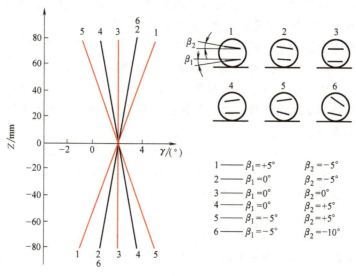

图 3-24 β_1、β_2 的匹配对 γ 的影响

分析图 3-24 中 γ 的变化曲线可知，第 4、5 方案的 γ 变化规律为压缩行程 γ 减小，拉伸行程 γ 增大，这与所希望的规律正好相反，因此不宜用在汽车前悬架中；第 3 方案虽然主销后倾角的变化最小，但其抗前俯的作用也小，所以现代汽车中也很少采用；第 1、2、6 方案主销后倾角的变化规律是比较好的，所以这三种方案在现代汽车中被广泛采用。

（2）**横向平面内上、下横臂的布置方案** 比较图 3-25a、b、c 可以清楚地看到，上、下横臂布置不同，所得侧倾中心的位置也不同，这样就可根据对侧倾中心位置的要求来设计上、下横臂在横向平面内的布置方案。

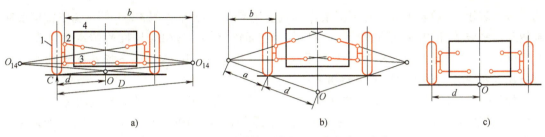

图 3-25　上、下横臂在横向平面内的布置方案

（3）水平面内上、下横臂轴的布置方案　上、下横臂轴线在水平面内的布置方案有三种，如图 3-26 所示。

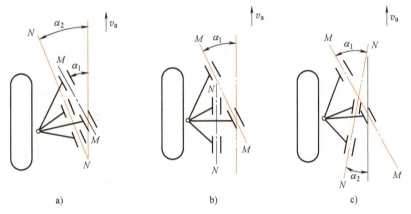

图 3-26　水平面内上、下横臂轴的布置方案

a）α_1 和 α_2 皆为正值　b）α_1 为正值，α_2 为零　c）α_1 为正值，α_2 为负值

下横臂轴 M—M 和上横臂轴 N—N 与纵轴线的夹角，分别用 α_1 和 α_2 来表示，称为导向机构上下横臂轴的水平斜置角。一般规定，轴线前端远离汽车纵轴线的夹角为正，反之为负；与汽车纵轴线平行者，夹角为零。

为了使车轮在遇到凸起路障时能够使车轮一面上跳，一面向后退让，以减少传到车身上的冲击力，还为了便于布置发动机，大多数前置发动机汽车的悬架下横臂轴 M—M 的斜置角 α_1 为正，而上横臂轴 N—N 的斜置角 α_2 则有正值、零和负值三种布置方案，如图 3-26a、b、c 所示。上、下横臂轴斜置角不同的组合方案，对车轮跳动时前轮定位参数的变化规律有很大影响。如车轮上跳，下横臂轴斜置角 α_1 为正、上横臂轴斜置角 α_2 为负值或零值时，主销后倾角随车轮的上跳而增大。如组合方案为上、下横臂轴斜置角 α_1、α_2 都为正值，如图 3-26a 所示，则主销后倾角随车轮的上跳有较少增加甚至减少（当 $\alpha_1 < \alpha_2$ 时）。

至于采取哪种方案为好，要与上、下横臂在纵向平面内的布置一起考虑。当车轮上跳、主销后倾角变大时，车身上的悬架支承处会产生反力矩，有抑制制动时的前俯作用。但主销后倾角变得太大时，会使支承处反力矩过大，同时使转向系统对侧向力十分敏感，易造成车轮摆振或转向盘上力的变化。因此，希望乘用车的主销后倾角原始值为 $-1° \sim +2°$。当车轮上跳时，悬架每压缩 10mm，主销后倾角变化范围为 $10' \sim 40'$。

为了综合上述要求，选择适当的抗前俯角，国外已根据设计经验制订出一套列线图，如图 3-27 所示。该图由三组线图组成：图 3-27a 所示为汽车在不同减速度时（以重力加速度 g

的百分数表示），前轮上方车身下沉量 f_1 与抗前俯率 η_d 的关系；图3-27b所示为下横臂摆动轴线与水平线夹角 β_1 不相同时，主销后倾角 γ 的变化率 $\mathrm{d}\gamma/\mathrm{d}f_1$ 与抗前俯率的关系；图3-27c所示为不同球销中心距时，主销后倾角的变化率 $\mathrm{d}\gamma/\mathrm{d}f_1$ 与上、下横臂摆动轴线夹角 $(\beta_2-\beta_1)$ 的关系。运用此图的步骤如下：

先根据设计的容许前臂角（在 $0.5g$ 时为 $1°\sim3°$）确定 f_1，然后找到相应的 η_d，并在图3-27b上初选 β_1，求出主销后倾角变化率（推荐悬架每压缩10mm时为 $10'\sim40'$）；如果超出范围，即重选 β_1，直至达到要求为止。接着可用图3-27c先选定球销中心距，从图3-27b所确定的 $\mathrm{d}\gamma/\mathrm{d}f_1$ 值与初选的球销中心距在图上沿虚线所示路线找到上、下横臂轴的夹角 $(\beta_2-\beta_1)$，若布置上允许即认为初选成功。图3-27适用于轴距为 $2.8\sim3.2\mathrm{m}$、质心高为 $0.58\sim0.6\mathrm{m}$ 的乘用车。

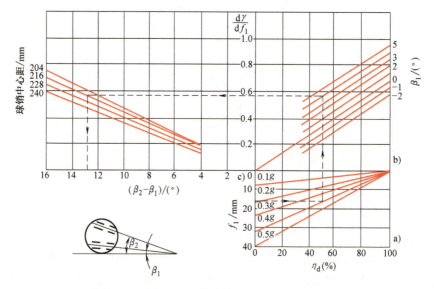

图3-27 选择上、下横臂轴线纵向倾角的列线图

（4）上、下横臂长度的确定 双横臂式悬架上、下横臂的长度对车轮上、下跳动时的定位参数影响很大。现代乘用车所用的双横臂式前悬架，一般设计成上横臂短、下横臂长。这一方面是考虑到布置发动机方便，另一方面也是为了得到理想的悬架运动特性。

图3-28所示为下横臂长度 l_1 保持原车值不变，改变上横臂长度 l_2，使 l_2/l_1 分别为0.4、0.6、0.8、1.0、1.2时计算得到的悬架运动特性曲线。其中 Z-B_y（Z 为车轮接地点的垂向位移，B_y 为1/2轮距）为车轮接地点在横向平面内随车轮跳动的特性曲线。由图3-28可以看出，当上、下横臂的长度之比为0.6时，B_y 曲线变化最平缓；l_2/l_1 增大或减小时，B_y 曲线的曲率都增加。图3-28中的 Z-α 和 Z-β 分别为车轮外倾角和主销内倾角随车轮跳动的特性曲线。当 $l_2/l_1=1.0$ 时，α 和 β 均为直线并与横坐标垂直，α 和 β 在悬架运动过程中保持定值。

设计汽车悬架时，希望轮距变化要小，以减少轮胎磨损，提高其使用寿命，因此应选择 l_2/l_1 在0.6附近；为保证汽车具有良好的操纵稳定性，希望前轮定位角度的变化要小，这时应选择 l_2/l_1 在1.0附近。综合以上分析，该悬架的 l_2/l_1 应在 $0.6\sim1.0$ 范围内。

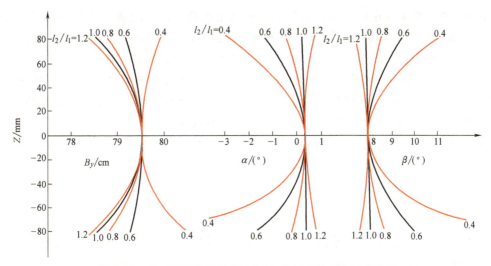

图 3-28　上、下横臂长度之比 l_2/l_1 改变时的悬架运动特性

4. 麦弗逊式独立悬架导向机构设计

（1）导向机构受力分析

分析图 3-29a 所示的麦弗逊式独立悬架受力简图可知，作用在导向套上的横向力 F_3 可根据图上的布置尺寸求得

$$F_3 = \frac{F_1 a d}{(c+b)(d-c)} \tag{3-29}$$

式中，F_1 为前轮上的静载荷 F_1' 减去前轴簧下质量所受重力的 $1/2$。

横向力 F_3 越大，则作用在导向套上的摩擦力 $F_3 f$ 越大（f 为摩擦因数），这对汽车平顺

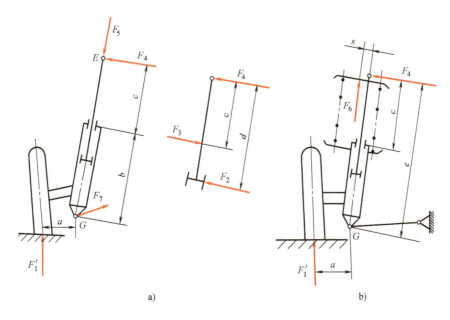

图 3-29　麦弗逊式独立悬架导向机构受力简图

性有不良影响。为了减小摩擦力，在导向套和活塞表面应用了减磨材料和特殊工艺。由式（3-29）可知，为了减小 F_3，要求尺寸 $c+b$ 越大越好，或者减小尺寸 a。增大 $c+b$ 使悬架占用空间增加，在布置上有困难；若采用增加减振器轴线倾斜度的方法，可达到减小 a 的目的，但也存在布置困难的问题。为此，在保持减振器轴线不变的条件下，常将图中的 G 点外伸至车轮内部，既可以达到缩短尺寸 a 的目的，又可获得较小的甚至是负的主销偏移距，提高制动稳定性。移动 G 点后使得主销轴线不再与减振器轴线重合。

由图 3-29b 可知，将弹簧和减振器的轴线相互偏移距离 s，再考虑到弹簧轴向力 F_6 的影响，则作用到导向套上的力将减小，即

$$F_3 = \frac{F_1 ad}{(c+b)(b-c)} - \frac{F_6 s}{d-c} \tag{3-30}$$

由式（3-30）可知，增加距离 s，有助于减小作用到导向套上的横向力 F_3。

为了发挥弹簧反力减小横向力 F_3 的作用，有时还将弹簧下端布置得尽量靠近车轮，从而造成弹簧轴线及减振器轴线成一角度。这就是麦弗逊式独立悬架中主销轴线、滑柱轴线和弹簧轴线不共线的主要原因。

（2）横臂轴线布置方式的选择 麦弗逊式独立悬架的横臂轴线与主销后倾角的匹配影响汽车的纵倾稳定性。图 3-30 中，O 点为汽车纵向平面内悬架相对于车身跳动的运动瞬心。当摆臂轴的抗前俯角 $-\beta$ 等于静平衡位置的主销后倾角 γ 时，

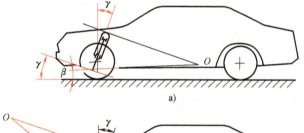

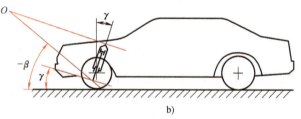

图 3-30 γ 角变化示意图

横臂轴线正好与主销轴线垂直，运动瞬心交于无穷远处，主销轴线在悬架跳动时做平动，因此 γ 值保持不变。

当 $-\beta$ 与 γ 的匹配使运动瞬心 O 交于前轮后方时（图 3-30a），在悬架压缩行程，γ 角有增大的趋势。当 $-\beta$ 与 γ 的匹配使运动瞬心 O 交于前轮前方时（图 3-30b），在悬架压缩行程，γ 角有减小的趋势。

为了减少汽车制动时的纵倾，一般希望在悬架压缩行程主销后倾角 γ 有增加的趋势。因此，在设计麦弗逊式独立悬架时，应选择参数 β 能使运动瞬心 O 交于前轮后方。

（3）横臂长度的确定 图 3-31 所示为采用某乘用车麦弗逊式前独立悬架的实测参数为输入数据的计算结果。图中的几组曲线是下横臂 l_1 取不同值时的悬架运动特性。由图可以看出，横臂越长，B_y 曲线越平缓，即车轮跳动时轮距变化越小，有利于提高轮胎寿命。主销内倾角 β、车轮外倾角 α 和主销后倾角 γ 曲线的变化规律也都与 B_y 类似，说明摆臂越长，前轮定位角度的变化越小，将有利于提高汽车的操纵稳定性。

具体设计时，在满足布置要求的前提下，应尽量加长横臂长度。

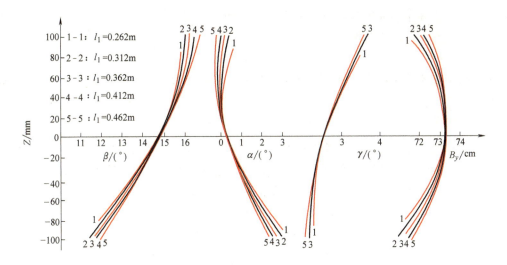

图 3-31　麦弗逊式独立悬架的运动特性曲线

拓展学习内容——减振器的设计

扫一扫，直接在手机上打开

3.3　车架设计

3.3.1　车架的功用及设计要求

车架是跨接在汽车前后车桥上的框架式结构，俗称大梁，是汽车的基体。一般由两根纵梁和几根横梁组成，经由悬架装置、前桥、后桥支承在车轮上。车架必须具有足够的强度和刚度，以承受汽车的载荷和从车轮传来的冲击。车架的功用是支承、连接汽车的各总成，使各总成保持相对正确的位置，并承受汽车内外的各种载荷。

车架的设计要满足以下要求：

1）具有足够的强度，以保证在汽车大修里程内，车架的主要零部件不因受力而破坏。

2）具有足够的抗弯刚度，以保证车架的变形在允许范围之内，保证车架上各总成的正常工作。货车车架的最大弯曲挠度应该小于10mm。

3）具有合适的扭转刚度。一般希望车架两端的扭转刚度大些，而中段小些。

4）为了提高汽车整车的轻量化水平，要求车架质量尽可能小。车架自身质量一般应该在整车整备质量的10%以内。

此外，车架应布置得离地面近一些，以使汽车质心降低，以利于提高汽车的行驶稳定

性。这一点对于客车和乘用车来说尤为重要。

3.3.2 车架的结构方案分析

车架按其总体结构形式可以分为框式、脊梁式、综合式。框式车架又分为边梁式和周边式两种。

1. 边梁式车架

边梁式车架由左右分开的两根纵梁和若干根横梁组成，如图3-32所示。当承受扭转载荷时，这种车架的各部分同时产生弯曲和扭转。在这种车架上便于安装车身和布置其他各种总成、零部件，易于满足改装和变型的需要。边梁式车架广泛应用于货车、越野车、特种车和由货车底盘改装的大客车上，在乘用车上采用较少。

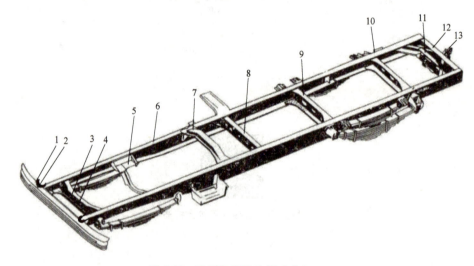

图 3-32　重型汽车的边梁式车架

1—保险杠　2—挂钩　3—前横梁　4—发动机前悬置横梁　5—发动机后悬置右（左）支架和横梁　6—纵梁
7—驾驶室后悬置横梁　8—第四横梁　9—后钢板弹簧前支架横梁　10—后钢板弹簧后支架横梁
11—角撑横梁组件　12—后横梁　13—拖钩部件

2. 周边式车架

周边式车架的特点是前、后两端纵梁变窄，中部纵梁加宽，如图3-33所示。其中，前、后狭窄端是通过所谓缓冲臂或抗扭盒（图3-33中车架的 $D—D$ 截面和 $F—F$ 截面）与中部纵梁焊接相连。其中，缓冲臂或抗扭盒具有一定弹性，受力后可以产生一定的弹性变形。这样就可以使前端或后端的纵梁相对于中部纵梁有一定的相对转角。所以，这种车架可以缓和路面不平的冲击，降低车内噪声。此外，车架中部宽度接近地板宽度，从而提高了整车的横向稳定性，还能减少车架纵梁外侧装置件的悬伸长度。前、后端较窄可以保证前轮有足够的转动空间和后轮轮距不致过大。但是，这种车架结构复杂、成本高，故仅用于中、高级乘用车上。

另外，在某些乘用车的框式车架中，其中段用 X 形梁代替横梁（图3-34），与左、右纵梁相连，可视为框式车架的一种变形。其优点是扭转刚度大，对限制车架扭转变形作用较

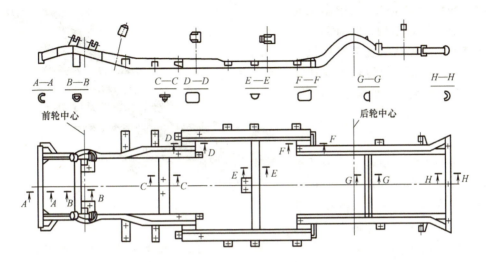

图 3-33 周边式车架

好，并能阻止左、右纵梁在水平面内错开。

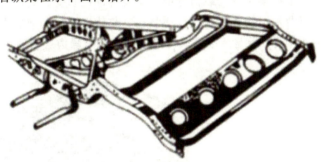

图 3-34 以 X 形梁代替横梁的框式车架

3. 脊梁式车架

脊梁式车架主要是由一根通过车架中央的具有封闭断面的管形脊梁和若干根悬伸托架构成的（图 3-35），也称中梁式车架。采用这种车架的车辆其前、后轮常采用独立悬架，容许车轮有较大的跳动空间，使汽车有较好的通过性。与同吨位的载货汽车相比，其车架轻，整车质量小，同时质心也较低，故行驶稳定性好；车架的强度和刚度较大。但是这种车架的制造工艺复杂，维修不便，目前仅用于某些高越野汽车上。

4. 综合式车架

综合式车架是综合了框式车架和脊梁式车架的一些设计特征而成的。图

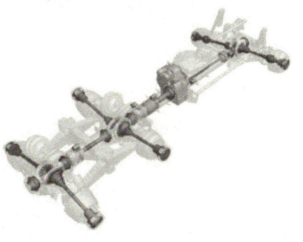

图 3-35 脊梁式车架

3-36 所示为综合式车架，其中车架的后部近似于边梁式结构，而前部采用脊梁式结构。这种结构使前部抗扭刚度大、地板高度低，但地板中间往往形成大鼓包，影响后座的乘坐舒适性，加之工艺复杂，所以应用不广泛。

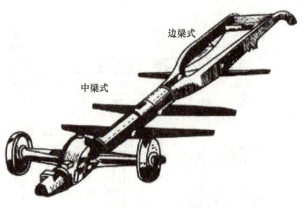

图 3-36　综合式车架

5. 承载式车身

部分乘用车和大型客车取消了车架，以车身兼代车架的作用，即将所有部件固定在车身上，所有的动力也由车身来承受，这种车身称为承载式车身，如图 3-37 所示。承载式车身将底盘部件（发动机、悬架系统、传动系统等）直接安装在车身上，以薄板结构为主。为了缓和底盘件安装部位的应力和确保车身刚度等，部分车辆安装有副车架。

承载式车身将车架上的集中外力载荷分散给车身各部件承受，利用曲面构件提高车身强度、合理布局。由于以薄板结构为主，所以质量小、整体性高，制造成本较低，目前绝大多数乘用车均采用承载式车身。但是传动系统和悬架的振动与噪声会直接传入车内，应该采取隔振及隔声措施。

图 3-37　承载式车身

3.3.3　车架的载荷工况及强度分析

由于汽车使用工况复杂，使得车架承受很复杂的载荷，在此以边梁式货车车架为例分析车架所承受的载荷。

1）汽车静止时，车架只承受弹簧以上部分的负荷，它由车架和车身的自身质量、装在车架上的各总成和装载质量所受到的重力组成，其总和称为车架的静载荷。

2）汽车在平路上以较高车速行驶时，路面的反作用力使车架承受对称的垂向载荷，它使车架产生弯曲变形，其大小取决于作用在车架上各处的静载荷及其垂向加速度。

3）汽车在崎岖不平路上行驶时，汽车四个车轮可能不在同一平面内，从而使车架同车

身一起倾斜，使车架产生扭转变形，其大小取决于路面不平度及车架与悬架的刚度。

4）汽车加速或制动时，会使车架受到水平力作用，并且会导致车架前、后部载荷的重新分配。

5）汽车转弯行驶时，惯性力将使车架受到侧向力的作用。

6）车轮碰到路面凸起障碍时，将使车架受到水平以及竖直方向的冲击力。

7）安装在车架上的各总成工作时，如果其所产生的力的作用线不通过纵梁截面的中心，将会产生附加的局部扭矩。

由此可见，汽车车架受载情况极为复杂，受到的是空间力系，另外，车架纵梁与横梁的节点结构又是各式各样的，更导致问题复杂化。目前，一般采用有限元法来对车架的强度和刚度进行比较精确的分析。

3.4 轮胎及车轮的选择

3.4.1 轮胎的使用要求

轮胎及车轮用来支承汽车，承受汽车重力，在车桥（轴）与地面之间传力，驾驶人通过操纵转向轮可实现对汽车运动方向的控制。对乘用车和轻型货车轮胎的要求主要包括以下几方面：

（1）**行驶安全性** 为了保证行驶安全性，要求轮胎牢固地安装在轮辋上，这取决于轮胎与轮辋的接口设计。轮胎的密封性能良好，一般要求轮胎气压的降低率为每年25%~30%。

（2）**使用寿命** 轮胎的使用寿命取决于其耐久性和高速强度。通常通过道路试验和台架试验来检验其是否满足要求。

（3）**经济性** 轮胎的经济性主要包括购买价格、行驶里程、磨损形态和滚动阻力。轮胎的气压也对其经济性具有重要影响。

（4）**舒适性** 轮胎的舒适性主要取决于其良好的刚度和阻尼特性、均匀性、低噪声性和低的停车转向阻力矩。

（5）**操纵性** 轮胎的操纵性主要包括对转向输入响应快速、没有滞后，具有良好的侧偏特性。

对商用车（各种货车和中、大型客车等）轮胎的要求与对乘用车和轻型货车轮胎的要求基本相同，只是上述要求的优先顺序有所不同。对于商用车轮胎，在保证安全性要求的同时，经济性是最主要的考虑因素，有关的性能要求包括行驶里程长、磨损均匀、滚动阻力系数低、牵引性能好、质量小、可以安装防滑链以及可以翻新。

与乘用车轮胎相比，商用车轮胎的滚动阻力对油耗的影响比较大，这主要是因为商用车每年的平均行驶里程是乘用车的 10 倍左右。

3.4.2 轮胎的选择

1. 轮胎选择的主要依据

轮胎的选择主要依据轮胎尺寸和标记，乘用车轮胎规格标记如图 3-38 所示。

轮胎的选择主要从以下几个方面来考虑。

(1) 轮胎的选择原则 选择用在新设计车辆上的轮胎时，原则上应该选择符合该车使用国标准的轮胎。在日本，符合车辆用途和规格的轮胎，要从符合日本汽车轮胎协会标准（简称轮胎协会标准）的轮胎中选择。对欧洲出口的车辆最好从欧洲轮胎和轮辋技术组织（The European Tyre and Rim Technical Organization，ETRTO）的标准指南所规定的轮胎中选择，对美国出口的车辆最好从轮胎和轮辋协会（The Tire and Rim Association，TRA）的年鉴规定的轮胎中选择。一般而言，与车辆型式认证一样，要求对轮胎进行认证的国家也很多。因此，出口车用轮胎最好与轮胎厂家进行充分的协商后再决定。

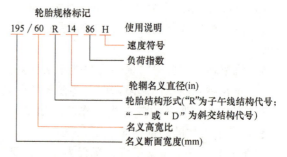

图 3-38　乘用车轮胎规格标记

(2) 用途 在轮胎协会标准中，规定了乘用车、货车以及客车等按照用途不同而设定的标准，因此，首先要选定符合用途的轮胎组。即使满足其他参数要求，但不符合轮胎的用途，那么其经济性可能较差，并会发生其他问题，需要加以注意。因为会出现部分与TRTO、TRA 等用途分类法不同的情况，所以在为特殊用途车辆选择轮胎时，最好与轮胎厂家进行协商。

(3) 轮胎大小 在确定了轮胎的用途后，接下来就是确定轮胎的大小。在确定大小时，要考虑好车辆上轮胎的装配尺寸、载荷、使用气压、车辆的最高速度等因素，选择的大小要满足上述所有要求。由于使用气压、使用速度或是使用单轮还是双轮，都会改变载荷的大小，因此，选择时要注意一定不要选错在车辆使用条件中的轮胎载荷。在尚未确定车辆诸参数时，应当选择有余量的尺寸。

(4) 轮胎尺寸 在确定轮胎与车辆的装配尺寸时，要充分地考虑制动鼓以及车辆形式等因素再确定轮辋的直径，求出能够承受所需载荷的轮胎大小，并且考虑配用轮胎与车辆是否会发生干涉。这时配用轮胎的外径和宽度，选用在轮胎协会标准中规定的尺寸范围内的最大值。对可能在冬季积雪路面行驶的车辆，要预想到有可能使用防滑链，因此要留有余地。在使用双轮轮胎时，要确保按轮胎协会标准所规定的双轮间隔。在特殊车辆上采用比普通轮胎胎面花纹深的轮胎时，有时按花纹深度的差使轮胎的外径增大，因此，最好与轮胎厂家进行充分的协商。雪地轮胎、无防滑钉轮胎、带防滑轮刺轮胎等冬季用轮胎也属于这类深花纹轮胎。

(5) 轮胎气压 轮胎气压的规定应该在考虑车辆的弹性特性等因素后确定。然而，从轮胎的性能来看，乘用车用轮胎应按设计的常用载荷选择气压，货车和客车用轮胎最好按接近最大载荷选择气压。但是，不能使用超过轮胎协会标准规定的气压-载荷对应表范围内的气压。

(6) 轮胎花纹及花纹深度 确定了轮胎大小后，选择符合车辆用途的花纹及花纹深度。轮胎花纹中有纵沟花纹、纵沟横沟组合花纹、横沟花纹以及方块花纹等类型。一般来说，纵沟和方块花纹主要在铺装路面上使用，横沟和纵横沟组合花纹主要在非铺装路面上使用。花纹深度对乘用车来说没有特殊的区别，但在货车和客车用轮胎中被划分为三种类型，车速为

100km/h左右的高速行驶用轮胎为浅花纹轮胎，在车速为60~80km/h条件下使用的轮胎为一般花纹轮胎，低速行驶轮胎为深花纹轮胎。

轮胎花纹及花纹深度不仅对外观有影响，还对操纵特性和噪声特性等有很大的影响，应与轮胎厂家进行充分协商后再做决定。

(7) **备用轮胎** 备用轮胎最好选择与所用正规轮胎规格相同的轮胎。但是在正规轮胎之外，也可以选择T型应急轮胎，由于它宽度窄，充气压力高，同样可以承载，因此，比正规轮胎的体积小，目的是节省空间和实现轻量化的要求。

* 2. 斜交轮胎与子午线轮胎

轮胎主要由胎面、帘布层、缓冲层和胎圈组成。轮胎按其结构（也即胎体中帘线排列方向）的不同，可以分为以下两种：

(1) **普通斜交轮胎** 斜交轮胎主要由胎面、帘布层、缓冲层和胎圈组成。普通斜交轮胎的帘布层和缓冲层各相邻层帘线交叉，且与胎面中心线呈小于90°角排列。

1）胎面。胎面是外胎的外表层，包括胎冠、胎肩和胎侧三部分。

胎冠：胎冠用耐磨的橡胶制成，它直接承受摩擦和全部载荷，能减轻帘布层所受的冲击，并保护帘布层和内胎，以免其受到机械损伤。胎面上有各种凹凸花纹，以保证轮胎与地面的附着性能，防止轮胎滑移。轮胎胎面的花纹对汽车使用性能有非常重要的影响，因此在选用轮胎时必须足够重视轮胎的花纹。

胎肩：胎肩是较厚的胎冠与较薄的胎侧之间的过渡部分。它除了起到保护帘布层的作用外，表面一般还制有各种花纹，以利于防滑和散热。

胎侧：胎侧是贴在帘布层侧壁的较薄的一层橡胶层，它可承受较大的扭曲变形，其作用是保护帘布层免受机械损伤和水分侵蚀。

2）帘布层。帘布层是外胎的骨架，也称胎体。其主要作用是承受载荷，保持外胎的形状和尺寸，使外胎具有一定的强度。帘布层通常由多层挂胶帘线用橡胶粘合而成。为了使负荷均匀分布，帘布层数多为偶数。帘布层数越多，其强度越高，但相应它的弹性随之降低。一般帘布层数都标在外胎的表面上。

帘布材料一般有棉线、人造丝线、尼龙线和钢丝等。现在多采用聚酰胺纤维和钢丝作为帘线后，在轮胎的承载能力相同的情况下帘布层数可以减少，这样既减少了橡胶的消耗，提高了轮胎的质量，又降低了滚动阻力，延长了轮胎的使用寿命。

3）缓冲层。缓冲层位于胎面和帘布层之间，一般用两层或数层较稀疏的帘线和弹性较大的橡胶制成，所以其弹性较大，能缓和汽车在不平路面上行使时所受的冲击，并防止汽车在紧急制动时胎面与帘布层脱离。

4）胎圈。胎圈由钢丝圈、帘布层包边和胎圈包布组成，具有很高的刚度和强度，可使轮胎牢固地装在轮辋上。

(2) **子午线轮胎** 子午线轮胎的帘布层与胎面中心线呈90°角或接近90°角排列，与帘布层轮胎的子午断面一致，很像地球上的子午线，所以称为子午线轮胎。由于帘布层的这种排列特点，使子午线轮胎帘布层数比普通斜交轮胎可减少40%~50%。子午线轮胎的圆周方向上只靠橡胶来联系，所以为了承受行驶时产生的较大切向力，提高轮胎的刚度，子午线轮胎还具有若干层帘线与子午断面呈较大角度（夹角为70°~75°）、强度较高、不易拉伸的周

向环行的类似缓冲带的带束层。带束层一般采用强度较高、拉伸变形很小的织物帘布（如玻璃纤维、聚酰胺纤维）或钢丝帘布制造。

1）与普通斜交轮胎相比，子午线轮胎有以下优点：

① 滚动阻力小，节约燃料。由于有带束层，轮胎着地后胎冠切向变形及相对滑移比普通轮胎要小很多，而且子午线轮胎胎侧薄，径向变形恢复快。这两个特点有利于减少轮胎内磨损，降低滚动阻力。试验证明子午线轮胎的滚动阻力比普通斜交轮胎小 20%～30%，可节约燃料 5%～10%。

② 胎面耐磨性好，使用寿命长。车轮滚动时，轮胎着地弧面既变形，又滑移，变形促使滑移，滑移又加剧胎面磨损。由于子午线轮胎胎冠刚度大，变形小，几乎没有滑移，此外胎冠接地面积大，单位压力小并且均匀，所以使胎面磨损减小。试验证明子午线轮胎的使用寿命比斜交轮胎提高 30%～40%。

③ 弹性大，缓冲性好。由于子午线轮胎帘线呈径向排列，所以车轮转动时，轮胎垂直于地面的变形比斜交轮胎大，胎体柔软，弹性好，所以提高了汽车行驶的平顺性。

④ 抗刺能力强。子午线轮胎因有坚硬的带束层，所以大大增强了胎冠的抗刺能力，减少了轮胎爆胎的危险，提高了行驶的安全性。

⑤ 附着力大。子午线轮胎在行驶时接地面积较大，同时由于带束层的作用，接地压强分布较均匀，从而提高了附着力，减少了侧滑现象。

2）子午线轮胎的主要缺点有：胎侧较薄，容易起裂口；胎侧变形大，侧向稳定性较差；子午线轮胎的制造要求高，成本高。

3.4.3　车轮的选择

1. 车轮的功用及要求

车轮具有承受车辆的竖直载荷、侧向载荷以及驱动、制动等在行驶中所产生的各种力，并在转向时通过转向节对轮胎传递转向的作用。因此要求保持轮胎轮辋的轮廓、尺寸和形状都要正确，且其不能与制动器或轮毂罩等产生干涉，并要求具有良好的精度、刚度和耐疲劳性。

为了发挥车轮的功能，要求保持轮辋的轮廓尺寸和形状及与车辆的连接安装尺寸应符合相关标准，并具有良好的耐久性。此外，还要有良好的气密性。车辆装配处的螺母座的刚度，轮胎滚动时的纵向摆动、侧向摆动以及动平衡量也必须良好。为了在车辆行驶时不产生异常振动，对车轮安装面的精度以及螺栓孔的精度都有较高要求。另外，轮毂防尘罩平衡重、气门芯的形状和精度也要合理。此外还有造型与轻量化的要求。

＊2. 车轮的分类和特征

车轮及轮胎与汽车多种性能密切相关。整车动力性、经济性、平顺性、通过性、制动性及操纵稳定性等可通过轮胎及车轮的特性配合实现匹配和优化，安全性和可靠性在很大程度上取决于所用轮胎和车轮的制造质量和使用寿命。

车轮由轮毂、轮辋以及连接这两元件间的轮辐所组成。车轮按轮辋和辐板的连接形式，可分为组合式车轮和整体式车轮。此外，还有对开式车轮、可反装式车轮、可调式车轮等。组合式车轮将轮辋与辐板用焊接或铆接方式进行连接，用于钢制车轮；整体式车轮将轮辋与

辐板用铸造成形或锻造成形进行连接，用于合金制车轮。按轮辐不同，车轮可分为辐板式车轮和辐条式车轮。目前在汽车和货车上广泛采用辐板式车轮。

（1）**辐板式车轮**　辐板式车轮由挡圈、轮辋、辐板和气门嘴伸出口组成，如图 3-39 所示。车轮中用以连接轮毂和轮辐的钢质圆盘称为辐板，大多数是冲压制成的，少数和轮毂铸成一体，后者主要用于重型汽车。辐板与轮辋通过焊接或铆接固定成整体。通过辐板上的大中心孔及周围的螺栓孔安装在轮毂上。螺栓孔两端都做成球面或锥面凹坑，相应的紧固螺母的端部也制有凸起，以便于安装时对正中心，也利于互换。与轮辋连接处的辐板上，开有若干个半圆形的通孔用以减小质量，也有利于制动鼓散热。由于货车后轴载荷大，后桥一般使用双式后轮，即在同一轮毂上背靠背安装两个辐板式车轮。为防止车轮在行驶中自行松脱，汽车左、右侧固定辐板的螺柱、螺母采用旋向不同的螺纹，即左轮用左旋螺纹，右轮用右旋螺纹。目前，一些车轮上采用球面弹簧垫圈，可以防止螺母的自行松脱，故左、右车轮上都用右旋螺纹连接。

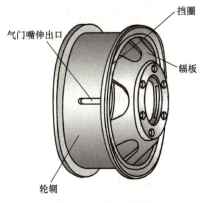

图 3-39　辐板式车轮

（2）**辐条式车轮**　辐条式车轮的轮辐是和轮毂铸成一体的铸造辐条，辐条式车轮一般用于赛车和某些高级汽车上。用于装载质量较大的重型汽车上铸造辐条式车轮的结构如图 3-40 所示。在这种结构的车轮上，轮辋 1 用螺栓 3 和特殊形状的衬块 2 固定在辐条 4 上。为了使轮辋与辐条很好地对中，在轮辋和辐条上都加工出配合锥面 5。

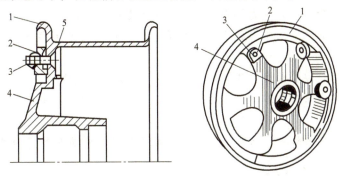

图 3-40　辐条式车轮

1—轮辋　2—衬块　3—螺栓　4—辐条　5—配合锥面

3. 车轮的选择方法

（1）**要求质量的设定**　需要首先明确适用车轮的使用目的和使用方法，即明确适用车辆的种类、车辆质量等各种参数，并考虑所使用的轮胎，然后设定车轮的要求质量。

（2）**轮辋的选择**　根据适用于车辆的轮胎参数确定轮辋尺寸。轮辋的轮廓尺寸请参阅有关标准，以日本汽车轮胎协会为例：JIS D4218（汽车用）；JIS D4215（摩托车用）；JIS D6402（工业车辆及越野车辆用）；JIS B9203（农业机械用）。

（3）**车轮的结构**　为实现包括外观造型在内的设定目标，根据采用的材料和制造方法决定车轮结构是采用轮辋与轮辐分体的组装形式，还是采用铝制车轮等整体结构。根据选定

的结构，需要研讨的具体项目会有所不同，一般会将轮辋部分和轮辐部分分开讨论。

为避免轮辋与车辆制动器发生干涉，选择轮辋时必须确保留有足够的间隙。此外，还有利用带状凸起固定轮毂罩的车轮，此时需要选定高精度的尺寸公差。

决定轮辐形状时，需要充分考虑防止其与车辆制动器发生干涉，同时应考虑冷却性、轮毂罩安装结构等问题以及安装到车辆时的各种限制。

（4）车轮强度条件的设定　由于车轮的强度受轮胎的气压、车辆重量、轮胎最大载荷、车辆速度、使用温度和腐蚀等因素的影响，有必要根据前述与该车辆有关的质量要求，设定最佳强度条件。

（5）车轮材料的选择　车轮使用的材料有钢板、铝合金、镁合金以及其他混合材料等。另外，还有把这些由不同材料制成的轮辋和轮辐组装起来的车轮，根据上述车轮质量中的轻量化、耐腐蚀以及外观造型等要求，在考虑高强度钢板等材料强度的基础上选择合适的材料。

（6）车轮的安全性　车轮是重要的安全部件，必须结实耐用。随着高速公路的发展及汽车行驶的高速化，即使是很小的缺陷也会造成重大的事故。因此，必须充分考虑相关的安全问题。

（7）车轮的使用性　车轮和轮胎维修的便利性也是车轮必须考虑的重要条件之一。必须考虑到轮胎的装拆性、充气性、气门嘴周围的操作性以及车轮螺母（螺栓）的安装性等。

思考题

1. 设计悬架和独立悬架导向机构时，各应当满足哪些基本要求？

2. 汽车悬架分非独立悬架和独立悬架两类，独立悬架又分为哪几种形式？它们各自有何优缺点？

3. 影响选取钢板弹簧长度、片厚、片宽以及片数的因素有哪些？

4. 什么是轴转向效应？为什么后悬架采用钢板弹簧结构时，要求钢板弹簧的前铰接点比后铰接点要低些？

5. 设计麦弗逊式悬架时，它的主销轴线、滑柱轴线和弹簧轴线三条线为什么不在一条线上？

第4章 转向系统设计

【教学内容】

本章主要介绍转向系统的设计要求；齿轮齿条式转向器、循环球式转向器、转向传动机构、转向轴的结构方案分析及设计；防伤安全机构设计等内容。

【学习目标】

➤ 掌握转向系统性能参数要求。
➤ 能够对机械转向系统的结构方案进行对比分析。
➤ 能够对转向传动机构进行分析。
➤ 能够对转向传动机构等的典型零件进行设计。

4.1 转向系统概述

*4.1.1 转向系统的组成及功用

转向系统是用来保持或者改变汽车行驶方向的机构，在汽车转向行驶时，保证各转向轮之间有协调的转角关系。

汽车转向系统可按转向能源的不同分为机械转向系统和助力转向系统两大类。机械转向系统依靠驾驶人的体力转动转向盘，经转向器和传动机构使转向轮偏转，其中所有的传力件都是机械的。采用助力转向的汽车还装有助力系统。

机械转向系统由转向操纵机构、转向器和传动机构三部分组成。从转向盘到转向传动轴这一系列部件和零件属于转向操纵机构。由转向摇臂至转向梯形这一系列部件和零件（不含转向节）均属于转向传动机构。

图 4-1 所示为与非独立悬架配用的机械转向系统的示意图。当汽车转向时，驾驶人对转向盘 1 施加一个转向力矩。该力矩通过转向轴 2、转向万向节 3 和转向传动轴 4 输入转向器 5。经转向器放大后的力矩和减速后的运动传到转向摇臂 6，再经过转向直拉杆 7 传给固定

于左转向节 9 上的转向节臂 8，使左转向节和它所支承的左转向轮偏转。为使右转向节 13 及其支承的右转向轮随之偏转相应角度，还设置了转向梯形。根据悬架的结构形式不同，转向梯形机构有整体式和分段式两种。转向梯形由固定在左、右转向节上的梯形臂 10、12 和两端与梯形臂做球铰链连接的转向横拉杆 11 组成。

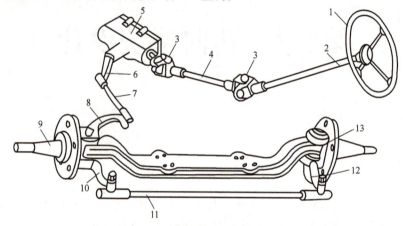

图 4-1　货车机械转向系统示意图

1—转向盘　2—转向轴　3—转向万向节　4—转向传动轴　5—转向器　6—转向摇臂　7—转向直拉杆
8—转向节臂　9—左转向节　10、12—梯形臂　11—转向横拉杆　13—右转向节

图 4-2 所示为与独立悬架配用的机械转向系统示意图。其转向梯形中的转向横拉杆 5 是分段式的，以避免产生运动干涉，防止一个车轮的上下跳动影响另一个车轮的跳动。转向时，驾驶人对转向盘 1 施加的转向力矩通过安全转向柱 2 输入转向器 3，转向器 3 内的转向齿条横向移动，使左、右转向横拉杆 5 一个受拉、一个受压，随转向齿条移动。横拉杆将力矩传递给转向节臂 6，使转向节 7 和所支承的转向轮 8 偏转一定角度。

4.1.2　机械转向系统的设计要求

机械转向系统的设计要求主要有以下几方面：

1）汽车转弯行驶时，全部车轮应绕瞬时转向中心旋转，任何车轮不应有侧滑。不满足这项要求会加速轮胎磨损，并降低汽车的行驶稳定性。

2）汽车转向行驶后，在驾驶人松开转向盘的条件下，转向轮能自动返回到直线行驶位置，并稳定行驶。

3）汽车在任何行驶状态下，转向轮不得产生自振，转向盘没有摆动。

4）转向传动机构和悬架导向装置共同工作时，由于运动不协调使车轮产生的摆动应最小。

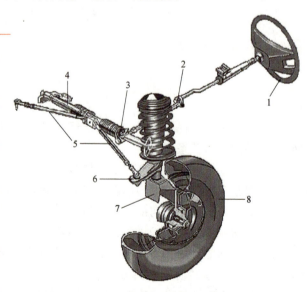

图 4-2　机械转向系统示意图

1—转向盘　2—安全转向柱　3—转向器　4—转向减振器
5—转向横拉杆　6—转向节臂　7—转向节　8—转向轮

5）保证汽车有较高的机动性，具有迅速和小转弯行驶能力。

6）操纵轻便。

7）转向轮碰撞到障碍物以后，传给转向盘的反冲力要尽可能小。

8）转向器和转向传动机构的球头处，有消除因磨损而产生间隙的调整机构。

9）在车祸中，当转向轴和转向盘由于车架或车身变形而共同后移时，转向系统应有能使驾驶人免遭或减轻伤害的防伤装置。

10）进行运动校核，保证转向盘与转向轮转动方向一致。

正确设计转向梯形机构，可以使第一项要求得到保证。转向系统中设置有转向减振器时，能够防止转向轮产生自振，同时又能使传到转向盘上的反冲力明显降低。要求 M_1 类汽车以 50km/h 的速度，M_2、M_3、N_1、N_2、N_3 类汽车以 40km/h 的速度沿曲线半径为 50m 的弯道的切线方向驶离时，转向盘不得有异常振动。为了使汽车具有良好的机动性能，必须使转向轮有尽可能大的转角，并要达到按前外轮车轮轨迹计算，其最小转弯半径能达到汽车轴距的 2~2.5 倍。通常用转向时驾驶人作用在转向盘上的切向力大小和转向盘转动圈数多少两项指标来评价操纵轻便性。例如汽车以 10km/h 速度在沥青或混凝土路面的水平路段直线行驶转入到沿半径为 12m 的圆周行驶时，上述切向力不得超过 250N，对 M_1、M_2 类汽车为 150N，对 M_3、N_1 类汽车为 200N，对 N_2、N_3 类汽车为 245N。乘用车转向盘从中间位置转到每一端的圈数不得超过 2 圈，货车则要求不超过 3 圈。

4.2 机械转向器结构方案分析

机械转向器应用比较多，根据它们的结构特点不同，可分为齿轮齿条式转向器、循环球式转向器、蜗杆滚轮式转向器和蜗杆指销式转向器等形式。

对转向器结构形式的选择，主要根据汽车的类型、前轴载荷和使用条件等来决定，并要考虑其效率特性、转向器角传动比变化特性等对使用条件的适应性以及转向器的寿命和制造工艺等。

1. 齿轮齿条式转向器

齿轮齿条式转向器由与转向轴做成一体的转向齿轮和常与转向横拉杆做成一体的齿条组成。与其他形式转向器相比，齿轮齿条式转向器最主要的优点是：结构简单、紧凑；壳体采用铝合金或镁合金压铸而成，转向器的质量比较小；传动效率高达 90%；齿轮与齿条之间因磨损出现间隙后，利用装在齿条背部、靠近主动小齿轮处的压紧力可以调节的弹簧，可自动消除齿间间隙，如图 4-3 所示，这不仅可以提高转向系统的刚度，还可以防止工作时产生冲击和噪声；转向器占用的体积小；没有转向摇臂和直拉杆，所以转向轮转角可

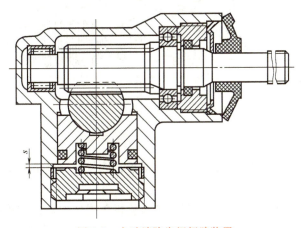

图 4-3　自动消除齿间间隙装置

以增大；制造成本低。

　　齿轮齿条式转向器的主要缺点是：逆效率高（60%～70%）；汽车在不平路面上行驶时，发生在转向轮与路面之间的冲击力，大部分能传至转向盘，称之为反冲，反冲现象会使驾驶人精神紧张，并难以准确控制汽车行驶方向，转向盘突然转动又会造成打手，对驾驶人造成伤害。

　　根据输入齿轮位置和输出特点不同，齿轮齿条式转向器有四种形式：中间输入、两端输出（图4-4a）；侧面输入、两端输出（图4-4b）；侧面输入、中间输出（图4-4c）；侧面输入、一端输出（图4-4d）。

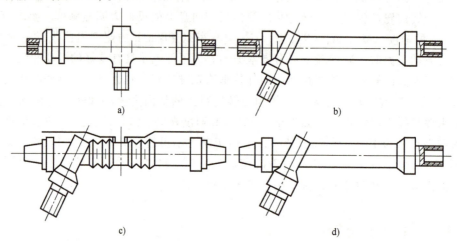

图 4-4　齿轮齿条式转向器的四种形式

　　采用侧面输入、中间输出方案时，由图4-5可见，与齿条固连的左、右拉杆延伸到接近汽车纵向对称平面附近。由于拉杆长度增加，车轮上下跳动时拉杆摆角减小，有利于减少车轮上下跳动时转向系统与悬架系统的运动干涉。拉杆与齿条用螺栓固定连接（图4-5），因此，两拉杆与齿条同时向左或右移动，为此在转向器壳体上开有轴向方向的长槽，从而降低了它的强度。

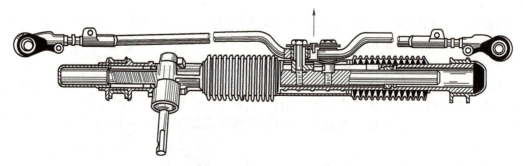

图 4-5　拉杆与齿条的连接

　　采用两端输出方案时，由于转向拉杆长度受到限制，容易与悬架系统导向机构产生运动干涉。

　　侧面输入、一端输出的齿轮齿条式转向器，常用在平头微型货车上。

　　如果齿轮齿条式转向器采用直齿圆柱齿轮与直齿齿条啮合，则运转平稳性降低，冲击

大，工作噪声增加。此外，齿轮轴线与齿条轴线之间的夹角只能是直角，为此与总体布置不适应而遭淘汰。采用斜齿圆柱齿轮与斜齿齿条啮合的齿轮齿条式转向器，重合度增加，运转平稳，冲击与工作噪声均下降，而且齿轮轴线与齿条轴线之间的夹角易于满足总体设计的要求。

齿条断面形状有圆形（图4-3）、V形（图4-6）和Y形（图4-7）三种。圆形断面齿条制作工艺比较简单。V形和Y形断面齿条与圆形断面相比，消耗的材料少，约节省20%，故质量小；位于齿下面的两斜面与齿条托座接触，可用来防止齿条绕轴线转动；Y形断面齿条的齿宽可以做得宽些，从而使强度得到增加；在齿条与托座之间通常装有用减摩材料（如聚四氟乙烯）做的垫片（图4-6）用来减少滑动摩擦。

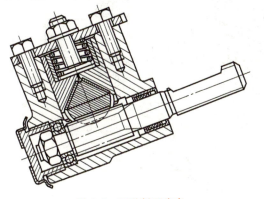

图4-6 V形断面齿条

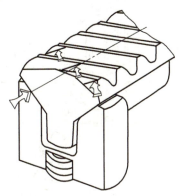

图4-7 Y形断面齿条

根据齿轮齿条式转向器和转向梯形相对前轴位置的不同，齿轮齿条式转向器在汽车上有四种布置形式：转向器位于前轴后方，后置梯形；转向器位于前轴后方，前置梯形；转向器位于前轴前方，后置梯形；转向器位于前轴前方，前置梯形，分别如图4-8a～d所示。

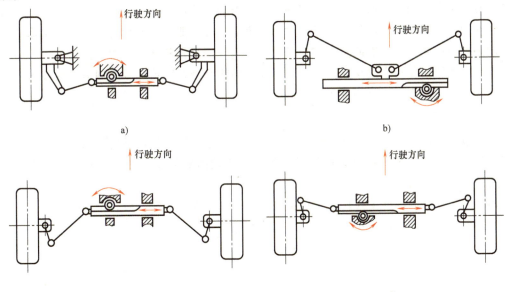

图4-8 齿轮齿条式转向器的四种布置形式

齿轮齿条式转向器广泛应用于微型、普通级、中级和高级乘用车上。部分装载质量不大、前轮采用独立悬架的货车和客车也采用齿轮齿条式转向器。

2. 循环球式转向器

循环球式转向器由螺杆、螺母和内装有钢球的螺旋槽构成的传动副，以及螺母上齿条与摇臂轴上齿扇构成的传动副组成，如图4-9所示。

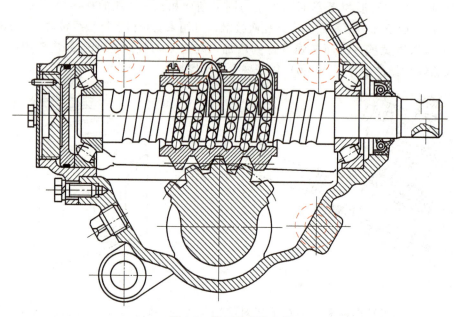

图 4-9　循环球式转向器

循环球式转向器的优点是：在螺杆和螺母之间因为有可以循环流动的钢球，将滑动摩擦变为滚动摩擦，因而传动效率可达到75%～85%；在结构和工艺上采取措施，包括提高制造精度，改善工作表面的表面质量和对螺杆、螺母上的螺旋槽进行淬火和磨削加工，使它有足够的硬度和耐磨损性能，可保证有足够的使用寿命；转向器的传动比可以变化；工作平稳可靠；齿条和齿扇之间的间隙调整工作容易进行；适合用来做整体式动力转向器。

循环球式转向器的主要缺点是：逆效率高，结构复杂，制造困难，制造精度要求高。循环球式转向器主要用于货车和客车上。

3. 蜗杆滚轮式转向器

蜗杆滚轮式转向器由蜗杆和滚轮啮合而构成。其主要优点是：结构简单；制造容易；因为滚轮的齿面和蜗杆上的螺纹呈面接触，所以有比较高的强度，工作可靠，磨损小，寿命长；逆效率低。

蜗杆滚轮式转向器的主要缺点是：正效率低；工作齿面磨损以后，调整啮合间隙比较困难；转向器的传动比不能变化。

这种转向器曾在汽车上广泛使用过。

4. 蜗杆指销式转向器

蜗杆指销式转向器的销子若不能自转，则称为固定销式蜗杆指销式转向器；销子除随同摇臂轴转动外，还能绕自身轴线转动的，称为旋转销式转向器。根据销子数量不同，又有单销和双销之分。

蜗杆指销式转向器的优点是：转向器的传动比可以做成不变的或者变化的；指销和蜗杆之间的工作面磨损后，容易调整间隙。

固定销式蜗杆指销式转向器的结构简单、制造容易；但是因销子不能自转，销子的工作部位基本保持不变，所以磨损快、工作效率低。旋转销式转向器的效率高、磨损慢，但结构复杂。

要求摇臂轴有较大的转角时，应该采用双销式结构。双销式转向器在直线行驶区域附近，两个销子同时工作，可降低销子上的负荷，减少磨损。当一个销子脱离啮合状态时，另一个销子要承受全部作用力，而恰恰在此位置，作用力达到最大值，所以设计时要注意核算其强度。双销式与单销蜗杆指销式转向器比较，结构复杂，尺寸和质量大，并且对两主销间的位置精度、蜗杆上螺纹槽的形状及尺寸精度等要求高。此外，传动比的变化特性和传动间隙特性的变化受限制。

蜗杆指销式转向器应用较少。

4.3 转向系统的性能参数

4.3.1 转向器的效率

功率 P_1 从转向轴输入，经转向摇臂轴输出所求得的效率称为正效率，用符号 η_+ 表示，$\eta_+ = (P_1 - P_2)/P_1$；反之称为逆效率，用符号 η_- 表示，$\eta_- = (P_3 - P_2)/P_3$。其中，P_2 为转向器中的摩擦功率；P_3 为作用在转向摇臂轴上的功率。为了保证转向时驾驶人转动转向盘轻便，要求正效率高；为了保证汽车转向后转向轮和转向盘能自动返回到直线行驶位置，又需要有一定的逆效率。为了减轻在不平路面上行驶时驾驶人的疲劳，车轮与路面之间的作用力传至转向盘上要尽可能小，防止"打手"，这又要求逆效率尽可能低。

1. 转向器的正效率 η_+

影响转向器正效率的因素有：转向器的类型、结构特点、结构参数和制造质量等。

（1）**转向器的类型、结构特点与效率** 在前述的四种转向器中，齿轮齿条式、循环球式转向器的正效率比较高，而蜗杆指销式特别是固定销式和蜗杆滚轮式转向器的正效率要明显地低一些。

同一类型转向器，因结构不同效率也不一样。如蜗杆滚轮式转向器的滚轮与支承轴之间的轴承，可以选用滚针轴承、圆锥滚子轴承和球轴承等三种结构之一。第一种结构除滚轮与滚针之间有摩擦损失外，滚轮侧翼与垫片之间还存在滑动摩擦损失，故这种转向器的效率 η_+ 仅有 54%。另外两种结构的转向器效率，根据试验结果分别为 70% 和 75%。

转向摇臂轴轴承的形式对效率也有影响，用滚针轴承比用滑动轴承可使正效率或逆效率提高约 10%。

（2）**转向器的结构参数与效率** 如果忽略轴承和其他地方的摩擦损失，只考虑啮合副的摩擦损失，对于蜗杆和螺杆类转向器，其效率为

$$\eta_+ = \frac{\tan\alpha_0}{\tan(\alpha_0 + \rho)} \tag{4-1}$$

式中，α_0 为蜗杆（或螺杆）的螺线导程角；ρ 为摩擦角，$\rho = \arctan f$，f 为摩擦因数。

2. 转向器的逆效率 η_-

逆效率表示转向器的可逆性。根据逆效率大小不同，转向器又有可逆式、极限可逆式和不可逆式之分。

可逆式转向器的逆效率较高，路面作用在车轮上的力，经过转向系统可大部分传递到转向盘。可逆式转向器使得驾驶人有较好的路感。同时，它能保证转向后，转向轮和转向盘自动回正，这既减轻了驾驶人的疲劳，又提高了行驶安全性。但是，在不平路面上行驶时，车轮受到的冲击力能大部分传至转向盘，会造成驾驶人"打手"，使之精神状态紧张，如果长时间在不平路面上行驶，易使驾驶人疲劳，影响安全驾驶。属于可逆式的转向器有齿轮齿条式转向器和循环球式转向器。

不可逆式转向器是指车轮受到的冲击力不能传到转向盘的转向器。该冲击力由转向传动机构的零件承受，因而这些零件容易损坏。同时，它既不能保证车轮自动回正，又导致驾驶人缺乏路面感觉，因此，现代汽车不采用这种转向器。

极限可逆式转向器介于上述两者之间。在车轮受到冲击力作用时，此力只有较小一部分传至转向盘。它的逆效率较低，在不平路面上行驶时，驾驶人并不会感到十分紧张，同时转向传动机构的零件所承受的冲击力也比不可逆式转向器要小。

如果忽略轴承和其他地方的摩擦损失，只考虑啮合副的摩擦损失，则逆效率为

$$\eta_- = \frac{\tan(\alpha_0 - \rho)}{\tan\alpha_0} \tag{4-2}$$

式（4-1）和式（4-2）表明：增加螺线导程角 α_0，正、逆效率均增大。受 η_- 增大的影响，α_0 不宜取得过大。当螺线导程角小于或等于摩擦角时，逆效率为负值或者为零，此时表明该转向器是不可逆式转向器。为此，螺线导程角必须大于摩擦角。通常螺线导程角选在 $8° \sim 10°$ 之间。

4.3.2 传动比的变化特性

1. 转向系统的传动比

转向系统的传动比包括转向系统的角传动比 $i_{\omega 0}$ 和转向系统的力传动比 i_p。

从轮胎接触地面中心作用在两个转向轮上的合力 $2F_w$ 与作用在转向盘上的手力 F_h 之比，称为力传动比，即 $i_p = 2F_w / F_h$。

转向盘角速度 ω_w 与同侧转向节偏转角速度 ω_k 之比，称为转向系统的角传动比 $i_{\omega 0}$，即

$$i_{\omega 0} = \frac{\omega_w}{\omega_k} = \frac{\mathrm{d}\varphi / \mathrm{d}t}{\mathrm{d}\beta_k / \mathrm{d}t} = \frac{\mathrm{d}\varphi}{\mathrm{d}\beta_k}$$

式中，$\mathrm{d}\varphi$ 为转向盘转角增量；$\mathrm{d}\beta_k$ 为转向节转角增量；$\mathrm{d}t$ 为时间增量。

转向系统角传动比又由转向器角传动比 i_ω 和转向传动机构角传动比 i_ω' 所组成，即 $i_{\omega 0} = i_\omega i_\omega'$。

转向盘角速度 ω_w 与摇臂轴角速度 ω_p 之比，称为转向器角传动比 i_ω，即

$$i_\omega = \frac{\omega_w}{\omega_p} = \frac{\mathrm{d}\varphi / \mathrm{d}t}{\mathrm{d}\beta_p / \mathrm{d}t} = \frac{\mathrm{d}\varphi}{\mathrm{d}\beta_p}$$

式中，$d\beta_p$ 为摇臂轴转角增量。

此定义适用于除齿轮齿条式之外的转向器。

摇臂轴转动角速度 ω_p 与同侧转向节偏转角速度 ω_k 之比，称为转向传动机构角传动比 i'_ω，即

$$i'_\omega = \frac{\omega_p}{\omega_k} = \frac{d\beta_p/dt}{d\beta_k/dt} = \frac{d\beta_p}{d\beta_k}$$

2. 转向系统力传动比与角传动比的关系

轮胎与地面之间的转向阻力 F_w 和作用在转向节上的转向阻力矩 M_r 之间有如下关系：

$$F_w = \frac{M_r}{a} \tag{4-3}$$

式中，a 为主销偏移距，指从转向节主销轴线的延长线与支承平面的交点至车轮中心平面与支承平面交线间的距离。作用在转向盘上的手力 F_h 可表示为

$$F_h = \frac{2M_h}{D_{sw}} \tag{4-4}$$

式中，M_h 为作用在转向盘上的力矩；D_{sw} 为转向盘直径。

将式（4-3）和式（4-4）代入 $i_p = 2F_w/F_h$ 后得到

$$i_p = \frac{M_r D_{sw}}{M_h a} \tag{4-5}$$

分析式（4-5）可知，当主销偏移距 a 小时，力传动比 i_p 应取大些才能保证转向轻便。

通常轿车的 a 值为轮胎的胎面宽度尺寸的 $40\% \sim 60\%$，而货车的 a 值在 $40 \sim 60mm$ 范围内选取。转向盘直径 D_{sw} 根据车型不同在 $380 \sim 550mm$ 的标准系列内选取。

如果忽略摩擦损失，根据能量守恒原理，$2M_r/M_h$ 可表示为

$$\frac{2M_r}{M_h} = \frac{d\varphi}{d\beta_k} = i_{\omega 0} \tag{4-6}$$

将式（4-6）代入式（4-5）后得到

$$i_p = \frac{i_{\omega 0} D_{sw}}{2a} \tag{4-7}$$

当 a 和 D_{sw} 不变时，力传动比 i_p 越大，虽然转向越轻，但角传动比 $i_{\omega 0}$ 也越大，表明转向不灵敏。

3. 转向系统的角传动比 $i_{\omega 0}$

转向传动机构角传动比，除以 $i'_{\omega 0} = d\beta_p/d\beta_k$ 表示以外，还可以近似地用转向节臂臂长 L_2 与摇臂臂长 L_1 之比来表示，即 $i'_{\omega 0} \approx L_2/L_1$。现代汽车结构中，$L_2$ 与 L_1 的比值为 $0.85 \sim 1.1$，可近似认为其比值为 1，则 $i_{\omega 0} \approx i_\omega = d\varphi/d\beta$。由此可见，研究转向系统的角传动比特性，只需研究转向器的角传动比 i_ω 及其变化规律即可。

4. 转向器角传动比及其变化规律

式（4-7）表明：增大角传动比可以增加力传动比。由 $i_p = 2F_w/F_h$ 可知，当 F_w 一定时，增大 i_p 能减小作用在转向盘上的手力 F_h，使操纵轻便。

考虑到 $i_{\omega0} \approx i_\omega$，由 $i_{\omega0}$ 的定义可知：对于一定的转向盘角速度，转向轮偏转角速度与转向器角传动比成反比。角传动比增加后，转向轮偏转角速度对转向盘角速度的响应变得迟钝，使转向操纵时间增长，汽车转向灵敏性降低，所以"轻"和"灵"构成一对矛盾。为解决这对矛盾，可采用变速比转向器。

齿轮齿条式、循环球式、蜗杆指销式转向器都可以制成变速比转向器。下面介绍齿轮齿条式转向器变速比工作原理。

根据相互啮合齿轮的基圆齿距必须相等，即 $p_{b1} = p_{b2}$，其中齿轮基圆齿距 $p_{b1} = \pi m_1 \cos\alpha_1$，齿条基圆齿距 $p_{b2} = \pi m_2 \cos\alpha_2$。由此可知：当具有标准模数 m_1 和标准压力角 α_1 的齿轮与一个具有变模数 m_2、变压力角 α_2 的齿条相啮合，并始终保持 $m_1 \cos\alpha_1 = m_2 \cos\alpha_2$ 时，它们就可以啮合运转。如果齿条中部（相当于汽车直线行驶位置）齿的压力角最大，向两端逐渐减小（模数也随之减小），则主动齿轮啮合半径也减小，致使转向盘每转动同一角度时，齿条行程也随之减小。因此，转向器的传动比是变化的。图4-10所示为根据上述原理设计的齿轮齿条式转向器齿条压力角变化示例。从图4-10中可以看到，位于齿条中部位置处的齿有较大压力角和齿轮有较大的节圆半径，而齿条齿有宽的齿根和浅斜的齿侧面；位于齿条两端的齿，齿根减薄，齿有陡斜的齿侧面。

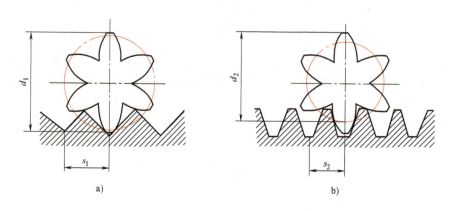

图 4-10　齿条压力角变化简图

a）齿条中部齿　b）齿条两端齿

循环球齿条齿扇式转向器的角传动比 $i_\omega = 2\pi r/p$。因结构原因，螺距 p 不能变化，但可以用改变齿扇啮合半径 r 的方法，达到使循环球齿条齿扇式转向器实现变速比的目的。

随转向盘转角变化，转向器角传动比可以设计成减小、增大或保持不变的。影响选取角传动比变化规律的因素，主要是转向轴负荷大小和对汽车机动能力的要求。若转向轴负荷小，在转向盘全转角范围内不存在转向沉重问题；或者装用助力转向的汽车，转向阻力矩主要由助力装置克服。在上述两种情况下，均应取较小的转向器角传动比并能减少转向盘转动的总圈数，以提高汽车的机动能力。

转向轴负荷大又没有装助力转向的汽车，因转向阻力矩大致与车轮偏转角度大小成正比

变化，汽车低速急转弯行驶时的操纵轻便性问题突出，故应选用大些的转向器角传动比。汽车以较高车速转向行驶时，转向轮转角较小，转向阻力矩也小，此时要求转向轮反应灵敏，转向器角传动比应当小些。因此，转向器角传动比变化曲线应选用大致呈中间小两端大的下凹形曲线，如图 4-11 所示。

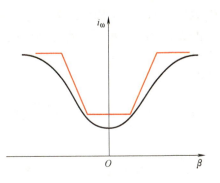

图 4-11　转向器角传动比变化特性曲线

转向盘在中间位置的转向器角传动比不宜过小。过小则在汽车高速直线行驶时，对转向盘转角过分敏感并使反冲效应加大，使驾驶人精确控制转向轮的运动有困难。直行位置的转向器角传动比不宜低于 15。

对乘用车，推荐转向器角传动比 i_ω 在 17~25 范围内选取；对商用车，角传动比 i_ω 在 23~32 范围内选取。

4.3.3　转向器传动副的传动间隙 Δt

1. 转向器传动间隙特性

传动间隙是指各种转向器中传动副（如循环球式转向器的齿扇和齿条）之间的间隙。该间隙随转向盘转角 φ 的大小不同而改变，并把这种变化关系称为转向器传动副传动间隙特性（图 4-12）。研究该特性的意义在于它与直线行驶的稳定性和转向器的使用寿命有关。

直线行驶时，转向器传动副若存在传动间隙，一旦转向轮受到侧向力作用，就能在间隙 Δt 的范围内，允许车轮偏离原行驶位置，使汽车失去稳定。为防止出现这种情况，要求传动副的传动间隙在转向盘处于中间及其附近位置时（一般是 10°~15°）要极小，最好无间隙。

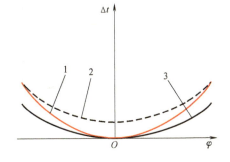

图 4-12　转向器传动副传动间隙特性

转向器传动副在中间及其附近位置因使用频繁，磨损速度要比两端快。在中间附近位置因磨损造成的间隙大到无法保证直线行驶的稳定性时，必须经调整消除该处的间隙。调整后，要求转向盘能圆滑地从中间位置转到两端，而无卡住现象。为此，传动副的传动间隙特性应当设计成如图 4-12 所示，传动间隙在离开中间位置以后逐渐加大。图 4-12 中，曲线 1 表明转向器在磨损前的间隙变化特性；曲线 2 表明使用并磨损后的间隙变化特性，并且在中间位置处已出现较大间隙；曲线 3 表明调整后并消除中间位置处间隙的转向器传动间隙变化特性。

2. 如何获得传动间隙特性

循环球式转向器的齿条齿扇传动副可通过将齿扇齿做成不同厚度来获取必要的传动间隙。即将中间齿设计成正常齿厚，从靠近中间齿的两侧齿到离中间齿最远的齿，其厚度依次递减。

如图 4-13 所示，齿扇工作时绕摇臂轴的轴线中心 O 转动，加工齿扇时使之绕切齿轴线

O_1 转动。两轴线之间的距离 n 称为偏心距，ΔR 为传动副径向间隙，Δt 为传动间隙。用这种方法切齿，可获得厚度不同的齿扇齿。其传动特性可表示为

$$\Delta t = 2\tan\alpha_{\mathrm{d}}\left(R - n\cos\beta_{\mathrm{p}} - \sqrt{n^2\cos^2\beta_{\mathrm{p}} + R_1^2 - n^2}\right)$$

$$(4\text{-}8)$$

式中，α_{d} 为端面压力角；R 为节圆半径；β_{p} 为摇臂轴转角；R_1 为中心 O_1 到 b 点的距离；n 为偏心距。

偏心距 n 不同，传动副的传动间隙特性也不同。图 4-14 所示为偏心距 n 不同时的传动间隙变化特性。n 越大，在同一摇臂轴转角条件下，其传动间隙也越大。一般偏心距 n 取 0.5mm 左右为宜。

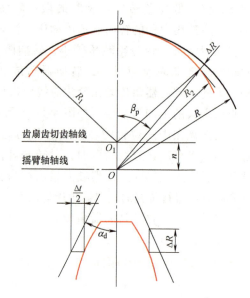

图 4-13　确定齿扇齿切齿轴线偏移的示意图

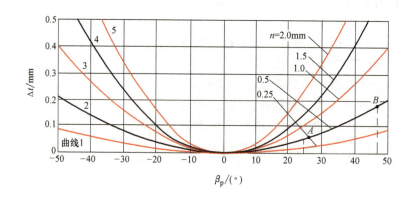

图 4-14　偏心距 n 不同时，传动间隙 Δt 的变化

4.4　机械转向器设计

4.4.1　转向系统计算载荷的确定

为了保证行驶安全，组成转向系统的各零件应有足够的强度。欲验算转向系统零件的强度，需首先确定作用在各零件上的力。影响这些力的主要因素有转向轴的负荷、路面阻力和轮胎气压等。为转动转向轮要克服的阻力包括转向轮绕主销转动的阻力、车轮稳定阻力、轮胎变形阻力和转向系统中的内摩擦阻力等。

影响转向阻力矩的主要因素有转向轴的负荷、轮胎与地面的滑动摩擦因数和轮胎气压。精确地计算出这些力是困难的。为此推荐用足够精确的半经验公式来计算汽车在沥青或者混凝土路面上的原地转向阻力矩 $M_{\mathrm{r}}(\mathrm{N}\cdot\mathrm{mm})$，即

$$M_r = \frac{f}{3}\sqrt{\frac{G_1^3}{p}} \tag{4-9}$$

式中，f 为轮胎和路面间的滑动摩擦因数，一般取 0.7；G_1 为转向轴负荷（N）；p 为轮胎气压（MPa）。

原地转向时，作用在转向盘上的力

$$F_h = \frac{2L_1 M_r}{L_2 D_{sw} i_\omega \eta_+} \tag{4-10}$$

式中，L_1 为转向摇臂长（mm）；L_2 为转向节臂长（mm）；D_{sw} 为转向盘直径（mm）；i_ω 为转向器角传动比；η_+ 为转向器正效率。

对给定的汽车，用式（4-10）计算出来的作用力是最大值。因此，可以用此值作为计算载荷。然而，对于前轴负荷大的重型货车，用式（4-10）计算出来的力往往超过驾驶人生理上可能达到的数值，在此情况下对转向器和助力转向器助力缸以前零件的计算载荷，应取驾驶人作用在转向盘轮缘上的最大瞬时力，此力为 700N。

4.4.2　齿轮齿条式转向器的设计

齿轮齿条式转向器的齿轮多数采用斜齿圆柱齿轮。齿轮模数为 2～3mm。主动小齿轮齿数多数为 5～8，压力角取 20°。齿轮螺旋角多为 9°～15°。齿条齿数应根据转向轮达到最大偏转角时，相应的齿条移动行程应达到的值来确定。变速比的齿条压力角，对现有结构在 12°～35° 范围内变化。此外，设计时应验算齿轮的抗弯强度和接触强度。

齿轮齿条式转向器的角传动比

$$i_\omega = \frac{L}{r\cos\theta}$$

式中，L 为梯形臂长度（mm）；r 为主动小齿轮的节圆半径（mm）；θ 为齿轮与齿条的轴交角（°），多在 0°～30°范围内选择。

齿轮齿条式转向器的正效率 η_+ 可达 70%～80%。

齿轮齿条式转向器的齿轮可选用 16MnCr5 或 15CrNi6 材料制造并经渗碳淬火；而齿条常采用 45 钢制造并经高频淬火，表面硬度均应在 56HRC 以上。为减小质量，壳体用铝合金压铸。

4.4.3　循环球式转向器的设计

1. 螺杆-钢球-螺母传动副设计

螺杆-钢球-螺母传动副与通常的螺杆-螺母传动副的区别在于前者是经过滚动的钢球将力由螺杆传至螺母，变滑动摩擦为滚动摩擦。螺杆和螺母上相互对应的螺旋槽构成钢球的螺旋滚道，转向时转向盘经转向轴转动螺杆，使钢球沿螺母上的滚道循环地滚动，如图4-15

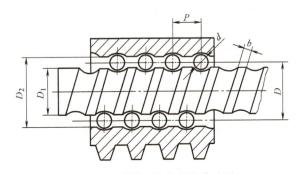

图 4-15　螺杆-钢球-螺母传动副

所示。

1）钢球中心距 D。钢球中心距是基本尺寸，D 选择得越大，螺杆刚度越大，承载能力和抗弯疲劳强度越强，安全系数越大，但会导致整体结构尺寸变大。在保证足够的强度条件下，尽可能将 D 值取小些。设计时，可先参考同类型汽车的参数进行初选，经强度验算后，再进行修正。

2）螺杆外径 D_1、螺母内径 D_2。螺杆外径 D_1、螺母内径 D_2 及钢球直径 d 对确定钢球中心距 D 的大小有影响。一般取 $D_1 = D - (0.03 \sim 0.07)D$，$D_2 = D + (0.03 \sim 0.07)D$，螺杆外径 D_1 通常在 $20 \sim 38$mm 范围内变化，设计时应根据转向轴负荷的不同来选定。螺杆、螺母、钢球间的径向和轴向间隙影响转向器的传动间隙特性，设计时应注意螺杆螺母直径配合公差，目前常采用尺寸分组装配的方法来达到减小径向间隙的目的。

3）钢球直径 d 及数量 n。钢球直径尺寸 d 取得大，能提高承载能力，同时螺杆和螺母传动机构和转向器的尺寸也随之增大。钢球直径应符合国家标准，一般常在 $7 \sim 9$ mm 范围内选用。增加钢球数量 n，能提高承载能力，但会使钢球流动性变坏，从而使传动效率降低。因为钢球本身有误差，所以共同参加工作的钢球数量并不是全部钢球数。经验证明，每个环路中的钢球数以不超过 60 为好。为保证尽可能多的钢球都承载，应分组装配。每个环路中的钢球数可表示为

$$n = \frac{\pi DW}{d\cos\alpha_0} \approx \frac{\pi DW}{d}$$

式中，D 为钢球中心距；W 为一个环路中的钢球工作圈数；n 为不包括环流导管中的钢球数；α_0 为螺线导程角，常取 $\alpha_0 = 5° \sim 8°$，则 $\cos\alpha_0 \approx 1$。

4）滚道截面。当螺杆和螺母各由两条圆弧组成，形成四段圆弧滚道截面时，如图 4-16 所示，钢球与滚道有四点接触，传动时轴向间隙最小，可满足转向盘自由行程小的要求。图 4-16 中滚道与铜球之间的间隙，除用来贮存润滑油之外，还能贮存磨损杂质。为了减少摩擦，螺杆和螺母沟槽的半径 R_2 应大于钢球半径 $d/2$，一般取 $R_2 = (0.51 \sim 0.53)d$。

5）接触角 θ。钢球与螺杆滚道接触点的正压力方向与螺杆滚道法面轴线间的夹角称为接触角 θ，如图 4-16 所示。θ 角多取为 $45°$，以使轴向力和径向力分配均匀。

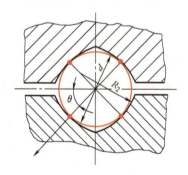

图 4-16　四段圆弧滚道截面

6）螺距 P 和螺线导程角 α_0。转向盘转动 φ 角，对应螺母移动的距离 s 为

$$s = \frac{\varphi P}{2\pi} \tag{4-11}$$

式中，P 为螺纹螺距。

与此同时，齿扇节圆转过的弧长等于 s，相应摇臂轴转过 β_p 角，其关系可表示为

$$s = \beta_p r \tag{4-12}$$

式中，r 为齿扇节圆半径。

联立式（4-11）、式（4-12）得 $\varphi = \frac{2\pi r}{P}\beta_p$，将 φ 对 β_p 求导，得循环球式转向器角传动

比 i_ω 为

$$i_\omega = \frac{2\pi r}{P} \tag{4-13}$$

由式（4-13）可知，螺距 P 影响转向器角传动比的值，在螺距不变的条件下，钢球直径 d 越大，图 4-15 中的尺寸 b 越小，要求 $b = P - d > 2.5\text{mm}$。螺距 P 一般在 8~11mm 内选取。

7）工作钢球圈数 W。多数情况下，转向器用两个环路，而每个环路的工作钢球圈数 W 又与接触强度有关。增加工作钢球圈数，参加工作的钢球增多，能降低接触应力，提高承载能力，但会导致钢球受力不均匀、螺杆增长而使刚度降低。工作钢球圈数有 1.5 圈和 2.5 圈两种。

2. 齿条-齿扇传动副设计

齿条-齿扇传动副如图 4-9 所示。齿扇通常有 5 个齿，它与摇臂轴为一体。齿扇的齿厚沿齿长方向是变化的，这样即可通过轴向移动摇臂轴来调节齿扇与齿条的啮合间隙。由于转向器经常处于中间位置工作，因此齿扇与齿条的中间齿磨损最厉害。为了消除中间齿磨损后产生的间隙而又不致在转弯时使两端齿卡住，应增大两端齿啮合时的齿侧间隙。这种必要的齿侧间隙的改变可通过使齿扇各齿具有不同的齿厚来达到，即齿扇由中间齿向两端齿的齿厚是逐渐减小的。

齿扇的齿厚沿齿宽方向变化，称为变厚齿扇。用滚刀加工变厚齿扇的切齿进给运动如图 4-17 所示，滚刀相对工件做垂向进给的同时，还以一定的比例做径向进给，两者合成为斜向进给，得到变厚齿扇。

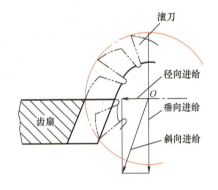

图 4-17 用滚刀加工变厚齿扇的进给运动

4.4.4 循环球式转向器零件强度计算

1. 钢球与滚道之间的接触应力 σ

钢球与滚道之间的接触应力 σ 为

$$\sigma = k \sqrt[3]{\frac{F_3 E^2 (R_2 - r)^2}{(R_2 r)}} \tag{4-14}$$

式中，k 为系数，根据 A/B 值从表 4-1 中查取，$A = [(1/r) - (1/R_2)]/2$，$B = [(1/r) + (1/R_1)]/2$；R_2 为滚道截面半径（mm）；r 为钢球半径（mm）；R_1 为螺杆外半径（mm）；E 为材料弹性模量（MPa），为 $2.1 \times 10^5 \text{MPa}$；$F_3$ 为钢球与螺杆之间的正压力（N）。

F_3 可表示为

$$F_3 = \frac{F_2}{n \cos\alpha_0 \cos\theta} \tag{4-15}$$

式中，α_0 为螺杆螺线导程角；θ 为接触角；n 为参与工作的钢球数；F_2 为作用在螺杆上的轴向力，如图 4-18 所示。

当接触表面硬度为 58~64HRC 时，许用接触应力 $[\sigma] = 2500\text{MPa}$。

表 4-1　系数 k 与 A/B 的关系

A/B	1.000	0.800	0.700	0.600	0.500	0.400	0.300
k	0.388	0.400	0.440	0.468	0.490	0.536	0.600
A/B	0.200	0.150	0.100	0.050	0.020	0.010	0.007
k	0.716	0.800	0.970	1.280	1.800	2.271	3.202

2. 齿的弯曲应力 σ_w

齿扇齿的弯曲应力 σ_w 为

$$\sigma_w = \frac{6Fh}{Bs^2} \tag{4-16}$$

式中，F 为作用在齿扇上的圆周力（N）；h 为齿扇的齿高（mm）；B 为齿扇的齿宽（mm）；s 为基圆齿厚（mm）。

许用弯曲应力 $[\sigma_w] = 540\mathrm{MPa}$。

螺杆和螺母用 20CrMnTi 钢制造，表面渗碳。对于前轴负荷不大的汽车，渗碳层深度为 $0.8 \sim 1.2\mathrm{mm}$；对于前轴负荷大的汽车，渗碳层深度为 $1.05 \sim 1.45\mathrm{mm}$。表面硬度为 58～63HRC。

此外，应根据材料力学提供的公式，对接触应力进行验算。

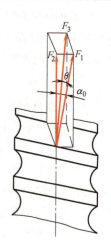

图 4-18　螺杆受力简图

3. 转向摇臂轴直径的确定

转向摇臂轴直径 $d\,(\mathrm{mm})$ 为

$$d = \sqrt[3]{\frac{KM_r}{0.2\tau_0}} \tag{4-17}$$

式中，K 为安全系数，根据汽车使用条件不同可取 $2.5 \sim 3.5$；M_r 为转向阻力矩（N·mm）；τ_0 为扭转强度极限（MPa）。

摇臂轴用 20CrMnTi 钢制造，表面渗碳，渗碳层深度为 $0.8 \sim 1.2\mathrm{mm}$。前轴负荷大的汽车，渗碳层深度为 $1.05 \sim 1.45\mathrm{mm}$。表面硬度为 58～63HRC。

📄 **拓展学习内容——助力转向机构** •

扫一扫，直接在手机上打开

4.5　转向传动机构设计

4.5.1　转向轴和防伤安全机构

转向轴是连接转向盘和转向器的传动件，并传递它们之间的转矩。转向管柱安装在车身

上，支承着转向盘。转向轴从转向管柱中穿过，支承在管柱内的轴承和衬套上。

根据交通事故统计资料和对汽车碰撞试验结果的分析表明：汽车正面碰撞时，转向盘、转向管柱是使驾驶人受伤的主要元件。因此，对于汽车除要求装有吸能式转向盘外，还要求转向管柱也必须备有缓和冲击的吸能装置。转向轴和转向管柱的吸能装置有多种形式。其基本结构原理是，当转向轴受到巨大冲击时，转向轴产生轴向位移，使支架或某些支承件产生塑性变形而吸收冲击能量。

当转向传动轴中采用有万向节连接的结构时，只要布置合理，即可在汽车正面碰撞时防止转向轴等向乘客舱或驾驶室内移动，如图 4-19 所示。这种结构虽然不能吸收碰撞能量，但其结构简单，只要万向节连接的两轴之间存在夹角，正面撞车后转向传动轴和转向盘就处在图中双点画线的位置，转向盘没有后移便不会危及驾驶人安全。转向轴上设置有万向节不仅能提高安全性，而且有利于使转向盘和转向器在汽车上得到合理布置，提高了操纵方便性并且拆装容易。

图 4-20a 所示为在轿车上应用的防伤安全机构，其结构最简单，制造容易。转向轴分为两段，上转向轴的下端经弯曲成形后，其轴线与主轴轴线之间偏移一段距离，其端面与焊有两个圆头圆柱销的紧固板焊接，两圆柱销的中心线对称于上转向轴的主轴线。下转向轴呈 T 形，其上端与一个压铸件相连，压铸件上铸有两孔，孔内压入橡胶套与塑料衬套后再与上转向轴呈倒钩状连接，构成安全转向轴。该轴在使用过程中除传递转矩外，在受到一定数值的轴向力时，上、下转向轴能自动脱开，如图 4-20b 所示，以确保驾驶人安全。

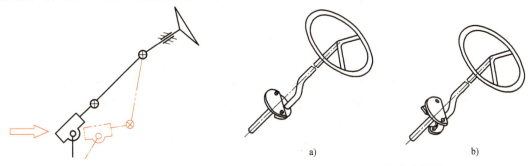

图 4-19 防伤转向传动轴简图　　　　　　图 4-20 防伤安全机构

图 4-21 所示为安全联轴套管，其可吸收冲击能量。位于两万向节之间的转向传动轴，由套管 1 和轴 3 组成。套管经过挤压处理后形成的内孔形状与两侧经铣削加工后所形成的轴断面形状与尺寸完全一致。装配后从两侧的孔中注入塑料，形成塑料销钉 2 将套管与轴连接为一体。汽车与其他物体正面冲撞时，作用在套管与轴之间的轴向力使塑料销钉受到剪切作用，达到一定值以后剪断销钉，存在其间的塑料能增大摩擦阻力，吸收冲击能量。套管与轴相对移动，长度缩短，可以减少转向盘向驾驶人一侧的移动量，起到保护驾驶人的作用。这

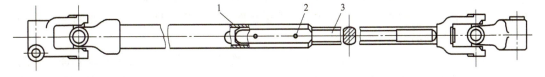

图 4-21 安全联轴套管

1—套管 2—塑料销钉 3—轴

种防伪机构结构简单，制造容易，只要合理地选取销钉数量与直径，便能保证它可靠地工作和吸收冲击能量。撞车后因套管与轴仍处在连接状态，所以汽车仍有可能转向行驶到不妨碍交通的地方。

此外，在一些汽车上，还会在转向轴上加装弹性联轴器（图 4-22）或吸能转向管柱。图 4-23 所示为网格状吸能转向管柱机构，转向管柱在受到压缩时，产生轴向变形，并消耗一定的变形能量。

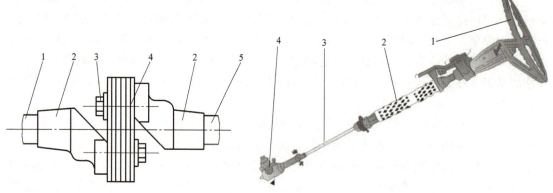

图 4-22　弹性联轴器式防伪机构
1—上转向轴　2—凸缘　3—连接螺栓
4—弹性垫片　5—下转向轴

图 4-23　网格状吸能转向管柱机构
1—转向盘　2—网格状转向管柱　3—转向轴　4—转向器

4.5.2　转向梯形设计

转向梯形有整体式和断开式两种，选择整体式或断开式转向梯形方案与悬架采用何种方案有联系。无论采用哪一种方案，都必须正确选择转向梯形参数，在汽车转弯时保证全部车轮绕一个瞬时转向中心行驶，使在不同圆周上运动的车轮做无滑动的纯滚动运动。同时，为达到总体布置要求的最小转弯半径值，转向轮应有足够大的转角。

1. 转向梯形结构方案

（1）**整体式转向梯形**　整体式转向梯形由转向横拉杆 1、转向梯形臂 2 和汽车前轴 3 组成，如图 4-24 所示。其中，转向梯形臂呈收缩状向后延伸。这种方案的优点是结构简单，调整前束容易，制造成本低；主要缺点是一侧转向轮上下跳动时，会影响另一侧转向轮。

当汽车前悬架采用非独立悬架时，应当采用整体式转向梯形。整体式转向梯形的横拉杆可位于前轴后或前轴前（称为前置梯形）。对于发动机位置低或前轮驱动汽车，常采用前置梯形。前置梯形的梯形臂必须向前外侧方向延伸，因而会与车轮或制动底板发生干涉，所以在布置上有困难。为了保护横拉杆免遭路面不平物的损伤，横拉杆的位置应尽可能布置得高些，至少不低于前轴高度。

（2）**断开式转向梯形**　转向梯形的横拉杆做成断开的，称之为断开式转向梯形。断开式转向梯形方案之一如图 4-25 所示。断开式转向梯形的主要优点是它与前轮采用独立悬架相配合，能够保证一侧车轮上下跳动时，不会影响另一侧车轮；与整体式转向梯形比较，由

于杆系、球头增多，所以结构复杂，制造成本高，并且调整前束比较困难。

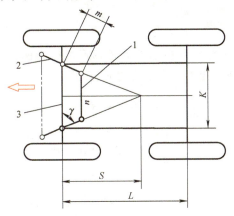

图 4-24 整体式转向梯形

1—转向横拉杆 2—转向梯形臂 3—前轴

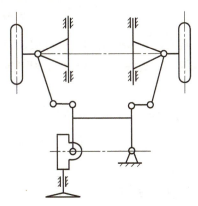

图 4-25 断开式转向梯形方案之一

2. 整体式转向梯形机构优化设计

汽车转向行驶时，受弹性轮胎侧偏角的影响，所有车轮不是绕位于后轴延长线上的点滚动，而是绕位于前轴和后轴之间的汽车内侧某一点滚动。此点位置与前轮和后轮的侧偏角大小有关。因影响轮胎侧偏角的因素很多，且难以精确确定，故下面是在忽略侧偏角影响的条件下，分析有关两轴汽车的转向问题。此时，两转向前轮轴线的延长线应交在后轴延长线上，如图 4-26 所示。设 θ_i、θ_o 分别为内、外转向车轮转角，L 为汽车轴距，K 为两主销中心线延长线到地面交点之间的距离。若要保证全部车轮绕一个瞬时转向中心行驶，则梯形机构应保证内、外转向车轮的转角有如下关系：

$$\cot\theta_o - \cot\theta_i = \frac{K}{L} \tag{4-18}$$

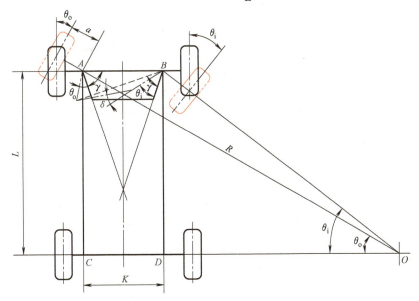

图 4-26 理想的内、外车轮转角关系简图

若自变角为 θ_o，则因变角 θ_i 的期望值为

$$\theta_i = f(\theta_o) = \text{arccot}\left(\cot\theta_o - \frac{K}{L}\right) \tag{4-19}$$

现有转向梯形机构仅能近似满足上式关系。以图 4-26 所示的后置梯形机构为例，在图上作辅助用虚线，利用余弦定理可推得转向梯形所给出的实际因变角 θ_i' 为

$$\theta_i' = \gamma - \arcsin\frac{\sin(\gamma+\theta_o)}{\sqrt{\left(\frac{K}{m}\right)^2+1-2\frac{K}{m}\cos(\gamma+\theta_o)}} - \arccos\frac{\frac{K}{m}[2\cos\gamma-\cos(\gamma+\theta_o)-\cos2\gamma]}{\sqrt{\left(\frac{K}{m}\right)^2+1-2\frac{K}{m}\cos(\gamma+\theta_o)}} \tag{4-20}$$

式中，m 为梯形臂长；γ 为梯形底角。

所设计的转向梯形给出的实际因变角 θ_i'，应尽可能接近理论上的期望值 θ_i，其偏差在最常使用的中间位置附近小转角范围内应尽量小，以减少高速行驶时轮胎的磨损；而在不经常使用且车速较低的最大转角时，可适当放宽要求。因此，再引入加权因子 $\omega(\theta_{oi})$，构成评价设计优劣的目标函数 $f(x)$ 为

$$f(x) = \sum_{\theta_{oi}=1}^{\theta_{omax}} \omega(\theta_{oi})\left[\frac{\theta_i'(\theta_{oi}) - \theta_i(\theta_{oi})}{\theta_i(\theta_{oi})}\right] \times 100\% \tag{4-21}$$

将式（4-19）、式（4-20）代入式（4-21）得

$$f(x) = \sum_{\theta_{oi}=1}^{\theta_{omax}} \omega(\theta_{oi})\left\{\frac{\gamma - \arcsin\dfrac{\sin(\gamma+\theta_{oi})}{\sqrt{\left(\frac{K}{m}\right)^2+1-2\frac{K}{m}\cos(\gamma+\theta_{oi})}}}{\text{arccot}\left(\cot\theta_{oi}-\dfrac{K}{L}\right)} - \frac{\arccos\dfrac{\frac{K}{m}[2\cos\gamma-\cos(\gamma+\theta_{oi})]-2\cos2\gamma}{\sqrt{\left(\frac{K}{m}\right)^2+1-2\frac{K}{m}\cos(\gamma+\theta_{oi})}}}{\text{arccot}\left(\cot\theta_{oi}-\dfrac{K}{L}\right)} - 1\right\} \times 100\% \tag{4-22}$$

式中，x 为设计变量，$x = \begin{bmatrix} x_1 \\ x_2 \end{bmatrix} = \begin{bmatrix} \gamma \\ m \end{bmatrix}$；$\theta_{omax}$ 为外转向车轮最大转角，由图 4-26 得

$$\theta_{omax} = \arcsin\frac{L}{\dfrac{D_{min}}{2}-a} \tag{4-23}$$

式中，$D_{min}/2$ 为汽车最小转弯半径；a 为主销偏移距。

考虑到多数工况下转角 θ_o 小于 $20°$，且 $10°$ 以内的小转角使用更加频繁，因此取

$$\omega(\theta_o) = \begin{cases} 1.5 & 0°<\theta_o\leqslant10° \\ 1.0 & 10°<\theta_o\leqslant20° \\ 0.5 & 20°<\theta_o\leqslant\theta_{omax} \end{cases} \tag{4-24}$$

建立约束条件时应考虑到：设计变量 m 及 γ 过小时，会使横拉杆上的转向力过大；当

m 过大时，将使梯形布置困难，故对 m 的上、下限及对 γ 的下限应设置约束条件。因 γ 越大，梯形越接近矩形，$f(x)$ 值就越大，而优化过程是求 $f(x)$ 的极小值，故可不必对 γ 的上限加以限制。综上所述，各设计变量的取值范围构成的约束条件为

$$m - m_{\min} \geqslant 0 \tag{4-25}$$

$$m_{\max} - m \geqslant 0 \tag{4-26}$$

$$\gamma - \gamma_{\min} \geqslant 0 \tag{4-27}$$

设计时，梯形臂长度常取在 $m_{\min} = 0.11K$，$m_{\max} = 0.15K$；梯形底角 $\gamma_{\min} = 70°$。

此外，由机械原理可知，四连杆机构的传动角 δ 不宜过小，通常取 $\delta \geqslant \delta_{\min} = 40°$。如图 4-26 所示，转向梯形机构在汽车向右转弯至极限位置时，δ 达到最小值，故只考虑右转弯时 $\delta \geqslant \delta_{\min}$ 即可。利用图 4-26 所作的辅助用虚线及余弦定理，可推出最小传动角约束条件为

$$\frac{\cos\delta_{\min} - 2\cos\gamma + \cos(\gamma + \theta_{o\max})}{(\cos\delta_{\min} - \cos\gamma)\cos\gamma} - \frac{2m}{K} \geqslant 0 \tag{4-28}$$

式中，$\delta_{\min}$ 为最小传动角。

已知 $\theta_{o\max} = \arcsin \dfrac{L}{\dfrac{D_{\min}}{2} - a}$，由式（4-28）可知，$\delta_{\min}$ 为设计变量 m 及 γ 的函数。由式

（4-25）～式（4-28）四项约束条件所形成的可行域，有如图 4-27 所示的几种情况。图 4-27b 适用于要求 $\delta_{\min}$ 较大，而 $\gamma_{\min}$ 可小些的车型；图 4-27c 适用于要求 $\gamma_{\min}$ 较大，而 $\delta_{\min}$ 小些的车型；图 4-27a 适用介于两者之间要求的车型。

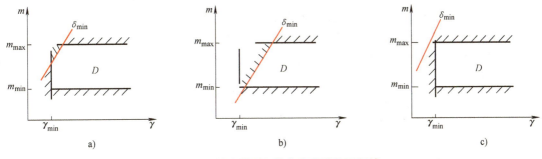

图 4-27　转向梯形机构优化设计的可行域

由上述数学模型可知，转向梯形的优化设计问题，是一个小型的约束非线性规划问题，可以调用 MATLAB 优化工具箱中的 fmincon 函数来求解。

思考题

1. 设计转向系统时，应满足哪些基本要求？

2. 转向系统的性能参数包括哪些？各自是如何定义的？

3. 转向器角传动比的变化特性是什么？对于齿轮齿条式转向器，如何从结构设计上解决"轻"与"灵"的矛盾？

第5章 制动系统设计

【教学内容】

本章主要介绍制动系统的设计要求；鼓式制动器、盘式制动器的结构方案分析及设计；制动系统设计及计算、制动驱动机构设计等内容。

【学习目标】

➤ 掌握制动系统的设计要求。
➤ 能够对制动器结构方案进行对比分析。
➤ 能够对制动系统设计及计算进行分析。
➤ 能够对制动驱动机构布置进行设计。

5.1 制动系统概述

*5.1.1 制动系统的功用、组成及工作原理

1. 制动系统的功用

制动系统的功用：①使汽车以适当的减速度降速行驶直至停车；②在下坡行驶时使汽车保持适当的稳定车速；③使汽车可靠地停在原地或坡道上。

2. 制动系统的组成及工作原理

汽车制动系统由制动器和制动传动系统组成。图5-1所示为某乘用车制动系统的基本组成。

制动系统至少有行车制动装置和驻车制动装置。前者用来保证第一项功用和在不长的坡道上行驶时保证第二项功用，而后者则用来保证第三项功用。

除此之外，有些汽车还设有应急制动、辅助制动和自动制动装置。

应急制动装置利用机械力源（如强力压缩弹簧）进行制动。在某些采用动力制动或伺

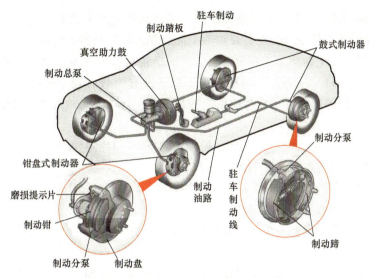

图 5-1　某乘用车制动系统的基本组成

服制动的汽车上，一旦发生蓄压装置压力过低等故障时，可用应急制动装置实现汽车制动。同时，在人力控制下它还能兼作驻车制动用。

辅助制动装置可实现汽车下长坡时持续地减速或保持稳定的车速，并减轻或者解除行车制动装置的负荷。

自动制动装置可实现当挂车与牵引车连接的制动管路渗漏或断开时，使挂车自动制动。

行车制动装置和驻车制动装置都由制动器和制动驱动机构两部分组成。

制动器主要有摩擦式、液力式和电磁式等几种形式。电磁式制动器虽然有制动滞后性好、易于连接而且接头可靠等优点，但因成本高，只在一部分总质量较大的商用车上作为车轮制动器或缓速器；液力式制动器一般只用作缓速器。目前广泛使用的仍为摩擦式制动器。

摩擦式制动器按摩擦副结构形式不同，可分为鼓式、盘式和带式三种。带式制动器只用作中央制动器；鼓式和盘式制动器的结构形式有多种，如图 5-2 所示。

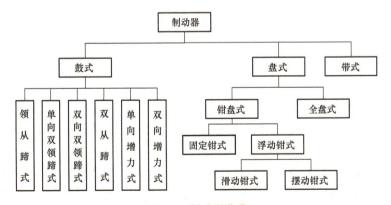

图 5-2　制动器分类

5.1.2　制动系统的设计要求

设计制动系统时应满足如下主要要求：

1）足够的制动能力。行车制动能力，用一定制动初速度下的制动减速度和制动距离两项指标评定；驻坡能力是指汽车在良好路面上能可靠地停驻的最大坡度。

2）工作可靠。行车制动至少有两套独立的驱动制动器的管路。当其中的一套管路失效时，另一套完好的管路应保证汽车制动能力不低于没有失效时规定值的30%。行车和驻车制动装置可以有共同的制动器，而驱动机构各自独立。行车制动装置都用脚操纵，其他制动装置多为手操纵。

3）用任何速度制动，汽车都不应当丧失操纵性和方向稳定性。

4）防止水和污泥进入制动器工作表面。

5）要求制动能力的热稳定性良好。

6）操纵轻便，并具有良好的随动性。

7）制动时制动系统产生的噪声尽可能小，同时力求减少散发出对人体有害的石棉纤维等物质，以减少公害。

8）作用滞后性应尽可能短。作用滞后性是指制动反应时间，以制动踏板开始动作至达到给定的制功效能所需的时间来评价。气制动车辆反应时间较长，要求不得超过0.6s，对于汽车列车不得超过0.8s。

9）摩擦衬片（块）应有足够的使用寿命。

10）摩擦副磨损后，应有能消除因磨损而产生间隙的机构，且调整间隙工作容易，最好设置自动调整间隙机构。

11）当制动驱动装置的任何元件发生故障并使其基本功能遭到破坏时，汽车制动系统应装有声响或光信号等报警装置。

防止制动时车轮被抱死，有利于提高汽车在制动过程中的方向稳定性和转向操纵能力，缩短制动距离，所以近年来防抱制动系统（ABS）在汽车上得到了很快的发展和应用。此外，含有石棉的摩擦材料，因石棉存在致癌问题已被逐渐淘汰，取而代之的各种无石棉型材料相继研制成功。

5.2 制动器结构方案分析

5.2.1 鼓式制动器

1. 鼓式制动器的结构方案分析

鼓式制动器分为领从蹄式、单向双领蹄式、双向双领蹄式、双从蹄式、单向增力式、双向增力式等几种，如图5-3所示。

不同形式鼓式制动器的主要区别有：蹄片固定支点的数量和位置不同；张开装置的形式与数量不同；制动时两块蹄片之间有无相互作用。因蹄片的固定支点和张开力位置不同，使不同形式鼓式制动器的领、从蹄数量有差别，并使制动效能不同。

制动器在单位输入压力或力的作用下所输出的力或力矩，称为制动器效能。在评比不同形式制动器的效能时，常用一种称为制动器效能因数的无因次指标。制动器效能因数的定义为，在制动鼓或制动盘的作用半径 R 上所得到的摩擦力（M_μ/R）与输入力 F_0 之比，即

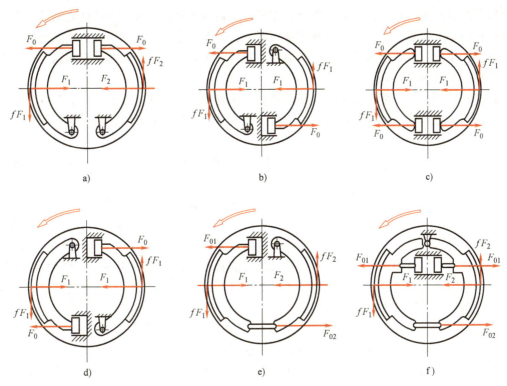

图 5-3　鼓式制动器的各种结构形式

a）领从蹄式　b）单向双领蹄式　c）双向双领蹄式　d）双从蹄式　e）单向增力式　f）双向增力式

$$K = \frac{M_\mu}{F_0 R} \tag{5-1}$$

式中，K 为制动器效能因数；M_μ 为制动器输出的制动力矩。

制动器效能的稳定性是指其效能因数 K 对摩擦因数 f 的敏感性（dK/df）。使用中 f 随温度和水湿程度变化。要求制动器的效能稳定性好，即使其效能对 f 的变化敏感性较低。

（1）**领从蹄式制动器**　领从蹄式制动器的每块蹄片都有自己的固定支点，而且两固定支点位于两蹄的同一端，如图 5-3a 所示。其制动蹄的张开装置可采用凸轮、楔块或液压轮缸等形式。领从蹄式制动器的效能和效能稳定性在各式制动器中居中游；前进、倒退行驶的制动效果不变；结构简单，成本低；便于附装驻车制动驱动机构；调整蹄片与制动鼓之间的间隙容易。但领从蹄式制动器两蹄片上的单位压力不等（在两蹄上摩擦衬片面积相同的条件下），故两蹄衬片磨损不均匀、寿命不同。此外，因只有一个轮缸，两蹄必须在同一驱动回路作用下工作。

领从蹄式制动器得到了广泛应用，特别是乘用车和轻型货车、客车的后轮制动器用得较多。

（2）**单向双领蹄式制动器**　单向双领蹄式制动器的两块蹄片各有自己的固定支点，而且两固定支点位于两蹄的不同端，如图 5-3b 所示，领蹄的固定端在下方，从蹄的固定端在上方。每块蹄片有各自独立的张开装置，且位于与固定支点相对应的一方。

汽车前进制动时，这种制动器的制动效能相当高。由于有两个轮缸，故可以用两个各自

独立的回路分别驱动两蹄片。除此之外，这种制动器易于调整蹄片与制动鼓之间的间隙，使之磨损均匀、寿命相同。单向双领蹄式制动器的制动效能稳定性仅强于增力式制动器。当倒车制动时，由于两蹄片皆为从蹄，使制动效能明显下降。与领从蹄式制动器相比，由于多了一个轮缸，结构略显复杂。

这种制动器适用于前进制动时前轴动载荷及附着力大于后轴，而倒车制动时则相反的汽车前轮上。它之所以不用于后轮，还因为两个互相成中心对称的轮缸，难以附加驻车制动驱动机构。

(3) 双向双领蹄式制动器　双向双领蹄式制动器的结构特点是两蹄片浮动，用各有两个活塞的两轮缸张开蹄片，如图 5-3c 所示。

无论前进还是倒退制动时，这种制动器的两块蹄片始终为领蹄，所以制动效能相当高，而且不变。由于制动器内设有两个轮缸，所以适用于双回路驱动机构。当一套管路失效后，制动器转变为领从蹄式制动器。除此之外，双向双领蹄式制动器的两蹄片上单位压力相等，因而磨损均匀、寿命相同。双向双领蹄式制动器的缺点是由于有两个轮缸，结构较为复杂，且难于调整蹄片与制动鼓之间的间隙。这种制动器得到了广泛应用。如果双向双领蹄式制动器用于后轮，则需另设中央驻车制动器。

(4) 双从蹄式制动器　双从蹄式制动器的两蹄片各有一个固定支点，而且两固定支点位于两蹄片的不同端，并且各有一个活塞的轮缸用于张开蹄片，如图 5-3d 所示。

双从蹄式制动器的制动器效能稳定性最好，但因制动器效能最低，所以很少采用。

(5) 单向增力式制动器　单向增力式制动器的两蹄片只有一个固定支点，两蹄的下端经推杆相互连接成一体，制动器仅有一个轮缸用来产生推力张开蹄片，如图 5-3e 所示。

汽车前进制动时，两蹄片皆为领蹄，次领蹄上不存在轮缸张开力，而且由于领蹄上的摩擦力经推杆作用到次领蹄，使制动器效能很高，居各式制动器之首。与双向增力式制动器比较，这种制动器的结构比较简单。因两块蹄片都是领蹄，所以制动器效能稳定性相当差。倒车制动时，两蹄皆为从蹄，结果制动器效能很低。因两蹄片上单位压力不等，造成蹄片磨损不均匀、寿命不同。这种制动器只有一个轮缸，故不适合用于双回路驱动机构；另外由于两蹄片下部联动，使调整蹄片间隙工作变得困难。少数轻、中型货车用其作为前制动器。

(6) 双向增力式制动器　双向增力式制动器的两蹄片端部各有一个制动时不同时使用的共用支点，支点下方有一轮缸，内装两个活塞用来同时驱动张开两蹄片，两蹄片下方经推杆连接成一体，如图 5-3f 所示。

与单向增力式不同的是，其次领蹄上也作用有来自轮缸活塞推压的张开力，尽管这个张开力的作用效果较小，但因次领蹄的下端受到来自主领蹄经推杆作用的张开力很大，所以次领蹄上的制动力矩能达到主领蹄制动力矩的 2~3 倍。因此，采用这种制动器以后，即使制动驱动机构中不用伺服装置，也可以借助很小的踏板力得到很大的制动力矩。这种制动器前进与倒车的制动效果不变。

双向增力式制动器因两蹄片均为领蹄，所以制动器效能稳定性比较差。除此之外，两蹄片上单位压力不等，故磨损不均匀、寿命不同。调整间隙工作与单向增力式一样比较困难。因只有一个轮缸，故该制动器不适合用于有的双回路驱动机构。

基本尺寸比例相同的各式鼓式制动器效能因数 K 与摩擦因数 f 的关系曲线如图 5-4 所示。

由图 5-4 可见，制动器的效能因数由高至低的顺序为：双向增力式制动器、双领蹄式制动器、领从蹄式制动器和双从蹄式制动器。而制动器效能稳定性排序则恰好与上述情况相反。

应该指出，鼓式制动器的效能并非单纯取决于根据制动器的结构参数和摩擦因数计算出来的制动器效能因数值，而且还受蹄与鼓接触部位的影响。蹄与鼓仅在蹄的中部接触时，输出制动力矩就小，而在蹄的端部和根部接触时输出制动力矩就较大。制动器的效能因数越高，制动效能受接触情况的影响也越大，故正确的调整对高性能制动器尤为重要。

2. 鼓式制动器主要参数的确定

(1) 制动鼓内径 D　输入力 F_0 一定时，制动鼓内径越大，制动力矩越大，且散热能力也越强。但增大 D（图 5-5）受轮辋内径限制。制动鼓与轮辋之间应保持足够的间隙，通常要求该间隙不小于 20mm，否则不仅制动鼓散热条件太差，而且轮辋受热后可能粘住内胎或烤坏气门嘴。制动鼓应有足够的壁厚，用来保证有较大的刚度和热容量，以减小制动时的温升。制动鼓的直径小，刚度就大，并有利于保证制动鼓的加工精度。

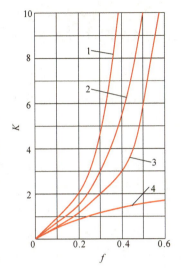

图 5-4　鼓式制动器效能因数 K
与摩擦因数 f 的关系曲线

1—双向增力式　2—双领蹄式
3—领从蹄式　4—双从蹄式

制动鼓直径 D 与轮辋直径 D_r 之比 D/D_r 的范围：轿车，$D/D_r = 0.64 \sim 0.74$；货车，$D/D_r = 0.70 \sim 0.83$。

制动鼓的技术要求应参照 GB/T 37336—2019《汽车制动鼓》。

(2) 摩擦衬片宽度 b 和包角 β　摩擦衬片宽度尺寸 b 的选取对摩擦衬片的使用寿命有影响。衬片宽度尺寸取窄些，则磨损速度快，衬片寿命短；若衬片宽度尺寸取宽些，则质量大，不易加工，并且增加了成本。

制动鼓半径 R 确定后，衬片的摩擦面积 $A_p = R\beta b$。制动器各蹄衬片总的摩擦面积 $\sum A_p$ 越大，制动时所受单位面积的正压力和能量负荷越小，从而磨损特性越好。

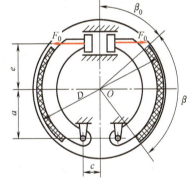

图 5-5　鼓式制动器的
主要几何参数

试验表明，摩擦衬片包角 β 为 $90° \sim 100°$ 时，磨损最小，制动鼓温度最低，且制动效能最高。β 角减小虽然有利于散热，但单位压力过高将加速磨损。实际上包角两端处单位压力最小，因此过分延伸衬片的两端以加大包角，对减小单位压力的作用不大，而且将使制动不平顺，容易使制动器发生自锁。因此，包角一般不宜大于 120°。

衬片宽度 b 较大可以减少磨损，但过大将不易保证与制动鼓全面接触。

(3) 摩擦衬片起始角 β_0　一般将衬片布置在制动蹄的中央，即令 $\beta_0 = 90° - \beta/2$。有时为了适应单位压力的分布情况，将衬片相对于最大压力点对称布置，以改善磨损均匀性和制动效能。

（4）制动器中心到张开力 F_0 作用线的距离 e 在保证轮缸或制动凸轮能够布置于制动鼓内的条件下，应使距离 e（图 5-5）尽可能大，以提高制动效能。初步设计时可暂定 $e = 0.8R$ 左右。

（5）制动蹄支承点位置坐标 a 和 c 应在保证两蹄支承端毛面不致互相干涉的条件下，使 a 尽可能大而 c 尽可能小（图 5-5）。初步设计时，也可暂定 $a = 0.8R$ 左右。

3. 鼓式制动器的设计计算

（1）压力沿衬片长度方向的分布规律 除摩擦衬片因有弹性容易变形外，制动鼓、蹄片和支承也有变形，所以计算法向压力在摩擦衬片上的分布规律比较困难。通常只考虑衬片径向变形的影响，其他零件变形的影响较小而忽略不计。

制动蹄有一个自由度和两个自由度之分。

首先计算有两个自由度的紧蹄摩擦衬片的径向变形规律。如图 5-6a 所示，将坐标原点取在制动鼓中心 O。y_1 坐标轴线通过蹄片的瞬时转动中心 A_1。

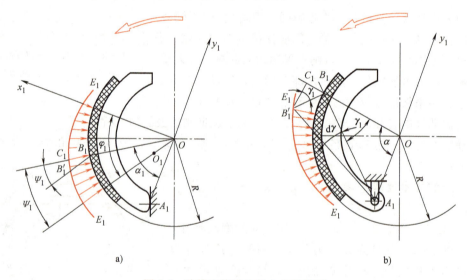

图 5-6 计算摩擦衬片径向变形简图

a）有两个自由度的紧蹄 b）有一个自由度的紧蹄

制动时，由于摩擦衬片变形，蹄片一面绕瞬时转动中心转动，同时还顺着摩擦力作用的方向沿支承面移动。结果蹄片中心位于 O_1 点，因而未变形的摩擦衬片的表面轮廓（E_1E_1 线）就沿 OO_1 方向移动进入制动鼓内。显然，表面上所有点在这个方向上的变形是一样的。位于半径 OB_1 上的任意点 B_1 的变形就是 $\overline{B_1B_1'}$ 线段，所以同样一些点的径向变形 δ_1 为

$$\delta_1 = \overline{B_1C_1} \approx \overline{B_1B_1'} = \cos\psi_1 \tag{5-2}$$

考虑到 $\psi_1 = (\varphi_1 + \alpha_1) - 90°$ 和 $\overline{B_1B_1'} = \overline{OO_1} = \delta_{1max}$，所以对于紧蹄的径向变形 δ_1 和压力 p_1 为

$$\left.\begin{array}{l} \delta_1 \approx \delta_{1max}\sin(\alpha_1+\varphi_1) \\ p_1 \approx p_{1max}\sin(\alpha_1+\varphi_1) \end{array}\right\} \tag{5-3}$$

式中，α_1 为任意半径 OB_1 和 y_1 轴之间的夹角；ψ_1 为半径 OB_1 和最大压力线 OO_1 之间的夹角；φ_1 为 x_1 轴和最大压力线 OO_1 之间的夹角。

其次计算有一个自由度的紧蹄摩擦衬片的径向变形规律。如图 5-6b 所示，此时蹄片在张开力和摩擦力作用下，绕支承销 A_1 转动 $d\gamma$ 角。摩擦衬片表面任意点 B_1 沿蹄片转动的切线方向的变形就是线段 B_1B_1'，其径向变形分量是这个线段在半径 OB_1 延长线上的投影，即为 B_1C_1 线段。由于 $d\gamma$ 很小，可认为 $\angle A_1B_1B_1' = 90°$，故所求摩擦衬片的变形 δ_1 应为

$$\delta_1 = \overline{B_1C_1} = \overline{B_1B_1'}\sin\gamma_1 = \overline{A_1B_1}\sin\gamma_1 d\gamma \tag{5-4}$$

考虑到 $\overline{OA_1} \approx \overline{OB_1} = R$，那么分析等腰三角形 A_1OB_1，则有 $\overline{A_1B_1}/\sin\alpha = R/\sin\gamma$，所以表面的径向变形 δ_1 和压力 p_1 为

$$\left.\begin{array}{l} \delta_1 = R\sin\alpha d\gamma \\ p_1 = p_{\max}\sin\alpha \end{array}\right\} \tag{5-5}$$

综上所述可知，新蹄片压力沿摩擦衬片长度的分布符合正弦曲线规律，可用式（5-3）和式（5-5）计算。

沿摩擦衬片长度方向压力分布的不均匀程度，可用不均匀系数 Δ 评价：

$$\Delta = p_{\max}/p_f \tag{5-6}$$

式中，p_f 为在同一制动力矩作用下，假想压力分布均匀时的平均压力；$p_{\max}$ 为压力分布不均匀时蹄片上的最大压力。

（2）计算蹄片上的制动力矩　在计算鼓式制动器制动力矩时，必须查明蹄片压紧到制动鼓上的力与产生制动力矩之间的关系。

为计算有一个自由度的蹄片上的力矩，在摩擦衬片表面取一横向微元面积，如图 5-7 所示。它位于 α 角内，面积为 $bRd\alpha$，其中 b 为摩擦衬片宽度。由制动鼓作用在微元面积上的法向力为

$$dF_1 = pbRd\alpha = p_{\max}bR\sin\alpha d\alpha \tag{5-7}$$

同时，摩擦力 fdF_1 产生的制动力矩为

$$dM_{\mu t1} = dF_1fR = p_{\max}bR^2f\sin\alpha d\alpha \tag{5-8}$$

式中，f 为摩擦因数，计算时取 0.3。

从 α 到 α'' 区段积分式（5-8）得到

$$M_{\mu t1} = p_{\max}bR^2f(\cos\alpha' - \cos\alpha'') \tag{5-9}$$

法向压力均匀分布时，有

$$\left.\begin{array}{l} dF_1 = p_fbRd\alpha \\ M_{\mu t1} = p_fbR^2f(\alpha'' - \alpha') \end{array}\right\} \tag{5-10}$$

由式（5-9）和式（5-10）能计算出制动力矩与压力之间的关系。但是，实际计算时还必须建立制动力矩与张开力 F_0 的关系。

紧蹄产生的制动力矩 $M_{\mu t1}$ 为

$$M_{\mu t1} = fF_1R_1 \tag{5-11}$$

式中，F_1 为紧蹄的法向合力；R_1 为摩擦力 fF_1 的作用半径（图 5-8）。

如果已知蹄的几何参数（图 5-8 中的 h、a、c 等）和法向压力的大小，便能用式（5-9）计算出蹄的制动力矩。

为计算随张开力 F_{01} 而变的力 F_1，列出蹄上的力平衡方程式

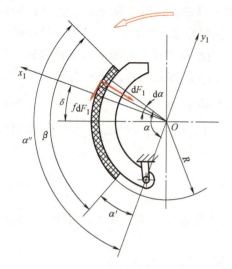

图 5-7 制动力矩计算简图

图 5-8 张开力计算简图

$$\left.\begin{array}{l} F_{01}\cos\alpha_0 + F_x' - F_1(\cos\delta_1 + f\sin\delta_1) = 0 \\ F_{01}a - F_x'c' + fR_1F_0 = 0 \end{array}\right\} \tag{5-12}$$

式中，δ_1 为 x_1 轴和力 F_1 的作用线之间的夹角；F_x' 为支承反力在 x_2 轴上的投影。

解联立方程式（5-12）得到

$$F_1 = \frac{hF_{01}}{c'(\cos\delta_1 + f\sin\delta_1) - fR_1} \tag{5-13}$$

对于紧蹄，其制动力矩 $M_{\mu t1}$ 为

$$M_{\mu t1} = \frac{F_{01}fhR_1}{c'(\cos\delta_1 + f\sin\delta_1) - fR_1} = F_{01}D_1 \tag{5-14}$$

对于松蹄，其制动力矩 $M_{\mu t2}$ 也能用类似的方程式表示，即

$$M_{\mu t2} = \frac{F_{02}fhR_2}{c'(\cos\delta_2 - f\sin\delta_2) + fR_2} = F_{02}D_2 \tag{5-15}$$

为计算 δ_1、δ_2、R_1、R_2 的值，必须求出法向力 F 及其分量。沿着相应的轴线作用有 dF_x 和 dF_y，它们的合力为 dF（图 5-7）。根据式（5-7）有

$$F_x = \int_{\alpha'}^{\alpha''} dF\sin\alpha = p_{\max}bR\int_{\alpha'}^{\alpha''}\sin^2\alpha d\alpha = \frac{p_{\max}bR(2\beta + \sin2\alpha' - \sin2\alpha'')}{4} \tag{5-16}$$

$$F_y = \int_{\alpha'}^{\alpha''} dF\cos\alpha = p_{\max}bR\int_{\alpha'}^{\alpha''}\sin\alpha\cos\alpha d\alpha = \frac{p_{\max}bR(\cos\alpha' - \cos2\alpha'')}{4} \tag{5-17}$$

所以

$$\delta = \arctan\frac{F_y}{F_x} = \arctan\frac{\cos2\alpha' - \cos2\alpha''}{2\beta - \sin2\alpha'' + \sin2\alpha'} \tag{5-18}$$

式中，$\beta = \alpha'' - \alpha'$。

根据式（5-9）和式（5-11），并考虑到

$$F_1 = \sqrt{F_x^2 + F_y^2} \tag{5-19}$$

$$R_1 = \frac{4R(\cos\alpha' - \cos\alpha'')}{\sqrt{(\cos2\alpha' - \cos2\alpha'')^2 + (2\beta - \sin2\alpha'' + \sin2\alpha')^2}} \tag{5-20}$$

如果顺着制动鼓旋转的蹄片和逆着制动鼓旋转的蹄片的 α' 和 α'' 角度不同，很显然两块蹄片的 δ 和 R_1 值也不同。制动器有两块蹄片，鼓上的制动力矩等于它们的摩擦力矩之和，即

$$M_\mu = M_{\mu t1} + M_{\mu t2} = F_{01} D_1 + F_{02} D_2 \tag{5-21}$$

用液力驱动时，$F_{01} = F_{02}$，所需的张开力

$$F_0 = \frac{M_\mu}{D_1 + D_2} \tag{5-22}$$

用凸轮张开机构的张开力，可由前述作用在蹄上的力矩平衡条件得到的方程式求出，即

$$F_{01} = \frac{0.5 M_\mu}{D_1} \tag{5-23}$$

$$F_{02} = \frac{0.5 M_\mu}{D_2} \tag{5-24}$$

计算鼓式制动器，必须检查紧蹄有无自锁的可能。由式（5-14）得出自锁条件。当式（5-14）中的分母等于零时，蹄自锁，即

$$c'(\cos\delta_1 + f\sin\delta_1) - fR_1 = 0 \tag{5-25}$$

如果 $f < \dfrac{c'\cos\delta_1}{R_1 - c'\sin\delta_1}$，就不会自锁。

由式（5-9）和式（5-14）可计算出领蹄表面的最大压力

$$p_{1\max} = \frac{F_{01} h R_1}{bR^2(\cos\alpha' - \cos\alpha'')[c'(\cos\delta_1 + f\sin\delta_1) - fR_1]} \tag{5-26}$$

5.2.2　盘式制动器

1. 盘式制动器结构方案分析

按摩擦副中固定元件的结构不同，盘式制动器分为钳盘式制动器和全盘式制动器两类。

如图 5-9 所示，钳盘式制动器的固定摩擦元件是制动块，装在与车轴连接且不能绕车轴轴线旋转的制动钳中。制动衬块与制动盘接触面很小，在盘上所占的中心角一般仅为 30°~50°，故这种盘式制动器又称为点盘式制动器。

全盘式制动器中摩擦副的旋转元件及固定元件均为圆盘形，制动时各盘摩擦表面全部接触，作用原理如同离合器，故又称离合器式制动器。全盘式中用得较多的是多片全盘式制动器。多片全盘式制动器既可用作车轮制动器，也可用作缓行器。

钳盘式制动器按制动钳的结构不同，有以下几种。

（1）**固定钳式**　如图 5-9a 所示，制动钳固定不动，制动盘两侧均有液压缸。制动时仅两侧液压缸中的制动块向盘面移动。这种形式也称为对置活塞式或浮动活塞式。

（2）**浮动钳式**

1）滑动钳式。如图 5-9b 所示，制动钳可以相对于制动盘做轴向滑动，其中只在制动盘的内侧置有液压缸，外侧的制动块固装在钳体上。制动时活塞在液压作用下使活动制动块压

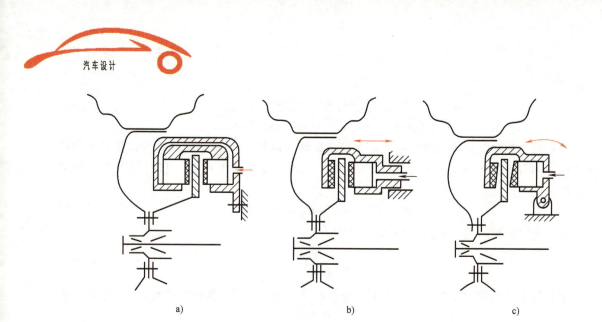

图 5-9　钳盘式制动器示意图
a）固定钳式　b）滑动钳式　c）摆动钳式

靠到制动盘，而反作用力则推动制动钳体连同固定制动块压向制动盘的另一侧，直到两制动块受力均等为止。

2）摆动钳式。如图 5-9c 所示，它也是单侧液压缸结构，制动钳体与固定于车轴上的支座铰接。为实现制动，钳体不是滑动而是在与制动盘垂直的平面内摆动。显然，制动块不可能全面均匀地磨损。为此，有必要将衬块预先做成楔形（摩擦面对背面的倾斜角为 6° 左右）。在使用过程中，衬块逐渐磨损到各处残存厚度均匀（一般为 1mm 左右）后即应更换。

固定钳式制动器的优点有：除活塞和制动块以外无其他滑动件，易于保证钳的刚度；结构及制造工艺与一般的制动轮缸相差不多；容易实现从鼓式到盘式的改型；能适应不同回路驱动系统的要求（可采用三液压缸或四液压缸结构）。

固定钳式制动器的缺点有：至少有两个液压缸分置于制动盘两侧，因而必须用跨越制动盘的内部油道或外部油管来连通。这一方面使制动器的径向和轴向尺寸增大，增加了在汽车上的布置难度；另一方面增加了受热机会，使制动液温度过高而汽化。固定钳式制动器要兼作驻车制动器，必须在主制动钳上另外附装一套供驻车制动用的辅助制动钳，或是采用如图 5-10 所示的盘鼓结合式后轮制动器。辅助制动钳结构比较简单，摩擦衬块面积小。盘鼓结合式

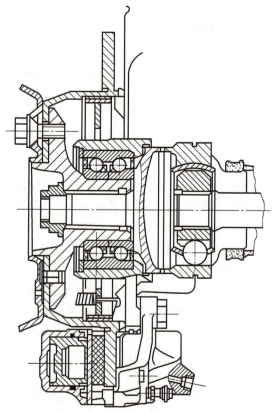

图 5-10　盘鼓结合式后轮制动器

制动器中，鼓式制动器直径尺寸较小，常采用双向增力式鼓式制动器。与辅助制动钳式比较，它能产生可靠的驻车制动力矩。

浮动钳式制动器的优点有：仅在盘的内侧有液压缸，故轴向尺寸小，制动器能更进一步靠近轮毂；没有跨越制动盘的油道或油管，加之液压缸冷却条件好，所以制动液汽化可能性小；成本低；浮动钳的制动块可兼用于驻车制动。

制动钳的安装位置可以在车轴之前或之后。由图5-11可见，制动钳位于轴后，能使制动时轮毂轴承的合成载荷 F 减小；制动钳位于轴前，则可避免轮胎向钳内甩溅泥污。

2. 盘式制动器的特点

（1）优点 与鼓式制动器相比，盘式制动器有如下优点：

1）热稳定性好。原因是一般无自行增力作用，衬块摩擦表面压力分布较鼓式中的衬片更为均匀。此外，制动鼓在受热膨胀后，工作半径增大，使其只能与蹄的中部接触，从而降低了制动效能，这称为机械衰退。制动盘的轴向膨胀极小，径

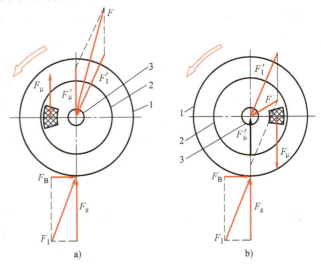

图 5-11 制动时车轮、制动盘及轮毂轴承受力示意图

a）制动钳位于轴前 b）制动钳位于轴后

1—车轮 2—制动盘 3—轮毂 F_z—路面法向反力

向膨胀与性能无关，故无机械衰退问题。因此，前轮采用盘式制动器，汽车制动时不易跑偏。

2）水稳定性好。制动块对盘的单位压力高，易于将水挤出，因而浸水后效能降低不多；又由于离心力作用及衬块对盘的擦拭作用，出水后只需经一次或两次制动即能恢复正常。鼓式制动器则需经十余次制动方能恢复。

3）制动力矩与汽车运动方向无关。

4）易于构成双回路制动系统，使系统有较高的可靠性和安全性。

5）尺寸小、质量小、散热良好。

6）压力在制动衬块上分布比较均匀，故衬块磨损也均匀。

7）更换衬块简单容易。

8）衬块与制动盘的间隙小（0.05～0.15mm），这就缩短了制动协调时间。

9）易于实现间隙自动调整。

（2）缺点 盘式制动器的主要缺点是：

1）难以完全防止尘污和锈蚀（封闭的多片全盘式制动器除外）。

2）兼作驻车制动器时，所需附加的手驱动机构比较复杂。

3）在制动驱动机构中必须装用助力器。

4）因为衬块工作面积小，所以磨损快，使用寿命低，需用高材质的衬块。

盘式制动器在乘用车前轮上得到了广泛应用。

3. 盘式制动器主要参数的确定

（1）**制动盘直径 D**　制动盘直径 D 应尽可能取大些，这时制动盘的有效半径得到增加，可以降低制动钳的夹紧力，降低衬块的单位压力和工作温度。受轮辋直径的限制，制动盘的直径通常选择为轮辋直径的 70%～79%。总质量大于 2t 的汽车应取上限。

（2）**制动盘厚度 h**　制动盘厚度 h 对制动盘质量和工作时的温升有影响。为使质量小些，制动盘厚度不宜取得很大；为了降低温升，制动盘厚度又不宜取得过小。制动盘可以做成实心的，或者为了散热通风的需要在制动盘中间铸出通风孔道。一般实心制动盘厚度可取为 10～20mm，通风式制动盘厚度取为 20～50mm，采用较多的是 20～30mm。

（3）**摩擦衬块外半径 R_2 与内半径 R_1**　推荐摩擦衬块外半径 R_2 与内半径 R_1 的比值不大于 1.5。若此比值偏大，工作时衬块的外缘与内侧圆周速度相差较多，磨损不均匀，接触面积减少，最终导致制动力矩变化大。

（4）**制动衬块面积 A**　对于盘式制动器衬块工作面积 A，推荐根据制动衬块单位面积占有的汽车质量在 $1.6～3.5\mathrm{kg/cm^2}$ 范围内选用。

4. 盘式制动器的设计计算

假定衬块的摩擦表面全部与制动盘接触，且各处单位压力分布均匀，则制动器的制动力矩 M_μ 为

$$M_\mu = 2fF_0R \tag{5-27}$$

式中，f 为摩擦因数；F_0 为单侧制动块对制动盘的压紧力；R 为作用半径。

对于常见的具有扇形摩擦表面的衬块，若其径向宽度不是很大，取 R 等于平均半径 R_m 或有效半径 R_e，在实际上已经足够精确。

如图 5-12 所示，平均半径 R_m 为

$$R_m = \frac{R_1 + R_2}{2} \tag{5-28}$$

式中，R_1 和 R_2 分别为摩擦衬片扇形表面的内半径和外半径。

有效半径 R_e 是扇形表面的面积中心至制动盘中心的距离，其计算公式为

$$R_e = \frac{2(R_2^3 - R_1^3)}{3(R_2^2 - R_1^2)} = \frac{4}{3}\left[1 - \frac{m}{(1+m)^2}\right]R_m \tag{5-29}$$

式中，$m = R_1/R_2$。

因为 $m<1$，$\dfrac{m}{(1+m)^2}<\dfrac{1}{4}$，故 $R_e>R_m$，且 m 越小，两者差值越大。

应当指出，若 m 过小，即扇形的径向宽度过大，衬块摩擦面上各不同半径处的滑磨速度相差太远，磨损将不均匀，因而单位压力分布均匀这一假设条件不能成立，则上述计算方法也就不适用。m 值一般不应小于 0.65。

制动盘工作面的加工精度应达到下述要求：平面度公差为 0.012mm，表面粗糙度 Ra 值为

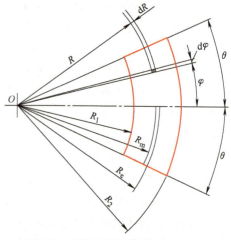

图 5-12　钳盘式制动器的作用半径
计算参考图

$0.7 \sim 1.3 \mu m$，两摩擦表面的平行度公差不应大于 $0.05mm$，制动盘的轴向圆跳动公差不应大于 $0.03mm$。通常制动盘采用摩擦性能良好的珠光体灰铸铁制造，为保证有足够的强度和耐磨性能，其牌号不应低于 HT250。

5. 衬片磨损特性的计算

摩擦衬片（衬块）的磨损受温度、摩擦力、滑磨速度、制动鼓（制动盘）的材质及加工情况，以及衬片（衬块）本身材质等许多因素的影响，因此在理论上计算磨损性能极为困难。但试验表明，影响磨损最重要的因素还是摩擦表面的温度和摩擦力。

从能量的观点来说，汽车制动过程即是将汽车的机械能（动能和势能）的一部分转变为热量而耗散的过程。在制动强度很大的紧急制动过程中，制动器几乎承担了汽车全部动能耗散的任务。此时，由于制动时间很短，实际上热量还来不及逸散到大气中而被制动器所吸收，致使制动器温度升高。这就是所谓制动器的能量负荷。能量负荷越大，则衬片（衬块）磨损将越严重。对于盘式制动器的衬块，其单位面积上的能量负荷比鼓式制动器的衬片大许多倍，所以制动盘的表面温度比制动鼓的高。

各种汽车的总质量及其制动衬片（衬块）的摩擦面积各不相同，因而有必要用一种相对的量作为评价能量负荷的指标。目前，各国常用的指标是比能量耗散率，即单位时间内衬片（衬块）单位摩擦面积耗散的能量，通常所用的计量单位为 W/mm^2。比能量耗散率有时也称为单位功负荷，或简称能量负荷。

双轴汽车的单个前轮及后轮制动器的比能量耗散率分别为

$$e_1 = \frac{\delta m_a (v_1^2 - v_2^2)}{4tA_1} \beta$$

$$e_2 = \frac{\delta m_a (v_1^2 - v_2^2)}{4tA_2} (1-\beta)$$

$$t = \frac{v_1 - v_2}{j}$$

式中，m_a 为汽车总质量（t）；δ 为汽车回转质量换算系数；v_1、v_2 分别为制动初速度（m/s）和终速度（m/s）；j 为制动减速度（m/s^2）；t 为制动时间（s）；A_1、A_2 分别为前、后制动器衬片（衬块）的摩擦面积（mm^2）；β 为制动力分配系数。

在紧急制动到停车的情况下，$v_2 = 0$，并可认为 $\delta = 1$，故

$$e_1 = \frac{m_a v_1^2}{4tA_1} \beta \tag{5-30}$$

$$e_2 = \frac{m_a v_1^2}{4tA_2} (1-\beta) \tag{5-31}$$

据有关文献推荐，鼓式制动器的比能量耗散率以不大于 $1.8W/mm^2$ 为宜，计算时取减速度 $j = 0.6g$。制动初速度 v_1：乘用车用 100km/h（27.8m/s）；总质量 3.5t 以下的商用车用 80km/h（22.2m/s）；总质量 3.5t 以上的商用车用 65km/h（18m/s）。乘用车的盘式制动器在同上的 v_1 和 j 的条件下，比能量耗散率应不大于 $6.0W/mm^2$。对于最高车速低于以上规定的制动初速度的汽车，按上述方法算出的 e 值允许略大于 $1.8W/mm^2$。比能量耗散率过高不

仅会引起衬片（衬块）的加速磨损，且有可能使制动鼓或制动盘更早发生龟裂。

另一个磨损特性指标是每衬片（衬块）单位摩擦面积的制动器摩擦力，称为比摩擦力 f_0。比摩擦力越大，则磨损将越严重。单个车轮制动器的比摩擦力 f_0 为

$$f_0 = \frac{M_\mu}{RA} \tag{5-32}$$

式中，M_μ 为单个制动器的制动力矩；R 为制动鼓半径（衬块平均半径 R_m 或有效半径 R_e）；A 为单个制动器的衬片（衬块）摩擦面积。

在 $j = 0.6g$ 时，鼓式制动器的比摩擦力 f_0 以不大于 0.48N/mm^2 为宜。与之相应的衬片与制动鼓之间的平均单位压力 $p_m = f_0/f = 1.37 \sim 1.60\text{N/mm}^2$（设摩擦因数 $f = 0.3 \sim 0.35$）。这比过去一些文献中所推荐的 p_m 许用值 $2.0 \sim 2.5\text{N/mm}^2$ 要小，因为磨损问题现在已较过去受到更大程度的重视。

5.3 制动系统设计及计算

5.3.1 前、后轮制动器制动力矩的确定

为了保证汽车有良好的制动效能，要求合理地确定前、后轮制动器的制动力矩。为此，首先选定同步附着系数 φ_0，并计算前、后轮制动力矩的比值，即

$$\frac{M_{\mu 1}}{M_{\mu 2}} = \frac{L_2 + \varphi_0 h_g}{L_1 - \varphi_0 h_g} \tag{5-33}$$

式中，$M_{\mu 1}$、$M_{\mu 2}$ 分别为前、后轮制动器的制动力矩；L_1、L_2 为汽车质心至前轴和后轴的距离；h_g 为汽车质心高度。

然后，根据汽车满载在沥青、混凝土路面上紧急制动到前轮抱死拖滑，计算出前轮制动器的最大制动力矩 $M_{\mu 1\max}$；再根据前面已确定的前、后轮制动力矩的比值计算出后轮制动器的最大制动力矩 $M_{\mu 2\max}$。

5.3.2 应急制动和驻车制动所需的制动力矩

1. 应急制动

应急制动时，后轮一般都将抱死滑移，故后桥制动力为

$$F_{B2} = F_2 \varphi = \frac{m_a g L_1}{L + \varphi h_g} \varphi \tag{5-34}$$

式中，$m_a g$ 为汽车满载总质量与重力加速度的乘积；L 为轴距；L_1 为汽车质心到前轴的距离；h_g 为汽车质心高度；F_2 为路面对后桥的法向反力；φ 为附着系数。

若用后轮制动器作为应急制动器，则单个后轮制动器的应急制动力矩为 $F_{B2} r_e/2$，其中，r_e 为车轮有效半径。若用中央制动器进行应急制动，则其应有的制动力矩为 $F_{B2} r_e/i_0$，i_0 为主传动比。

2. 驻车制动

图 5-13 所示为汽车在上坡路上停驻时的受力情况。由此不难得出停驻时的后桥附着力为

$$F_2\varphi = m_ag\varphi\left(\frac{L_1}{L}\cos\alpha + \frac{h_g}{L}\sin\alpha\right) \tag{5-35}$$

汽车在下坡路上停驻时的后桥附着力为

$$F_2'\varphi = m_ag\varphi\left(\frac{L_1}{L}\cos\alpha - \frac{h_g}{L}\sin\alpha\right) \tag{5-36}$$

某商用车的 $F_2\varphi/(m_ag)$、$F_2'\varphi/(m_ag)$、$F_{B2}/(m_ag)$ 三者与坡路倾角 α 的关系如图 5-14 所示。

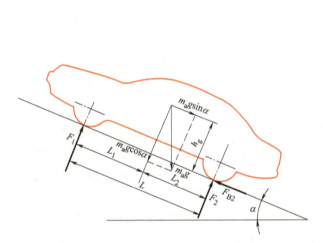

图 5-13　汽车在上坡路上停驻时的受力情况

图 5-14　$F_2\varphi/(m_ag)$、$F_2'\varphi/(m_ag)$、$F_{B2}/(m_ag)$ 与 α 的关系

汽车可能停驻的极限上坡路倾角 α_1 可根据后桥上的附着力与制动力相等的条件求得，即由

$$m_ag\varphi\left(\frac{L_1}{L}\cos\alpha_1 + \frac{h_g}{L}\sin\alpha_1\right) = m_ag\sin\alpha_1 \tag{5-37}$$

得到

$$\alpha_1 = \arctan\frac{\varphi L_1}{L - \varphi h_g} \tag{5-38}$$

式中，α_1 是保证汽车上坡行驶时的纵向稳定性的极限坡路倾角。

同理，可推导出汽车可能停驻的极限下坡路倾角为

$$\alpha_1' = \arctan\frac{\varphi L_1}{L + \varphi h_g} \tag{5-39}$$

驻车制动器的设计中，在安装制动器的空间、制动驱动力源等条件允许的范围内，应力求后桥上驻车制动力矩接近于由 α_1 所确定的极限值 $m_agr_e\sin\alpha_1$（因 $\alpha_1 > \alpha_1'$），并保证下坡路上能停驻的坡度不小于法规的规定值。

单个后轮驻车制动器的制动力矩上限为 $m_agr_e\sin\alpha_1/2$，中央驻车制动器的制动力矩上限为 $m_agr_e\sin\alpha_1/i_0$。

5.4 制动驱动机构设计

*5.4.1 制动驱动机构的结构形式

制动驱动机构将来自驾驶人或其他力源的力传给制动器，使之产生制动力矩。根据制动力源的不同，制动驱动机构一般可分为简单制动、动力制动和伺服驱动三类。

1. 简单制动

简单制动单靠驾驶人施加的踏板力或手柄力作为制动力源，也称人力制动。其中，又有机械式和液压式两种。机械式完全靠杆系传力，由于其机械效率低，传动比小，润滑点多，且难以保证前、后轴制动力的正确比例和左、右轮制动力的均衡，所以在汽车的行车制动装置中已被淘汰。但因其结构简单，成本低，工作可靠（故障少），还广泛地应用于中小型汽车的驻车制动装置中。

液压式简单制动（通常简称为液压制动）用于行车制动装置。液压制动的优点是：作用滞后时间较短（0.1~0.3s）；工作压力高（可达10~20MPa），因而轮缸尺寸小，可以安装在制动器内部，直接作为制动蹄的张开机构（或制动块的压紧机构），而不需要制动臂等传动件，使之结构简单、质量小；机械效率较高（液压系统有自润滑作用）。液压制动的主要缺点是：过度受热后，部分制动液汽化，在管路中形成气泡，严重影响液压传输，使制动系统的效能降低，甚至完全失效。液压制动曾广泛应用在乘用车和总质量不大的商用车上。

2. 动力制动

动力制动即利用由发动机的动力转化而成，并表现为气压或液压形式的势能作为汽车制动的全部力源。驾驶人施加于踏板或手柄上的力，仅用于回路中控制元件的操纵。因此，简单制动中的踏板力和踏板行程之间的反比例关系，在动力制动中便不复存在，从而可使踏板力较小，同时又有适当的踏板行程。

气压制动是应用最多的动力制动之一。其主要优点是：操纵轻便，工作可靠，不易出故障，维修保养方便；此外，其气源除供制动用外，还可以供其他装置使用。其主要缺点是：必须有空气压缩机、贮气筒、制动阀等装置，使结构复杂、笨重、成本高；管路中压力的建立和撤除都较慢，即作用滞后时间较长（0.3~0.9s），因而增加了空驶距离和停车距离。对于较长距离的供气，为了缩短供气时间，需在系统中加设加速阀、快放阀和贮气筒；管路工作压力低，一般为0.5~0.7MPa，因而制动气室的直径必须设计得大些，且只能置于制动器外部，再通过杆件和凸轮或楔块驱动制动蹄，这就增加了簧下质量；制动气室排气时有很大噪声。气压制动在总质量8t以上的商用车上得到了广泛应用。由于挂车制动系统的摘和挂都很方便，所以汽车列车也多用气压制动。

用气压系统作为普通的液压制动系统主缸的驱动力源而构成的气顶液制动，也是动力制动。它兼有液压制动和气压制动的主要优点；因气压系统管路短，作用滞后时间也较短。但因其结构复杂、质量大、成本高，所以主要用在总质量较大的商用车上。

全液压动力制动用发动机驱动液压泵产生的液压作为制动力源，有闭式（常压式）与开式（常流式）两种。开式（常流式）系统在不制动时，制动液在无负荷情况下由液压泵

经制动阀到贮液罐不断循环流动；而在制动时，则借阀的节流作用而产生所需的液压并传入轮缸。闭式回路因平时总保持着高液压，对密封的要求较高，但对制动操纵的反应比开式的快。在液压泵出故障时，开式的即不起制动作用，而闭式的还有可能利用蓄能器的压力继续进行若干次制动。

全液压动力制动除了有一般液压制动系统的优点以外，还有制动能力强、易于采用制动力调节装置和防滑移装置，即使产生汽化现象也没有什么影响等好处。但其结构相当复杂，精密件多，对系统的密封性要求也较高，故目前应用并不广泛。

各种形式的动力制动在动力系统失效时，制动作用即全部丧失。

3. 伺服制动

伺服制动的制动能源是人力和发动机并用。正常情况下，其输出工作压力主要由动力伺服系统产生；在伺服系统失效时，还可以全靠人力驱动液压系统，以产生一定程度的制动力。因此，从中级以上的乘用车到各种商用车，都广泛采用伺服制动。

按伺服力源不同，伺服制动有真空伺服制动、空气伺服制动和液压伺服制动三类。

图 5-15 所示为真空助力器结构简图，带橡胶膜片密封装置的控制活塞 1 将助力缸分成 A、B 两个腔。A 腔位于制动主缸相连的一端，经真空单向阀与发动机进气管相连，保持一定的真空度；B 腔的压力由橡胶阀座 3、滑柱 4 与橡胶反作用盘 5 调节。真空助力器的空气阀和真空阀一起构成了助力器的随动机构，即当助力器工作时，输出力和输入力始终成比例。助力器的随动作用是通过橡胶反作用盘的弹性实现的。

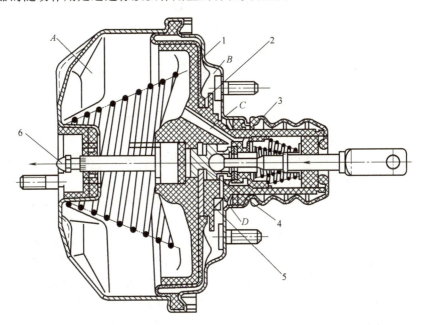

图 5-15　真空助力器结构简图

1—控制活塞　2—膜片　3—橡胶阀座　4—滑柱　5—橡胶反作用盘　6—制动主缸推杆

空气伺服制动与真空伺服制动的工作原理基本一致，但伺服动力源的相对压力不同。真空伺服制动的伺服用真空度（负压）一般可达 $0.05 \sim 0.07 \mathrm{MPa}$，空气伺服制动的伺服气压一般能达 $0.6 \sim 0.7 \mathrm{MPa}$，故在输出力相同的条件下，空气伺服气室直径比真空伺服气室的小得

多。但是，空气伺服系统其他组成部分却较真空伺服系统复杂得多。真空伺服制动多用于总质量在 1.10t 以上的乘用车和载质量在 6t 以下的商用车上，空气伺服制动则广泛用于载质量为 6~12t 的商用车，以及少数几种高级乘用车上。

5.4.2　制动驱动机构布置

为了提高制动工作的可靠性，应采用分路系统，即全车的所有行车制动器的液压或气压管路分为两个或更多的互相独立的回路，其中一个回路失效后，仍可利用其他完好的回路起制动作用。

双轴汽车的双回路制动系统有以下常见的五种分路型式：

1）一轴对一轴（Ⅱ）型，如图 5-16a 所示，前轴制动器与后桥制动器各用一个回路（"Ⅱ型"是其形象的简称，下同）。

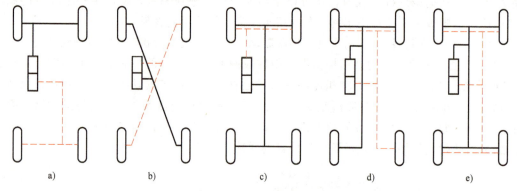

图 5-16　分路系统的型式

2）交叉（X）型，如图 5-16b 所示，前轴的一侧车轮制动器与后桥的对侧车轮制动器同属一个回路。

3）一轴半对半轴（HI）型，如图 5-16c 所示，两侧前制动器的半数轮缸和全部后制动器轮缸属于一个回路，其余的前轮缸则属于另一回路。

4）半轴一轮对半轴一轮（LL）型，如图 5-16d 所示，两个回路分别对两侧前轮制动器的半数轮缸和一个后轮制动器起作用。

5）双半轴对双半轴（HH）型，如图 5-16e 所示，每个回路均只对每个前、后制动器的半数轮缸起作用。

Ⅱ型的管路布置较为简单，可与传统的单轮缸（或单制动气室）鼓式制动器配合使用，成本较低，目前在各类汽车特别是商用车上用得最广泛。对于这种型式，若后制动回路失效，则一旦前轮抱死即极易丧失转弯制动能力。对于采用前轮驱动因而前制动器强于后制动器的乘用车，当前制动回路失效而单用后桥制动时，制动力将严重不足（小于正常情况下的一半），并且，若后桥负荷小于前轴负荷，则踏板力过大时易使后桥车轮抱死而汽车侧滑。

X型的结构也很简单。直行制动时任一回路失效，剩余的总制动力都能保持正常值的50%。但是，一旦某一管路损坏造成制动力不对称，此时前轮将朝制动力大的一边绕主销转动，使汽车丧失稳定性。

HI、HH、LL型结构都比较复杂。LL型和HH型在任一回路失效时，前、后制动力比

值均与正常情况下相同，剩余总制动力可达正常值的50%左右。HI型单用一轴半回路时剩余制动力较大，但此时与LL型一样，紧急制动情况下后轮很容易先抱死。

5.4.3 液压制动驱动机构的设计计算

1. 制动轮缸直径 d 的确定

制动轮缸对制动蹄（块）施加的张开力 F_0 与轮缸直径 d 和制动管路压力 p 的关系为

$$d = \sqrt{4F_0/(\pi p)} \tag{5-40}$$

制动管路压力一般不超过12MPa，对盘式制动器可更高。压力越高，对管路（首先是制动软管及管接头）的密封性要求越严格，但驱动机构越紧凑。

2. 制动主缸直径 d_0 的确定

第 i 个轮缸的工作容积 V_i 为

$$V_i = \frac{\pi}{4} \sum_{i=1}^{n} d_i^2 \delta_i \tag{5-41}$$

式中，d_i 为第 i 个轮缸活塞的直径；n 为轮缸中活塞的数目；δ_i 为第 i 个轮缸活塞在完全制动时的行程，初步设计时，对鼓式制动器可取 $\delta_i = 2.0 \sim 2.5$mm。

所有轮缸的总工作容积 $V = \sum_{i=1}^{m} V_i$，式中，m 为轮缸数目。制动主缸应有的工作容积 $V_0 = V + V'$，式中，V' 为制动软管的变形容积。在初步设计时，制动主缸的工作容积可取：对于乘用车 $V_0 = 1.1V$；对于商用车 $V_0 = 1.3V$。

用主缸活塞行程 S_0 和活塞直径 d_0 表示为

$$V_0 = \frac{\pi}{4} d_0^2 S_0 \tag{5-42}$$

一般 $S_0 = (0.8 \sim 1.2) d_0$。

主缸的直径 d_0 应符合有关标准的规定。

3. 制动踏板力 F_p

制动踏板力 F_p 为

$$F_p = \frac{\pi}{4} d_0^2 p \frac{1}{i_p} \frac{1}{\eta} \tag{5-43}$$

式中，i_p 为踏板机构的传动比；η 为踏板机构及液压主缸的机械效率，可取 $\eta = 0.82 \sim 0.86$。

制动踏板力应满足以下要求：最大踏板力一般为500N（乘用车）或700N（商用车）。设计时，制动踏板力可在200~350N的范围内选取。

4. 制动踏板工作行程 S_p

制动踏板工作行程 S_p 为

$$S_p = i_p (S_0 + S_{01} + S_{02}) \tag{5-44}$$

式中，δ_{01} 为主缸中推杆与活塞间的间隙，一般取 $\delta_{01} = 1.5 \sim 2.0$mm；$\delta_{02}$ 为主缸活塞的空行程，即主缸活塞从不工作的极限位置到使其皮碗完全封堵主缸上的旁通孔所经过的行程。

制动器调整正常时的踏板工作行程 S_p，只应占计及制动衬片（衬块）的容许磨损量在

内的踏板行程的 40%～60%。

为了避免空气侵入制动管路，在计算制动主缸活塞回位弹簧（同时也是回油阀弹簧）时，应保证踏板放开后，制动管路中仍保持 0.05～0.14MPa 的残余压力。

最大踏板行程（计入衬片或衬块的容许磨损量），对乘用车应不大于 150mm，对商用车不大于 180mm。此外，作用在制动手柄上最大的力，对乘用车不大于 400N，对商用车不大于 600N。制动手柄最大行程，对乘用车不大于 160mm，对商用车不大于 220mm。

5.4.4 气压制动驱动机构的设计

汽车气压制动驱动系统有单回路、双回路及混合回路之分，后者仅用于汽车列车。这种混合回路要求牵引汽车有三条连接被拖挂列车的气压管路，以便供列车中的单回路列车和双回路列车之用。双回路系统虽然结构较复杂、造价也较高，但工作安全可靠、效能高、作用迅速，因此已得到最广泛的应用。

气压系统设计首先要解决好空气压缩机、贮气罐等压缩空气的供给装置与制动气室、空气伺服气室、驻车制动操纵气缸等气压使用装置间的合理匹配。为此，就要进行初步的设计计算。

1. 制动气室

制动气室有膜片式和活塞式两种。膜片式的特点是结构简单，对室壁的加工要求不高，无摩擦副，密封性较好，但所容许的行程较小，膜片寿命也不及活塞式的。活塞式制动气室的行程较长，推力一定，但有摩擦损失。

制动气室输出的推杆推力 F_Q 应保证制动器制动蹄所需的张开力。如图 5-17 所示，当采用非平衡式凸轮张开装置时，两蹄的张开力 F_{01}、F_{02} 与制动气室输出的推力 F_Q 之间的关系为

$$F_Q = \frac{a}{2h}(F_{01} + F_{02}) \tag{5-45}$$

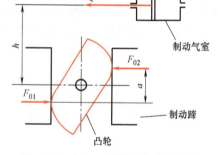

图 5-17 凸轮张开装置受力示意图

式中，$a/2$ 为 F_{01}、F_{02} 对凸轮中心的力臂；h 为 F_Q 力对凸轮轴轴线的力臂。根据凸轮形状的不同，a 和 h 可能会随凸轮转角而变化。

为了输出推力 F_Q，制动气室的工作面积 A 应为

$$A = \frac{F_Q}{p} = \frac{a(F_{01} + F_{02})}{2hp} \tag{5-46}$$

式中，p 为制动气室的工作压力。

对于活塞式制动气室：

$$A = \frac{\pi}{4}D^2$$

式中，D 为活塞或气缸直径。

$$D = \sqrt{\frac{2a(F_{01} + F_{02})}{\pi h p}} \tag{5-47}$$

对于膜片式制动气室，膜片的有效承压面积 A 可表示为

$$A = \frac{\pi}{12}(D^2 + dD + d^2) \qquad (5\text{-}48)$$

式中，D 为制动气室壳体在夹持膜片处的内径；d 为膜片夹盘直径。

若已知制动蹄端部行程及制动凸轮轮廓几何参数，便可求出制动时所需的凸轮转角，并据以求得尺寸 a 与 h，于是制动气室推杆行程为

$$l = \lambda \frac{2h}{a} \qquad (5\text{-}49)$$

式中，λ 为行程储备系数，其中还考虑了摩擦衬片容许磨损量的影响。对于在使用过程中推杆行程不变的刚性中间传动机构，取 $\lambda = 1.2 \sim 1.4$；对于带有摩擦副的中间传动机构，则取 $\lambda = 2.2 \sim 2.4$ 或更大些。

2. 贮气罐

贮气罐由钢板焊成，内外涂以防锈漆，也有用玻璃钢制造的，其耐蚀性很好。贮气罐的容积大小应适当，过大将使充气时间过长；过小将使每次制动后罐中压力降落太大，因而当空气压缩机停止工作时可能进行的有效制动次数太少。当汽车具有空气悬架、气动车门开闭机构等大量消耗压缩空气的装置时，往往加装副贮气罐。

制动前贮气罐与制动管路、制动气室隔绝。制动气室压力腔的容积为零，贮气罐-制动管路-制动气室系统中空气的绝对压力与容积的乘积的总和

$$\sum pV = (p_c + p_0)V_c + p_0 \sum V_g \qquad (5\text{-}50)$$

式中，p_c 为贮气罐中的相对压力；p_0 为管路中的绝对压力，即大气压；V_c 为贮气罐容积；$\sum V_g$ 为全部制动管路的总容积。

完全制动时，贮气罐中的压缩空气经制动阀进入所有制动管路和各制动气室，直至管路和气室中的相对压力达到制动阀所控制的最大工作压力 p_{max} 后，再度将贮气罐与制动管路及制动气室隔绝为止。此时制动气室压力腔容积达到最大值 $\sum V_s$（所有制动气室压力腔最大容积之和），同时贮气罐中的相对压力降至 p'_c。此时上述系统中的空气绝对压力与容积的乘积的总和

$$(\sum pV)' = (p'_c + p_0)V_c + (p_{max} + p_0)(\sum V_g + \sum V_s) \qquad (5\text{-}51)$$

设空气的膨胀过程为等温过程，则

$$\sum pV = (\sum pV)' \qquad (5\text{-}52)$$

所以在空气压缩机不工作时，进行一次完全制动后的贮气罐压力降

$$\Delta p_c = p_c - p'_c = \frac{(p_{max} + p_0)(\sum V_g + \sum V_s) - p_0 \sum V_g}{V_c} \qquad (5\text{-}53)$$

相对于调压器调定的贮气罐气压的压力降 Δp_c 应不超过 0.03MPa。设计时一般取贮气罐的总容积

$$V_c = (20 \sim 40) \sum V_s \qquad (5\text{-}54)$$

设计时还应考虑在空气压缩机停止工作的情况下，贮气罐中气压由最大压力降至最小安全压力前的连续制动次数 n 为

$$n = \frac{\lg \dfrac{p_{\text{cmax}}}{p_{\text{cmin}}}}{\lg\left(1 + \dfrac{\sum V_g + \sum V_s}{V_c}\right)} \tag{5-55}$$

式中，p_{cmax}、p_{cmin} 分别为贮气罐内空气的最高绝对压力和最低绝对压力。一般要求 $n = 8 \sim 12$。

此外，贮气罐的直径远大于其壁厚，是一薄壁结构，应按薄壁圆筒对其壁厚进行强度计算。

3. 空气压缩机

空气压缩机的出气率应根据汽车各个气动装置耗气率的总和来确定。每次制动所消耗的压缩空气的容积 V_B 和压缩空气的质量 $m_B(\text{kg})$ 分别为

$$V_B = \sum V_s + \sum V_g \tag{5-56}$$

$$m_B = \frac{pV_B}{RT}\frac{1}{9.8} \tag{5-57}$$

式中，p 为制动管路压力（Pa）；R 为空气的气体常数，计算时可取 $R = 8.314\text{J}/(\text{mol} \cdot \text{K})$；$T$ 为热力学温度（K）。

单位时间内因制动所消耗的压缩空气质量（耗气率）

$$W_B = m_B n_B \tag{5-58}$$

式中，n_B 为单位时间内制动次数，在市内行驶的汽车取 $n_B = 0.8 \sim 1.4$ 次/min，郊区公路行驶的汽车取 $n_B = 0.2 \sim 0.5$ 次/min。

汽车总的耗气率

$$W_0 = W_B + \sum W_f + W_e \tag{5-59}$$

式中，$\sum W_f$ 为车上各种气动装置耗气率的总和（kg/min）；W_e 为漏气量，一般取为 $3 \times 10^{-6}\text{kg/min}$。

考虑到不可预计的压缩空气损失和空气压缩机停止工作的可能性，空气压缩机的出气率

$$W_k = (5 \sim 6)W_0$$

空气压缩机的出气率（m^3/min）与其主要设计参数的关系又可表达为

$$V_k = \frac{\pi D^2 Sni}{4}\eta_V \tag{5-60}$$

式中，D 为空气压缩机气缸直径（m）；S 为活塞行程（m）；i 为气缸数；n 为曲轴转速（r/min）；η_V 为容积效率，计算时可取 $\eta_V = 0.5 \sim 0.7$。

📄 **拓展学习内容——汽车防抱制动系统** ....

扫一扫，直接在手机上打开

思考题

1. 设计制动系统时应满足哪些基本要求？
2. 什么是制动器的效能因数？其主要影响因素是什么？
3. 鼓式制动器和盘式制动器的主要参数各有哪些？设计时是如何确定的？
4. 制动驱动的形式有哪几种？各有何特点？

第6章　纯电动汽车设计

【教学内容】

本章主要介绍了纯电动汽车的蓄电池设计选型、驱动电机的设计选型以及传动系统传动比的计算及选型、蓄电池设计选型的计算分析等内容。

【学习目标】

➤ 能够对纯电动汽车的驱动形式的结构方案进行对比分析。
➤ 掌握电动汽车驱动力和阻力的计算方法。
➤ 掌握电动汽车传动系统性能参数的计算方法。
➤ 能够根据纯电动汽车的性能要求，进行电机及电池系统的计算选型。

＊6.1　纯电动汽车概述

随着电动汽车技术的不断发展，电动汽车的结构方式发生了很大变化，结构越来越复杂，性能越来越高，速度和安全性也在大幅提升。电动汽车的驱动结构对电动汽车有很大影响，电动汽车的能源结构也会对电动汽车结构产生很大影响。电动汽车的划分变得复杂起来，除了这两类区分方式外，电动汽车还可以根据用途和速度进行划分。这些不同因素的影响，构成了电动汽车的复杂家族。

随着电动汽车的发展，电动汽车已经渐渐走出改装车的路线，各类专门设计的电动汽车，结构紧凑，造型特别，成了电动汽车的风向标。

6.1.1　纯电动汽车的定义

纯电动汽车是指以车载电源为动力，用电动机驱动车轮行驶，符合道路交通、安全法规各项要求的车辆。一般采用高效率充电蓄电池为动力源。纯电动汽车无需再用内燃机，因此，纯电动汽车的电动机相当于传统汽车的发动机，蓄电池相当于原来的油箱，电能是二次能源，可以来源于风能、水能、热能、太阳能等多种方式。

6.1.2　纯电动汽车的分类

（1）**按用途分类**　按用途不同，纯电动汽车可以分为纯电动乘用车、电动货车、电动客车等。

（2）**按驱动形式分类**　按动力驱动控制系统结构形式不同，纯电动汽车可以分为直流电动机驱动的电动汽车、交流电动机驱动的电动汽车、双电动机驱动的电动汽车、双绕组电动机驱动的电动汽车、轮毂电动机驱动的电动汽车。

（3）**按使用的电池类型分类**　按使用的电池类型不同，纯电动汽车可以分为铅酸蓄电池电动汽车、镍氢蓄电池电动汽车、锂离子电池电动汽车、燃料电池电动汽车。

此外，目前研究应用的还有使用镍镉电池、钠硫电池、飞轮电池、太阳能电池和超级电容器等的电动汽车。

6.1.3　纯电动汽车的标准体系

电动汽车标准体系建设直接关系整个产业的健康可持续发展，目前我国已发布电动汽车标准80余项，涵盖电动汽车整车、关键总成（含电池、电机、电控）、充换电设施、充电接口和通信协议等，明确了电动汽车的分类和定义，以及动力性、经济性、安全性的测试方法和技术要求，规定了电池、电机等关键零部件的技术条件，规范了充换电基础设施建设，统一了车与充电设施之间的充电接口和通信协议。建立的电动汽车标准体系基本满足现阶段电动汽车市场准入、科研、产业化和商用化运行的需要。电动汽车标准体系架构如图6-1所示。

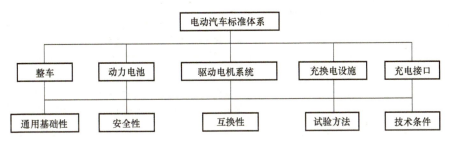

图6-1　电动汽车标准体系架构

电动汽车标准是电动汽车设计、生产、检验以及使用的依据，完整的电动汽车标准体系是电动汽车发展的基础。电动汽车标准体系的建设在电动汽车发展过程中起着非常重要的作用。

1. 整车标准

电动汽车整车标准涉及基础通用性、安全性、试验方法、技术条件等，有国家推荐性标准，也有行业标准，主要标准见表6-1。

表6-1　电动汽车整车标准

标准代号	标准名称	标准内容及适用范围
GB/T 19596—2017	电动汽车术语	规定了与电动汽车相关的术语及其定义；适用于电动汽车整车、驱动电机系统、可充电储能系统及充电机

（续）

标准代号	标准名称	标准内容及适用范围
GB/T 4094.2—2017	电动汽车 操纵件、指示器及信号装置的标志	规定了电动汽车特有的操纵件、指示器及信号装置的标志和信号装置显示颜色的基本要求；适用于电动汽车
GB/T 19836—2019	电动汽车仪表	规定了电动汽车仪表特有的指示或显示内容；适用于电动汽车
GB/T 18385—2005	电动汽车 动力性能 试验方法	规定了纯电动汽车的加速特性、最高车速及爬坡能力等的试验方法；适用于纯电动汽车
GB/T 18386—2017	电动汽车 能量消耗率和续驶里程 试验方法	规定了纯电动汽车的能量消耗率和续驶里程的试验方法；适用于纯电动汽车
GB/T 18388—2005	电动汽车 定型试验规程	规定了纯电动汽车新产品设计定型试验的实施条件、试验项目、试验方法、判定依据和试验报告的内容；适用于纯电动汽车
GB/T 18387—2017	电动车辆的电磁场发射强度的限值和测量方法	规定了车辆的电场、磁场辐射发射强度的限值和测量方法，试验频率范围为150kHz~30MHz；适用于纯电动汽车、混合动力电动汽车、燃料电池电动汽车等类型的电动车辆
GB/T 24552—2009	电动汽车风窗玻璃除霜除雾系统的性能要求及试验方法	规定了电动汽车风窗玻璃除霜、除雾系统的性能要求及试验方法；适用于除霜、除雾系统使用动力电池作为动力源的 M_1 类纯电动汽车
GB/T 24347—2021	电动汽车DC/DC变换器	规定了电动汽车DC/DC变换器的技术要求、试验方法；适用于电动汽车用DC/DC变换器，其他具有DC/DC转换功能的电路
QC/T 838—2010	超级电容电动城市客车	规定了超级电容电动城市客车的术语和定义、型号、要求、试验方法、检验规则、标志、运输和保管；适用于采用超级电容器作为动力电源或以超级电容器作为主要动力电源的各种电动城市客车
GB/T 28382—2012	纯电动乘用车 技术条件	规定了座位数在5座及以下的纯电动乘用车的术语和定义、技术要求和试验方法；适用于使用动力蓄电池驱动的纯电动乘用车
QC/T 925—2013	超级电容电动城市客车 定型试验规程	规定了超级电容电动城市客车新产品定型试验的实施条件、试验项目、试验方法、评定依据、试验程序以及试验报告等内容；适用于采用超级电容器作为动力电源或主要以超级电容器作为主要动力电源的电动城市客车
GB/T 31498—2021	电动汽车碰撞后安全要求	规定了带有B级电压电路的纯电动汽车、混合动力电动汽车正面碰撞、侧面碰撞、后面碰撞后的特殊安全要求和试验方法；适用于 M_1 类及最大设计总质量不大于2500kg的 N_1 类汽车以及多用途货车中带有B级电压电路的纯电动汽车、混合动力汽车的正面碰撞，以及 M_1、N_1 类汽车中带有B级电压电路的纯电动汽车、混合动力汽车的侧面和后面碰撞
GB/T 31466—2015	电动汽车高压系统电压等级	规定了电动汽车高压系统的直流电压等级要求；适用于纯电动汽车和混合动力电动汽车
GB/T 18384—2020	电动汽车安全要求	规定了电动汽车的安全要求和试验方法；适用于车载驱动系统的最大工作电压是B级电压的电动汽车

注：表中的B级电压，对于交流电是30~1000V，对于直流电是60~1500V。

2. 动力电池标准

动力电池从产品类别上覆盖了铅酸蓄电池、锂离子电池、金属氢化物镍蓄电池、锌空气电池、超级电容器；从产品级别上覆盖了电池单体、模块、系统，以及电池箱体、电池管理系统；从标准规定的内容上，包括了动力电池的安全性、电性能、循环寿命、规格尺寸等。动力电池主要标准见表6-2。

表6-2　动力电池主要标准

标准代号	标准名称	标准内容及适用范围
QC/T 742—2006	电动汽车用铅酸蓄电池	规定了电动汽车用铅酸蓄电池的要求、试验方法、检验规则、标志、包装、运输和储存；适用于电动汽车用铅酸蓄电池
QC/T 744—2006	电动汽车用金属氢化物镍蓄电池	规定了电动汽车用密封金属氢化物镍蓄电池的要求、试验方法、检验规则、标志、包装、运输和储存；适用于电动汽车用标称电压单体1.2V和模块$n \times 1.2V$(n为蓄电池数量，$n \geqslant 5$)的密封金属氢化物镍蓄电池
QC/T 840—2010	电动汽车用动力蓄电池产品规格尺寸	规定了电动汽车用金属氢化物镍动力蓄电池和锂离子动力蓄电池单体及模块的规格及外形尺寸；适用于电动汽车用金属氢化物镍动力蓄电池和锂离子动力蓄电池单体及模块
QC/T 897—2011	电动汽车用电池管理系统技术条件	规定了电动汽车用电池管理系统的术语与定义、要求、试验方法、检验规则、标志等；适用于电动汽车用动力蓄电池的管理系统
QC/T 989—2014	电动汽车用动力蓄电池箱通用要求	规定了电动汽车用动力蓄电池系统中蓄电池箱的一般要求、安全要求、机械强度、外观与尺寸、耐环境要求、组装要求、试验方法、标识与标志、运输储存与包装；适用于车载充电的蓄电池箱和快换方式的蓄电池箱
QC/T 741—2014	车用超级电容器	规定了电动道路车辆用超级电容器(电化学电容器)的要求、试验方法、检验规则、标志、包装、运输和储存；适用于电动道路车辆用超级电容器单体和模块
GB/T 18333.2—2015	电动汽车用锌空气电池	规定了电动汽车用锌空气电池的术语和定义、符号、要求、试验方法、检验规则、标志、包装、运输、储存；适用于以机械更换式作为能量补充方式的电动汽车用锌空气电池
GB/T 31484—2015	电动汽车用动力蓄电池循环寿命要求及试验方法	规定了电动汽车用动力蓄电池的标准循环寿命的要求、试验方法、检验规则，以及工况循环寿命的试验方法、检验规则；适用于装载在电动汽车上的动力蓄电池
GB 38031—2020	电动汽车用动力蓄电池安全要求	规定了电动汽车用动力蓄电池单体、电池包或系统的安全要求和试验方法；适用于电动汽车用锂离子蓄电池和镍氢电池等可充电储能装置
GB/T 31486—2015	电动汽车用动力蓄电池电性能要求及试验方法	规定了电动汽车用动力蓄电池的电性能要求、试验方法、检验规则；适用于装载在电动汽车上的锂离子蓄电池和金属氢化物镍蓄电池单体及模块，其他类型蓄电池参照执行
GB/T 31467.1—2015	电动汽车用锂离子动力蓄电池包和系统　第1部分:高功率应用测试规程	规定了电动汽车用高功率锂离子动力蓄电池包和系统电性能的测试方法；适用于装载在电动汽车上，主要以高功率应用为目的的锂离子动力蓄电池包和蓄电池系统，以高功率应用为目的的金属氢化物镍动力蓄电池包和系统等参照执行
GB/T 31467.2—2015	电动汽车用锂离子动力蓄电池包和系统　第2部分:高能量应用测试规程	规定了电动汽车用高能量锂离子动力蓄电池包和系统电性能的测试方法；适用于装载在电动汽车上，主要以高能量应用为目的的锂离子动力蓄电池包和蓄电池系统，以高能量应用为目的的金属氢化物镍动力蓄电池包和系统等参照执行

3. 驱动电机系统标准

驱动电机系统是电动汽车的动力输出单元，要求工作可靠，电气接口统一，其主要标准见表6-3。

表6-3　驱动电机系统主要标准

标准代号	标准名称	标准内容及适用范围
QC/T 893—2011	电动汽车用驱动电机系统故障分类及判断	规定了电动汽车用驱动电机系统故障的确认原则、故障模式和故障分类；适用于各类电动汽车用驱动电机系统
QC/T 896—2011	电动汽车用驱动电机系统接口	规定了电动汽车用驱动电机系统的电气接口型式、信号定义，对驱动电机系统的机械接口做了通用性的规定；适用于电动汽车用驱动电机系统
GB/T 29307—2012	电动汽车用驱动电机系统可靠性试验方法	规定了电动汽车用驱动电机系统在台架上的一般可靠性试验方法，其中包括可靠性试验负荷规范及可靠性评定方法；适用于最终动力输出为电机单独驱动或电机和发动机联合驱动的电动汽车用驱动电机系统
GB/T 18488.1—2015	电动汽车用驱动电机系统　第1部分：技术条件	规定了电动汽车用驱动电机系统的工作制、电压等级、型号命名、要求、检验规则以及标志与标识等；适用于电动汽车用驱动电机系统、驱动电机、驱动电机控制器
GB/T 18488.2—2015	电动汽车用驱动电机系统　第2部分：试验方法	规定了电动汽车用驱动电机系统试验用的仪器仪表、试验准备及各项试验方法；适用于电动汽车用驱动电机系统、驱动电机、驱动电机控制器

4. 充换电设施标准

电动汽车充换电设施是指为电动汽车动力蓄电池提供电能的相关设施的总称，一般包括充电站、电池更换站、电池配送中心、集中或分散布置的充电桩等。充换电设施主要标准见表6-4。

表6-4　充换电设施主要标准

标准代号	标准名称	标准内容及适用范围
NB/T 33001—2018	电动汽车非车载传导式充电机技术条件	规定了电动汽车用非车载传导式充电机的术语和定义、基本构成、分类、功能要求、技术要求，以及标志、包装、运输及储存；适用于采用传导式充电方式的电动汽车用非车载充电机
NB/T 33002—2018	电动汽车交流充电桩技术条件	规定了电动汽车交流充电桩的基本构成、分类、功能要求、技术要求、检验规则，以及标志、包装、运输及储存；适用于电动汽车交流充电桩
QC/T 895—2011	电动汽车车载传导式充电机技术条件	规定了电动汽车传导式车载充电机的基本构成、参数、要求、试验方法、检验规则及标志、包装、运输和储存；适用于纯电动汽车和可外接充电的混合动力电动汽车用的车载充电机
GB/T 29316—2012	电动汽车充换电设施电能质量技术要求	规定了电动汽车充换电设施电能质量相关标准及检测的要求；适用于电动汽车充换电设施，包括交流充电桩以及充换电站
GB/T 29317—2021	电动汽车充换电设施术语	规定了与电动汽车充换电设施相关的术语及其定义；适用于为纯电动汽车和插电式混合动力汽车提供电能的电动汽车充换电设施
GB/T 29318—2012	电动汽车非车载充电机电能计量	规定了电动汽车非车载充电机计量用直流电能计量装置的配置安装要求、技术要求、试验方法和检验规则，规定了充电机计量技术要求；适用于充电机的电能计量

（续）

标准代号	标准名称	标准内容及适用范围
GB/T 28569—2012	电动汽车交流充电桩电能计量	规定了电动汽车交流充电桩电能计量的技术要求及电能计量装置的配置安装要求、试验方法和检验规则；适用于交流充电桩的电能计量
GB 29303—2012	用于Ⅰ类和电池供电车辆的可开闭保护接地移动式剩余电流装置（SPE-PRCD）	规定了 SPE-PRCD 的分类、特性、标志和产品资料、使用和安装的标准工作条件、结构和操作的要求试验；适用于与具有Ⅰ类绝缘和电池充电装置的电动车辆一起使用的移动式装置
GB/T 29781—2013	电动汽车充电站通用要求	规定了电动汽车充电站的选址原则、供电系统、充电系统、监控系统、电能计量、行车道、停车位、安全要求、标志和标识；适用于采用整车充电方式为电动汽车动力蓄电池进行传导式充电的充电站
GB/T 29772—2013	电动汽车电池更换站通用技术要求	规定了电动汽车电池更换站的建设类型、选址、供电系统、充电与电池更换系统、监控系统、行车道和停车位、土建、安全和消防、标志和标识等；适用于电动汽车电池更换站
NB/T 33004—2020	电动汽车充换电设施工程施工和竣工验收规范	规定了电动汽车充换电设施工程施工规范、竣工验收标准等；适用于新建、扩建和改建的电动汽车充换电设施的工程施工和竣工验收
NB/T 33005—2013	电动汽车充电站及电池更换站监控系统技术规范	规定了电动汽车充电站及电池更换站监控系统构成、功能要求及技术指标；适用于电动汽车充电站及电池更换站监控系统
NB/T 33006—2013	电动汽车电池箱更换设备通用技术要求	规定了电动汽车电池箱更换设备的型式、基本参数、技术要求、试验、检验规则、标识、包装、运输等内容；适用于电动汽车电池箱更换设备
NB/T 33007—2013	电动汽车充电站/电池更换站监控系统与充换电设备通信协议	规定了电动汽车充电站/电池更换站内监控系统与充换电设备通信的接口和报文规范；适用于电动汽车充电站和电池更换站监控系统
NB/T 33008.1—2018	电动汽车充电设备检验试验规范　第1部分：非车载充电机	规定了电动汽车非车载充电机的检验规则和试验方法；适用于充电机的型式试验、出厂检验、到货验收等，适用于 NB/T 33001—2018 规定的充电机
NB/T 33008.2—2018	电动汽车充电设备检验试验规范　第2部分：交流充电桩	规定了电动汽车交流充电桩的检验规则和试验方法；适用于交流充电桩的型式试验、出厂检验、到货验收等，适用于 NB/T 33002—2018 规定的充电桩
NB/T 33009—2021	电动汽车充换电设施建设技术导则	规定了电动汽车充换电设施建设应遵循的基本技术原则；适用于电动汽车充换电设施的建设，包括交流充电桩、充电站、电池更换站和电池配送中心等
GB 50966—2014	电动汽车充电站设计规范	规定了电动汽车充电站规模及站址选择、充电系统、供配电系统、电能计量、监控及通信系统等；适用于采用整车充电模式的电动汽车充电站的设计

5. 充电接口标准

　　作为连接电动汽车和充电设施的桥梁，充电接口的结构和连接装置的安全性至关重要，需要按照统一的标准进行开发和测试。电动汽车充电接口的统一对电动汽车市场化的推动起到至关重要的作用。充电接口标准主要规定了产品结构尺寸、电气安全、机械强度、耐环境

可靠性、使用寿命等方面的技术要求。充电接口主要标准见表 6-5。

表 6-5　充电接口主要标准

标准代号	标准名称	标准内容及适用范围
GB/T 18487.1—2015	电动汽车传导充电系统　第 1 部分:通用要求	规定了电动汽车传导充电系统分类、通信、电击防护、电动汽车和供电设备之间的连接、车辆接口和供电接口的特殊要求、供电设备结构要求、性能要求、过载保护和短路保护、急停、使用条件、维修和标识及说明;适用于为电动汽车非车载传导充电的电动汽车供电设备,包括交流充电桩、非车载充电机、电动汽车充电用连接装置等,其供电电源额定电压和额定输出电压最大值为 AC 1000V 或 DC 1500V
GB/T 20234.1—2015	电动汽车传导充电连接装置　第 1 部分:通用要求	规定了电动汽车传导充电用连接装置的定义、要求、试验方法和检验规则;适用于电动汽车传导式充电用的充电连接装置其交流额定电压不超过 690V,频率为 50Hz,额定电流不超过 250A,以及直流额定电压不超过 1000V,额定电流不超过 400A
GB/T 20234.2—2015	电动汽车传导充电用连接装置　第 2 部分:交流充电接口	规定了电动汽车传导充电用交流充电接口的通用要求、功能定义、型式结构、参数和尺寸;适用于电动汽车传导充电用的交流充电接口,其额定电压不超过 AC 440V,频率为 50Hz,额定电流不超过 AC 63A
GB/T 20234.3—2015	电动汽车传导充电用连接装置　第 3 部分:直流充电接口	规定了电动汽车传导充电用直流充电接口的通用要求、功能定义、型式结构、参数和尺寸;适用于充电模式 4 及连接方式 C 的车辆接口,其额定电压不超过 DC 1000V,额定电流不超过 DC 250A
GB/T 27930—2015	电动汽车非车载传导式充电机与电池管理系统之间的通信协议	规定了电动汽车非车载传导式充电机与电池管理系统之间基于控制器局域网的通信物理层、数据链路层及应用层的定义;适用于采用 GB/T 18487.1—2015 规定的充电模式 4 的充电机与电池管理系统之间的通信,也适用于充电机与具有充电控制功能的车辆控制单元之间的通信

6.2　纯电动汽车的驱动形式、特点、关键技术及主要技术指标

6.2.1　纯电动汽车的驱动形式

现代的电动汽车多种多样,采用不同的电力驱动系统可构成不同结构形式的电动汽车。根据电力驱动系统把电动汽车分为以下 6 种结构类型,如图 6-2 所示。

1) 如图 6-2a 所示,电动汽车驱动系统由电机、离合器、变速器和差速器组成。该类型的电动汽车是根据传统的汽车发展而来,用电机替代内燃机。该类电动汽车保留了离合器和档位变速器,离合器用来切断或接通电机到变速器之间的动力传递,便于变速器的档位切换。在低速时,车轮为获得较大力矩而将变速器置于低速档,这时速比较大,就可以避免由于电机转矩不足引起的车辆加速性能不足问题。在高速时,车轮需要高转速,转矩需求不高,这时将档位置于高档位,以获得车辆的高速运行。这种情况在所采用电机性能不足尤其是输出转矩不足时常常采用。当然,高档的电动汽车采用这种结构时,常常采用自动变速器。

2) 如图 6-2b 所示,该类型的电动汽车采用的是固定速比的减速器,一般用来减速度增

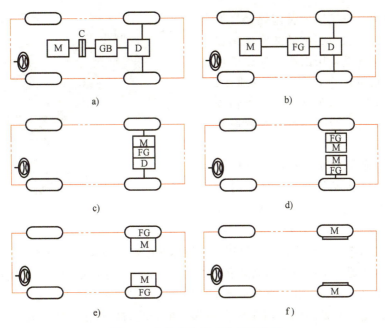

图 6-2　电力驱动的 6 种结构类型

M—电机　FG—（固定速比）减速器　D—差速器　C—离合器　GB—变速器

转矩。该种结构去掉了离合器，用电机通过减速器与主减速器直接连接。这种结构车辆的车轮始终与电机连接，通过控制电机的转速来控制车速，车辆的行驶方向也是通过电机变换转动方向来实现的。这种结构相比图 6-2a 所示结构要简单，由于去掉了离合器，可明显减轻传动系统的重量，结构更加紧凑，体积更小。随着电机技术的不断发展，电机的性能不断提升，电机低转速下实现大转矩特性的不断改善，采用这种结构的电动汽车越来越多。但这种结构也有其缺点，为了获得较大的车辆爬坡能力，减速器一般会选择较大的速比，这样就使车辆的速度范围比较窄，一般不能满足车辆的高速行驶性能。

3）图 6-2c 所示的电动汽车结构类似于发动机横置的车辆，这种结构的特性与图 6-2b 所示结构类似，但是要比其更加紧凑。它是把电机、减速器和差速器集成为一个整体，采用两个半轴连接驱动车轮。这种结构的电机功率一般不大，整个电机减速器和差速器系统的体积不大、质量相对较小。该结构常见于一些小型电动汽车上，采用该种结构还有利于降低成本，更适合大批量生产制造。

4）图 6-2d 所示的电动汽车结构采用两个电机，采用相同固定速比的减速器连成一个整体，然后用半轴的方式或者直接连接的方式分别驱动两个车轮。由于每个电机都可以独立控制调节，故可省略差速器。该种结构即平常所说的电子差速模式。采用该种结构的车辆整体布置比较简单，而且更易实现多种功能，例如驱动防滑、制动力分配、防侧滑等。由于采用了两个电机，因此对电机的要求要远低于图 6-2b 和图 6-2c 所示两种结构，更易实现较大车辆的驱动问题。该种结构方式目前多出现在一些中型或大型的载客汽车上。例如 ZF 研发的双电机驱动桥如图 6-3 所示，电机置于两侧，分别控制驱动两侧车轮，该双电机驱动桥间没有了大型差速器桥包，因此可以降低质心，一些大型的电动公交车已经开始采用。

5）有些电动汽车的电机也可以装在车轮里面，称之为轮毂电机。该种结构可以进一步

缩短电机到驱动车轮之间的传递路径，如图 6-2e 所示。为了将电机的转速降低到理想的车轮转速，可以采用固定减速比的行星轮减速器，它可以提供较大的减速比，而且输入与输出轴可以布置在同一条轴线上。这样就可以进一步缩小电机和减速器等占用的空间。

6）图 6-2f 所示为另一种轮毂电机的电动汽车结构，这种结构采用了低速的外转子电机，彻底去掉了机械减速器，电机的外转子直接与车轮的轮毂设计在一起，

图 6-3　双电机驱动桥

车轮的转速和电动汽车的车速完全取决于电机转速的控制。该种结构的电动汽车，由于电机到驱动轮没有减速器，车辆的驱动完全靠电机的转矩，因此该类电动车的总质量目前还不能做到很大。采用该种结构的电动汽车多是小型的电动汽车，质量较小，目前较多地出现在一些概念车型上，由于车辆的驱动与车轮在一起，车辆的布置更加自由，几乎不受约束和限制，造型都比较前卫。采用该种结构的电动汽车，还可以实现四轮全驱模式，车辆的加速性能和速度都会有很大提升。

电动汽车的驱动结构从图 6-2 中还可以看出，有的结构采用了单电机驱动，有的采用了双电机甚至多电机驱动。差速器是传统汽车的标准组件，传统汽车是采用一台发动机驱动，对于采用单电机的电动汽车来说，与传统汽车类似，差速器也是必需的设备。汽车在转弯时，外侧车轮的转弯半径比内侧车轮的大，为了避免车轮出现滑移而引起的轮胎磨损、转向困难、道路附着力变差的情况，必须使用差速器来调整。因此，图 6-2a、b、c 所示的电动汽车类型中都有机械式差速器的存在。如果电动汽车采用双电机甚至多电机驱动，由于每个电机的转速可以有效地独立调节控制，因此可以实现电子差速，在这种情况下，可以完全抛弃机械式差速器，如图 6-2d、e、f 所示。

相对于机械式差速器来说，电子差速器的体积和质量更小，在汽车转弯时可以实现精确电子控制，提高电动汽车的性能。使用电子差速器的电动汽车也有缺点，主要缺点是由于增加了电机和功率转换器，因而相应增加了不少成本，而且不同条件下，对两个电机的精确控制的可靠性远没有机械式差速器高。不过近年来，随着电机控制技术的不断发展，电子控制器的容错能力显著提升，其可靠性得到了很大的改善。一般的电子差速器由三个微处理器组成，其中两个分别控制两个电机，另一个用来控制与协调，通过监测器来监视彼此的工作情况，从而发出相应指令，控制两个电机的转速和驱动力，实现电子差速功能。

6.2.2　纯电动汽车的特点

1. 无污染，噪声低

电动汽车无内燃机汽车工作时产生的废气，不产生排气污染，对环境保护是十分有益的，有"零污染"的美称；电动汽车无内燃机产生的噪声，电机的噪声也较内燃机小。但是，使用电动汽车并非绝对无污染，例如使用铅酸蓄电池作为动力源，制造、使用中要接触

到铅，充电时产生酸气，会造成一定的污染；蓄电池充电所用的电力，在用煤炭作为燃料时会产生 CO、SO_2、粉尘等；随着技术的发展，可以用其他来源的电力作为电动汽车的电源，如发展水电、核电、太阳能充电等。

2. 能源效率高，多样化

电动汽车的研究表明，其能源效率已超过汽油机汽车，特别是在城市运行，汽车走走停停，行驶速度不高，电动汽车更加适宜。电动汽车停车时不消耗电量，在制动过程中，电机可自动转化为发电机，实现制动减速时能量的再利用。

另外，电动汽车的应用可有效地减少对石油资源的依赖，可将有限的石油用于更重要的方面。向蓄电池充电的电力可以由煤炭、天然气、水力、核能、太阳能、风力、潮汐等能源转化而来。除此之外，如果夜间向蓄电池充电，还可以避开用电高峰，有利于电网均衡负荷，减少费用。

3. 结构简单，使用维修方便

电动汽车较内燃机汽车结构简单，运转、传动部件少，维修保养工作量小；当采用交流感应电机时，电机无需保养维护；更重要的是电动汽车易操纵。

4. 动力电源使用成本高，续驶里程短

目前电动汽车尚不如内燃机汽车那样技术完善，尤其是动力电源（电池）的寿命短，使用成本高。电池的储能量小，一次充电后行驶里程不理想。电动汽车的价格较贵。但从发展的角度看，随着科技的进步，投入相应的人力物力，电动汽车的问题会逐步得到解决。扬长避短，电动汽车会逐渐普及，其价格和使用成本必然会降低。

6.2.3　纯电动汽车的关键技术

1. 电机及控制技术

电动汽车的驱动电机属于特种电机，是电动汽车的关键部件。要使电动汽车有良好的使用性能，驱动电机应具有较宽的调速范围及较高的转速，足够大的起动转矩，体积和质量小、效率高且有动态制动强度大和能量回馈的性能。电动汽车所用的电机正在向大功率、高转速、高效率和小型化方向发展。

随着电机及驱动系统技术的发展，控制系统趋于智能化和数字化。变结构控制、模糊控制、神经网络控制、自适应控制，以及专家系统、遗传算法等非线性智能控制技术，都将应用于电动汽车的电机控制系统。它们的应用将使系统结构简单、响应迅速、抗干扰能力强、参数变化具有鲁棒性，可大大提高整个系统的综合性能。

电动汽车再生制动控制系统可以节约能源、提高续驶里程，具有显著的经济价值和社会效益。再生制动还可以减少汽车制动片的磨损，降低车辆故障率及使用成本。

2. 电池及管理技术

电池是电动汽车的动力源泉，也是一直制约电动汽车发展的关键因素。电动汽车用电池要求比能量高、比功率大、使用寿命长，但目前的电池能量密度低，电池组过重，续驶里程短，价格高，循环寿命有限。

电动汽车车用动力蓄电池经过 3 代的发展，已取得了突破性的进展。第 1 代是铅酸电

池，由于其比能量较高、价格低和能高倍率放电，因此是目前唯一能大批量生产的电动汽车用电池。第2代是碱性电池，主要有镍镉、镍氢、钠硫、锂离子和锌空气等多种电池，其比能量和比功率都比铅酸电池高，因此大大提高了电动汽车的动力性能和续驶里程，但其价格却比铅酸电池高。只要能采用廉价材料，电动汽车用锂离子电池将获得长足的发展，目前关键是要降低批量化生产的成本，提高电池的可靠性、一致性及寿命。第3代是以燃料电池为主的电池，能量转变效率、比能量和比功率都高，并且可以控制反应过程，能量转化过程可以连续进行，因此是理想的汽车用电池。

电池组性能直接影响整车的加速性能、续驶里程以及制动能量回收的效率等。电池的成本和循环寿命直接影响车辆的成本和可靠性，所有影响电池性能的参数必须得到优化。电动车的电池在使用中发热量很大，电池温度影响电池的电化学系统的运行、循环寿命和充电可接受性、功率和能量、安全性和可靠性。所以，为了达到最佳的性能和寿命，需将电池包的温度控制在一定范围内。减小包内不均匀的温度分布以避免模块间的不平衡，避免电池性能下降，且可以消除相关的潜在危险。由于电池包的设计既要密封、防水、防尘、绝缘等，又要考虑空气流流场分布、均匀散热，所以电池包的散热通风设计成为电动车研究的一个重要领域。

3. 整车控制技术

新型纯电动轿车整车控制系统是两条总线的网络结构，即驱动系统的高速控制器局域网（CAN）总线和车身系统的低速总线。高速CAN总线每个节点为各子系统的电子控制单元（ECU），低速总线按物理位置设置节点，基本原则是基于空间位置的区域自治。

实现整车网络化控制，其意义不只是解决汽车电子化中出现的线路复杂和线束增加问题，网络化实现的通信和资源共享能力成为新的电子与计算机技术在汽车上应用的一个基础，同时也为线控（X-by-wire）技术提供了有力的支撑。

4. 整车轻量化技术

整车轻量化始终是汽车技术重要的研究内容。纯电动汽车由于布置了电池组，整车质量增加较多，轻量化问题更加突出。但可以采用以下措施减小整车质量。

1）通过对整车实际使用工况和使用要求的分析，对电池的电压、容量、驱动电机功率、转速和转矩、整车性能等车辆参数的整体优化，合理选择电池和电机参数。

2）通过结构优化和集成化、模块化优化设计，减小动力总成、车载能源系统的质量。这里包括对电机及驱动器、传动系统、冷却系统、空调和制动真空系统的集成和模块化设计，使系统得到优化；对电池、电池箱、电池管理系统、车载充电机组成的车载能源系统的合理集成和分散，实现系统优化。

3）积极采用轻质材料，如电池箱的结构框架、箱体封皮、轮毂等采用轻质合金材料。

4）利用CAD技术对车身承载结构件（如前后桥，新增的边梁、横梁）进行有限元分析研究，用计算和试验相结合的方式，实现结构最优化。

6.2.4 纯电动汽车的主要技术指标

"十三五"期间，我国开展了电动汽车大规模商业化示范运行，为实现电动汽车规模产业化，尤其是为纯电驱动汽车销量达到同类车型总销量1%左右的目标提供科技支撑。

我国大规模商业化示范的纯电动汽车主要技术指标见表6-6。

表6-6　我国大规模商业化示范的纯电动汽车主要技术指标

指　标		小型纯电动轿车	公共服务领域纯电动商用车
动力电池	能量密度/(W·h/kg)	模块≥120	
	循环寿命	≥2000次(100%DOD①)	
	日历寿命	≥10年	
	目标成本/[元/(W·h)]	模块≤1.5	
车用电机	成本/[元/(W·h)]	≤200	≤300
	功率密度/(kW/kg)	≥2.7	≥1.8
	最高效率(%)	≥94	—
电子控制		纯电动汽车电动化总成控制系统 先进的纯电动汽车分布式控制系统 纯电动汽车车载信息、智能充电和远程监控系统	
整车平台	最高车速/(km/h)	≥75(微型) ≥100	80~110
	续驶里程/km	≥100	≥150(非快充类)
	附加成本	与同级别燃油车辆或基础车型相当(不包括储能系统)	
支撑平台	基础设施	交流充电桩40万个以上,集中充/换电站2000座	
	示范城市	≥25个	

① DOD表示电池放电量与电池额定容量的百分比。

由《中国制造2025重点领域技术路线图》中的新能源汽车发展技术路线图和《纯电动乘用车技术条件》可知,纯电驱动技术突破的主要技术指标见表6-7。

表6-7　纯电驱动技术突破的主要技术指标

指　标			轿　车
动力电池	能量型/(W·h/kg)	新型	≥250
	电池单体能量密度/(W·h/kg)	新体系	≥400
	功率型电池单体能量密度/(W/kg)		≥5000
	循环寿命		≥1000次(且容量保持率≥80%)
车用电机	功率密度/(kW/kg)		4.0
	最高效率(%)		95
电子控制			轮边/轮毂电机系统技术;整车控制系统自主化达到80%;控制器关键芯片国产化率达到30%;数字化和智能化制造技术
整车平台	最高车速/(km/h)		≥180
	纯电续驶里程/km		≥300
	系统成本		≤1元/(W·h)

6.3　纯电动汽车动力蓄电池选型设计

电池数量与选定的电池的总能量、电池电压、单体电池容量有关,而电池组数与总电压、电池单体电压和电池总数量有关。

6.3.1　电池系统总能量的确定

根据设计确定了车辆的总续驶里程，也就确定了车辆总电能 Q。

理论需要的总电能 Q' 为

$$Q' = MS\psi$$

式中，M 为车辆总质量；S 为目标续驶里程；ψ 为单位质量能耗系数。

此时得到的是一个理论需要电能值。为了保证车辆在一个行驶周期后还有一定的富裕电量，同时还要避免温度等外界因素对电池的影响，通常根据理论进行一系列的计算，在电池的理论总能量之前乘以一个系数 ζ 作为整车的总电能系数。通常这个系数选择 $1.2 \sim 1.3$，即 $Q = \zeta Q'$。

6.3.2　电动汽车总电压的确定

电动汽车总电压的选择与车辆的类型有关，还与车辆的行驶性能有关。电动汽车的电压等级越高，获取同等功率的电流就越小，反之电压等级越低，获取同等功率的电流就越大。电压等级高，对车辆的绝缘要求就会增加，车辆的防护、线路的绝缘等级及车辆的绝缘性能等要求就更加苛刻，成本相应增加。如果电流过大，则电动汽车的线路损耗越大，电能的利用率就会下降。确定一个合适的电压，有利于降低车辆成本，提高车辆的电能利用效率。

目前国内电动汽车的电压常用值较为繁多，一般来说，车辆总质量越大，电压选择就相应较高，反之，可以选择较低的电压。表 6-8 为电动汽车常用的电压等级。

表 6-8　电动汽车常用的电压等级

电动车类型	参考电压等级/V	常用电压/V
电动工具车	48～160	48、60、72、120
电动旅游观光车	48～220	60、72、120
小型电动轿车	150～450	180、220、300、320、400
电动客车	250～680	320、400、480、500、520、600、650
电动货车	300～720	480、500、520、600、650

电动汽车电压的选择还与所选用的电机和电机控制器的标称电压有关。

6.3.3　确定电池的单体容量

电池的单体容量与电池种类有关，还与电池常见的生产规格有关，因而，对于电池单体容量确定的过程，即是选择电池的过程。电池单体容量选择时需要考虑的主要因素如下：

（1）**电池的均衡性**　电池的均衡性是影响电池组寿命的关键因素。电池单体容量越大，制造出的电池的差异就越大，一致性越差。反之，电池单体容量越小，电池的差异性就越小，容易实现电池的一致性。

（2）**电池管理系统的要求**　电池管理系统是通过管理每一个电池单元实现对电池组的管理的。电池管理系统要对每一个电池单元的电压、温度、容量等参数进行监控，如果选择的单体电池容量过小，导致电池管理系统的端子数增加，也就增加了电池管理系统的复杂性，进而影响电池管理系统的可靠性和整体造价。

（3）**电池的安全性**　有数据表明，电池单体制作得越大，其安全性能下降的速度就要

超过电池容量增加的速度。也就是说，单体电池制作得越大，其安全性就会越低。安全性不但与电池的差异性有关，还与电池单体散热有关。

（4）车辆电池安装位置和空间的限制　对于电动汽车来说，电池的布置是一项非常复杂的课题。由于电动汽车也要尽可能地增加乘坐空间或有效载荷空间，还要考虑整车载荷分配，电池的安装空间不可能无限制地增大。对于电池来说，选择合适尺寸的电池，有利于电池的安装和装配，也就合理地利用了有限的电池安装空间。

（5）考虑电池组合后总体能量与设计容量差别　由于单体电池容量是固定的，因此成组之后的总电量并不一定就是所需的电池总电量。因此，在选择单体容量时还要通过计算，选择组合后能最接近预期的总电量的电池。

6.3.4　确定电池的单体数量

确定电池的总体数量需要反复运算。

（1）根据总电压和电池单体电压确定电池单体总数　用选用的额定总电压除以单体电池的电压，即可以得出电池单元的数量。此时得到的电池单元数需要进行规整，尽可能使每个电池箱的电池容量和数目相等，而且又能够尽量减少电池管理系统的分模块数量。

（2）根据总电量和单体电池电量确定电池单体总数　确定了总电池能量和单体电池容量后，就可以直接用总电池能量除以单体电池电能，得出单体电池的总数量。但此时得到的这个数也仅仅是一个参考数值，也需要考虑电池单体配成电池单元和电池组的影响，并通过计算圆整。

综合考虑电池单元数、电池管理系统、电池组数、电池箱的一致性等因素，就可以对总体的电池数进行确定。按照此方法确定电池组合后，电池总的容量与所选定的电池总容量相差很小，而且每个电池箱的容量一致性较好，所需要的电池管理系统模块最小。

6.3.5　计算案例

下面通过一个案例来进行说明。

假设选定的电动汽车的总质量为18t，车辆单位质量能耗选择为$0.05kW \cdot h/(t \cdot km)$，车辆的设定续驶里程选择为150km。车辆的额定电压选择为520V，电池箱为10箱，电池选择磷酸铁锂电池，电压为3.2V，ζ取1.2。总电能

$$Q = \zeta Q' = 1.2 \times 18t \times 150km \times 0.05kW \cdot h/(t \cdot km) = 162kW \cdot h$$

电池单元数

$$N = 520V/3.2V = 162.5$$

由于电池箱为10箱，因此可以取电池单元数为160。

电池单元的容量

$$C_1 = 162kW \cdot h/160 = 1.0125kW \cdot h = 1012.5W \cdot h$$

根据电池电压，则可以选定电池单元的容量

$$C_2 = 1012.5W \cdot h/3.2V = 316.41A \cdot h$$

假设厂家提供的电池型号有$50A \cdot h$、$60A \cdot h$、$80A \cdot h$、$100A \cdot h$四种型号，通过组合后发现4块$80A \cdot h$电池并联后容量最接近$316.41A \cdot h$，因此可以选定电池单元为4块$80A \cdot h$电池并联。

因此，总的电池数量为 $N' = 4 \times 160 = 640$ 块

此时的总电量

$$Q_0 = N' \times 3.2\text{V} \times 80\text{A} \cdot \text{h} = 163840\text{W} \cdot \text{h} = 163.84\text{kW} \cdot \text{h}$$

从计算结果上看，实际总电能 Q_0 与设计总电能 Q 相当，符合要求。

由此可以确定结果如下：

该车辆选定的电池箱为 10 箱，单箱由 16 个电池单元组成，每个电池单元有 4 块单体 80A · h 的电池并联组成，一共有 640 块单体电池。

6.4 纯电动汽车驱动电机设计

电动汽车动力传动系统的设计应该满足车辆对动力性能和续驶里程的要求。车辆行驶的动力性能可以用以下 4 个指标来评价：

（1）**起步加速性能**　电动汽车由静止起步并以最大的加速度加速到某一车速或在某一预定的距离加速行驶所需的最短时间。

（2）**最高车速稳定行驶的能力**　在水平良好的路面上，电机输出的功率应该能够维持电动汽车以最高车速行驶的能力。

（3）**额定车速稳定行驶的能力**　对电动汽车来说，蓄电池和电机提供的全部功率能满足电动汽车以额定车速稳定行驶的能力。

（4）**最大爬坡能力**　电动汽车提供的功率能使其爬上最大坡度路面的能力。

除此之外，电动汽车上动力电池组的能量应该能够维持行驶一定的续驶里程。

6.4.1 电机参数设计

电机参数设计主要包括设计电机的额定功率、峰值功率、额定转速、最高转速、最大转矩及额定电压等参数。

1. 电机的额定功率和峰值功率

电机是电动汽车行驶的动力源，对整车的动力性有直接影响。所选的电机功率越大，整车的动力性也就越好，但是如果功率过大，电机的质量和体积也会增大，且电机的工作效率不高，这样就不能充分利用有限的车载能源，从而使续驶里程降低。因此，电机功率参数设计时通常参考汽车的最高车速、最大爬坡度和加速性能。

（1）**根据电动汽车最高车速确定电机功率**　设计中初步选择电机的额定功率应不小于汽车以最高车速行驶时行驶阻力消耗的功率之和，电动汽车以最高车速行驶消耗的功率

$$P_{\text{m1}} = \frac{u_{\text{max}}}{3600\eta_{\text{t}}} \left(mgf + \frac{C_{\text{D}}Au_{\text{max}}^2}{21.15} \right) \tag{6-1}$$

式中，m 为整车质量（kg）；f 为滚动阻力系数；C_{D} 为迎风阻力系数；A 为迎风面积（m²）；u_{max} 为最高行驶车速（km/h）；η_{t} 为机械传动系统效率。

（2）**根据电动汽车最大爬坡度确定电机功率**　此时电机功率

$$P_{\text{m2}} = \frac{u_{\text{max}}}{3600\eta_{\text{t}}} \left(mgf\cos\alpha_{\text{max}} + mg\sin\alpha_{\text{max}} + \frac{C_{\text{D}}Au_{\text{p}}^2}{21.15} \right) \tag{6-2}$$

式中，u_p 为电动汽车爬坡时的行驶速度（km/h）；α_{max} 为最大坡度角（°）。

（3）根据电动汽车加速性能确定电机功率 电动汽车在水平路面上加速行驶消耗的功率

$$P_{m3} = \frac{u_f}{3600\eta_t}\left(mgf + \frac{C_DAu_f^2}{21.15} + \delta m\frac{du}{dt}\right) \tag{6-3}$$

式中，δ 为汽车旋转质量换算系数；u_f 为电动汽车加速后达到的速度（km/h）；$\dfrac{du}{dt}$ 为加速度（m/s^2）。

电机额定功率应满足电动汽车对最高车速的要求，峰值功率应能同时满足电动汽车对最高车速、最大爬坡度和加速度的要求。所以电动汽车电机的额定功率 P_e 和各功率之间的关系为

$$P_e \geqslant P_{m1}$$

$$P_e \geqslant \max\{P_{m1}, P_{m2}, P_{m3}\}$$

电动汽车电机的峰值功率与额定功率的关系为

$$P_{emax} = \lambda P_e$$

式中，P_{emax} 为电机的峰值功率（kW）；P_e 为电机的额定功率（kW）；λ 为电机的过载系数。

2. 电机的最高转速和额定转速

电动汽车最高行驶速度与电机最高转速之间的关系为

$$n_{max} = \frac{u_{max}\sum i}{0.377r} \tag{6-4}$$

式中，n_{max} 为电机的最高转速（rad/s）；u_{max} 为电动汽车的最高行驶车速（km/h）；$\sum i$ 为传动系统传动比，一般包括变速器传动比和主减速器传动比；r 为车轮半径（m）。

电机额定转速

$$n_e = \frac{n_{max}}{\beta} \tag{6-5}$$

式中，β 为电机扩大恒功率区系数。β 值越大，转速越低，转矩增高，有利于提高车辆的加速和爬坡性能，稳定运行性能越好，但同时功率变换器尺寸也会增大，因此 β 值不宜过高。通常 β 取值为 2~4。

3. 电机的最大转矩

电机最大转矩 T_{max} 的选择需要满足汽车起动转矩和最大爬坡角的要求，同时结合传动系统最大传动比来确定，即

$$T_{max} \geqslant \frac{mg(f\cos\alpha_{max} + \sin\alpha_{max})r}{\eta_t i_{max}} \tag{6-6}$$

式中，T_{max} 为电机最大输出转矩（N·m）；i_{max} 为传动系统的最大传动比。

4. 电机的额定电压

电机额定电压与电机额定功率成正比，额定功率越大，额定电压也就越大。电机额定电

压选择与电动汽车电池组的电压有密切的关系。因此，要选择合适的电池组的电压和电流以满足整车能源的需要。不过最终都是由所选取的电机的参数来决定额定电压。

6.4.2　传动系统传动比设计

当电机输出特性一定时，传动系统的传动比如何选择，依赖于整车的动力性指标要求，即电动汽车传动比的选择应该满足汽车最高期望车速、最大爬坡度以及对加速时间的要求。

1. 传动系统传动比的上限（$\sum i$）$_{\min}$

传动系统传动比的上限由电机最高转速和最高行驶车速确定，即

$$(\sum i)_{\min} \leqslant \frac{0.377 n_{\max} r}{u_{\max}} \tag{6-7}$$

2. 传动系统传动比的下限（$\sum i$）$_{\max}$

传动系统传动比的下限由下述两种方法算出的传动系统传动比的最大值确定。

1）由电机最高转速对应的输出转矩和最高行驶车速对应的行驶阻力确定传动系统传动比下限，即

$$(\sum i)_{\max} \geqslant \frac{r}{T_{u\max}} \left(mgf + \frac{C_D A u_{\max}^2}{21.15} \right) \tag{6-8}$$

式中，$T_{u\max}$ 为电机最高转速对应的输出转矩（N·m）。

2）由电机的最大输出转矩和最大爬坡度对应的行驶阻力确定传动系统传动比下限，即

$$(\sum i)_{\max} \geqslant \frac{r}{\eta_t T_{\max}} \left(mgf\cos\alpha_{\max} + mg\sin\alpha_{\max} + \frac{C_D A u_{\max}^2}{21.15} \right) \tag{6-9}$$

式中，$T_{\max}$ 为电机最大输出转矩（N·m）。

　**思考题** ....

1. 纯电动汽车的驱动形式有哪几种？各有何特点？
2. 纯电动汽车设计时需要考虑的要素有哪些？
3. 如何计算确定纯电动汽车所需的单体电池数量？
4. 如何设计纯电动汽车传动系统的传动比？

第7章　混合动力电动汽车设计

【教学内容】

　　本章主要介绍混合动力电动汽车的种类、指标参数、动力传动系统设计及整车控制系统等内容，重点学习混合动力电动汽车动力传动系统的设计及动力系统参数匹配设计等内容。

【学习目标】

➤ 掌握混合动力电动汽车的动力系统构型设计。
➤ 能够进行混合动力电动汽车动力系统参数匹配设计。
➤ 了解混合动力电动汽车整车控制策略。

7.1　混合动力电动汽车设计概述

7.1.1　混合动力电动汽车分类

　　混合动力电动汽车，是在目前还找不到理想的高质量比能量和高质量比功率的车载电源的情况下，由于电动汽车的发展暂时受到限制而发展起来的新型车型。混合动力电动汽车既是一种过渡车型，也是一种独立车型。根据国际机电委员会下属的电力机动车委员会的建议，两种或者两种以上储能器、能源或者转化器作为驱动能源，其中至少有一种能提供电能的车辆称为混合动力电动汽车。根据这个通用定义，混合动力电动汽车有很多种形式，可以是油电混合、气电混合、电电混合等多种不同的形式，即使对应其中一种混合形式，由于动力传动系统的组成不同，仍存在多种不同的结构。

　　在详细分析各种不同结构的定义、特点和工作原理之前，给出以下基本概念：

1. 动力传动系统

　　这是汽车上用于储存、转化和传递能量并使汽车获得运动能力的所有部件的总称，具体包括车载能量源、动力装置、传动系统和其他辅助系统四部分。

2. 车载能量源

这是在汽车动力传动系统中，用于能量储存或进行能量的初始转化以向动力装置直接供能的所有部件的总称，由能量直接储存装置或能量储存、调节和转化装置组成。例如，对传统内燃机汽车，车载能量源为油箱（能量直接储存）；对燃料电池电动汽车，车载能量源由氢气罐或储氢金属（能量储存）和燃料电池电堆（能量转化）两部分组成。

3. 动力装置

这是在汽车动力系统中，用于把其他形式的能量转化为机械动能（旋转动能）的装置，并直接作为传动系统的输入，如常规汽车上的内燃机、纯电动汽车上的电机等。

4. 传动系统

这是在汽车动力传动系统中，用于调节和传递动力装置输出的动力，使之与汽车行驶时驱动轮处要求的理想动力达到较好匹配的所有部件的总称，具有减速、变速、倒车、中断动力、轮间差速和轴间差速等功能。传动系统与动力装置配合工作，能保证汽车在各种工况下的正常行驶，并具有良好的动力性和经济性。传动系统一般由离合器、变速器、万向传动装置、主减速器、差速器和半轴等组成。

5. 辅助系统

这是在汽车动力传动系统中，用于从动力装置中获得动力，区别于直接驱动车辆，主要用于维持汽车良好的操控特性、舒适性等的所有部件的总称，如转向助力系统、制动助力系统、空调系统（动力装置直接拖动）、辅助电气系统等。

基于上述给出的基本概念，汽车动力传动系统可抽象为图 7-1 所示的简化模型。

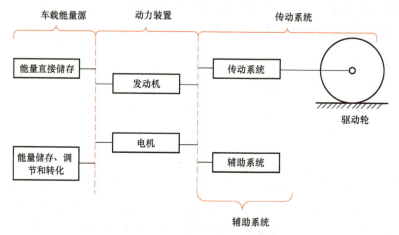

图 7-1　汽车动力传动系统简化模型

基于图 7-1 建立的汽车动力传动系统简化模型，对混合动力电动汽车的概念重新定义如下：混合动力汽车是指汽车动力传动系统由两个或多个能同时运转的单个动力传动系统联合组成的汽车，汽车的行驶功率依据实际的汽车行驶状态由单个动力传动系统单独或多个动力传动系统共同提供。若其中的一个动力传动系统为纯电动汽车动力传动系统，则该混合动力汽车为混合动力电动汽车。

本章仅针对混合动力电动汽车展开分析。相比常规内燃机汽车和纯电动汽车，混合动力

汽车传动系统增加了整车能量管理和控制系统，其主要作用在于以优化发动机工作效率为目标，协调发动机和驱动电机之间的动力分配，同时进行动力电池组的电量管理。

依据组成混合动力汽车的两个或多个能同时运转的单个动力传动系统之间动力联合位置的不同，混合动力汽车还具有串联式、并联式和混联式三种基本类型。

7.1.2 串联式混合动力电动汽车

串联式混合动力电动汽车是混合动力汽车的一种基本结构，由发动机、发电机和电机三大主要部件组成。在蓄电池电量充足的情况下发动机不工作，为纯电动行驶模式，由蓄电池直接供电，当蓄电池电量不足时，发动机工作用来发电，发电机发出的电能通过电机控制器直接输送到电机，由电机产生的电磁力矩驱动汽车行驶，同时额外的电能用来给蓄电池充电。

串联式混合动力电动汽车具有以下特点：

1）污染排放小。串联式混合动力电动汽车以动力电池组内的电能为基本能源，当采用纯电动时关闭发动机，只用电池组电力驱动汽车，实现零排放行驶。当需要发动机工作为蓄电池充电时，发动机独立工作在高效区间，增加了续驶里程，减少了有害气体的排放。

2）驱动形式多样。串联式混合动力电动汽车可以采用电机驱动系统或者轮毂电机驱动系统，根据布置的不同还可以分为前轮驱动、后轮驱动或者四轮驱动等多种驱动形式。

3）布置方便。串联式混合动力电动汽车只有驱动电机的电力驱动系统，其特点更加趋近于纯电动汽车，机械结构上因为驱动电机与发电单元没有机械连接，因而布置起来更加容易。

4）对驱动电机、发电单元和电池的要求较高。驱动电机的功率需要满足汽车在行驶过程中的最大功率需求，因为对电机功率要求较大，使得电机的体积和质量都较大。由于需求功率的要求，动力电池组的容量要大。由于需要一个较大功率的发动机-发电机组，外形和尺寸较大，在中小型串联式混合动力电动汽车上布置有一定的困难。

5）能量转换效率低。串联式混合动力驱动系统的能量通过热能、电能、机械能转换而来时，能量损失较大。

6）对动力电池工作和性能要求更高。为了保护电池，获得更好性能和更长寿命，要根据动力电池荷电状态的变化，自动起动或者关闭发动机-发电机组，以避免动力电池组过度放电，发动机-发电机组与动力电池组之间的搭配要求更加严格。

图 7-2 所示为典型串联式混合动力电动汽车动力传动系统的基本结构。油箱、发动机-发电机与动力电池一起组成了车载能量源，共同向驱动电机提供电能。其中发动机仅仅用于

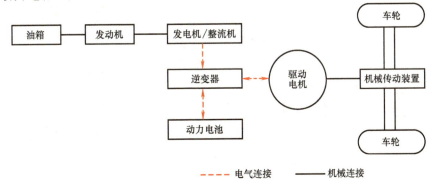

图 7-2 典型串联式混合动力电动汽车传动系统的基本结构

带动发电机发电，所产生的电能通过电机控制器提供给驱动电机，再由驱动电机转化为动能后驱动车辆。动力电池对发电机产生的电能和电机所需要的电能进行调节，从而保证车辆在行驶工况下的功率需求。串联式混合动力系统通过电方式实现动力耦合，逆变器也是动力耦合器。系统中有两个电源，即动力电池和发电机。这两个电源通过逆变器串联在回路中，动力的流向为串联形式，因此称为串联式混合动力系统。

7.1.3　并联式混合动力电动汽车

并联式混合动力电动汽车是混合动力汽车的一种基本结构，有内燃机和电机两套驱动系统，并联式混合动力电动汽车可以在比较复杂的工况下使用不同的驱动模式，应用范围较广。并联式混合动力结构根据电机的数量和布置、变速器的类型、部件的数量（离合器、变速器的数量）和位置关系（如电机与离合器的位置关系）的不同，具有多种类型。

并联式混合动力电动汽车具有以下特点：

1）两条驱动路径并联可以增加驱动功率。并联式混合动力电动汽车具有发动机和电机两套动力系统，两大动力总成的功率可以相互叠加满足汽车行驶时的功率要求，增强了混合动力电动汽车的动力性。

2）动力元件比串联式混合动力驱动系统更小，发动机和电机的功率根据多能源动力总成匹配的要求，可以选择较小功率的发动机与电机，与之匹配的动力电池组的容量减少，使整车动力总成尺寸小，质量也较小。

3）发动机、电机可根据工况高效工作，电机可以带动发动机起动，调节发动机动态变化和输出功率，使发动机基本稳定在高效率、低排放的状态下运转。发动机也可以带动电机作为发电机发电给蓄电池充电。

4）发动机和驱动轮直接机械连接，使得发动机运行工况要受到汽车行驶工况的影响。当汽车行驶工况复杂时发动机可能较多地在不良工况下运行。因此，并联式驱动的排放性能比串联式驱动的要差。

5）相比于串联式混合动力电动汽车，结构和布置更复杂。并联式混合动力电动汽车发动机驱动路径需要配备与内燃机汽车相同的传动系统，包括离合器、变速器、传动轴和驱动器等传动总成，另外还有电机、动力电池组以及动力耦合装置等。因此，并联式混合动力电动汽车的多能源动力系统结构复杂，布置和控制困难。

并联式混合动力电动汽车传动系统的基本结构如图7-3所示，主要由发动机、电机两大

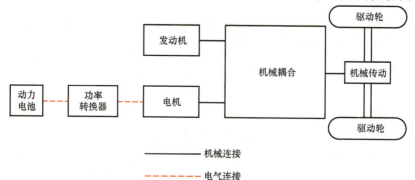

图 7-3　并联式混合动力电动汽车传动系统的基本结构

部件总成组成，有多种组合形式，可以根据使用要求选用。两大动力总成的功率可以互相叠加，发动机功率和电机功率为电动汽车所需最大驱动功率的 50%～100%。因此可以采用小功率的发动机与电机，使得整个动力系统的装配尺寸、质量都较小，造价也更低，续驶里程也比串联式混合动力电动汽车的长一些，其特点更加趋近于内燃机汽车。并联式混合动力驱动系统通常应用在小型混合动力汽车上。

7.1.4　混联式混合动力电动汽车

为优化动力传动系统的综合效率，充分发挥汽车的节能、低排放潜力，在实际应用中，混合动力电动汽车动力传动系统并非简单的串联式结构或并联式结构，而是由串联式结构和并联式结构复合组成的串并联综合式结构，即所谓的混联式结构。典型的混联式混合动力电动汽车动力传动系统如图7-4所示。

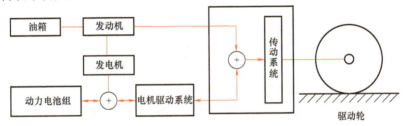

图 7-4　典型的混联式混合动力电动汽车动力传动系统

在图7-4中，混联式混合动力电动汽车动力传动系统中具有两个电机系统，即发电机和电机驱动系统，兼备了串联式混合动力车载能量源的混合以及并联式混合动力机械动能的混合。在实际应用中主要有两种方案：开关式和功率分流式，分别如图7-5和图7-6所示。

在图7-5中，离合器起到了切换串联结构和并联结构的作用。若离合器打开，则该混合动力传动系统即为简单的串联式结构；若离合器接合且发电机不工作，则该混合动力传动系统即为简单的并联式结构；若离合器接合且发电机工作于发电模式，则该混合动力传动系统即为复杂的混联式结构。

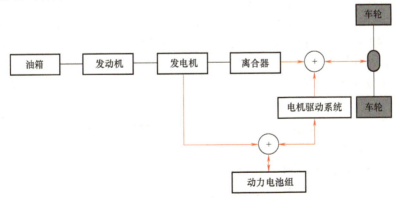

图 7-5　开关式混联式混合动力汽车动力传动系统

在图7-6中，巧妙地利用了行星轮系功率分流以及3个自由度的特点，发动机、发电机以及驱动轴分别与行星轮系的3个轴相连。在正常工作时，发动机的输出动力自动分流为两

部分：一部分直接输出到驱动轴，与电机驱动系统输出的动力联合组成并联式结构；一部分输出到发电机，发电机发出的电能与动力电池组组成串联式结构。根据其构型特点，功率分流式混合动力系统可实现发动机工作点与车轮的完全解耦，并通过其中一个电机的调速作用和另一个电机的转矩补偿使发动机稳定工作于高效率区间。

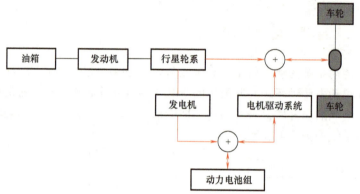

图 7-6　功率分流式混联式混合动力汽车动力传动系统

功率分流混合驱动系统的优点如下：

1）发动机的能量可以直接传递给负载，避免了能量在中转过程中出现的能量损耗。

2）发动机的转速和转矩与车轮的转速和转矩解耦后，发动机可以工作在较小范围的经济区内，使系统的燃油消耗达到最优。

比较有代表性的功率分流混合驱动系统有单模式混合驱动系统、双模式混合驱动系结和四模式混合驱动系统。

7.2　串联式混合动力电动汽车设计

7.2.1　系统组成及工作原理

串联式混合动力电动汽车的结构简图如图 7-7 所示。汽车由电机驱动行驶，电机控制器的供电来自于发动机-发电机-发电机控制器（以下简称发动机-发电机组）与动力电池组组成的串联式结构。整车综合控制器、电机控制器、发动机控制器、发电机控制器、电池管理系统等通过通信线缆连接组成整车控制系统，依据控制系统的状态信息以及驾驶人操控指令、车速等整车反馈信息，由整车控制器实现既定的控制策略，并输出指令到电机控制器，实施电机的电动（驱动汽车行驶）、发电（再生制动能量回收）控制，输出指令到发动机控制器、发电机控制器，实现发动机-发电机组的开关控制以及输出功率控制，输出指令到电池管理系统，实施动力电池组的充电、放电能量管理。

依据发动机-发电机组的工作状态以及动力电池组的充、放电状态，串联式混合动力电动汽车具有 7 种工作模式，具体见表 7-1。

各种工作模式的具体说明如下：

1）当动力电池组具有较高的电量且输出功率满足整车行驶功率需求时，串联式混合动力电动汽车以纯电池组驱动模式工作，此时发动机-发电机组处于关机状态。

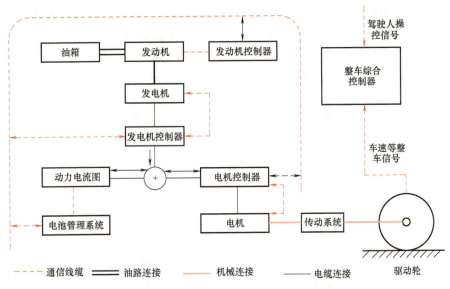

图 7-7　串联式混合动力电动汽车的结构简图

表 7-1　串联式混合动力电动汽车的工作模式列表

工作模式	发动机-发电机组	动力电池组	电机	整车状态
纯电池组驱动	关机	放电	电动	驱动
再生制动充电	关机	充电	发电	制动
混合动力驱动	发电	放电	电动	驱动
强制补充充电	发电	充电	电动	驱动
混合补充充电	发电	充电	发电	制动
纯发动机驱动	发电	既不充电也不放电	电动	驱动
停车补充充电	发电	充电	停机	停车

2）当汽车以纯电池组驱动行驶时，若汽车减速制动，电机工作于再生制动状态。汽车制动能量通过再生发电回收到动力电池组中，即工作于再生制动充电模式。

3）当汽车加速或爬坡需要更大的功率输出且超出了动力电池组的输出功率限制时，发动机-发电机组起动发电，并与动力电池组一起输出电功率，实施混合动力驱动工作模式。

4）当动力电池组的电量不足且发动机-发电机组输出功率在驱动车辆的同时有富余时，实施动力电池组强制补充充电工作模式。

5）当动力电池组的电量不足且发动机-发电机组处于发电状态时，若汽车减速制动，电机工作于再生制动状态，汽车制动能量通过再生发电与发动机-发电机组输出功率一起为动力电池组充电，实施动力电池组的混合补充充电。

6）当动力电池组的电量在目标范围内，且发动机-发电机组输出功率满足汽车行驶功率需求时，为提高串联式混合动力系统的能量利用效率，采用纯发动机驱动工作模式，此时发动机-发电机组输出功率与汽车行驶功率需求相等。

7）若动力电池组的电量过低，为保证整车行驶的综合性能，需要对动力电池组进行停车补充充电，此时发动机-发电机组输出的功率全部用于为动力电池组补充充电。

图 7-8 所示为某串联式混合动力电动汽车一个典型的工作过程。可以看出，在整车控制

器的控制下，汽车的起步阶段采用了纯电池组驱动模式。当加速功率超过发动机-发电机组的起动阈值时，发动机-发电机组起动发电并输出相对平稳的发电功率，剩余驱动功率由动力电池组补充，整车以混合动力驱动模式工作；当汽车加速完成进入正常行驶和巡航模式时，整车需求功率减小，此时发动机-发电机组仍输出较高的发电功率，除满足整车行驶外，还为动力电池组实施强制补充充电；当汽车减速，整车需求功率减小且低于发动机-发电机组的关机阈值时，发动机-发电机组关机，此时采用纯电池组驱动模式满足车辆行驶的能量要求；当汽车进一步减速进入制动阶段时，采用再生制动充电模式，回收制动能量，为动力电池组充电。在此过程中，发动机-发电机组仅工作在一个功率区间内且输出功率相对平稳，保证了发动机具有一个相对稳定的工作区间，提高了发动机的工作效率。

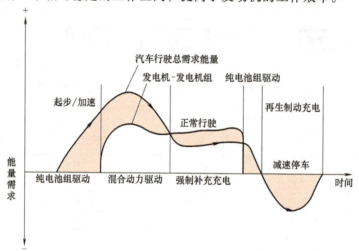

图 7-8　某串联式混合动力电动汽车一个典型的工作过程

7.2.2　控制策略

按照经典混合动力汽车控制策略理论，串联式混合动力电动汽车有两种控制策略，即恒温器式控制策略和功率跟随式控制策略。

1. 恒温器式控制策略

恒温器式控制策略以电池荷电状态（SOC）为控制变量，主要对发动机进行最优控制，发动机工作在设定的效率最高的一个工作点上。

当蓄电池 SOC 降到设定的低门限值时，发动机起动，在最佳油耗点（或排放点）按恒功率输出，一部分功率用于满足车轮驱动功率要求，另一部分功率向蓄电池充电。当蓄电池组 SOC 上升到所设定的高门限值时，发动机关闭，由电机驱动车轮，蓄电池组需满足所有瞬时功率的要求。这种方式发动机效率高，排放性能好，但不利于蓄电池的长期使用。

恒温器式控制策略如图 7-9 所示。具体控制

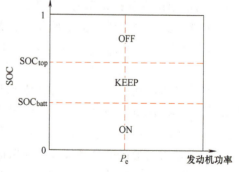

图 7-9　恒温器式控制策略

OFF—关闭　KEEP—保持　ON—起动

方式如下：

1）当 $SOC<SOC_{batt}$（荷电状态最小值）时，发动机开始运行，驱动发电机向蓄电池充电。

2）当 $SOC>SOC_{top}$（荷电状态最大值）时，发动机停止运行。

3）当 $SOC_{batt} \leq SOC \leq SOC_{top}$ 时，发动机保持原状态。

4）发动机工作在设定的效率最高的一个工作点上，此时发动机功率为额定功率 P_e。

2. 功率跟随式控制策略

功率跟随式控制策略中发动机实时跟踪车辆功率需求，只有在动力电池 SOC 大于设定上限时，且仅由动力电池提供的功率能满足车辆需求时，发动机才停机或怠速运行。控制过程中，主要实现了发动机油耗的最优控制，蓄电池的损失较少，但牺牲了发动机的效率和排放性能，其控制策略如图 7-10 所示。其具体控制方式如下：

1）发动机运行时，其功率输出根据 SOC 进行调节，并维持在一定的范围内，且蓄电池 SOC 维持在（$SOC_{batt}+SOC_{top}$）/2 附近。

2）当 $SOC>SOC_{batt}$ 时，发动机停止运行。

3）当 $SOC<SOC_{top}$，且车辆需求功率小于蓄电池可提供功率时，发动机停止运行，当车辆需求功率大于蓄电池可提供功率时发动机开始运行。

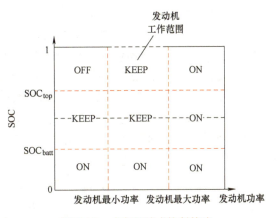

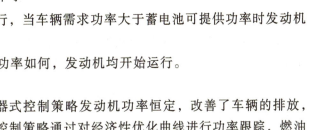

图 7-10　功率跟随式控制策略

4）当 $SOC<SOC_{batt}$，无论车辆需求功率如何，发动机均开始运行。

5）其他情况下发动机保持原状态。

上述两种控制策略各有利弊。恒温器式控制策略发动机功率恒定，改善了车辆的排放，但缩短了蓄电池组的寿命；功率跟随式控制策略通过对经济性优化曲线进行功率跟踪，燃油经济性能显著，但由于发动机频繁的开启且在全负荷范围内工作，降低了发动机的效率和排放。

按照现代混合动力汽车控制策略理论，串联式混合动力汽车能量管理策略主要有基于规则的逻辑门限控制策略、瞬时优化控制策略、全局优化控制策略和智能控制策略。前面所讲述的恒温器式控制策略和功率跟随式控制策略都属于基于规则的逻辑门限控制策略范畴。

7.2.3　设计目标和要求

串联式混合动力汽车驱动总成的结构特点是电机通过传动系统单独驱动车轮，发动机-发电机组和电池组共同为电机提供电功率。因此，串联式混合动力总成元件的参数设计需满足以下性能目标和要求：

1）电机的参数设计首先要满足整车动力性能要求，特别是加速时间的要求。在此基础上，尽可能选择高转速和峰值功率较小的电机，以利于提高电机效率和减轻重量。

2）发动机-发电机组参数在满足单独驱动的技术条件要求的前提下，尽可能选择功率较小的发动机-发电机组，以利于改善整车的燃油经济性。

3）动力电池参数设计时，首先其电压等级需与整个电力系统的电压等级相匹配，并且保证其电压变化范围保持一致，放电与充电最高功率需满足电机功率的要求。其次，其容量必须保证能够满足汽车在运行过程中的能量消耗。

7.2.4 参数设计

1. 发动机-发电机组额定功率

在串联式混合动力电驱动系统中，发动机-发电机组用以供给稳态功率，以防止峰值电源完全放电。对于发动机-发电机组的设计，应考虑两种驾驶情况：长时间采用恒定车速的行驶情况和频繁停车-起动模式的行驶情况。就前一种驱动模式而言，车辆不应依靠峰值电源承载高速，如路上行驶车速达 130km/h 的车辆，此时发动机-发电机组应有足够的功率支持这一车速的运行。对于频繁的停车-起动模式，发动机-发电机组应产生足够的功率以保持一定的峰值电源能量的储存，使之有充裕的功率供应车辆加速和爬坡的需求。

在平坦路面上恒速行驶时，动力源（发动机-发电机组，或峰值电源，或两者兼备）的输出功率 $P_{e\text{-}g}(\text{kW})$ 可表达为

$$P_{e\text{-}g} = \frac{v}{1000\eta_t \eta_m}\left(m_a g f_\tau + \frac{1}{2}\rho_a C_d A_f v^2\right) \tag{7-1}$$

式中，η_t 和 η_m 分别为传动装置和牵引电机的效率；m_a 为车辆总质量（kg）；v 为车辆速度（m/s）；g 为重力加速度（m/s^2），$g = 9.8\text{m/s}^2$；f_τ 为轮胎滚动阻力系数；ρ_a 为空气密度（kg/m^3）；C_d 为空气阻力系数；A_f 为车辆迎风面积（m^2）。

当车辆在市区内以停车-起动模式行驶时，发动机-发电机组所产生的功率应等于或略大于平均负载功率，以保持峰值电源稳定的能量储存。平均负载功率 P_{ave} 可表示为

$$P_{ave} = \frac{1}{T}\int_0^T \left(m_a g f_\tau + \frac{1}{2}\rho_a C_d A_f v^2\right) v \, dt + \frac{1}{T}\int_0^T \delta m_a \frac{dv}{dt} dt \tag{7-2}$$

式中，P_{ave} 为平均负载功率（W）；δ 为车辆的转动惯量系数；$\dfrac{dv}{dt}$ 为车辆的加速度（m/s^2）。

式（7-2）中等号右侧的第一项为克服轮胎滚动阻力和空气阻力所消耗的平均功率；第二项为消耗于加速和减速的平均功率。当车辆能够再生制动时，消耗于加速和减速的平均功率为零；否则，该平均功率将大于零。

在发动机-发电机组设计中，其功率容量应大于或至少不小于维持车辆恒速（运行于高速公路）行驶所需的功率，以及运行于市区时所需的平均功率。

2. 电机功率

在串联式混合动力电动汽车中，电机驱动的额定功率值完全取决于车辆加速性能要求、电机特性和传动装置特性。在设计的初始阶段，按加速性能（车辆从零车速加速到给定车速所需的时间）估算电机的额定功率 P_t，即

$$P_t = \frac{\delta m_a}{2t_a}(v_f^2 + v_b^2) + \frac{2}{3}m_a g f_\tau v_f + \frac{1}{5}\rho_a C_d A_f v_f^3 \tag{7-3}$$

式中，P_t 为电机的额定功率（W）；t_a 为期望加速时间（s）；v_b 为与电机基速对应的车速（m/s）；v_f 为车辆加速后的终速（m/s）。

式（7-3）中等号右侧的第一项表示用以车辆加速的功率；第二项和第三项分别表示用以克服轮胎滚动阻力和空气阻力所需的平均功率。

由式（7-3）确定的电机额定功率仅是满足车辆加速性能的估算值。在某些特定应用中，例如越野车辆，则需要考虑车辆的爬坡性能。此时牵引电机所需牵引功率 P_{grade} 可表达为

$$P_{grade} = \left(m_a g f_\tau \cos\alpha + \frac{1}{2}\rho_a C_d A_f v^2 + m_a g \sin\alpha \right) v \tag{7-4}$$

式中，α 为路面的坡度角（°）；v 为由爬坡能力给定的车速（m/s）。

3. 储能装置

通常采用蓄电池组或蓄电池和超级电容器的组合作为储能装置，向驱动系统提供峰值功率。峰值电源必须在任何时刻均能向牵引电机提供足够的功率，同时峰值电源必须储存充裕的能量以防止由于过度放电导致功率供应中断的状态。

（1）**峰值电源的功率容量**　为了充分利用牵引电机的功率容量，发动机-发电机组和峰值电源的总功率应大于或至少等于电机的最大额定功率，因而峰值电源的功率容量 P_{pps} 可以表达为

$$P_{pps} \geqslant \frac{P_{m,max}}{\eta_m} - P_{e\text{-}g} \tag{7-5}$$

式中，$P_{m,max}$ 为电机最大额定功率；η_m 为电机效率；$P_{e\text{-}g}$ 为发动机-发电机组在其所设计的运行点处的功率。

（2）**峰值电源的能量容量**　在某些行驶情况下，频繁的加、减速驱动模式将导致峰值电源的低荷电状态，从而降低其输出功率。为了正确测定峰值电源的能量容量，需得知在某些典型行驶工况中的峰值电源能量的变化，峰值电源的能量变化 ΔE 可表达为

$$\Delta E = \int_0^T P_{pps} \, \mathrm{d}t \tag{7-6}$$

式中，P_{pps} 为峰值电源的功率容量。正值的 P_{pps} 表示充电功率，负值的 P_{pps} 表示放电功率。

峰值电源的总能量容量 E_{cap} 为

$$E_{cap} = \frac{\Delta E_{max}}{SOC_{top} - SOC_{batt}} \tag{7-7}$$

式中，ΔE_{max} 为最大能量变化值；SOC_{top} 为荷电状态最大值；SOC_{batt} 为荷电状态最小值。

拓展学习内容——串联式混合动力电动汽车设计实例

扫一扫，直接在手机上打开

7.3 并联式混合动力电动汽车设计

7.3.1 系统组成及工作原理

并联式混合动力电动汽车的结构简图如图 7-11 所示。

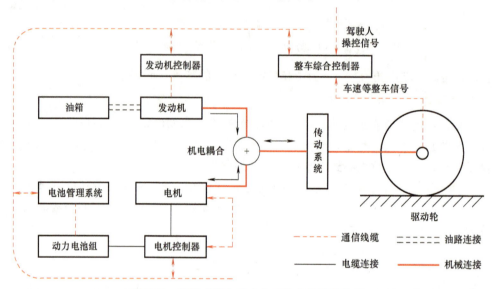

图 7-11　并联式混合动力电动汽车的结构简图

汽车的行驶动力由发动机、电机通过机电耦合装置单独或联合提供。整车综合控制器、电机控制器、发动机控制器、电池管理系统等通过通信线缆连接组成整车控制系统，依据控制系统的状态信息以及驾驶人操控信号、车速等整车反馈信息，由整车控制器实施既定的控制策略，并输出指令到电机控制器，实施电机的电动（驱动汽车行驶）、发电（再生制动能量回收）控制，输出指令到发动机控制器，实施发动机的开关控制以及输出功率控制，输出指令到电池管理系统，实施动力电池组的充电、放电能量管理。

依据发动机、电机的工作状态以及动力电池组的充放电状态，并联式混合动力电动汽车具有 6 种工作模式，具体见表 7-2。

表 7-2　并联式混合动力电动汽车的工作模式列表

工作模式	发动机	动力电池组	电机	整车状态
纯电机驱动	关机	放电	电动	驱动
再生制动充电	关机	充电	发电	制动
混合动力驱动	机械动力输出	放电	电动	驱动
强制补充充电	机械动力输出	充电	发电	驱动
纯发动机驱动	机械动力输出	既不充电也不放电	不工作	驱动
停车补充充电	机械动力输出	充电	发电	停车

各种工作模式的具体说明如下：

1）当动力电池组具有较高的电量且输出功率满足整车行驶功率需求或整车需求功率较

小时，为避免发动机工作于低负荷和低效率区，并联式混合动力电动汽车以纯电机驱动模式工作，此时发动机处于关机状态。

2）当汽车以纯电机驱动行驶时，若汽车减速制动，电机工作于再生制动状态，汽车制动能量通过再生发电回收到动力电池组中，即工作于再生制动充电模式。

3）当汽车加速或爬坡需要更大的功率输出时，发动机起动工作，并同电机一起输出机械功，经机电耦合装置后联合驱动汽车行驶，实施混合动力驱动工作模式。

4）当动力电池组的电量不足且发动机输出功率在驱动汽车的同时有富余时，电机工作于发电模式，实施动力电池组强制补充充电工作模式。

5）当动力电池组的电量在目标范围内，且发动机输出功率满足汽车行驶功率需求时，为提高并联式混合动力系统的能量利用效率，采用纯发动机驱动工作模式，此时发动机输出功率与汽车行驶功率需求相等。

6）当动力电池组的电量过低时，为保证整车行驶的综合性能，需要对动力电池组进行停车补充充电。此时发动机输出的电功率全部用于为动力电池组进行补充充电，电机工作于发电模式。

在并联式混合动力电动汽车的工作过程中，发动机仅工作在一个适中的功率区间内且输出功率相对平稳，剩余的峰值功率通过电机来补偿，以保证发动机具有一个相对稳定的高效工作区，提高了整车的燃料经济性。

7.3.2　控制策略

并联式混合动力电动汽车将两个动力源以并联的形式连接起来，相比于传统汽车不仅减少了燃油消耗，而且还能够在汽车制动时对制动能量进行回收利用，但是，要保持上述两个优势，必须制订符合要求的控制策略。

制订并联式混合动力电动汽车的控制策略需要考虑以下几个主要方面：各动力部件工作区间；整车燃油消耗；汽车排放水平；电池SOC；汽车的动力性。

设计并联式混合动力电动汽车的主要目的是在保证汽车性能的条件下，降低汽车的燃油消耗和排放，同时兼顾电池寿命和整车开发成本等问题。控制策略通常是根据电池SOC、驾驶人的踏板信号、车速和驱动轮功率等参数，按照一定的规则使发动机和电机输出相应的转矩或功率，以满足驱动轮驱动力矩的要求。目前并联式混合动力电动车辆控制策略主要包括基于规则的逻辑门限值控制策略、瞬时优化控制策略、全局优化控制策略和智能控制策略。

1. 基于规则的逻辑门限控制策略

基于规则的逻辑门限控制策略广泛应用于实车当中，如丰田Pruis、本田Insight等，常用的基于规则的逻辑门限控制策略主要有三种：电力辅助式控制策略、SOC转矩平衡式控制策略和恒温器控制策略。其中恒温器控制策略作为一种串、并联构型共用的控制策略，前文已有详细介绍，故此处只介绍前两种控制策略。

（1）电力辅助式控制策略　在电力辅助式控制策略中，当发动机功率不足时，电机作为一种辅助动力源来工作，这种情况下很少有电机单独驱动的工作模式。这种控制方式的具体工作模式如下：当汽车车速小于所设定的车速时，由电机单独驱动车轮；当车速大于所设定的车速时，电机停止驱动，由发动机驱动车轮；当车轮负荷比较大时，则由发动机和电机

联合驱动车轮，电机提供辅助转矩。当发动机在给定转速下低效率运行时，发动机会停止工作，由电机提供所需转矩。当电池荷电状态过低时，发动机会给电机提供额外的转矩，用来发电并给电池充电，制动能量再生时，电机可以作为发电机给电池充电。这种策略一般以车速为主要控制参数，它利用了电机低速、大转矩的作用，避免了发动机的怠速及低负荷工况。当车速较大有助于发动机有效工作时，发动机的起动可避免纯电动高速行驶时电池的快速放电损失。

（2）**SOC 转矩平衡式控制策略**　SOC 转矩平衡式控制策略的思想是根据电池 SOC 以及需求转矩来控制混合动力汽车的工作方式，电池 SOC 始终维持在指定的最高状态和最低状态之间，即保证发动机的工作点维持在高效范围内，同时合理分配驱动汽车的转矩。转矩平衡控制策略在车轮驱动功率需求很高时，存在发动机和电机联合驱动的混合驱动状况。其控制策略有以下几种模式：

1）当加速踏板踩下时，发动机和电机的功率按照一定比例同时增加，以满足驾驶人的高功率需求。

2）电机功率一直增加到其最大值，然后起动发动机以提供所需的补充动力。

3）发动机被控制在高功率的低油耗区稳定运行，而由电机来提供所需的补充功率。

2. 瞬时优化控制策略

基于规则的逻辑门限控制策略往往以专家的经验和静态的 MAP 图来确定门限值，由于该门限值具有很强的主观性且没有考虑工况的动态变化，因而达不到最优控制效果。为此，人们又提出一种新的控制策略——瞬时优化控制策略，也称为实时控制策略。瞬时优化控制策略的原理是在优化阶段的每一时刻，定义一个适当的瞬时成本函数，通过计算使得瞬时成本函数最小，从而使得全局成本函数最小化（理想的）。目前瞬时优化控制策略主要包括等效燃油消耗最少策略和功率损失最小策略。

3. 全局优化控制策略

全局优化控制策略是应用最优化方法和最优控制理论开发出来的混合驱动动力分配控制策略。其主要思路是基于多目标数学规划或者贝尔曼（Bellman）动态规划理论以及最小值原理的全局最优化理论，建立以整车燃油经济性和排放为目标，系统状态变量为约束的全局优化数学模型，运用相关的优化方法，计算求得最优的混合动力分配控制策略。

由于全局最优控制策略需要预先知道整个行驶工况，才能获得混合动力电动汽车在该行驶工况下的全局最优性能，这在实际车辆的实时控制中很难得到应用。目前全局最优控制策略主要用于以下两种情况：在标准行驶工况下，参考全局最优控制策略，对实时控制策略的效果进行评估；根据全局最优控制策略的结果进行规则提取，组成实用的实时控制策略。

4. 智能控制策略

随着人工智能算法的快速发展，控制技术也逐渐向智能化控制方向演变。智能控制是人工智能与自动控制的交集，主要用于求解非线性和不确定性较强的复杂控制问题，因此也适用于并联式混合动力电动汽车能量管理系统。智能控制型能量管理策略将瞬时优化和全局优化算法嵌套在人工智能控制框架中，可以达到全局优化算法近似的控制效果；另外，人工智能控制算法强大的信息处理能力也保证了较好的实时性。目前，基于智能控制理论的混合动力控制策略主要有模糊逻辑控制策略、神经网络控制策略、遗传算法控制策略、基于机器学

习的控制策略。

模糊逻辑控制策略本质上属于基于规则的控制策略，它是将经典数理逻辑与模糊数学相结合，模拟人思维的推理和决策方式的智能控制方式。其基本特征是利用人的经验知识和推理技术及控制系统提供的状态信息，而不需要建立被控系统的精确数学模型。

神经网络是以对信息的分布式存储和并行处理为基础，在许多方面更接近人对信息的处理方式，有很强的逼近非线性函数的能力。它具有自组织、自学习的功能，但它采用的是黑箱式学习模型，因此，神经网络所获得的输入/输出关系难以用被人接受的方式表达出来。

遗传算法是建立在自然选择和自然遗传学机理基础上的迭代自适应概率性搜索算法。它能够同时搜索空间的许多点，且能充分搜索，因而能够快速全局收敛；遗传算法的优化问题是对优化参数的集合进行编码而不是对参数本身，其遗传操作均在字符串上进行；只需评价所采用的适应函数，而不需要其他形式信息，这都使得遗传算法对问题的适应能力强。

基于机器学习的能量管理策略，主要有监督学习、无监督学习和强化学习。监督学习，即有导师的学习，典型的监督学习方法包括监督式神经网络学习、归纳学习和基于实例的学习等。无监督学习，即无导师学习，主要包括各种自组织学习方法，如聚类学习、自组织神经网络学习、支持向量机（SVM）等。强化学习则无须给定各种状态下的导师信号，是主动地对环境做试探，环境对试探动作产生的反馈是评价性的。

7.3.3　设计目标和要求

并联式混合动力电动汽车的实际运行工况比较复杂，主要包括起步、加速、减速、巡航、上坡、下坡、制动、停车及倒车等。根据并联式混合动力电动汽车不同的工况及工作模式，确定动力系统设计目标及要求如下：

1）满足汽车的加速、爬坡及最高巡航车速等动力性要求。

2）随时满足整车的高效率需求。

3）在高速公路和市区行驶循环期间，保持蓄电池组荷电状态处于适当的电平，避免地面充电。

4）尽可能多地回收制动能量。

7.3.4　参数设计

以双轴并联式混合动力电动汽车为例，进行简要设计分析，如图7-12所示。双轴并联式混合动力总成元件包括发动机、电机、电池、动力分配装置、变速器和主减速器，其设计主要包括发动机参数设计、电机参数设计、储能装置参数设计和动力耦合装置参数设计。

1. 发动机参数设计

发动机的参数设计主要依据以下三个原则：

1）满足发动机单独驱动的功率需求。

2）满足整车动力性要求。

3）满足整车经济性最佳要求。

针对应用最广泛的助力型混合动力电动汽车，根据发动机和电机自身的特点，即发动机转动惯量较大，影响较慢，而电机的响应较快，应让发动机提供变化较慢的稳态功率，而电

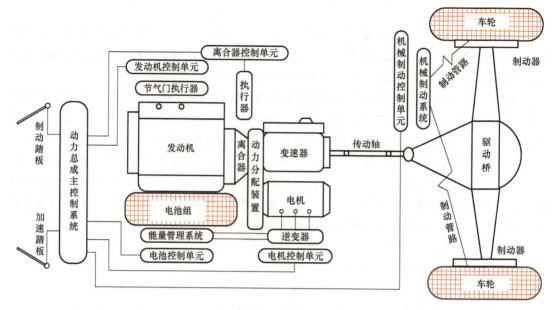

图 7-12 双轴并联式混合动力总成基本结构及布置方案

机提供瞬态变化的峰值功率。稳态功率包括以巡航车速行驶的功率要求 P_{e1}、爬坡功率要求 P_{e2}、循环工况的平均功率要求 P_{e3}，以及极限加速过程的平均功率要求 P_{e4}。

稳态功率由发动机提供，即克服与车速相关的空气阻力、滚动阻力和坡道阻力；瞬态功率由电机提供，即克服整车的加速阻力。因此，可把整车动力学方程分为两项，即

$$P_v = \frac{v}{3600\eta_\tau}\left(m_a gf\cos\alpha + m_a g\sin\alpha + \frac{1}{21.15}C_d Av^2\right) \tag{7-8}$$

$$P_{dv} = \frac{v\delta m}{3600\eta_\tau}\frac{dv}{dt} \tag{7-9}$$

式中，P_v 为与车速相关的稳态功率（kW）；η_τ 为整车动力传动系统效率；v 为车速（m/s）；m_a 为整车质量（kg）；g 为重力加速度（m/s²），$g = 9.8\text{m/s}^2$；f 为道路滚动阻力系数；α 为道路坡度角（°）；C_d 为空气阻力系数；A 为车辆迎风面积（m²）；δ 为车轮转动惯量（kg·m²）；P_{dv} 为与加速度相关的瞬态功率（kW）。

将巡航车速 v_{cruise} 代入式（7-8），即可计算得到巡航车速行驶的功率要求 P_{e1}。一般情况下，v_{cruise} 介于车辆经常行驶时的平均车速 v_{aver} 和最高行驶车速 v_{max} 之间，即 $v_{aver} \leqslant v_{cruise} \leqslant v_{max}$。

当汽车需要爬坡时，尤其在爬长坡时，为了维持电池电量，一般不要求电机助力。因此将爬坡车速 v_i 和坡度指标 i_{max} 代入式（7-8）计算得到爬坡功率 P_{e2}。

发动机功率选择还要考察循环工况下的平均功率 P_{e3}，即

$$P_{e3} = \frac{1}{T_{cyc}}\int_0^{T_{cyc}} P_{wh}(t)\,dt \tag{7-10}$$

式中，T_{cyc} 为循环工况测试时间；P_{wh} 为发动机瞬时功率，$P_{wh} > 0$。

同时，发动机功率的最终确定还要考虑另一种情况，即整车的极限加速过程（驾驶人将加速踏板踩到底）。该过程为整车加速常用工况，此时要求发动机提供其平均功率，峰值

功率由电机提供。这种加速过程比较短，应当充分发挥两动力源本身的特性。发动机提供该过程的平均功率 P_{e4} 为

$$P_{e4} = \frac{1}{3600\eta_{\tau}t_{\max}}\int_0^{t_{\max}} F_t(t)v(t)\,\mathrm{d}t \tag{7-11}$$

式中，$t_{\max}$ 为极限加速过程中车速从 0 到最高车速 $v_{\max}$ 的加速时间（s）；F_t 为发动机输出的瞬时驱动力（N）；v 为汽车的瞬时车速（m/s）。

综上所述，发动机功率至少要满足上述 4 种情况下所确定的功率要求，即

$$P_{e\min} = \max(P_{e1}, P_{e2}, P_{e3}, P_{e4})$$

2. 电机参数设计

对于混合动力汽车的驱动电机，需要确定的电机特性参数主要有额定功率和峰值功率、额定转矩和峰值转矩、额定转速和最高转速。一般来说，混合动力汽车整车动力性指标中的纯电动最高车速对应为稳态持续工作区，即电机的额定功率的选择；而最大爬坡度和全力加速时间对应的应该是短时工作区（1~5min），即电机的峰值功率。

（1）电机峰值功率匹配原则　电机的峰值功率必须同时满足整车动力性指标中的最高车速、最大加速度以及加速时间的要求，同时还要满足以下三个方面的需要。

1）起动发动机能力：电机在规定时间内起动发动机达到规定转速，其功率 $P_{m1}(\mathrm{kW})$ 应满足

$$P_{m1} = \frac{1}{1000t_{\mathrm{start}}}\int_0^{\omega_{\mathrm{idle}}} J_e\omega_e\,\mathrm{d}\omega_e + \frac{T_d\omega_{\mathrm{idle}}}{1000} \tag{7-12}$$

式中，t_{start} 为发动机起动时间（s）；J_e 为发动机转动惯量（kg·m²）；ω_e 为发动机起动过程中的瞬时角速度（rad/s）；ω_{idle} 为发动机的怠速角速度（rad/s）；T_d 为发动机的摩擦转矩（N·m）。

2）单独起动整车能力：在规定的时间内单独起动整车达到规定车速，加速过程中最大功率 $P_{\max}(\mathrm{kW})$ 应满足

$$P_{\max} = \frac{1}{3600t_m\eta_{\tau}}\left[\delta m\frac{v_m^2}{2} + m_a g f\int_0^{t_m} v_m\left(\frac{t^{0.5}}{t_m^{0.5}}\right)\mathrm{d}t + \frac{C_d A}{21.15}\int_0^{t_m} v_m\left(\frac{t^{1.5}}{t_m^{1.5}}\right)\mathrm{d}t\right] \tag{7-13}$$

3）整车加速能力：满足整车加速时间要求。

（2）电机额定功率和额定转速的匹配原则　由于驱动电机的额定功率和额定转速直接影响电机的高效率区，而电机的高效率区分布对混合动力汽车的燃油经济性影响很大。因此，应确定电机额定功率和额定转速，以使电机最大限度工作在高效率区域。一般电机的最大效率点发生在额定功率的 40%~100% 范围内。

当电机的峰值功率和最高转速确定后，电机的额定转速和额定功率决定了驱动电机系统的高效率区域，系统的高效率区可以针对不同的行驶循环工况进行上下和左右调整，如图 7-13 所示。

在驱动电机的效率 MAP 图中，还应尽量保持在额定功率点附近工作时，使电机的实际工作点尽可能靠近额定功率。城市公交客车最常用的是以 20~50km/h 速度行驶，应保证车辆以此速度行驶时，电机工作在额定功率点附近。

（3）电机峰值转矩和转速匹配原则　车用驱动电机具有低速、大转矩的特点，汽车利

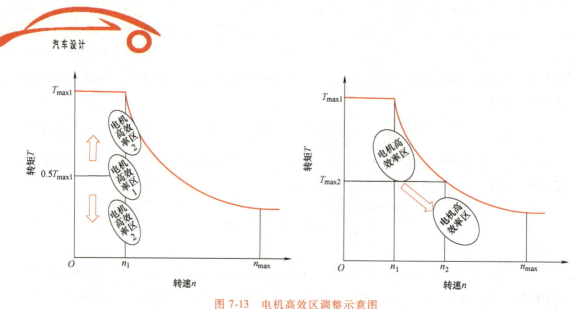

图 7-13　电机高效区调整示意图

用这个特点可以获得很好的加速性能。电机的最大转矩至少应该大于负载可能出现的最大转矩，且电机的最大转矩越大，越有利于汽车的原地起步加速、爬坡。但过大的电机转矩不仅会对电机及其支承的机械强度、电机及其控制器的电流提出更高的要求，增大了功率转换器硅钢片的尺寸和损耗，也增大了驱动转矩和传动部件的应力；如果使用多档变速器，过大的电机转矩还会导致低档驱动力超过车辆的附着极限，使驱动力得不到充分利用。因此，电机最大转矩选择应该满足车辆动力性要求，特别是低速最大爬坡度要求，同时应与传动系统最大传动比协调控制。

对于电机本身，额定功率相同的电机额定转速越高，体积和质量越小，造价越低；而且电机功率恒定时，随着电机额定转速和最高转速的增加，电机的最大转矩会减小，从而避免造成最大转矩过大的不利影响。电动汽车选择高速电机是比较有利的，但当电机转速超过一定程度后，其转矩降低幅度明显减小。

3. 电池组参数设计

电池是混合动力汽车参数匹配中的被动元件，其参数匹配主要考虑电池功率要求、能量要求和电压等级三个问题。参数设计的原则如下：

1）电压等级要与电力系统电压等级和变化范围一致。

2）最大充电和放电功率要满足电机的功率要求。

3）要满足运行过程中的能量消耗。

在车用电池的使用过程中，电池的最大电流不应超过 300A。电机的峰值功率越大，电驱动系统的电压等级越高，对保证电流不超过一定限值非常有利。但电压等级也不能超过电系统的最高电压限值，一般混合动力电动汽车的电压等级统计结果见表 7-3。

表 7-3　一般混合动力电动汽车的电压等级统计结果

车　　型	电压等级/V
传统轿车电起动系统（汽油机）	12
传统轿车集成起动发电机（ISG）系统	36
采用 ISG 结构的混合动力乘用车	144
采用串并联结构的混合动力乘用车以及纯电动乘用车	288～350
采用串并联结构的混合动力客车以及纯电动客车	350～650

电池的功率等级与电机相关,即电池的输出功率要大于所选择电机的功率总和,并且电池对其充/放电电流有一定的限制。否则,过大的充/放电电流会造成电池温度升高,降低电池的使用寿命。电池的充/放电电流与电池容量有关,最大电流一般限制在(3~5)C(C为电池容量)。在混合动力电动汽车中电动辅件改动易使整车成本提高,如果整车还保留传统汽车的附件由发动机供能,则只需考虑电机的功率要求。

电池的功率应和电机功率相匹配,应满足

$$P_b = \frac{P_m}{\eta_c \eta_m} \qquad (7\text{-}14)$$

式中,P_b 为电池的功率(kW);P_m 为电机的功率(kW);η_c 为逆变器效率;η_m 为电机效率。

电池须保证满足电机起动发动机的功率要求,以及急加速电机助力时的功率要求。由于电压等级已经确定,电池的功率反过来就与其电池最大充/放电电流有关。

将电压等级及电机起动发动机的功率需求代入式(7-14),可计算电池的最大电流

$$I_{max} = \frac{P_m}{\eta_c \eta_m U} \qquad (7\text{-}15)$$

式中,I_{max} 为电池最大放电电流(A);U 为电池电压(V)。

电池的容量与其最大充/放电能力有关,电池容量越大,其充/放电功率也越大。当电压等级确定时,其容量与其最大充/放电电流成正比,即容量越大,其允许的最大充/放电电流越大。因此,首先根据式(7-15)确定最大充/放电电流 I_{max},进而即可确定电池容量 C 为

$$C = C_{ci} I_{max} = C_{ci} \frac{P_m}{\eta_c \eta_m U} \qquad (7\text{-}16)$$

式中,C_{ci} 为电池容量与其最大充/放电流的系数。

对于镍氢电池,C_{ci} 一般取值为 1/5~1/3;对于锂电池,由于正、负极材料种类不同,取值变化较大,C_{ci} 一般可以取 1/7~1/5。代入电机的总功率、电压等级及电机和逆变器效率参数,即可计算确定电池容量。考虑整车的纯电动功能,根据续驶里程行驶要求电池容量的确定需要根据工况需要重新匹配。

4. 动力耦合装置

由于电机提供峰值功率,并在低速时具有高转矩性能,因此,在电机和驱动轮之间配置单档传动装置已能产生足够的转矩,以满足爬坡和加速的需求。然而,发动机和驱动轮之间配置多档传动装置确实能改善车辆的性能。

多档传动装置的应用,能有效地增加发动机的剩余功率,从而可改善车辆性能(加速和爬坡能力)。另外,可利用发动机较大的功率向能量存储装置充电。同时,多档传动装置特定档的应用,将使发动机得以运行于接近最佳的转速区,也就可以改善车辆的燃油经济性。此外,发动机较大的剩余功率将能快速充电,使能量存储装置由低荷电状态转化为高荷电状态。

但是,多档传动装置比单档传动装置复杂得多,而且它还需要复杂的齿轮换档控制,因此,在并联式混合动力电动汽车设计中,必须采用某些折中方案。

拓展学习内容——并联式混合动力电动汽车设计实例

扫一扫，直接在手机上打开

7.4 混联式混合动力电动汽车设计

7.4.1 系统组成及工作原理

以功率分流式混联式混合动力电动汽车为例，其结构简图如图 7-14 所示。

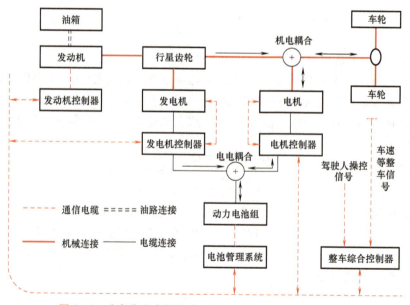

图 7-14　功率分流式混联式混合动力电动汽车的结构简图

　　混联式混合动力电动汽车同时具备了并联式混合动力电动汽车机电耦合以及串联式混合动力电动汽车机电耦合的特点。汽车的行驶动力由发动机、电机通过机电耦合装置单独或联合提供。电机控制器的供电来自于发动机-发电机组与动力电池组组成的串联式结构。整车综合控制器、电机控制器、发动机控制器、发电机控制器、电池管理系统等通过通信线缆连接组成整车控制系统，依据控制系统的状态信息以及驾驶人操控信号、车速等整车反馈信息，由整车控制器实施既定的控制策略，并输出指令到电机控制器，实施电机的电动（驱动汽车行驶）、发电（再生制动能量回收）控制；输出指令到发动机控制器，实施发动机的开关控制以及输出功率控制；输出指令到发电机控制器，实施发电机的工作状态控制（工作转速或发电功率）；输出指令到电池管理系统，实施动力电池组

的充电、放电能量管理。

依据发动机、发电机、电机的工作状态以及动力电池组的充放电状态，混联式混合动力电动汽车具有5种工作模式，具体见表7-4。

表 7-4　混联式混合动力电动汽车的工作模式列表

工作模式	发动机	发电机	动力电池组	电机	整车状态
纯电机驱动	关机	关机	放电	电动	驱动
再生制动充电	关机	关机	充电	发电	制动
纯发动机驱动	起动	发电	既不充电也不放电	电动	驱动
混合动力驱动	起动	发电	放电	电动	驱动
强制补充充电	起动	发电	充电	电动	驱动

各种工作模式的具体说明如下：

1）当动力电池组具有较高的电量且输出功率满足整车行驶功率需求或整车需求功率较小时，为避免发动机工作于低负荷和低效率区，混联式混合动力电动汽车以纯电机驱动模式工作，此时发动机处于关机状态。

2）当汽车以纯电机驱动行驶时，若汽车减速制动，电机工作于再生制动状态，汽车制动能量通过再生发电回收到动力电池组中，即工作于再生制动充电模式。

3）当汽车需求功率增加或动力电池组电量偏低时，发动机起动工作。当发动机输出功率满足汽车行驶功率且动力电池组不需要充电时，整车以纯发动机驱动模式工作，此时动力电池组既不充电也不放电。发动机输出的功率分两部分：一部分直接输出到驱动轮，一部分经过发电机、电机转化后输出到驱动轮。

4）当汽车急加速需要更大的功率输出时，整车以混合动力驱动模式工作，此时发动机工作，动力电池组放电。发动机的输出功率分两部分：一部分直接输出到驱动轮；一部分经过发电机、电机转化后输出到驱动轮。另外，动力电池组放电输出额外的电功率到电机控制器，使得电机输出更大的功率，以满足汽车总功率需求。

5）当动力电池组的电量不足且发动机输出功率在驱动汽车的同时有富裕时，实施动力电池组强制补充充电工作模式。此时，发动机工作，发动机输出的功率分三部分：一部分直接输出到驱动轮；一部分经过发电机、电机转化后输出到驱动轮；一部分经过发电机后为动力电池组充电。

图7-15所示为丰田普锐斯混联式混合动力电动汽车的几种典型工作模式。

丰田普锐斯混联式混合动力电动汽车以纯电机驱动模式起步。当汽车需求功率达到发动机起动阈值时，发动机起动，汽车进入正常工作模式，如图7-15a所示。发动机输出动力经过行星轮系分成两条路径：一条驱动发电机发电，产生的电功率又直接输出到电机，电机运转并驱动车轮；另一条直接驱动车轮。整车综合控制器自动对两条路径的动力进行最佳分配，以最大可能地优化系统效率。当汽车高速行驶需要较高的动力输出时，动力电池组进行放电，额外增大了电机的输出功率，整车获得的功率为发动机输出功率与动力电池组放电功率之和，如图7-15b所示。当汽车减速制动时，混合动力系统自动实施再生制动能量回收，如图7-15c所示。当汽车遇到红绿灯停车时，发动机自动熄火，避免了发动机怠速运转引起的不必要的油耗和污染物排放。

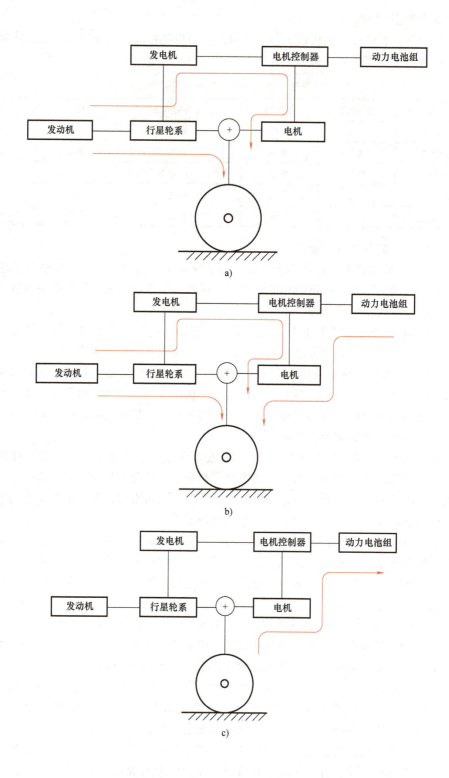

图 7-15　丰田普锐斯混联式混合动力电动汽车的几种典型工作模式

a）纯发动机驱动模式　b）混合驱动模式　c）再生制动充电模式

7.4.2　控制策略

1. 发动机恒定工作点控制策略

发动机恒定工作点控制策略采用发动机作为主要动力源，电机和电池通过提供附加转矩的形式进行功率调峰，使系统获得足够的瞬时功率。由于采用了无级变速器或行星齿轮等动力耦合机构，从而使发动机转速可以不随车速变化，这样可使发动机工作在最优工作点，提供恒定的转矩输出，而剩余的转矩则由电机提供。这样电机负责动态部分，避免了发动机动态调节带来的损失，而且与发动机相比，电机的控制也更为灵敏，容易实现。

2. 发动机最优工作曲线控制策略

从静态的发动机万有特性出发，经过动态校正后，跟踪由驱动条件决定的发动机最优工作曲线，从而实现对发动机及整车的控制。在这种策略下，让发动机工作在万有特性图中最佳油耗线上。发动机在高于某个转矩或功率限值后才会打开。发动机关闭后，离合器可以脱开（避免损失）或接合（工况变化复杂时，发动机起动更为容易）。只有当发电机电流输出超出电池的接受能力或者当电机驱动电流需求超出电机或电池的允许限制时，才调整发动机的工作点。

前面所述的发动机恒定工作点控制策略和发动机最优工作曲线控制策略都属于基于规则的逻辑门限控制策略范畴。按照现代混合动力汽车控制策略理论，混联式混合动力汽车能量管理策略也主要分为基于规则的逻辑门限值控制策略、瞬时优化控制策略、全局优化控制策略和智能控制策略。

7.4.3　设计目标和要求

混联式混合动力汽车动力系统的设计应以满足汽车的动力性能要求为主要目标，而汽车行驶的动力性能可用以下 4 个指标来评价：

（1）**加速性能**　车辆能够在设定时间内由静止加速到额定车速的能力。

（2）**爬坡性能**　满载时汽车在良好路面上能爬上最大坡度的能力。

（3）**巡航车速稳定行驶的能力**　对于混联式混合动力汽车，车载发动机应能够提供车辆以巡航车速稳定行驶的全部功率需求，并且还要提供满足爬坡度和经验值的充电功率。

（4）**最高车速稳定行驶的能力**　汽车在城市间的高速公路上常以定速行驶，此时汽车工作在混联模式下。在这种情况下，发动机与电机两者配合工作，可以体现出混联式混合动力系统的优点。对于混联式混合动力汽车，发动机和电机的输出功率总和应能满足车辆以最高车速行驶的功率需求。

而混联式混合动力汽车电驱动系统参数的设计原理，如发动机功率、电机功率和峰值电源的功率的设计与串联式、并联式的电驱动系统参数的设计非常相似。而电机的转矩和功率容量的设计须进一步讨论。

7.4.4　参数设计

1. 发动机功率设计

发动机应能供给足够的功率，以保证车辆在没有峰值电源的协助下，可按规定恒速运行

于平坦或低坡度的路面上。同时，当车辆以停车-起动模式行驶时，发动机应能产生大于平均载荷功率的平均功率。

作为在平坦的或低坡度路面上规定的高速公路恒速行驶的要求，所需功率 P_e（kW）可表达为

$$P_e = \frac{v}{1000\eta_{t,\theta}}\left(m_a g f_r + \frac{1}{2}\rho_a C_d A_f v^2 + m_a g i\right) \tag{7-17}$$

式中，$\eta_{t,\theta}$ 为电机至驱动轮的传动装置效率；m_a 为汽车总质量（kg）；f_r 为道路滚动阻力系数；ρ_a 为空气密度（kg/m³）；C_d 为空气阻力系数；A_f 为车辆迎风面积（m²）；v 为车速（km/h）；i 为坡度系数。

设计的发动机功率还应该满足按停车-起动模式行驶时平均功率的要求。在一个行驶循环工况中，车辆的平均载荷功率

$$P_{ave} = \frac{1}{T}\int_0^T\left(m_a g f_r v + \frac{1}{2}\rho_a C_d A_f v^3 + \delta m_a g \frac{dv}{dt}\right)dt \tag{7-18}$$

式中，δ 为车轮的转动惯量（kg·m²）。

平均功率随再生制动程度而变化。两种极端情况是全再生制动和零再生制动的情况，全再生制动回收了在制动过程中全部消耗的能量，其平均功率可由式（7-18）算出。然而，当车辆无再生制动时，其平均功率将大于具有全再生制动时的平均功率，后者由式（7-18）以这样的方式求得：当瞬时功率小于零时，其被给定为零值。

2. 电机驱动功率设计

在混合动力电动汽车中，电机的主要功能是向电驱动系统提供所需的峰值功率。对于电机的功率容量设计，车辆的加速性能以及在典型行驶循环工况中载荷的峰值功率是其主要关注点。

因为存在两个动力源，且它们的最大功率均与车速相关，因此由给定的加速性能直接计算电机功率比较困难。一种有效的方法是根据给定的加速性能，先进行电机功率容量的估算，然后通过迭代模拟，得出最终设计结果。

作为初始估算，可假设稳态载荷（滚动阻力和空气阻力）由发动机承担，而动态载荷（加速中的惯性载荷）由电机承担。基于此假设，车辆的加速直接与电机的输出转矩相关，其关系式为

$$\frac{T_m i_{tm}\eta_{cm}}{\tau} = \delta_m m_a \frac{dv}{dt} \tag{7-19}$$

式中，T_m 为电机转矩（N·m）；δ_m 为与电机相关联的质量系数。

3. 峰值电源设计

峰值电源设计主要包含其功率容量和能量容量的设计，功率容量设计较为简捷。峰值电源的端口功率 P_s 必须大于电机的输入电功率，即

$$P_s \geqslant \frac{P_m}{\eta_m} \tag{7-20}$$

式中，P_m、η_m 分别为电机额定功率和效率。

峰值电源的能量容量设计与各种行驶模式中的电能量消耗密切相关，主要是全负载加速

和典型市区行驶循环工况时的能量消耗。

在加速期间，从峰值电源和发动机所提取的能量，可通过如下关系计算：

$$E_{pps} = \int_0^{t_a} \frac{P_m}{\eta_m} dt \tag{7-21}$$

$$E_{engine} = \int_0^{t_a} P_e dt \tag{7-22}$$

式中，E_{pps}、E_{engine} 分别是从峰值电源和发动机所提取的能量；P_m、P_e 分别是从电机和发动机所提取的功率。

峰值电源的能量容量也必须满足典型行驶循环工况中停车-起动模式的要求，即峰值电源中的能量不能完全释放。在峰值电源中的能量变化可通过如下关系计算：

$$E_{var} = \int_0^t (P_{pps\text{-}ch} - P_{pps\text{-}disch}) dt \tag{7-23}$$

式中，$P_{pps\text{-}ch}$、$P_{pps\text{-}disch}$ 分别为峰值电源的瞬时充电功率和放电功率。

事实上，并非所有储存在峰值电源中的能量都能完全地用于向驱动系统传递充分的功率。在蓄电池组用作峰值电源的情况下，低荷电状态将限制其功率输出，且由于蓄电池内阻的增大，将同时导致其低效率。在超级电容器组用作峰值电源的情况下，低荷电状态将导致低的端电压，这就影响了牵引电机的性能。类似地，当采用飞轮为峰值电源时，低荷电状态意味着飞轮转速低，因此，电机（其功能如同能量交换的通道）的端电压低。这样，仅部分储存在峰值电源中的能量得到有效的应用，它可通过荷电状态或能量状态予以表达。从而峰值电源的能量容量 $E_{c\text{-}pps}$ 可表达为

$$E_{c\text{-}pps} = \frac{E_{dis\text{-}max}}{SOC_t - SOC_b} \tag{7-24}$$

式中，$E_{dis\text{-}max}$ 为源于峰值电源的最大许可的放电能量；SOC_t、SOC_b 分别为峰值电源荷电状态的顶线和底线。

4. 电机转矩和功率容量设计

发动机低于最低转速 $n_{e\text{-}min}$ 和高于最高转速 $n_{e\text{-}max}$ 的转速区域中，电机的转矩要求与发动机转矩相平衡，使发动机在接近于节气门全开状态下运行。这样，电机的转矩容量应取决于发动机在低转速和高转速区域中的最大转矩。但是，出于安全的目的，电机的转矩容量理应设计为在发动机的整个转速范围内均能与发动机的最大转矩相平衡。电机应在整个转速范围内均能提供其最大转矩。因此，理想的电机转矩-转速特性应在整个转速范围内为一恒定的转矩，其值为

$$T_{m\text{-}g\text{-}max} = \frac{T_{e\text{-}max}}{k_{ys}} \tag{7-25}$$

式中，$T_{e\text{-}max}$ 为与节气门全开对应的发动机最大转矩；k_{ys} 为发电机与发动机的速比。

在零车速时，电机发出的功率最大，即所有发动机产生的功率均送达电机，因此电机发出的最大功率应为

$$P_{m\text{-}g\text{-}max} = \frac{\pi}{30} T_{e\text{-}max} n_{e\text{-}max} \tag{7-26}$$

式中，$n_{\text{e-max}}$ 为发动机最大转矩所对应的转速。

类似地，在最高车速 $v_{\max}$ 下，电机呈现的最大驱动功率为

$$P_{\text{m-g-max}} = \frac{i_{\text{rw}}}{k_{\text{yr}} r_{\text{w}}} T_{\text{e-max}} v_{\max} - \frac{\pi}{30} T_{\text{e-max}} n_{\text{e-max}} \tag{7-27}$$

式中，i_{rw} 车辆最高档传动比；k_{yr} 为发动机最高转速下，发电机与电动机的速比；r_{w} 为车轮滚动半径。

 拓展学习内容——混联式混合动力电动汽车设计实例

扫一扫，直接在手机上打开

1. 串联式混合动力电动汽车动力传动系统由哪几部分组成？相比于其他类型的混合动力汽车有何不同？

2. 串联式混合动力电动汽车动力系统参数设计原则是什么？

3. 根据表 7-5 中所给的车辆基本参数及性能要求，对各动力总成参数进行合理的设计计算，包括发动机、电机以及变速器参数设计等。

表 7-5 车辆基本参数及性能要求

参　　数	数　　值	参　　数	数　　值
整车整备质量/kg	1400	轮胎滚动半径/m	0.283
迎风面积/m²	2	最高车速/(km/h)	≥120
传动效率	0.9	最大爬坡能力	>30%
滚动阻力系数	0.015	加速时间/s （从零车速到100km/h）	≤15
空气阻力系数	0.31		

4. 简述并联式混合动力电动汽车各工作模式及其能量传输路径。

5. 简单分析并联式混合动力电动汽车控制策略的类型和特点。

6. 简要叙述双轴并联式混合动力电动汽车各部件的参数匹配原则。

7. 表 7-6 为某混合动力电动汽车的性能参数及要求，请据此对各部件进行参数匹配设计。

8. 简单分析混联式混合动力电动汽车控制策略的类型和特点。

9. 混联式混合动力电动汽车动力系统参数匹配的原则是什么？

10. 混联式混合动力电动汽车动力传动系统由哪几部分组成？相比于其他类型的混合动力电动汽车有何不同？

表 7-6　某混合动力电动汽车的性能参数及要求

整车性能参数	数值或要求
整备质量/kg	11000
满载质量/kg	15000
变速器	4 档机械式变速器
空气阻力系数 C_d	0.3
车辆迎风面积/m^2	2.0
滚动阻力系数	0.01
最高车速/(km/h)	≥110
最大爬坡度	≥30%
5%坡度上持续速度/(km/h)	50
0~50km/h 的加速时间/s	≤30(满载)
0~50km/h 的加速时间/s	≤35

第8章　燃料电池电动汽车设计

 【教学内容】

　　本章主要介绍燃料电池电动汽车的标准体系、类型及特点、组成与工作原理，并对燃料电池电动汽车动力传动系统设计、燃料电池选型设计及整车热管理技术相关部件的设计选型进行讲解。

 【学习目标】

➤ 了解燃料电池电动汽车的类型及特点。
➤ 能够对燃料电池电动汽车动力传动系统进行设计。
➤ 能够对燃料电池进行选型设计。
➤ 能够对整车热管理技术相关部件进行设计选型。

*8.1　燃料电池电动汽车概述

8.1.1　燃料电池电动汽车的标准体系

　　随着各国对燃料电池电动汽车产业的不断投入，燃料电池电动汽车技术逐渐成熟，全球各大汽车集团均有燃料电池电动汽车商业化的计划。各国及各区域燃料电池电动汽车相关标准也在不断制定和完善中。目前的燃料电池电动汽车新标准制定主要集中于燃料电池系统及车载储氢系统两大方面。其中车载储氢系统的标准主要侧重于储氢系统的测试及加注方面。我国燃料电池电动汽车主要标准见表8-1。

表 8-1　我国燃料电池电动汽车主要标准

标准代号	标准名称	标准内容及适用范围
GB/T 24548—2009	燃料电池电动汽车术语	规定了与燃料电池电动汽车相关的术语及其定义；适用于使用气态氢的燃料电池电动汽车整车及部件

（续）

标准代号	标准名称	标准内容及适用范围
GB/T 24549—2020	燃料电池电动汽车　安全要求	规定了燃料电池电动汽车整车、关键系统等方面的安全及手册要求;适用于使用压缩气态氢的燃料电池电动汽车
GB/T 24554—2009	燃料电池发动机性能试验方法	规定了燃料电池发动机起动特性、稳态特性、动态响应特性、气密性检测、绝缘电阻检测等试验方法;适用于车用质子交换膜燃料电池发动机
QC/T 816—2009	加氢车技术条件	规定了用于装运和加注高压氢气的车辆的术语和定义、要求、标志和运输、停放及随车文件;适用于用定型汽车底盘改装的装运和加注高压氢气的加氢车
GB/T 26990—2011	燃料电池电动汽车　车载氢系统　技术要求	规定了燃料电池电动汽车的车载氢系统的技术条件;适用于使用压缩氢作为燃料,在环境温度为15℃时,工作压力不超过35MPa的燃料电池电动汽车
GB/T 26991—2011	燃料电池电动汽车　最高车速试验方法	规定了燃料电池混合动力电动汽车最高车速的试验方法;适用于使用压缩氢气的燃料电池混合动力电动汽车
GB/T 26779—2021	燃料电池电动汽车加氢口	规定了燃料电池电动汽车加氢口的型式、标志、要求以及试验方法;适用于使用压缩氢气为工作介质,额定加注压力不超过70MPa,工作温度为-40~85℃的燃料电池电动汽车加氢口
GB/T 29123—2012	示范运行氢燃料电池　电动汽车技术规范	规定了进行示范运行的压缩氢燃料电池电动汽车的术语和定义、实施示范运行的基本条件、运行中危害的预防、汽车的起动、停放与存放、氢燃料的加注、意外事故的处理预案与培训、行驶等;适用于在指定道路上进行示范运行的压缩氢燃料电池电动汽车,其氢系统的额定工作压力不大于35MPa
GB/T 29124—2012	氢燃料电池电动汽车示范运行配套设施规范	规定了压缩氢燃料电池电动汽车示范运行配套设施的术语和定义、实施示范运行的基本条件、基本要求、加氢站(车)及氢燃料的加注、停车场所与维修车间的相关规范等;适用于压缩氢系统的额定工作压力大于35MPa的氢燃料电池电动汽车示范运行相配套的加氢站、停车场所和维修车间
GB/T 29126—2012	燃料电池电动汽车　车载氢系统　试验方法	规定了燃料电池电动汽车的车载氢系统的试验方法;适用于使用压缩氢作为燃料,在环境温度为15℃时,工作压力不超过35MPa的燃料电池电动汽车

8.1.2　燃料电池电动汽车的类型及特点

　　燃料电池电动汽车（FCEV）按燃料特点可分为直接燃料电池电动汽车和重整燃料电池电动汽车。

　　直接燃料电池电动汽车的燃料主要是氢气;重整燃料电池电动汽车的燃料主要有汽油、天然气、甲醇、甲烷、液化石油气等。氢燃料电池电动汽车排放无污染,被认为是最理想的汽车,但存在氢的制取和存储困难等问题;重整燃料电池电动汽车的结构比氢燃料电池电动汽车复杂得多。

　　FCEV按氢燃料的存储方式可分为压缩氢燃料电池电动汽车、液氢燃料电池电动汽车和合金（碳纳米管）吸附氢燃料电池电动汽车。

　　FCEV按"多电源"的配置不同,可分为纯燃料电池驱动（PFC）的FCEV、燃料电池与辅助动力电池联合驱动（FC+B）的FCEV、燃料电池与超级电容器联合驱动（FC+C）的FCEV以及燃料电池与辅助动力电池和超级电容器联合驱动（FC+B+C）的FCEV。

1. 纯燃料电池驱动（PFC）的 FCEV

纯燃料电池电动汽车只有燃料电池一个动力源，汽车需要的所有功率都由燃料电池提供。纯燃料电池电动汽车动力系统如图 8-1 所示。

燃料电池系统将氢气与氧气反应产生的电能通过 DC/DC 变换器和电机控制器传给驱动电机，驱动电机将电能转化为机械能再传给减速机构，从而驱动汽车行驶。这种系统结构简单，系统控制和整体布置容易；系统部件少，有利于整车的轻量化；整体的能量传递效率高，从而提高了整车的燃料经济性。但燃料电池功率大、成本高；对燃料电池系统的动态性能和可靠性提出了很高的要求；不能进行制动能量回收。

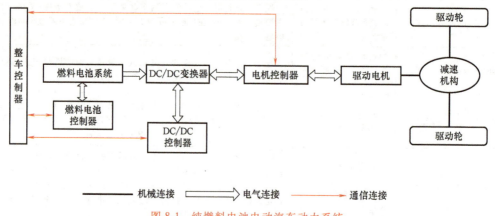

图 8-1　纯燃料电池电动汽车动力系统

因此，为了有效地解决上述问题，必须使用辅助能量存储系统作为燃料电池系统的辅助动力源，和燃料电池联合工作，组成混合驱动系统共同驱动汽车。从本质上来讲，这种结构的燃料电池电动汽车采用的是混合动力结构。它与传统意义上的混合动力结构的差别仅在于发动机是燃料电池而不是内燃机。在燃料电池混合动力结构汽车中，燃料电池和辅助能量存储装置共同向驱动电机提供电能，通过减速机构来驱动汽车。

2. 燃料电池与辅助动力电池联合驱动（FC+B）的 FCEV

燃料电池与辅助动力电池联合驱动的燃料电池电动汽车动力系统如图 8-2 所示。在该动力系统结构中，燃料电池和动力电池一起为驱动电机提供能量，驱动电机将电能转化成机械能传给减速机构，从而驱动汽车行驶；在汽车制动时，驱动电机变成发电机，动力电池将储存回馈的能量。在燃料电池和动力电池联合供能时，燃料电池的能量输出变化较为平缓，随时间变化波动较小，而能量需求变化的高频部分由动力电池分担。

目前这种结构形式应用较为广泛，它解决了诸如辅助设备供电、水热管理系统供电、燃料电池堆加热、能量回收等问题。其主要优点是系统对燃料电池的功率要求较纯燃料电池结构形式有很大的降低，从而大大地降低了整车成本；燃料电池可以在比较好的、设定的工作条件下工作，工作时燃料电池的效率较高；系统对燃料电池的动态响应性能要求较低；汽车的冷起动性能较好；可以回收汽车制动时的部分动能。但这种结构形式由于动力电池的使用使得整车质量增加，动力性和经济性受到影响。这一点在能量复合型混合动力电动汽车上表现更为明显，动力电池充放电过程会有能量损耗，系统变得复杂，整体布置难度增加。

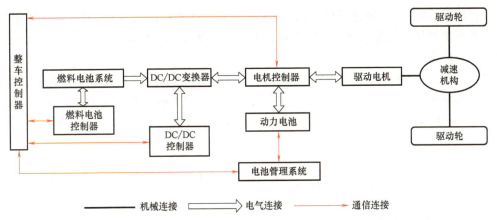

图 8-2 燃料电池与辅助动力电池联合驱动的燃料电池电动汽车动力系统

3. 燃料电池与超级电容器联合驱动（FC+C）的 FCEV

这种结构形式与燃料电池+动力电池结构相似，只是把动力电池换成超级电容器，如图 8-3 所示。相对于动力电池，超级电容器充放电效率高，能量损失小，循环寿命长，常规制动时再生能量回收率高，正常工作温度范围宽；超级电容器瞬时功率比动力电池大，汽车起动更容易。燃料电池和超级电容器动力系统可以降低燃料电池的放电电流，发挥超级电容器均衡负载的作用，提高整车的续驶里程及动力性。

但是，超级电容器的比能量低，能量存储有限，峰值功率持续时间短，同时这种混合动力系统结构复杂，对系统各部件之间的匹配及控制要求高，这些成为制约燃料电池和超级电容器混合动力系统发展的关键因素。随着超级电容器技术的不断进步，这种结构将成为一种新的重要发展方向。

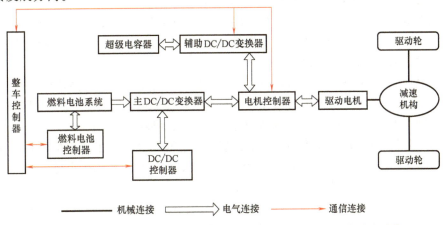

图 8-3 燃料电池与超级电容器联合驱动的燃料电池电动汽车动力系统

4. 燃料电池与辅助动力电池和超级电容器联合驱动（FC+B+C）的 FCEV

燃料电池与辅助动力电池和超级电容器联合驱动的燃料电池电动汽车动力系统如图 8-4 所示。在该动力系统结构中，燃料电池、动力电池和超级电容器一起为驱动电机提供能量，驱动电机将电能转化成机械能传给减速机构，从而驱动汽车行驶。在汽车制动时，驱动电机变成发电机，动力电池和超级电容器将储存回馈的能量。在燃料电池、动力电池和超级电容

器联合供能时，燃料电池的能量输出较为平缓，随时间变化波动较小，部分由动力电池承担，能量需求变化的高频部分由超级电容器承担。能源的分工更加明细，因此它们的优势也得到了更好的发挥。

这种结构与燃料电池+动力电池的结构相比优点更加明显，尤其是在部件效率、动态特性、制动能量回馈等方面。其缺点也一样更加明显，增加了超级电容器，整个系统的重量将可能增加；系统更加复杂化，系统控制和整体布置的难度也随之增大。

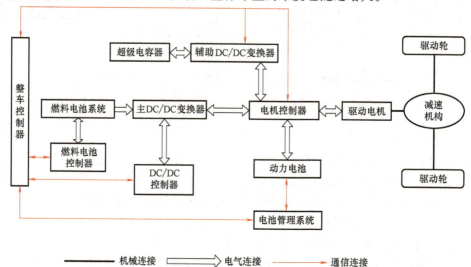

图 8-4　燃料电池与辅助动力电池和超级电容器联合驱动的燃料电池电动汽车动力系统

在三种混合驱动中，FC+B+C 组合被认为能够最大限度满足整车的起动、加速、制动的动力和效率需求，但成本最高，结构和控制也最为复杂。

目前燃料电池电动汽车动力系统的一般结构是 FC+B 组合，这是因为它具有以下特点：

1）燃料电池单独或与动力电池共同提供持续功率，而且在车辆起动、爬坡和加速等峰值功率需求时，动力电池提供峰值功率。

2）在车辆起步的时候和功率需求量不大的时候，动力电池可以单独输出能量。

3）动力电池技术比较成熟，可以在一定程度上弥补燃料电池技术上的不足。

目前，燃料电池电动汽车动力系统分为直接型和间接型两种结构形式。

1）直接型燃料电池混合动力系统。直接型燃料电池混合动力系统是指燃料电池与系统总线直接相连，如图 8-5 所示，在该系统中，由于燃料电池系统和动力电池均直接并入动力系统总线中，直接与电机控制器相连，结构简单。

此外，由于动力电池既可输出功率，改善燃料电池系统本身在汽车行驶过程中可能出现动力性较差的情况，又可在燃料电池功率输出过剩时将多余的功率储存在其内部，从而提高整车的能量利用率。

直接型燃料电池混合动力系统还有一种燃料电池系统直接连入主线、动力电池与双向 DC/DC 变换器相连后并入主线的结构形式，如图 8-6 所示。

这种结构形式的动力系统，由于在动力电池和总线之间增加了一个双向 DC/DC 变换器，使得动力电池的电压可以无须与总线上的电压保持一致，降低了动力电池的设计要求，从而可以在一定程度上提高动力电池的性能。另外，DC/DC 变换器的引入，对于系统控制而言，

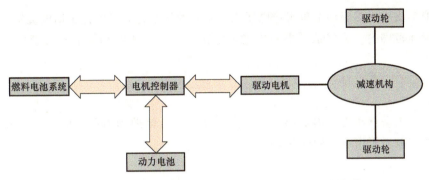

图 8-5　直接型燃料电池混合动力系统（无 DC/DC 变换器）

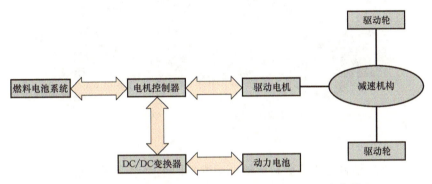

图 8-6　直接型燃料电池混合动力系统（有 DC/DC 变换器）

可以更加方便灵活地控制动力电池的充放电，改善系统的可操作性。

　　总之，直接型燃料电池混合动力系统具有结构简单、易于实现等优点，然而存在一个不可避免的问题，那就是由于燃料电池与总线直接相连，总线电压即为燃料电池的输出电压。然而在汽车行驶时，驱动电机的工作电压会与燃料电池的输出电压产生一定的电压差，当燃料电池正常工作时，其输出电压为总线电压，此时若输出电压小于驱动电机的工作电压时，会导致驱动电机的输出功率降低，进而影响整车行驶的动力性能；与之相反，当驱动电机在其最大输出功率的电压下工作时，若驱动电机工作电压小于燃料电池输出电压，则会影响燃料电池系统的工作效率，降低整车经济性。

　　2）间接型燃料电池混合动力系统。此种动力系统的结构形式是燃料电池系统与 DC/DC 变换器连接后，动力电池与其一起并入动力系统总线中，如图 8-7 所示。

　　间接型燃料电池混合动力系统在一定程度上解决了直接型燃料电池混合动力系统中存在

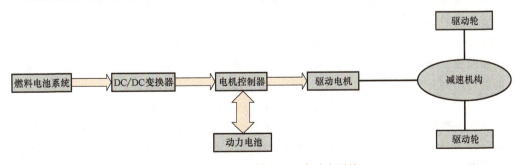

图 8-7　间接型燃料电池混合动力系统

的燃料电池输出电压与驱动电机工作电压之间矛盾的问题，既可保证驱动电机始终工作在其最佳工作电压范围内，又保证了燃料电池的输出电压不受干扰和限制，改善了系统的工作性能。

8.1.3 燃料电池电动汽车的组成与工作原理

燃料电池电动汽车主要由燃料电池、高压储氢罐、辅助动力源、DC/DC变换器、驱动电机和整车控制器等组成，如图8-8所示。

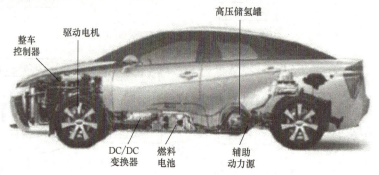

图8-8 燃料电池电动汽车的组成

（1）**燃料电池** 燃料电池是燃料电池电动汽车的主要动力源。它是一种不燃烧燃料而直接以电化学反应方式将燃料的化学能转变为电能的高效发电装置。

发电的基本原理是，电池的阳极（燃料极）输入氢气（燃料），氢分子（H_2）在阳极催化剂作用下被离解成为氢离子（H^+）和电子（e^-），氢离子（H^+）穿过燃料电池的电解质层向阴极（氧化极）方向运动，e^-由一个外部电路流向阴极；在电池阴极输入氧气（O_2），氧气在阴极催化剂作用下离解成为氧原子（O），与通过外部电路流向阴极的电子（e^-）和穿过电解质的氢离子（H^+）结合生成稳定结构的水分子（H_2O），完成电化学反应，放出热量。这种电化学反应与氢气在氧气中发生的剧烈燃烧反应是完全不同的，只要阳极不断输入氢气，阴极不断输入氧气，电化学反应就会连续不断地进行下去，电子（e^-）就会不断通过外部电路流动形成电流，从而连续不断地向汽车提供电力。

（2）**高压储氢罐** 高压储氢罐是气态氢的储存装置，用于给燃料电池供应氢气。为保证燃料电池电动汽车一次充气有足够的续驶里程，就需要多个高压储气罐来储存气态氢气。一般轿车需要2~4个高压储气罐，大客车上需要5~10个高压储气罐。

（3）**辅助动力源** 根据FCEV的设计方案不同，其所采用的辅助动力源也有所不同，可以用蓄电池组、飞轮储能器或超大容量电容器等共同组成双电源系统。

（4）**DC/DC变换器** FCEV的燃料电池需要装置单向DC/DC变换器，蓄电池和超级电容器需要装置双向DC/DC变换器。DC/DC变换器的主要功能有：调节燃料电池的输出电压，能够升压到650V；调节整车能量分配；稳定整车直流母线电压。

（5）**驱动电机** 燃料电池电动汽车用的驱动电机主要有直流电机、交流电机、永磁同步电机和开关磁阻电机等，具体选型必须结合整车开发目标，综合考虑电机的特点。

（6）**整车控制器** 整车控制系统是燃料电池电动汽车的大脑，由燃料电池管理系统、电池管理系统、驱动电机控制器等组成，它一方面接收来自驾驶人的需求信息（如点火开

关、加速踏板、制动踏板、档位信息等）实现整车工况控制；另一方面基于反馈的实际工况（如车速、制动、电机转速等）以及动力系统的状况（燃料电池及动力蓄电池的电压、电流等），根据预先匹配好的多能源控制策略进行能量分配调节控制。

燃料电池电动汽车的工作原理如图8-9所示，高压储氢罐中的氢气和空气中的氧气在汽车搭载的燃料电池中发生氧化还原化学反应，产生出电能，驱动电机工作。驱动电机产生的机械能经减速机构传给驱动轮，驱动汽车行驶。

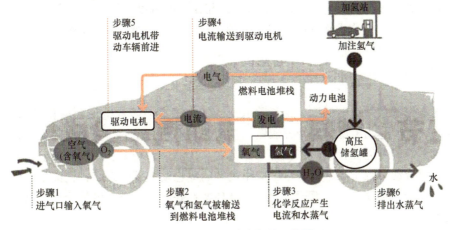

图 8-9　燃料电池电动汽车的工作原理

8.2 燃料电池电动汽车关键技术

8.2.1 燃料电池系统

燃料电池是燃料电池电动汽车发展的最关键技术之一。车用燃料电池系统的核心是燃料电池堆。燃料电池堆技术发展趋势可以用耐久性、低温启动温度、净输出比功率以及制造成本4个要素来评判。燃料电池堆研究正在向高性能、高效率和更高耐久性方向努力。

降低成本也是燃料电池堆研究的目标，控制成本的有效手段是减少材料（电催化剂、电解质膜、双极板等）的费用，降低膜电极制作、双极板加工和系统装配等的加工费。

但是如何在材料价格与系统性能之间做一个平衡，依然需要继续研究。以电催化剂为例，非铂催化剂体系虽然在降低成本上有潜力，但是其性能却远远无法达到车用燃料电池系统的要求。人们一直努力降低铂的使用量，但即便是膜电极中有高负载量（如Pt负载量为$1mg/cm^2$），其性能也不能满足车用功率的需求。如何更有效地利用电催化剂的活性组分，使活性组分长期保持高活性状态，延长催化剂使用寿命，是催化剂研究应该考虑的重点。

另外，作为车用燃料电池系统还需要攻克许多工程技术壁垒，包括系统启动与关闭时间、系统能量管理与变换操作、电堆水热管理模式以及低成本高性能的辅助设施（包括空气压缩机、传感器和控制系统）等。

8.2.2 车载储氢系统

储氢技术是氢能利用走向规模化应用的关键。目前，常见的车载储氢系统有高压储氢、

低温储存液氢和金属氢化物储氢 3 种基本方法。对于车载储氢系统，美国能源部提出在续驶里程与标准汽油车相当的燃料电池电动汽车上车载储氢目标是：质量储氢密度 6%、体积储氢密度 $60kg/m^3$。纵观现有储氢方法，除了低温储存液氢技术，其他技术都不能完全达到以上指标。而低温储存液氢的成本与能耗都很大，作为车载储氢并不是最佳选择。

如何有效减小储氢系统的质量与体积，是车载储氢技术研发的重点。比较理想的方案是采用储氢材料与高压储氢复合的车载储氢新模式，即在高压储氢容器中装填密度较小的储氢材料。这种装置与纯高压（>40MPa）储氢方式相比，既可以降低储氢压力（约 10MPa）又可以提高储氢能力。复合式储氢模式的技术难点是如何开发吸/放氢性能好、成形加工性良好、密度小的储氢材料。

8.2.3　车载蓄电系统

车载蓄电系统包括铅酸电池、镍氢蓄电池、锂离子电池等蓄电池及电化学超级电容器。铅酸电池作为汽车起动电源已经十分成熟，但由于其功率密度低，充电时间长，作为未来电动汽车动力系统的可能性很小；镍氢蓄电池具有高比能、大功率、快速充放电、耐用性优异等特性，是混合动力汽车和电动汽车中应用较广的绿色动力蓄电系统；锂离子电池具有比能量大、比功率高、自放电小、无记忆效应、循环特性好、可快速放电等优点，已迅速进入电动汽车动力电源行列。

超级电容器能在短时间内提供或吸收大的功率（为蓄电池数十倍）。其效率高，具有上万次的循环寿命和极长的储存寿命，工作温度范围宽，能使用的基础材料价格便宜，可以作为混合动力汽车的有效蓄电系统。但其能量密度低，能否作为独立的车用动力系统大规模推广，还有待更多的运行数据佐证。

8.2.4　电机及其控制技术

驱动电机是燃料电池电动汽车的心脏，它正向大功率、高转速、高效率和小型化方向发展。当前驱动电机主要有感应电机和永磁无刷电机。永磁无刷电机具有功率密度和效率较高、体积小、惯性低和响应快等优点，在电动汽车方面有着广阔的应用前景。由感应电机驱动的电动汽车几乎都采用矢量控制和直接转矩控制，矢量控制又有最大效率控制和无速度传感器矢量控制。前者是使励磁电流随着电机参数和负载条件的变化，从而使电机的损耗最小、效率最大；后者是利用电机电压、电流和电机参数来估算出速度，不用速度传感器，从而达到简化系统、降低成本、提高可靠性的目的。直接转矩控制克服了矢量控制中需要解耦的不足，把转子磁通定向变换为定子磁通定向，通过控制定子磁链的幅值以及该矢量相对于转子磁链的夹角，从而达到控制转矩的目的。由于直接转矩控制手段直接、结构简单、控制性能优良和动态响应迅速，因此非常适合用于电动汽车的控制。

8.2.5　整车布置

燃料电池汽车在整车布置上存在以下关键问题：燃料电池发动机及电机的相关布置、动力电池组的车身布置、氢气瓶的安全布置以及高压电安全系统的车身布置等。这些核心部件的布置，不仅要考虑布置方案的优化及零部件性能实现的便利，还要求相关方案必须考虑传统汽车不具备的安全性问题。目前经过国内外几轮样车试制的过程来看，燃料电池发动机及

电机同时进前舱是一种技术趋势，动力电池组沿车身主轴纵向布置好于电池组零星布置，氢气瓶的布置更多地要考虑碰撞安全性。

8.2.6 整车热管理

燃料电池电动汽车整车热管理有以下两方面特性需要关注。

1) 燃料电池发动机自身的运行温度为 60～70℃，实际的散热系统工作温度大致可以控制在 60℃。这样一来与整车运行的环境温度相比，温差不大，造成燃料电池汽车无法像传统汽车一样依赖环境温差散热，转而必须依赖整车动力系统提供额外的冷却能力为系统散热。这样从动力系统效率角度出发是不经济的，两者之间的平衡将是在热管理开发方面必须关注的。

2) 目前整车各零部件的体积留给整车布置回旋的余地很小，造成散热系统设计的改良空间不大，无法采用通用的解决方案应对，必须开发专用的零部件（如特殊构造或布置的冷凝器、高功率的冷却风扇等）。这样就要求有丰富的整车散热系统的基础数据以支持相关开发设计，而这点正好是目前整车企业欠缺的。

另外，与整车散热系统密切相关的车用空调系统开发也是整车企业必须关注的。由于燃料电池电动汽车没有传统的汽油发动机，传统空调的压缩机动力源发生了颠覆性变化，改用纯电动压缩机作为空调系统的动力源。这样在做整车散热系统需求分析时，空调系统性能需求作为整车散热系统的"负载"因素也成为散热系统开发的技术难点。

8.2.7 整车与动力系统的参数选择与优化设计

燃料电池汽车整车性能参数是整个燃料电池动力系统开发的信息来源，而虚拟配置的动力系统的特性参数也影响整车性能。两者之间的参数选择是一个多变量多目标的优化设计过程，而且参数选择与行驶工况和控制策略紧密相关，只有在建立准确的仿真模型的基础上，经过反复寻优计算才可能达到较好的设计结果。目前参数设计主要借助于通用的或专用的仿真软件进行离线仿真，如 ADVISOR、EASY5、PSCAD、V2ELPH、FAHRSIM 等，其优点是方便快捷，适合于在设计初期对系统性能进行宏观的预估和评价，但难以对动力系统进行深入细致的分析与设计。随着系统开发的不断深入，某些已经存在的部件或环节将会集成仿真回路进行测试与研究，这些部件包括难建模部件、整车控制器及驾驶人等。为了实现虚拟模型与真实部件的联系，必须建立实时的仿真开发环境。目前实时仿真在燃料电池汽车领域主要用于整车控制器的在环仿真。例如，采用 dSPACE 建立整车控制器的硬件在环仿真环境。而集成真实部件的动力系统实时仿真测试环境，将是整车系统与动力的参数选择与优化设计的技术升级方向。

8.2.8 多能源动力系统的能量管理策略

能量管理策略对燃料经济性影响很大，且受到动力系统参数和行驶工况的双重影响。目前的开发方式一般是借助仿真技术建立一个虚拟开发环境，对动力系统模型进行合理简化，从理论分析的角度得到最优功率分配策略与能量源参数和工况特征之间的解析关系，并从该关系出发定量地分析功率缓冲器特性参数对最优功率分配策略的影响，为功率缓冲器的参数选择提供理论依据。最终目的是定量地分析工况特征参数与最优功率分配策略之间的映射关

系，完成功率分配策略的工况适应性研究。

完成能量管理策略的工况适应性开发后，其核心问题转变为功率分配优化，当然还必须考虑一些限制条件，如蓄电池容量的限制和各部件额定值的限制等。可用作功率分配的决策输入量很多，如 SOC、总线电压、车速、驾驶人功率需求等。按照是否考虑这些变量的历史状态，可以把功率分配策略分为瞬时与非瞬时策略两大类。

作为能量管理策略中的一部分，制动能量回馈是提高燃料经济性的重要措施，也是一个难点问题。必须综合考虑制动稳定性、制动效能、驾驶人感觉、蓄电池充电接受能力等限制条件。制动系统关乎生命安全，而且制动过程通常很短暂，在研究初期一般不直接进行道路试验，而是在建立系统动态模型的基础上再进行深入细致的仿真研究。

以上是燃料电池电动汽车主要关键技术的介绍，它们对整车的动力性、经济性和安全性影响非常大，是需要解决的核心问题。

8.3 燃料电池电动汽车动力传动系统设计

8.3.1 驱动电机

1. 电机的选型

受有限的车内空间、恶劣的工作环境及频繁的运行工况切换影响，燃料电池电动汽车用电机必须具有以下特性：高功率密度，以满足布置要求；瞬时过载能力强，以满足加速和爬坡要求；宽的调速范围（包括恒转矩区和恒功率区）；转矩动态响应快，在运行的整个转矩-转速范围内具有高效率，以提高能量利用率；四象限运行，状态切换平滑；高可靠性及容错控制；成本合理。

燃料电池电动汽车用电机的选型必须结合整车开发目标，综合考虑电机驱动系统的特点。具体可参考表 8-2 所列的电机驱动系统综合性能评价指标。由表 8-2 可知，异步电机及永磁同步电机得分较高，与世界范围内燃料电池电动汽车电机驱动系统的发展趋势相一致。由于空间布置以及功率需求的原因，通常燃料电池电动客车较多采用异步电机驱动系统，而燃料电池电动轿车较多采用永磁电机驱动系统。

表 8-2　电机驱动系统综合性能评价

项目	直流电机	异步电机	永磁同步电机	开关磁阻电机
功率密度	2	3	5	3
效率	2	3	5	3
成本	4	5	3	4
可靠性	3	5	4	5
控制性	5	4	5	3
技术成熟度	5	5	4	3
安全性	4	5	3	5
总计	25	30	29	26

2. 电机参数的确定

与传统汽车相类似，为保证各种行驶工况需要，满足汽车动力性要求，必须根据车辆动

力性指标来研究电机驱动系统的性能参数，即由最高车速、加速时间和最大爬坡度3个指标来评定。电机参数主要包括额定功率、最大功率、最大转矩、额定转速、最高转速以及扩大恒功率区系数。

定义扩大恒功率区系数 β 为电机的最高转速 n_{max} 和额定转速 n_e 之比，即

$$\beta = \frac{n_{max}}{n_e} \tag{8-1}$$

电机的最高转速由最高车速和机械传动系统传动比来确定。增大电机的最高转速有利于减小体积和质量，最高转速的增大导致传动比增大，从而会加大传动系统的体积、质量和传动损耗。因此应综合考虑各方面因素决定电机的最高转速，即

$$n_{max} = \frac{30\mu_{max}i}{3.6\pi r} \tag{8-2}$$

式中，n_{max} 为电机最高转速（r/min）；μ_{max} 为汽车最高车速（km/h）；i 为传动系统传动比，对于电动汽车来讲，由于电机转速较高，因此传动比较大，一般传动比为 $8 \sim 15$；r 为车轮滚动半径（m）。

电机的最大转矩由最大爬坡度确定，汽车爬坡时车速很低，可忽略空气阻力，则有

$$T_{gmax} = \frac{r}{\eta i_0}(mgf\cos\alpha_{max} + mg\sin\alpha_{max}) \tag{8-3}$$

式中，T_{gmax} 为根据最大爬坡度确定的最大转矩（N·m）；m 为整车质量（kg）；f 为滚动阻力系数；η 为机械传动系统效率；α_{max} 为最大坡度角（°）。

电机的最大功率取决于加速时间，并与扩大恒功率区系数有关。在最高转速一定，并保证同等加速能力的情况下，电机的扩大恒功率区系数越大，其最大功率越小，并随着扩大恒功率区系数的增大，最大功率趋于饱和。因此，扩大恒功率区系数的取值，对于降低电机系统功率需求、减小电机驱动系统质量与体积以及提高整车效率，有着非常重要的意义。扩大恒功率区系数的取值取决于电机驱动系统类型及控制算法，通常取 $2 \sim 4$。

水平路面上，车辆从0到目标车速 u_a 的加速时间 t 为

$$t = \int_0^{u_a} \frac{\delta m}{F_t - F_f - F_w}du \tag{8-4}$$

式中，δ 为旋转质量换算系数；F_t 为车辆行驶驱动力（N）；F_f 为滚动阻力（N）；F_w 为空气阻力（N）。

车辆行驶驱动力与电机峰值功率、最大转矩之间的关系为

$$F_t = \begin{cases} 9550i_0 \dfrac{P_{max}\eta}{n_e r} = T_{amax}\eta & (n \leqslant n_e) \\[3mm] 9550i_0 \dfrac{P_{max}\eta}{nr} & (n > n_e) \end{cases} \tag{8-5}$$

式中，T_{amax} 是根据峰值功率 P_{max} 折算的恒转矩区电机最大转矩。

当给定汽车加速时间后，可根据式（8-3）和式（8-5）求得电机峰值功率。

一般峰值功率 P_{max} 满足加速性能指标要求，其折算后的最大转矩 T_{amax} 也可以满足汽车爬坡性能指标要求，即 $T_{amax} > T_{gmax}$。因此，电机最大转矩可设计为 $T_{amax} = T_{gmax}$。如果车辆爬坡度有特殊要求，则取 $T_{amax} = T_{gmax}$，并通过调整最大功率和扩大恒功率区系数重新匹配。

电机额定功率 P_e 主要克服滚动阻力和空气阻力，可表达为

$$P_e = (F_f + F_w)\frac{u}{3600\eta} \qquad (8\text{-}6)$$

式中，u 可按车辆最高设计车速的 90% 或我国高速公路最高限速 120km/h 取值。

电机的额定转矩 T_e 为

$$T_e = \frac{9550P_e}{n_e} \qquad (8\text{-}7)$$

工作电压的选择涉及用电安全、元器件的工作条件等问题。工作电压过低，导致电流过大，从而导致系统电阻损耗增大，而工作电压过高，会对逆变器的安全性造成威胁。一般燃料电池电动汽车工作电压为 280~440V，但目前工作电压的设计有增高的趋势。

8.3.2 传动系统传动比

传动系统的总传动比是传动系统中各部件传动比的乘积，主要是变速器和主减速器传动比的乘积。

电机的机械特性对驱动车辆十分有利，传动系统有多个档位时，驱动力图与内燃机汽车相比也有其特殊性，所以在选择档位数和速比、确定最高车速时也与内燃机汽车不同。下面对可能出现的几种情况进行分析：

1）电机从额定转速向上调速的范围足够大，即 $n_{max}/n_e \geqslant 2.5$ 时，选择一个档位即可，即采用固定速比，这是一种理想情况。

2）电机从额定转速向上调速的范围不够宽，即电机最高转速不能满足 $n_{max}/n_e \geqslant 2.5$ 时，应考虑再增加一个档位。

3）电机从额定转速向上调速的范围较窄，满足 $n_{max}/n_e \leqslant 1.8$，此时增加一个档位后车速无法衔接起来，可考虑再增加档位或说明电机参数与整车性能要求不匹配，应考虑重新选择电机的参数。

由于燃料电池电动汽车的动力全部由电机提供，通过控制电机能够在较大的范围满足车速要求。最大传动比 i_{max} 根据电机的最大转矩和最大爬坡度对应的行驶阻力确定，即

$$i_{max} \geqslant \frac{F_{amax}r}{\eta T_{max}} \qquad (8\text{-}8)$$

式中，F_{amax} 为最大爬坡度对应的行驶阻力。

汽车大多数时间是以最高档行驶的，即用最小传动比的档位行驶。因此，最小传动比的选择是很重要的，应考虑满足最高车速的要求和行驶在最高车速时的动力性要求。

由最高车速和电机的最高转速确定传动系统最小传动比的上限，即

$$i_{min} = \frac{0.377n_{max}r}{u_{max}} \qquad (8\text{-}9)$$

由电机最高转速对应的最大输出转矩和最高车速对应的行驶阻力，确定传动系统最小传动比的下限，即

$$i_{min} = \frac{F_{umax}r}{\eta T_{nmax}} \qquad (8\text{-}10)$$

式中，F_{umax} 为最高车速对应的行驶阻力（N）；T_{nmax} 为电动机最高转速对应的最大输出转

矩（N·m）。

8.4 燃料电池选型设计

燃料电池功率的选择对燃料电池电动汽车动力系统的结构设计非常重要。燃料电池功率偏大，车辆的成本增加；燃料电池功率偏小，在某些大负荷行驶工况（如加速、爬坡等）需要辅助能源提供的动力增加，这使得燃料电池数量增加，整车质量、成本上升，系统效率下降，整车布置难度增加，燃料电池均衡控制难度增加等。

燃料电池电动汽车是由燃料电池提供平均行驶功率，在加速、爬坡、高速等大负荷工况下蓄电池输出电能辅助驱动，因而燃料电池功率选择的依据是平均行驶阻力功率。

平均行驶阻力功率是由车辆整车参数和行驶工况来决定的，可表达为

$$P_{\mathrm{av}} = \frac{1}{T} \sum_{i=1}^{n} P_i t_i \qquad (8\text{-}11)$$

式中，P_{av} 为平均行驶阻力功率；P_i 为第 i 个功率区间行驶功率；T 为总的行驶时间。

对于燃料电池城市客车，平均行驶阻力功率也可以选取我国典型城市客车循环工况来确定，如图 8-10 所示。

平均行驶阻力功率可由加速和匀速行驶过程中消耗的能量来计算，即

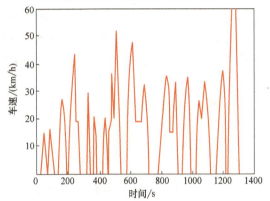

图 8-10　我国典型城市客车循环工况

$$P_{\mathrm{av}} = \frac{1}{t_{\mathrm{a}} + t_{\mathrm{v}}} \left(\sum_{i=1}^{n} \int_{0}^{t_{\mathrm{a\_i}}} F_{\mathrm{t}} u \mathrm{d}t + \sum_{j=1}^{n} \int_{0}^{t_{\mathrm{v\_j}}} F_{\mathrm{t}} u \mathrm{d}t \right) \qquad (8\text{-}12)$$

式中，$t_{\mathrm{a}} = \sum_{i=1}^{m} t_{\mathrm{a\_i}}$；$t_{\mathrm{v}} = \sum_{j=1}^{n} t_{\mathrm{v\_j}}$，其中 $t_{\mathrm{a\_i}}$ 为第 i 个加速时间，$t_{\mathrm{v\_j}}$ 为第 j 个匀速行驶时间；u 为车速（km/h）。

实际计算中，燃料电池电动汽车的燃料电池应能单独提供汽车最大速度稳定运行所要求的功率，并留有一定的富余功率对蓄电池充电，所以按汽车的最高车速下的平均行驶阻力功率计算燃料电池的需求功率，即

$$P_{\mathrm{fc}} = \frac{1}{\eta_{\mathrm{T}} \eta_{\mathrm{m}} \eta_{\mathrm{c}}} \left(\frac{mgfu_{\max}}{3600} + \frac{C_{\mathrm{d}} A u_{\max}^3}{76140} \right) \qquad (8\text{-}13)$$

式中，P_{fc} 为汽车最高车速下的平均行驶阻力功率（kW）；η_{T} 为机械传动效率；η_{m} 为电机驱动系统效率；η_{c} 为 DC/DC 变换器的效率；其他参数的含义同前。

燃料电池输出功率大部分转化为驱动能量，剩余部分用于满足辅助系统的功率需求。在纯燃料电池驱动的情况下，输出功率为

$$P_{\mathrm{fc\_out}} = P_{\mathrm{fc}} + P_{\mathrm{fc\_var}} \qquad (8\text{-}14)$$

式中，$P_{\mathrm{fc\_out}}$ 为燃料电池的输出功率（kW）；$P_{\mathrm{fc\_var}}$ 为辅助系统的功率需求（kW）。

在实际运行时，为了保证对电机的电力供应以及对蓄电池进行充电，燃料电池应留有一定的后备功率。

由此可见，燃料电池功率的选择应遵循以下原则：

1）蓄电池 SOC 在循环工况前后维持不变，从而确保燃料电池是整个行驶过程中功率消耗的唯一来源，因此燃料电池的功率应大于平均行驶阻力功率。

2）燃料电池的最大功率应不低于车辆以最高车速稳定行驶时的需求功率，但同时应避免燃料电池单独驱动状态下有过多的富裕功率。

8.5 整车热管理技术

燃料电池电动汽车是新能源汽车的一个重要技术路线，因其高效率和近零排放被普遍认为具有广阔的发展前景。美国、欧盟、日本和韩国都投入了大量资金和人力开展燃料电池电动汽车的研究。丰田、本田、通用、福特、奔驰、现代等公司已开发出燃料电池车型并进行示范运行。我国对燃料电池电动汽车的研发也同样重视，对燃料电池电动汽车及其相关技术也提出了明确的发展规划，其中热管理系统的研究在燃料电池电动汽车的整车开发中有着非常重要的意义。

8.5.1 国外典型燃料电池电动汽车水、热管理系统解析

目前，燃料电池电动汽车正处在由技术研发向商业化推广过渡的阶段，其中一些关键技术还不够成熟，仍有部分关键问题亟待解决。其中，水、热管理是燃料电池动力系统研究与开发的核心关键技术之一，对整车动力系统的性能、安全和寿命具有决定性影响。如果设计不合理，会造成燃料电池性能降低、寿命缩短，甚至出现安全隐患。为了保证燃料电池电动汽车的正常运行和乘坐的舒适性，对整车进行有效水、热管理十分必要。本小节主要对国外几款典型的燃料电池电动汽车水、热管理系统方案进行解析，分析其系统方案的特点，为国内整车企业水、热管理系统方案的制订提供参考。

1. 水、热管理系统的设计要求

（1）水管理 车用燃料电池中质子交换膜是一种固态电解质膜，其作用是隔离燃料与氧化剂，同时在阳极和阴极之间传递质子。质子交换膜需要在水润湿的状态下才能够传导质子，水含量过低，其电导率将会下降，导致电池的欧姆电压损失增大，膜失水后催化层界面的活性也会下降。电池内部过多的液态水，会导致电极水淹，会阻碍氧气的传递，降低催化剂的利用率，阻碍电化学反应的正常进行，使电池性能下降，功率密度越大，这种潜在的影响也就越大；过多的气态水，会稀释反应气体的浓度，造成反应界面的反应气体不足。正常、膜淹和膜干条件下燃料电池的电堆电流密度与单体电池平均电压关系如图 8-11 所示，因此，为了实现高输出功率密度的设计，始终确保质子交换膜中稳定的水含量至关重要。

在设计燃料电池水管理系统时，主要考虑以下各项之间的平衡：

1）进气加湿和排气排水。

2）反应在阴极催化剂层中产生的水。

3）水的电渗透和反向扩散。

（2）热管理 燃料电池发动机的工作温度低时，电池内各种极化增强，欧姆阻抗也较大，电池性能较差；温度升高时，会降低各种极化和欧姆阻抗，电池性能提高，但温度过高

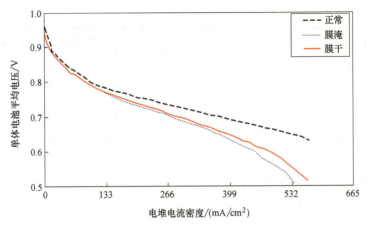

图 8-11　正常、膜淹和膜干条件下燃料电池极化曲线

会导致膜脱水，使电导率下降，电池性能降低。其工作温度为范围一般为 60~90℃，与燃油发动机的热管理系统设计要求相比，表 8-3 所列的从排气系统、辐射及冷却系统带走的热量和散热器环境温度要求来看，燃料电池更为苛刻。

表 8-3　燃料电池和燃油发动机性能对比

发动机类型	燃料电池	燃油发动机
排气系统带走的热量	3%~5%	50%
辐射带走的热量	1%	3%
冷却系统带走的热量	95%	50%
散热器环境温度	65℃	100℃

燃料电池排气的温度约 70℃，远远低于汽油发动机排气温度，只能带走大概 3% 左右的热量。辐射带走的热量在燃料电池和汽油发动机中的占比都很小。燃料电池 95% 的热量都需要通过冷却系统带走，并且需要增加另外的低温散热器对电堆控制器进行冷却，因此，燃料电池汽车中的热管理的设计要求更高。

在设计燃料电池热管理系统时，应考虑以下几点：

1）更大的散热器。如果一个散热器太大而无法布置，可以分成两个或多个散热器。

2）冷凝器不应放在散热器前。冷凝器中的空气被加热到较高的温度，会影响后面散热器的热交换。

3）风机应布置在散热器后面，有利于保持气流速度，便于带走热量。

4）应保持足够的距离，以避免引起热量的聚集。

2. 国外典型燃料电池电动汽车水、热管理系统

此处主要分析国外典型燃料电池电动汽车的水、热管理系统，其整车参数见表 8-4。

（1）水管理系统方案　进气加湿分为外部加湿和内部自加湿两种方式。丰田公司开发了世界第一个自加湿燃料电池电堆。自加湿的实现主要是通过在阴极采用新开发的三维（3D）细网格流场，提高水和气体扩散的去除率；另外通过在阳极采用精密冲压工艺，在阳极正面形成氢气流动和背面形成冷却液流动相结合的精细通道流场。这种结构改善了每个单电池内的水平衡，仅利用反应生成的水实现自加湿。其三维细网格结构如图 8-12 所示，自加

表 8-4　国外典型燃料电池电动汽车整车参数

车型	上市时间	动力总成方案	功率/kW	冷起动温度/℃	氢罐压力/MPa	电堆功率密度/(kW/L)	最高车速/(km/h)	续驶里程/km
丰田 Mirai	2014 年	燃料电池+1.6kW·h 镍氢电池	114	-30	70	3.1	180	650
本田 Clarity	2016 年	燃料电池+1.3kW·h 锂离子电池	103	-30	70	3.1	160	550

湿原理如图 8-13 所示。

这种肋下湍流增强结构和表面亲疏水性设计的三维细网格，有助于防止由于溢流造成的传递损失，使每个单电池表面产生的电流均匀，并减少单电池之间的电压变化。此外，可以优化单电池表面的三维精细网格流场结构，以减小进气湍流，防止质子交换膜的干燥。

本田 Clarity 燃料电池电动汽车采用的是外部加湿方法，系统原理如图 8-14 所示。

本田 Clarity 燃料电池电堆内部的水管理的技术主要有：首先，通过减少气体流动通道的深度来减小电池厚度，使质子交换膜中的湿度均匀，并减少加湿量；其次，单电池内部结构由空气和氢气平行流动改变为气体反向流动，如图 8-15 所示，加湿

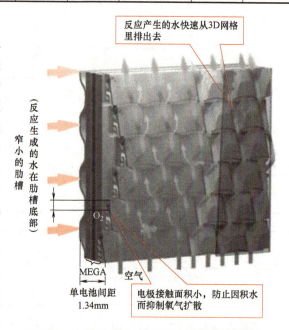

图 8-12　丰田 Mirai 新型三维精细网格流场结构

空气向入口侧的质子交换膜提供水，生成的水向出口侧移动并供给质子交换膜，之后，通过质子交换膜渗透的水被反扩散到阳极侧，水被供应到氢入口，这使得反应界面上的水循环加

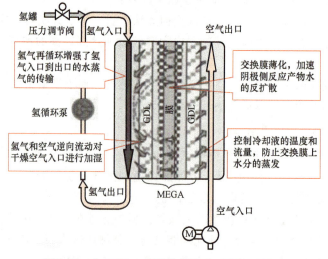

图 8-13　丰田 Mirai 质子交换膜表面自加湿原理

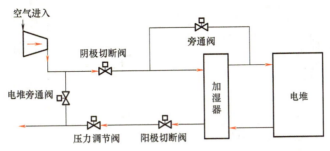

图 8-14 本田 Clarity 燃料电池汽车外部加湿系统原理

强，并使质子交换膜内的水分布均匀。

（2）热管理系统方案 丰田 Mirai 燃料电池热管理系统布置方案如图 8-16 所示。丰田 Mirai 燃料电池的功率比较大，其电堆的散热需求较大，为了满足电堆的散热需求，电堆的散热器分为主、副散热器。如图 8-16 所示，中冷器与电堆冷却回路并联，冷却系统回路中安装有去离子器，以满足进入电堆冷却液绝缘的要求。

本田 Clarity 燃料电池热管理系统布置方案如图 8-17 所示。本田 Clarity 燃料

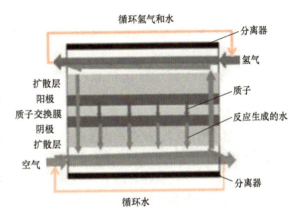

图 8-15 本田 Clarity 燃料电池质子交换膜水的扩散

电池热管理系统包含冷却水泵和向外换热的散热器、用于切换散热器大小循环的节温器（低温时快速热机、高温时冷却）、去除冷却液中的离子来确保车辆的电气安全和防止燃料电池组的腐蚀的去离子器、回收冷却液热量的加热系统。

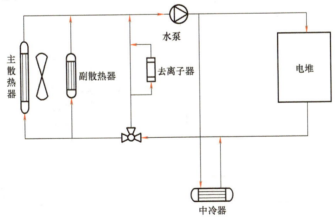

图 8-16 丰田 Mirai 燃料电池热管理系统布置方案

综上，通过对国外典型的燃料电池电动汽车水、热管理系统的分析，总结出燃料电池汽车的水、热管理系统的设计要点如下：

1）水管理要保证进气加湿和排气排水、反应在阴极催化剂层中产生水的去除和循环利用、水的电渗透和反向扩散之间的平衡。

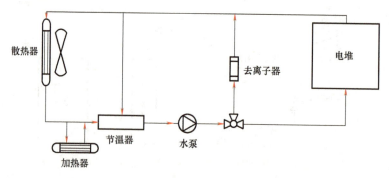

图 8-17　本田 Clarity 燃料电池热管理系统布置方案

2）热管理要保证足够大的换热量、低温时快速热机、高温时冷却、冷却液的电气安全（去离子）、电堆余热利用。

8.5.2　质子交换膜燃料电池系统的水、热管理系统

图 8-18 所示为燃料电池发动机系统的示意图，燃料供给设备一般为氢罐，进入阳极前先加湿及加热空气，供给设备向电池提供环境中的空气，进入阴极前也必须调节状态，散热器排除冷却液从电池堆带出的热量。

目前影响质子交换膜燃料电池（PEMFC）技术实用化的一个重要问题是热和水的管理，燃料电池内部热平衡与水平衡紧密相连、互相影响，对燃料电池组的功率提升、燃料效率最佳化、燃料电池的寿命和运行安全起着关键作用。

燃料电池发动机系统的水和热的管理是相辅相成的，按照不同的回路，对电池反应循环内水的管理和对电池需要排除热的管理加以区分，以对燃料电池动力系统的分析和计算提供一个新颖而有效的方法。

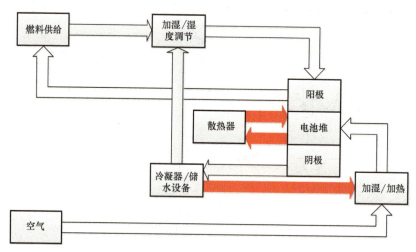

图 8-18　燃料电池发动机系统的示意图

在 PEMFC 中，质子交换膜需要保持一定的湿润度才能保持高传导性和良好的运行特性，过干会使质子交换膜失去传导质子的能力，电池堆中水量过多也会影响电池堆性能，造成电极水淹等问题。Ballard 和 TAMU 等公司对 PEMFC 的水管理进行了深入研究，提出了实

现有效水管理的多种途径：①膜电极和电池结构的优化设计；②对 PEMFC 的运行参数进行综合调整；③选择合适的质子交换膜和碳布。当燃料电池选定后，一般就通过对该系统的参数进行自动控制的方式来进行管理，水管理的内容包括反应气加湿、质子交换膜内水传递的控制和电池排水。

1. 反应气加湿

为了使燃料电池稳定、高效率运转，质子交换膜应保持湿润状态，维持质子通道并减少内阻。质子通道与外电路构成了回路。膜的电导率强烈地依赖于膜中水的含量，所以适当控制水分布对提高膜的电导率具有十分重要的意义。水管理对于改善膜中水分布、提高 PEMFC 的性能至关重要。因此要使燃料电池正常发电，加湿系统就显得相当重要。目前的电池加湿方法可以分为 3 类：①外部加湿法，包括简单外增湿法、直接液态水湿化法和采用渗透膜增湿器增湿；②内部加湿法，包括渗透膜法、多孔碳板法；③自加湿法，包括压力迁移法、体流场改进法、Pt-PEM 增湿法。目前，普遍采用渗透膜增湿器对电池堆进行加湿。一般计算时按照进口湿度为 100%，但实际均达不到。

2. 质子交换膜内水传递的控制

对质子交换膜内水传递的控制主要通过对反应器的流量和压力施加影响来实现。

（1）阴极流量的影响　随着阴极化学剂量比（供给的气体量与产生给定电流所需气体量比）的提高，电池的端电压得到了较大幅度的提高，出水口水的摩尔分数呈现下降趋势，因此，膜侧的水活度下降，导致膜中的水含量下降。由于质子交换膜的厚度很薄，而且均为饱和增湿，膜中的水传递几乎没有什么变化，这样可以在不损害水管理性能的同时获得较高的电池功率。但是阴极流量及空气流量的增加，会使空气压缩机负荷增大，因此需要综合优化以获得最大系统效率。

（2）阳极流量的影响　相对于阴极流量，阳极流量对电池电压的影响较小，在阳极饱和增湿的条件下，阳极流量的加大会使膜中水含量增大，电迁移作用的增强和膜中水含量梯度的减少，导致膜中的净水传递系数进一步增大，同阴极流量相比，化学计量比对水传递的影响与其进口状态有更大关系。阴极即使在饱和增湿的条件下，增大流量仍会存在膜失水，这是因为气体组分中大部分为惰性气体氮气，当阳极进口相对湿度为零时，随着阳极流量的加大，阳极出口相对湿度减小，强烈的反扩散导致水从阴极向阳极侧传递，质子交换膜处于失水状态。

从阴极和阳极流量的分析可以看出，增大阳极和阴极流量都可以有效地减少扩散层中水的摩尔分数，而采用较干的、大流量的阳极气流更为有效，同时阳极排水对电池反应的影响更小。

（3）压力的影响　水在质子交换膜内的迁移可以用 Nerst-Plank 方程定量表达，即

$$N_{\mathrm{W,m}} = n_{\mathrm{d}}\frac{i}{F} - D_{\mathrm{m}}^{2}C_{\mathrm{W,m}} - C_{\mathrm{W,m}}\frac{K_{\mathrm{p}}}{\mu^{2}}p_{\mathrm{m}} \qquad (8\text{-}15)$$

式中，n_{d} 为水的电迁移系数；D_{m} 为水在膜中的扩散系数；K_{p} 为水在膜中的渗透系数；μ 为水在膜中的黏度；$C_{\mathrm{W,m}}$ 为膜中水的浓度；i 为电流密度；F 为法拉第常数；p_{m} 为膜两侧的压力。

由式（8-15）可知，阴极室的工作压力高于阳极室的工作压力，有利于水从膜的阴极侧向阳极侧传递。但这种压差不能过大，因为受到电池结构设计和膜的强度制约，若同时用空气作为氧化剂，提高空气压力也增加了空气压缩机的功耗，如果两极压力同时提高，则反应浓度增大，电池端电压提高，同时水蒸气的摩尔分数减小，膜两侧的水活度呈现一个非线性变化，膜中的净水传递系数随压力的升高逐渐减小，这是电迁移和浓度扩散相互作用的结果。

3. 电池排水

PEMFC 工作温度一般低于 100℃，氧的电化还原反应生成的水为液态水。深层的水可以通过两种方式排出：一种为气态排水，若反应器中水蒸气的分压未达到相应电池工作温度下的水蒸气分压时，水会汽化，随电池排放的尾气排出；另一种为液态排水，此时反应器的相对湿度已达到 100%，在电极催化层深层的液态水靠压差、重力等的推动传递到扩散层气相侧，液态水滴由反应器夹带或吹扫出电池。一般情况下两种方式同时存在。

以空气作为氧化剂时，氧气传质比纯氧气作为氧化剂时更加困难，所以引进可能增加气态排水份额，这样不但有利于减少扩散层内液态水量，有利于氧传质，而且还可以利用水蒸发潜热，减少电池排热负荷。

如果电池系统采用自增湿方式，排出的尾气需经过冷凝器收集一部分加湿所需要的水，冷凝回收水质量等于系统所需水质量减去电堆内部凝结水质量。

4. 热管理

燃料电池的效率一般在 50% 左右，即燃料电池对外输出功率和排出的热量是相等的，因此，燃料电池发动机排出的热量很大，为内燃机排出热量的 2~3 倍。由于质子交换膜对温度的敏感性，且电池排热温度不高，因此对散热系统提出了很高的要求。热管理的主要任务是维持电池组稳定的工作温度，热管理对采用燃料电池作为动力系统的汽车的动力性、安全性和动力系统本身的寿命具有决定性影响。燃料电池电动汽车动力系统热管理是从系统集成和整体的角度控制和优化燃料电池电动汽车的热量传递过程。将燃料电池发动机各子系统蓄电池冷却系统等组成一个高效的热管理系统，合理地管理并利用热能，减少废热排放，提高能源利用效率，改善整个动力系统的性能和提高汽车的燃料经济性。

燃料电池发动机通常采用的排热方式为用超纯水作为冷却液循环排热，热管理主要对系统参数（如冷却液的进出口温度和流量等）进行控制。将电池组工作温度控制在最佳范围内有两种方式：最优方式为随电池组输出功率的变化，改变冷却液流量，将电池组工作温度控制在预置的区间内；另一种方式为固定冷却液的流量，控制进出电池组冷却液的温差变化。当采用后者时，应根据电池组在最大输出功率时的效率，计算冷却液进出电池组的最大允许温差下冷却液的最小流量，选用的冷却液流量应大于这一值。为确保电池组温度分布的均匀性，进出口冷却液温差一般不超过 10℃，最好为 5℃。

目前一般的冷却液循环部分的设计为：电池堆的冷却液进出口处设置温度传感器，冷却风扇后设置一个水流量计，冷却液从电堆出来后经散热器冷却后再次进入电池堆，其动力由冷却水泵提供。控制单元根据温度传感器和水流量计测得信号来控制冷却水泵的流量和冷却风扇的转速，将冷却液的进口温度控制在 70℃ 左右，出口温度控制在 80℃ 左右，从而维持电池堆内部的热平衡，使电池堆高效、稳定运转。

8.5.3　燃料电池电动汽车整车热管理系统设计

以搭载额定功率62kW的氢燃料电池+13kW·h动力电池的氢燃料电池电动汽车整车为例，该车以布置在发动机前舱的燃料电池为主要动力源，以位于地板底部的动力电池为辅助电源。根据整车配置要求及实车布置环境（图8-19）进行全面考虑，该车热管理系统均采取液冷方式进行冷却，整车热管理方案由以下四个循环回路构成：

燃料电池冷却回路：氢燃料电池、中冷器、主散热器、电子水泵、膨胀水箱、去离子器、PTC（正温度系数）加热器。

动力电池冷却回路：动力电池、电池冷却器、PTC加热器、水泵。

电驱动冷却回路：电机控制器、驱动电机、辅驱二合一、辅驱三合一、散热器、膨胀水箱、2个水泵。

空气压缩（以下简称空压机）机冷却回路：空压机控制器、空压机、电压变换器（DC/DC）、散热器、膨胀水箱、水泵。

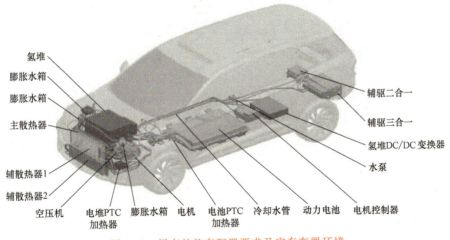

图8-19　样车的整车配置要求及实车布置环境

1. 系统原理设计

在燃料电池冷却回路中，电堆和中冷器为主要热源，由于两者对进出口冷却液温度要求相近，且结合实车布置环境，因此两者采取并联方式连接，所需冷却液流量分配取决于各自支路管路内径及阀门比例。车辆冷起动时，为使电堆温度快速上升到合适的工作温度区间，节温器关闭冷却液通往散热器的通道，进行小循环，同时燃料电池控制单元（FCU）控制PTC加热器对冷却液进行加热，当温度到达目标阈值时，节温器受控关闭小循环通道，开启大循环，进行强制散热，降低冷却液温度。

在动力电池冷却回路中，动力电池为主要热源，采取简单的串联方式设计回路。当水温低于10℃时，空调系统中膨胀阀关闭，冷却器不工作，即回路中冷却液与空调回路中冷媒不进行换热，此时FCU控制PTC加热器加热冷却液；当水温高于25℃时，空调系统中膨胀阀打开，冷却器开始工作，此时冷却液与冷媒进行换热。

在电驱动冷却回路中，辅驱二合一、辅驱三合一、电机控制器、驱动电机为主要热源，综合考虑实车布置环境和部件散热耦合效应，根据热源发热量从小到大的顺序依次进行串联

布置。对于管路较长的场景，可以在回路采用两个水泵；在空压机冷却回路中，空压机控制器、空压机、DC/DC变换器为主要热源，同理，该回路采取串联方式布置。

整车热管理方案工作原理如图8-20所示。

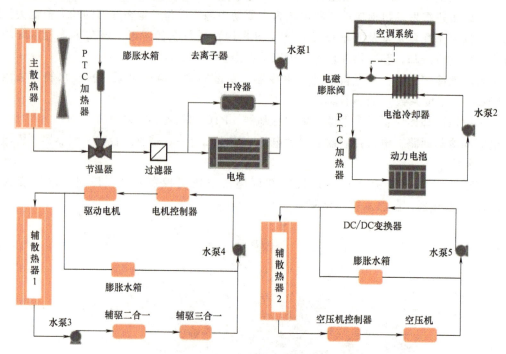

图 8-20　整车热管理方案工作原理

2. 燃料电池汽车整车热管理要求

整车热管理系统是一个多因素耦合作用系统，其中温度是影响整个系统性能与寿命的核心因素。对于电堆而言，温度过高时，质子交换膜发生脱水现象，导致电导率下降，进而使电堆工作性能下降，同时影响电堆寿命与使用安全；温度过低时，催化剂活性减弱，输出电压减小，整体性能变差。因此，电堆安全高效且稳定运行的最佳工作温度区间为70～80℃，同时，为保证电堆内部各单体化学反应温度均匀性，电堆进出口冷却液温差应维持在10℃以内。此外，动力电池要求冷却液入口温度为15～25℃。以燃料电池冷却回路为例进行系统散热需求计算，拟采用燃料电池的额定功率为62kW，峰值功率为80kW，电堆极化曲线如图8-21所示，相关技术参数见表8-5。

3. 燃料电池发热量计算

燃料电池的热量来自外界压缩空气和环境辐射输入热量及内部化学反应和欧姆极化产生热量。外界输入热量与内部产生热量相比，可忽略不计，为简化模型，电堆发热量取内部产生热量，约等于电堆内部反应产生总能量减去电堆输出电能，即

$$Q_1 = (U_0 - U_{\text{cell}})I_{\text{cell}}N \tag{8-16}$$

$$I_{\text{cell}} = iA \tag{8-17}$$

式中，Q_1 为电堆即时发热功率（W）；U_0 单片电池参考电压（V）；U_{cell} 为单片电池即时电压（V）；I_{cell} 为系统即时电流；N 为电堆总片数；i 为单位活化面积电流（A/m²）；A 为电堆

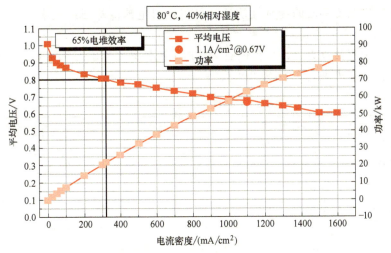

图 8-21　电堆极化曲线

表 8-5　电堆主要技术参数

参 数 名 称	值	参 数 名 称	值
额定总功率/kW	≥62	环境温度（工作状态）/℃	-20~80
峰值功率/kW	≥80	环境温度（存储状态）/℃	-40~125
电堆活化面积/cm²	282	冷却液入口温度范围/℃	-20~80
电堆总片数 N	300	冷却液进出口温差耐受/℃	10
输出总电压/V	120~300	冷却腔流阻/kPa	60
输出电流/A	≤450	冷却液工作压力范围/kPa	≥160

活化面积（m²）。

考虑到额定工况下生成水主要是气态，在过饱和或遇冷后部分生成水会变成液态，因此，额定工况点的电堆发热功率 Q_1 经计算折中取 64.7kW。

4. 中冷器发热量计算

中冷器的热量 Q_2 主要来自空压机压缩空气生成的热能，计算公式为

$$Q_2 = c_{air} m_{air} \Delta T_{air} \tag{8-18}$$

式中，c_{air} 为空气的比热容 [J/(kg·℃)]，取值为 1006J/(kg·℃)；m_{air} 为空气的质量流量（g/s），取值为 71.57g/s；ΔT_{air} 为空气的温差（℃），取值为 100℃（假设进气温度为 180℃，出气温度为 80℃）。于是通过计算可得额定工况点中冷器发热量 $Q_2 = 7.2$kW。

5. 冷却液流量需求计算

按照设计要求，环境温度为 40℃，选用 50% 乙二醇溶液作为冷却液。冷却液流量 V 的计算公式为

$$V = \frac{Q}{c_p (T_{out} - T_{in})} \tag{8-19}$$

式中，Q 为总散热量（kW），此处为电堆散热量与中冷器散热量之和，即 $Q = Q_1 + Q_2$；c_p 为冷却液的比定压热容 [J/(kg·℃)]，取值为 3.50kJ/(kg·K)；T_{in} 为电堆进口水温（℃），取值为 70℃；T_{out} 为电堆出口水温（℃），取值为 80℃。

由式（8-19）及冷却液的物理性质计算可得燃料电池冷却回路最小冷却液流量需求为130L/min。

同理，根据上述计算方法，可得该回路其他工况散热需求，见表8-6；其他三个冷却回路额定工况的散热需求见表8-7～表8-9。

表8-6　燃料电池冷却回路散热需求

工况	电堆散热功率/kW	中冷器散热功率/kW	冷却液流量需求/（L/min）
额定工况	64.7	7.2	130.65
峰值工况	80	8.64	160.6
50%峰值工况	40	4.32	80.3
25%峰值工况	20	2.16	40.15
12.5%峰值工况	10	1.08	20.08

表8-7　动力电池冷却回路散热需求

工况	动力电池散热功率/kW	冷却液流量需求/（L/min）
额定工况	3	8

表8-8　空压机冷却回路散热需求

工况	空压机散热功率/kW	空压机控制器散热功率/kW	DC/DC变换器散热功率/kW	冷却液流量需求/（L/min）
额定工况	2	1	5	7.5

表8-9　电驱动冷却回路散热需求

工况	电机散热功率/kW	电机控制器散热功率/kW	辅驱二合一散热功率/kW	辅驱三合一散热功率/kW	冷却液流量需求/（L/min）
额定工况	13.8	3	4	5	16.7

思考题

1. 燃料电池电动汽车有哪些类型？其特点是什么？
2. 燃料电池电动汽车由哪几部分组成？其作用是什么？
3. 在燃料电池电动汽车设计中，如何确定燃料电池、电机和蓄电池的参数？

参 考 文 献

[1]   王望予. 汽车设计 [M]. 4 版. 北京：机械工业出版社，2004.

[2]   刘惟信. 汽车设计 [M]. 北京：清华大学出版社，2000.

[3]   余志生. 汽车理论 [M]. 6 版. 北京：机械工业出版社，2018.

[4]   陈家瑞. 汽车构造 [M]. 3 版. 北京：机械工业出版社，2009.

[5]   张洪欣. 汽车设计 [M]. 2 版. 北京：机械工业出版社，1989.

[6]   王霄锋. 汽车底盘设计 [M]. 2 版. 北京：清华大学出版社，2018.

[7]   汽车工程手册编辑委员会. 汽车工程手册：基础篇 [M]. 北京：人民交通出版社，2001.

[8]   汽车工程手册编辑委员会. 汽车工程手册：设计篇 [M]. 北京：人民交通出版社，2001.

[9]   日本自动车技术会. 汽车工程手册 4：动力传动系统设计篇 [M]. 中国汽车工程学会，译. 北京：北京理工大学出版社，2010.

[10]   日本自动车技术会. 汽车工程手册 5：底盘设计篇 [M]. 中国汽车工程学会，译. 北京：北京理工大学出版社，2010.

[11]   崔胜民. 新能源汽车技术 [M]. 2 版. 北京：北京大学出版社，2014.

[12]   赵立军、佟钦智. 电动汽车结构与原理 [M]. 北京：北京大学出版社，2012.

[13]   孙家永. 纯电动汽车动力系统参数匹配及性能研究 [D]. 西安：长安大学，2012.

[14]   王秋成. 汽车设计与开发集成 [M]. 北京：机械工业出版社，2018.

[15]   WEBER J. Automotive Development Processes：Processes for Successful Customer Oriented Vehicle Development [M]. Berlin Heidelberg：Springer-Verlag，2009.

[16]   BHISE V D. Automotive Product Development：A Systems Engineering Implementation [M]. Boca Raton，FL：CRC Press，2017.

[17]   王霄锋. 汽车悬架和转向系统设计 [M]. 北京：清华大学出版社，2015.

[18]   彭莫，刁增祥，党潇正. 汽车悬架构件的设计计算 [M]. 2 版. 北京：机械工业出版社，2016.

[19]   赵万忠，王春燕. 汽车动力转向技术 [M]. 北京：清华大学出版社，2019.

[20]   刘惟信. 汽车制动系的结构分析与设计计算 [M]. 北京：清华大学出版社，2004.

[21]   赵航，史广奎. 混合动力电动汽车技术 [M]. 北京：机械工业出版社，2021.

[22]   邓涛. 现代电动汽车原理与设计 [M]. 北京：清华大学出版社，2019.

[23]   杨世春. 电动汽车基础理论与设计 [M]. 北京：清华大学出版社，2018.